i**H**uman
新民说

成为更好的人

海关洋员传记丛书

主编 李爱丽

Servants of the Dragon Throne
Being the Lives of Edward and Cecil Bowra

海关税务司包腊父子与
近代中国（1863~1923）

龙廷洋大臣

〔英〕查尔斯·德雷格
（Charles H. Drage）著

潘一宁 戴宁 译

GUANGXI NORMAL UNIVERSITY PRESS
广西师范大学出版社
·桂林·

龙廷洋大臣：海关税务司包腊父子与近代中国（1863～1923）
LONGTING YANGDACHEN:
HAIGUAN SHUIWUSI BAOLA FUZI YU JINDAI ZHONGGUO（1863～1923）

图书在版编目（CIP）数据

龙廷洋大臣：海关税务司包腊父子与近代中国：
1863～1923 / (英) 查尔斯·德雷格（Charles H. Drage）
著；潘一宁，戴宁译. —桂林：广西师范大学出版社，
2018.4
（海关洋员传记丛书 / 李爱丽主编）
　书名原文: Servants of the Dragon Throne：Being
the Lives of Edward and Cecil Bowra
　ISBN 978-7-5598-0520-1

　Ⅰ. ①龙… Ⅱ. ①查… ②潘… ③戴…Ⅲ. ①海关—
史料—中国—1863-1923 Ⅳ. ①F752.59

中国版本图书馆 CIP 数据核字（2017）第 310010 号

广西师范大学出版社出版发行
（广西桂林市五里店路 9 号　邮政编码: 541004）
（网址: http://www.bbtpress.com）
出版人: 张艺兵
全国新华书店经销
衡阳顺地印务有限公司印刷
（湖南省衡阳市雁峰区园艺村 9 号　邮政编码: 421008）
开本: 880 mm × 1 240 mm　1/32
印张: 13.875　　字数: 324 千字
2018 年 4 月第 1 版　　2018 年 4 月第 1 次印刷
定价: 68.00 元
如发现印装质量问题，影响阅读，请与印刷厂联系调换。

无需慈善说教，但凡造福于中国之宽泛原则，乃最恰当之行为准则。

——鹭宾·赫德爵士（Sir Robert Hart）

目录

总序

海关洋员的生活志与第二代海关史研究[1]

滨下武志

海关洋员的生活志

《海关洋员传记丛书》将海外出版的关于海关洋员的书籍集中译介给中国读者,包括洋员自传,洋员妻子、后人撰写的亲人回忆录和学者撰写的传记。这套丛书的特色在于,第一,从中国近代海关史研究的角度来看,它集中介绍海关洋员的个人历史,有别于以往的制度史、贸易史和经济史研究。第二,从近代人物史研究的角度看,除了海关洋员在中国的经历,还涉及洋员父母、家庭的历史背景和本人青年时代的历史,将海关洋员在中国通商口岸的跨国职业生涯和故乡的地方性社会文化联系在一起。我们发现,这些外国人进入中国海关工作之前,大多有船员和海军等海洋性跨国职业经历,也

---

[1]　本序言由李爱丽编辑、整理。

有大学毕业生、知识分子、传教士、商人和外交官背景，最终作为海关洋员，长途跋涉，不远万里来到中国。第三，从史料价值来看，除了公开出版的海关资料，本丛书广泛使用了传记、自传、旅行记录、日记、信函、照片和口述访谈等私人历史资料。[1]

从个人的研究兴趣出发，我认为这套丛书的特色是揭示海关官员活动的地方性与日常性，从个人化的视角透视海关文化；进而透过海关文化，看清清末中国和世界的时代文化潮流，更加深入地理解多样性的海关历史，包括全球性的时代变化。总的来说，本丛书涉及六个既往关注不多的领域：1）英国和英国以外的海关洋员的人物史；2）围绕海关的社会文化生态；3）海关洋员的家庭生活；4）作为汉学家的海关洋员；5）洋员在海关以外的文化与学术活动；6）人物研究与中国近代史研究。

从 1858 年开始，中国海关（又称洋关，旧海关）的主要职责是管理不断扩大的对外贸易。因为茶叶、生丝出口的增加，需要新的贸易管理机构。1858 年《天津条约》签订后，清政府在各通商口岸建立外贸管理的新机构——外国人管理的海关。海关在课税／纳税这个主要功能之外，还承担了新式教育、海事、邮政等职责，成为一个庞大的政府机构。在清朝覆灭之前的 50 多年里，海关的行政架构大致如下：

一、中央：总税务司署。

二、征税部门：各通商口岸海关。包括内班、外班、海班，以及医疗检疫人员。

---

[1] 已经出版关于海关洋员个人的传记、日记、信函有：《赫德日记——步入中国清廷仕途》《赫德日记——赫德与中国早期现代化》《中国第一客卿：鹭宾·赫德传》《赫德爵士传》《我在中国海军三十年（1889～1920）》《青龙过眼》《中国海关密档：赫德金登干函电汇编》等。

龙廷洋大臣：海关税务司包腊父子与近代中国（1863～1923）

三、教育部门：同文馆、税务专科学堂。

四、海事部门：营造处、理船处、灯塔处。

五、邮政部门：邮政总部、各地邮局。

20世纪初，海关各部门在职洋员人数约1500人，50年累计洋员人数近万人。职业涉及估税、统计、会计、文秘、翻译、绘图、印刷、验货、医学、检疫、教育、船只驾驶、水手、航道勘测、水文测量、工程建筑、设备营造、灯塔值事和邮件递送等多个领域，吸引了一大批来自欧美各国的专业、专职、技术性、实务性、有语言能力、有体力的人才。实际上，中国近代海关的工作是一个综合性的大事业。[1]

一直以来，海关洋员研究的主要对象，是以赫德等总税务司为主的最高级官员。可是，从人数来看，洋员绝大部分是地方海关每天在现场从事关务的中级和下级关员们，他们的特征是，不管外国关员或者中国关员，不少人有国际性的船员经验。例如回忆录《青龙过眼》(*Through the Dragon's Eyes*)的作者阿林敦(Lewis Charles Arlington)，是苏格兰裔美国人，青年时代有长期的航海船员经历，1879年来到中国，先后加入南洋水师和北洋水师，1886年加入海关，1906年又转到邮政部门，1929年退休后，仍在中国生活。[2]

另一个例子是英国人戴乐尔（海关登记名戴理尔，William Ferdinand Tyler），他撰写了《我在中国海军三十年（1889～1920）——戴乐尔回忆录》(*Pulling Strings in China*)。戴理尔1889年参加海关内班工作，在上海的江海关担任巡工司，同时

---

[1] 复旦大学吴松弟教授整理出版的《美国哈佛大学图书馆藏未刊中国旧海关史料（1860～1949）》展示了海关的工作成就。

[2] ［美］阿林敦著，叶凤美译：《青龙过眼》，中华书局，2011年。

受雇于北洋水师，经历过甲午战争，直到 1920 年从海关退休。[1] 他的青年时代也有过全球性的船员经历。戴理尔的祖父是英国东印度公司的专员，留给他父亲相当可观的家产。父亲是一位乡村教区牧师。戴理尔认为，"我在中国找到了自己——在事实上——那么中国就是我应该待的地方。于是我向罗伯特·赫德爵士申请，在他那里寻求一个内班人员的职位。他回复我说，可以在他的一艘税务巡船上给予我一个职位"。[2]

有时，父辈的海上经历也会影响洋员的任职。18 世纪末到 19 世纪初，洋员们的父辈已经保有对中国和东亚世界的关心，访问亚洲，从事传教、商贸和水手等工作。有时候，他们带孩子们一起来亚洲。父辈的经验和影响，使孩子们继承了对中国和亚洲的关心，在结束教育后到亚洲寻找适合的工作，从而进入中国海关。当然，进入海关，通常需要经过严格的考试。海关首任总税务司李泰国（Horatio Nelson Lay, 1832 ~ 1898）的父亲李太郭是一个博物学家和传教士，19 世纪二三十年代在东南亚一带活动，第一次鸦片战争后被任命为驻广州领事。[3] 以语言和翻译能力著称的海关洋员邓罗（C. H. Brewitt-Taylor, 1857 ~ 1938，本丛书有他的传记），父亲曾经是海岸护卫队的水手。

这些在海关现场天天工作的人们，往往有着类似的人生经历，特别是从社会文化活动的侧面看，他们的人生可以分为三个阶段。第一阶段是来到中国之前的时间，一般看来他们都经历过全球性的与海洋有关的活动，以船员和水手为职业，在欧洲、美洲和亚洲的不

---

[1]　［英］戴乐尔著，张黎源、吉辰译：《我在中国海军三十年（1889 ~ 1920）——戴乐尔回忆录》，文汇出版社，2011 年。

[2]　《我在中国海军三十年（1889 ~ 1920）——戴乐尔回忆录》，第 26 页。

[3]　［加］葛松著，邝兆江译：《李泰国与中英关系》，厦门大学出版社，1991 年，第 1 ~ 14 页。

同海域寻找工作，或者加入海军，跨海训练。第二阶段是在中国海关工作的时期，在海关工作以外，下班以后或者休假时期，仍保有个人的兴趣活动和社交生活。第三阶段是从海关职位退休之后，出于对中国古典文化和社会文化的关心，他们留在中国深化在职期间保留的学术和文化生活；或者，退休以后回到本国，继续关注中国动态，从事有关中国的研究。

最近的海关史研究中，正在出现一种新的社会文化史取向，关注洋员跨文化的个人际遇，关注洋员在东西文化交流中的作用与成就。像加州大学的佩里·安德森教授（Perry Anderson）和康奈尔大学的本尼迪克特·安德森教授（Benedict Anderson，2015 年逝世），他们是蒙自海关税务司安德森（J. C. Anderson）的儿子。他们出生的地点是蒙自，曾表示希望访问父亲工作过的云南蒙自海关。老安德森 1914 ～ 1940 年一直在海关工作。佩里·安德森教授撰写了关于他们的父亲和他们孩提时代在云南的生活的著作。[1] 本丛书收入的海关洋员庆丕（Paul King）的个人回忆录亦属此类。

本丛书正是从社会文化史角度来描写海关洋员的工作经验和人物历史。丰富的社会性和文化性内容，使这套丛书在研究性和资料性方面都有独特的价值。

海关洋员与中国文化研究

1. 海关洋员与亚洲文会

在海关总税务司赫德的严格管理下，根据不断下发的总税务

---

[1] ［英］佩里·安德森著，袁银传等译：《思想的谱系：西方思潮左与右》，社会科学文献出版社，2010 年。

司通令，每个职位的人员都严格遵守自己的职务和职责。下班回家以后，他们则属于自己的家庭，融入口岸当地的文化社会。他们常常自己学习中文和中国古典文化，深化和扩大对中国本地的文化环境和古典文献的理解，甚至把中国古典文献翻译为英文、法文或德文，为传播中国文化做出了贡献。如海关英籍税务司包腊（Edward Charles Bowra，本丛书有包腊父子的传记），利用业余时间翻译了《红楼梦》的前八回。前述英籍洋员邓罗，将整本《三国演义》译成英文出版。1874年加入海关的法国人帛黎（A. T. Piry），后来担任邮政司（Postal Secretary，1904）和邮政总办（1910）。他把乾隆皇帝的《圣谕广训》翻译成法文。

海关洋员文化研究活动也令人瞩目。从1870年到1940年，在皇家亚洲文会北中国支会（North China Branch of Royal Asiatic Society）演讲者中，可以确认职业和职位者一共有1256人，具体人数是：牧师/教士318人，海关关员270人，领事等外交家234人，学者/出版/媒体等167人。虽然传教士人数最多，但是海关关员的人数处于第二位，而且演讲的内容一般不是与海关有关的题目，而是以中国古典文学、语言、宗教、地理等社会文化内容为主。说明海关洋员里的知识分子的比率也比较高。

2. 作为汉学家的海关洋员

海关洋员中有一些优秀甚至杰出的汉学家。德国人穆麟德就是其中之一（本丛书收入穆麟德夫人撰写的回忆录）。1877～1898年，他在皇家亚洲文会北中国支会四次发表演讲，演讲的题目是：《直隶的脊椎动物》（1877），《中国的家法及与其他民族家法的比较》（1878），《中国的方言》（1894～1895），《比较语言学的缺点》

（1898）。[1] 这些题目是博物学和社会／语言学有关的领域，与外交／海关等历史文化领域无关。

　　海关洋员成为汉学家的另一个代表人物是德国人夏德（Frederic Hirth），从 1870 年进入厦门海关开始，一直到 1897 年辞职。加入海关之前，夏德已经得到了德国莱比锡大学的博士学位。在海关工作期间，他长期任职于总税务司署下面的造册处，1885 年编辑出版了供新入职洋员学习中文的《新关文件录》。1909 年，海关税务专科学堂的洋员校长邓罗将此书再次编辑出版。1902 年，从海关辞职后的夏德应聘前往美国，出任哥伦比亚大学第一任中文讲座教授。夏德著述和编辑出版的汉学著作多达 10 余部，涉及音韵、字典、地形／地质、艺术、历史等多个领域，以英文和德文出版。

　　在历史研究领域发挥力量的海关关员也不少。引人注目的是 19 世纪 70 年代初同文馆教习、德国人方根拨（Johannes von Gumpach），他研究出版了关于 1868 ～ 1870 年中国第一次访问西洋各国的外交使节团的著作：《蒲安臣使团》（*The Burlinghame Mission：A political disclosure, supported by official documents mostly unpublished.* 1872 年在上海出版）。取得更为突出成就的是美国人马士（H. B. Morse），他的《中华帝国对外关系史》和《东印度公司对华贸易编年史》是研究清朝对外关系的经典名著。研究中国的美国著名学者费正清，将马士视为精神上的父亲（年龄上可算祖父），本丛书收入了费正清和司马富等人撰写的《马士传》，对马士的史学成就有详细的陈述。

---

[1]　参见：王毅《皇家亚洲文会北中国支会研究》，上海书店出版社，2005 年。

海关文化研究的新资料

1. 个人文件和图片

海关洋员的个人资料，包括书信、日记、回忆录、采访记录、剪报、夫人和亲戚的观察记录和照片等。特别引人注目的是最近开始出版的海关洋员的孩子们的回忆录。为了更深入地了解海关洋员在中国的活动，我们特别需要了解洋员以个人身份保留下的资料，这些资料有的仍保留在洋员后人手中，有的由洋员后人捐给欧美各国的大学或博物馆。寻找洋员后人，鼓励他们将家族收藏的资料捐献给大学研究机构，是英国布里斯托大学毕可思（Robert Bickers）教授正在推进的一项非常有意义的工作。有些洋员后人已经利用这些私人材料出版了著作，本丛书收入的《赫德爵士传》（作者是赫德的侄女裴丽珠）、《金登干回忆录》（金登干长期担任海关伦敦办事处负责人，该办事处是海关全球化活动的代表机构，该回忆录由金登干之子撰写）和玛丽·蒂芬的《中国岁月：赫德爵士和他的红颜知己》就是其中的代表性著作。

2. 海关出版物中的"特种系列"和"杂项系列"

海关出版物中，有"特种系列"（II. Special series）和"杂项系列"（III. Miscellaneous series）两类，一共 95（44 + 51）种。其中有大量文化和社会方面的报告，具有非常重要的价值，值得更深入研究。下面出示几个例子，从标题即可看出其内容涉猎广泛。

① 《海关医学报告》（*Medical Report*），特种系列 No.2，1871 ～ 1911 年，半年刊。

② 《中国音乐》（*Chinese Music*），特种系列 No.6，1884 年出版。

③ 《气象观察与东部海域风暴》（*Instruction for making meteorological*, *observations*, *and law of storms in the eastern seas*），特种系列 No.7，

1887 年出版。

④ 汉口和其他长江港口药材出口清单及药材估值税（*List of Medicines exported from Hankow and Other Yangtze ports，and tariff of approximate values of Medicines，etc.*）特种系列 No. 8，1888 和 1909 年两次出版。

⑤ 历次海关代表清政府参加世界博览会的中国展品目录册。杂项系列，共 11 份。

本丛书与第二代海关史研究

近十几年以来，我们发现了一种新的海关史研究潮流，这些研究的特色是关注海关洋员的社会生活史。我们把新一代以海关洋员为主的研究称为第二代海关史研究。从学术资料的角度来看，日记、回忆录代表了私人文书的范畴。在海关史研究中，人物历史的研究一定有助于在更大层面上展开海关人事史的研究。海关洋员汉学家的中国古典研究，一定能开拓文化史和比较文化史研究的新领域。海关出版物的特种系列和杂项系列，为这类文化史研究提供了丰富的资料。同时，对海关伦敦办事处各项职能的研究，有助于讨论海关的全球性活动与功能。从中国近代史角度来看，将全球史与地方史结合起来，是充分利用海关资料展开研究的新课题。

我相信，这套《海关洋员传记丛书》，涉及面非常广泛，不只历史，也涉及经济、外交、语言、文学、文化、汉学、日常生活研究等领域，它们可以把以前分开讨论的各个因素连在一起，构成一幅动态的近代中国历史画卷。

一对父子，一部中国近代史

在马可·波罗之后的岁月里，不断有欧洲人只身前往中国。他们被这个奇异的国度深深吸引，流连忘返，最终甘为奴仆，为其尽忠效力。这些人中，有探险家、传教士，还有怀着发财梦的商人。既有"常胜将军"查尔斯·乔治·戈登（Charles George Gordon）这样的正规军人，也有"独臂萨顿"（One-Arm Sutton）、"双枪马坤"（Two Gun Cohen）之流的江湖中人，三教九流，不一而足。但这些人都有一个共同点——独来独往，浪迹天涯。19世纪中期，中国建立海关。[1] 这一前所未有的衙门实在奇特：它隶属清廷，却由英国人掌控，由多国洋人充任职员。如此一来，海关的总管洋大人算是鸿运当头、吉星高照了。他的雇员皆为洋人，助他加官进爵，使他得以独享尊荣，权倾一方。

---

[1]　原文如此。

宽大的办公室庄严肃静。然而，在这些洋人的桌案文牍之间，却暗涌着一股冲动和冒险，这种特性一脉相承，代代相传。早年间，老包马提亚（Matthias Bowra）应该算得上是一位颇有才华的发明家，却有点疯狂且不着边际。他有众多奇思妙想，发明了可拆卸袖口、充气暖手筒、橡胶铁路枕木等物品。他把儿子包腊（Edward C. M. Bowra）送进伦敦海关工作，谁知这个18岁的年轻人却拍拍屁股跑到了意大利，与加里波第的红衫军一起在那不勒斯行军作战，还与一名法国的轻步兵军官进行决斗。不过，听闻此事的老包也只是"略感不安"而已。包腊进入中国海关工作时，已经是太平天国的尾声。他又一次放弃了原本在江海关[1]的工作，随洋枪队的戈登杀入苏州。之后，他带领老朽颟顸的清廷官员及其使团首次造访英国，还负责维也纳世界博览会中国展馆的组织工作。他工作起来废寝忘食，殚精竭虑，最终不幸在33岁生日前两天夜里溘然长逝。

　　包腊之子包罗（Cecil Bowra）也像父亲那样，踏上了效力中国海关之路，并决心完成英年早逝的父亲之未竟事业；曾在牛庄关与义和团周旋；也曾与嗜酒成性的俄国官员对饮，酒量不分伯仲。他还曾挫败令人胆寒的俄国远东总督、海军上将阿列克塞耶夫（Yevgeni Ivanovich Alexeieff），但又不损及对方颜面。他平步青云，官至总理文案。时逢军阀混战，狼烟四起，北京城头频繁更换大王旗。包罗单枪匹马直闯对方阵营，并向对方不可一世的将领叫板。那时，京城街市上的暴乱者和劫匪烧杀劫掠，无恶不作。包罗手持马鞭，挺身而出，保护手无寸铁的小商贩，使其免遭不测。包腊与包罗父子二人，同为中国尽忠效力。本书讲述的就是他们的这段传奇。

---

[1]　江海关是上海海关的原名。（如无特别标注，注释均为译者注）

　　龙廷洋大臣：海关税务司包腊父子与近代中国（1863~1923）

第1章

手枪决斗：初生牛犊单挑法国军官

老包马提亚的生活一直都过得宁静安逸。所以，那天早上，这个半辈子都活得平淡无奇的人在读到独子包腊的来信时，心中不免泛起一丝欣慰和得意。

我刚刚跟这里的一个法国轻步兵军官进行决斗。他自命不凡，诋毁我们旅，恶语中伤我们的行动，还说我们是一群流氓恶棍。这简直是欺人太甚。我当然要与之理论。结果是他打了我，还扬言谅我也不敢将他如何。

两个小时之后，正值太阳落山之际。我们面对面地站着，都拿了一把子弹上了膛的左轮手枪。我们各走十步，然后射击。他的子弹从我耳边呼啸而过，仅差毫厘，令我非常不安。我的子弹则射穿了他的外套（说衣袖也可以），擦伤了他的皮肉。

他提出再战一轮，我们的助手同意了。我的子弹射向他的双脚，溅起尘土，扬他一身。他的子弹无影无踪，鬼知道飞去了哪里。后来我们就各自散了。感谢上帝，此后我再没受过皮肉之伤。我知道您会责怪我，并大谈特谈避免受伤需要的道德勇气。但如果您了解我当时的处境，就不会如此生气了。

信中所言情景确实非同一般。要知道，那时是 1860 年，地点是在那不勒斯附近的卡塞塔（Caserta）。加里波第的红衫军大获全胜，正在那里休息。被法国轻步兵军官恶语中伤的"旅"实际上是一个英国军团，被称为"加里波第远征军"（Garibaldi Excursionists）。令人诧异的是，这位写信者，也就是那个奋起捍卫军团荣誉的人，并非那种虚张声势、争强斗狠的兵油子，而是个不起眼的勤快小伙儿。在此之前，他的优异成绩仅仅体现在学业方面——他刚刚通过公务员的公开招考，被任命到伦敦海关就职。可他偏偏是包家子弟，而包家本来就非平凡之家。

威名显赫的家族

包氏家族的叫法略有不同：鲍氏家族、雹氏家族、宝氏家族、豹氏家族，都有人称之 [1]。从 14 世纪起，包氏家族就开始在肯特郡和萨塞克斯郡悄然繁衍，虽不曾大富大贵、显赫一时，却也算人才辈出，

---

[1] "包腊"（Bowra）实为英国人姓氏，作为中国海关洋员，按中国传统姓名习惯取名"包腊"（即姓"包"名"腊"）。另外，此处有调侃意味，似非严格考证，故翻译时选择与"包"发音相同，字形、字义不同的译法，来体现其家族旁支姓氏的细微差别。

名留青史者不少。对一个地方小贵族而言，这已是成就非凡了。这些颇有名气的成员包括一名下院议员、一位名誉郡长、一位外科医生（此医生是这一旁支第一位包姓的，即 Bowra）、一位植物学家、一位鸟类学家。另外，在很久以前，包氏家族还曾出过不止一位一流的板球手。要知道，那个时代翰伯顿（Hambledon）的板球水平完全可以与当今英国的板球赛媲美。1733 年，塞文欧克斯区（Sevenoaks）的一名包氏子弟托马斯捐献了 3 便士，用于修缮圣保罗大教堂。1761 年，包氏家族的威廉牧师（Rev. William Bowra）曾在此大教堂为英王乔治三世和夏洛特王后布道。

这位威廉牧师的父亲名叫约翰，是一名受人尊敬的土地测量专家，如今在肯特郡博物馆仍然可以看到他亲手绘制的精美地图。然而不为人知的是，约翰早年的生涯却不那么光彩。1737 年 3 月，海关官员曾收到一名线人的来信，信函内容如下：

> 尊敬的阁下：
>
> 想必大人已获悉布瓦海德（Bulverhide）走私分子与警方枪战一事。关于这件事，如果大人肯登报建议此事告一段落，我将向您提供当事人姓名，以及其常住地情况。
>
> 老猫（莫顿的人）首先开枪，莫顿随即开枪。老猫的人开火打死了科里森，还打伤了"鸽子"（随后死去）。威廉·维斯顿受伤了，但后来可能康复了。小包先生（即约翰）不在场，但他的人马都在场。
>
> 您忠实尽职的仆人　格林

这个线人在随后的情报中称，走私分子大约有 26 人，"全部配备长枪"。他又提供情报说：

小包先生盖了房子,花了足有 500 英镑,他还雇了人看守。据说去年冬天,莫顿和小包先生一个星期就能倒腾卖出 3000 磅的货物。

在那些日子里,走私生意红红火火,英国南部海岸的百姓齐心协力,联手对付海关人员。对小包的走私活动一定也没有真正严打过。因为大家都看到,第二年他就风风光光地娶了威尔顿(Wealden)家的姑娘。要知道,威尔顿可是克鲁特登(Cruttenden)地区一个古老的家族。小包约翰还绘制了坦布里奇韦尔斯(Tunbridge Wells)[1]地图,该地图如今仍然可以在大英博物馆里看到。不过,遗传多子多孙家族特征的倒是这位走私分子的弟弟托马斯,其他人则没能延续香火,也无法在历史书页中留下痕迹。托马斯有过两任妻子,育有六子。他的孙辈中有一位也叫托马斯的子弟养育了 12 个孩子,其中 8 个是儿子。这其中,1 个定居美国,1 个定居牙买加,2 个去了澳大利亚,4 个留在英国。而下面我们将要讲述的是留在英国的 4 个子嗣中的一个,即生于 1808 年的马提亚·爱德华(包腊之父)。

---

[1] 坦布里奇韦尔斯是英格兰肯特郡西南部的自治市。

第 2 章

生不逢时：醉心发明的倒霉科学家

老包马提亚宅心仁厚，是世间难觅的善良男人。他虽然在事业上一波三折，屡遭重创，却始终心平气和，乐观向上，从不怨天尤人，自暴自弃。早年间，马提亚得妻弟一手帮扶，做起橡胶买卖。那位仁兄是一位贵格会基督徒。但一场大火烧毁了马提亚的房屋和家产，只怪他当初没买保险。随后马提亚远走法国耕田种地，却把最后一点积蓄也赔掉了。他返回伦敦重整旗鼓——开工厂，做买卖，什么都干过。结果依然是屡试屡败，未见多少起色。马提亚一辈子醉心于五花八门的发明创造，可以说是呕心沥血，倾尽所有。但生命燃尽之时，他却心怀慰藉，无怨无悔，相信凭着自己发明的橡胶底网球鞋，已经为家人留下足够的财富，保证子孙们衣食无忧。但他绝对想不到，他的心血最终竟被家人迫不得已以区区数百英镑的价钱卖给了合伙人，简直是天大的讽刺。

即使已经入土，他也未得安生，皆因爱女包婀娜（Annabella

Bowra）的无意捧杀。她对父亲的生平添油加醋，夸大其词，让人们对老包的真实才干产生了怀疑。传说老包的合伙人是伟大的查尔斯·麦金托什（Charles Macintosh），也就是那位防水风衣的发明人。结果发现，年代和日期完全对不上号。又有人说那个伟大发明家就是老包独子的教父，这也是一派胡言。还有人说老包发明了在邮票上打孔的机器，可以不用切，直接撕下邮票，这纯属子虚乌有。至于说他发明了橡胶褥垫，在克里米亚战争中为英军部队所使用，则更是无稽之谈。他也从未因改进街道铺设技术而荣获"伦敦荣誉市民"的称号。倒是他自掏腰包，按手续购买了那个头衔，日期是 1840 年 12 月 18 日。就连包婀娜的亲笔详述也与事实相去甚远。

> 父亲向威斯敏斯特市议会提供一项发明，因此获得 100 英镑的奖励。他发明用天然橡胶槽取代"大笨钟"指针上一直使用的、已经生锈的金属槽。他亲自爬上"大笨钟"的钟面，将天然橡胶垫在指针下面。直到现在（1914 年 5 月），该设计仍在使用。

这种说法本来就有点夸大其词，偏偏有人不依不饶，最后证明确实是臆造。实际上，不仅"大笨钟"上没有什么天然橡胶槽，就连维多利亚街和沃克斯豪尔桥路口的迷你复制品"小笨钟"上，甚至威斯敏斯特市每个角落的钟上，都没有橡胶槽的踪迹。

橡胶的妙用

天方夜谭般的说法一个接一个。难怪说到老包马提亚的发明才华时，后人们皆不以为然。然而，在英国皇家专利局，我们却看到了另一个版本的故事。在 1840 至 1879 年之间，老包曾先后 9 次申请了发明专利，其中许多申请涵盖了多项创意。在外行人眼里，这等于赌博新手一下赌，就差点中了个头奖。这些专利有女士围巾、暖手筒、衬衣袖口、披肩和荷叶裙边等，其中两项创意的专利说明颇值得玩味，抄录如下：

创意一

（在原有填充物之处）充满气体。气体可贮存于袋囊或任何适宜收纳之装置内，这样即可获得更大的弹性和浮力。一旦穿着者不慎落水，此围巾可作救命之用。

使用方法：对这种女士围巾的表层或外层材料进行特殊处理。取 4 英寸长、2 英寸直径的充气小袋，放置于中间部位。以普通方法缝合……本发明亦适用于整体充气，即在防水材料制成的围巾内层充满气体。亦可将天然橡胶小球置于围巾内部。

创意二

缝制衬衣袖口的传统模式人尽皆知，即将袖口联接到衣袖端口（或用带子系在衣袖一端），这一创意名曰双层袖口。袖口可以叠起，穿着者使用一层袖口时，另一层可叠起备用。

此创意的亮点在于：如果一层袖口穿脏了，且不便换洗，即可叠起脏污袖口，放下干净的另一层。袖口可用缝制好的系带固定，亦可用纽扣固定，视穿着者喜好而定。还可在系带上预留孔洞，将袖口穿过孔洞而固定于衣袖之上。其他恰当方式均可。

现在看来，第一个创意似乎没有重大实用价值。在维多利亚时代早期，能如此装扮的时尚女士恐无机会"失足落水"（比如落入海德公园九曲湖）。而那个充气围巾和披肩的创意听起来更是颇为瘆人，让人想起那种危急时刻使用的救生项圈。本书作者在第一次世界大战刚打响时也曾领过一件，还真的有几个倒霉士兵因使用那种项圈而被勒断脖颈。后来，人人喜爱的"吉夫斯救生衣"（Gieves Waistcoat）[1] 取而代之了。

第二个创意则完全不同于第一个。它本来应该成为一棵摇钱树，因为它并不逊色于"可拆卸袖口"。可惜，在好国王爱德华[2] 时代，这种袖口曾备受诟病。伍德豪斯（P. G. Wodehouse）[3] 早期作品中的那些学生就曾对这种袖口冷嘲热讽。这个发明本该引领时尚的，不论在高档男子服装店，还是在大众衣服铺子，都该是抢手货。或许，凭借版权专利法规的保护，发明人还能赚个盆满钵满。可惜，造化弄人，这个发明问世过早。当时，职员阶层只占整个社会很小一部分，不成气候。又过了半个世纪的光景，文书工作大行其道，人们才对这一发明有了较为广泛的需求。

除了袖口这个创意需单独归类之外，老包的其他发明均直接与当时的新材料橡胶有关。准确来说，应该是改良橡胶制造技术，开发橡胶的商业用途。老包生活的那个时代正是崇尚发明、鼓励创新的激情年代。

---

[1] 吉夫斯是如今英国著名男装品牌吉凡克斯（Gieves and hawkes）的前身之一。

[2] 即爱德华七世（1841～1910），维多利亚女王之子，喜交际，为人和蔼可亲，极受英国人民的欢迎。他在位期间，英国基本处于和平、繁荣的时期。因此，当时英国流行一句谚语：如果你不想发生战争，就要有一位像爱德华这样的好国王。

[3] 伍德豪斯（1881～1975），20世纪英国最优秀的幽默大师，其作品多描写"有钱有闲无聊人"的生活。

正因如此，人们觉得事有蹊跷。为什么老包在 16 年之后才再次申请专利？很可能这期间他经历了某些挫折。十有八九是因为时运不济，才令这个生性开朗的人也难免变得垂头丧气、一蹶不振。要知道，那时的英国专利局完全不是今天这般模样，它的运作远远落后于德国和美国的同行，这实在令人感到悲哀。一位见多识广的批评家就称英国专利局"昏庸无能"，而且"贪婪无度，收钱时手脚麻利；办事就拖拖拉拉，根本无法保证发明专利的有效性及创意新奇性……"

等老包重新振作起来，推出"性能和制造工艺经过改良的防水服装"时，已是 1856 年 1 月了。克里米亚战争已接近尾声，虽然和平还要再等两个月才降临，但攻下塞瓦斯托波尔城（Sebastopol）后，英军便停止了积极主动的进攻[1]。假如当时仍是烽火连天、枪林弹雨，或许军械部会留意到老包那改进军大衣下摆的绝妙点子：

> 接上一块有一定长度和宽度的防水布料，必要时可作为士兵的褥垫、被罩、斗篷、大衣或披肩；穿在衣服外面，可以保护士兵的腿脚不被打湿，由此省去裹绑腿之累……等等，等等。

但真实情况令人郁闷。在克里米亚战争调查委员会的会议记录中，有大段文字提到部队如何缺乏防水衣物，也提到部队最终得到了这些装备供给，却只字未提老包的姓名，似乎跟他一点关系都没有。

---

[1] 克里米亚战争期间，英法联军与俄军在俄国的黑海舰队主要基地塞瓦斯托波尔城展开了长达一年的战斗，最终英法联军攻克该城。

现在，老包又把目光投向在英国国内飞速发展、四通八达的铁路。此次，他申请的专利是"将橡胶或其他弹性物质制成的衬垫或弹簧放置在轨道、轨座或枕木之下"，以减少铁路的震动和磨损。然而，命运再次跟他开了个玩笑，他一不留神又走到了时代的前头。虽然橡胶垫后来的确用在了金属或混凝土枕木上，且沿用至今，但当时的木质枕木却不怎么需要橡胶垫。橡胶用于铁路缓冲器和牵引器已有 10 年历史，铁路货车和客车的车厢使用弹簧轴也已经有 4 年光景。所以，尽管他的专利说明书周详缜密、尽善尽美，还附带了不少于 12 幅按比例尺绘制的插图，但仍未引起多少关注。想必这次打击真的令他伤心至极，甚至到了万念俱灰的程度，以至于他不久之后就举家搬迁到加来海峡，从此改行务农，以农耕为生。但就是在此期间，这个法语门外汉竟然不可思议地带着自己的奇思妙想，闯过法国官僚体制的道道门槛和禁区，申请到了专利。于是，我们看到了"法国农业及商务部"发布的一则公告：

15 年发明专利证书

授权公告日：1844 年 7 月 5 日

专利权截止日期：至 1859 年 10 月 25 日

专利权人：包先生，克拉斯（Claes）先生及万德内（Vandennet）先生，巴黎

发明：铁路轨道悬挂装置

这是老包唯一一次海外创业经历。后来，他又返回故乡。这次，他的才华体现在制造业领域。他注册了两项专利，旨在改良弹性材料性能，以便用于制造"靴子、鞋子、皮带、背带、门、窗、烟草袋、背包和绷带"（这两项专利技术性过强，此处省略描述）。接着，他

又瞄上了橡皮筒。他再次出现在专利局就是为了他的橡皮筒或者说是橡皮盖，以用于"拐杖、手杖、马鞭、雨伞、大阳伞、小阳伞、长枪筒、短枪筒，以及保护膛线的火枪通条"。十年转瞬即逝，当完成其第三项也是最后一项技术制造类发明时，老包已经是六十多岁的人了。又过了三年，他与艾尔伯特·雨果·阿道夫·齐顿（Albert Hugo Adolf Zeden）合作，终于制造出改进型网球鞋。在此之前，他对此抱有无限期待。

此时，老包已步入暮年，但仍然壮心不已，充满乐观。在去世前不到一年的时候，他居然推出了新发明——用于海上救生的微孔弹性材料。这项发明是将充气橡胶管植入各种各样的物件中，如床垫（今天的气垫床）、靠垫、椅子、椅背、长沙发、短沙发、手提箱、旅行箱、旅行箱内衬等。这么说吧，任何可以移动、可从下沉的船上扔出去的东西都包括在内。然而，老天爷再一次作弄他，让他再次感到生不逢时。因为泰坦尼克号（RMS Titanic）邮轮的惨剧要到 30 年后才会发生，而那时邮轮上的维多利亚式家具都是实心的，用螺丝结结实实地固定在舱壁和甲板上。后来人们在沉船上找到的几件桌椅都是可以搬动并且能漂浮在海上的木质家具。至于救生行李这种新概念，维多利亚时代的乘客恐怕会觉得太过新奇。

1880 年，他安安静静、体体面面地走完了人生之路。但最后的 6 年对他来说是一生中最忧伤的日子——他那聪慧俊秀、侠肝义胆的爱子英年早逝，让他伤心欲绝。这个爱子就是我们的第一位主人公包腊。

爱子投笔从戎

对于包腊的出生和小时候的事情，我们知之甚少。关于他上学的经历，我们也只是略知一二。我们只知道他在上学的年纪里跟着父亲数度辗转，经历着家境的起起落落。他在英国各地好几所学校上过学，比如去过拉格比市（Rugby）、达特福德市（Dartford）以及斯沃弗姆（Swaffham），就读的学校也不甚有名。包腊那时的信件只有两封保留下来，都是写给姐姐包婀娜的，其中足以看出他流畅的文笔和略带调侃的口吻，这些对一个14岁的男孩来说，未免过于成熟。第一封信写于1856年3月，讲述他到英格兰中部一所新学校上学的事：

　　心中苦闷，难以言表。开始时感觉尚可。火车带着我离开了亲朋好友（当然包括贝西），一路飞驰，速度着实惊人。假如是归家之路，毫无疑问，这种速度我会觉得慢如蜗行。我啃着家里带来的小圆面包，慢慢咽下离别的哀伤，就这样过了半个小时。不知不觉中，我已经开始期待夏天，到时能放假回家，那该多快乐呀……

　　终于到达目的地。我拿出坚韧无比、百折不挠的精神往前挤，一路吆喝着"别挡道，看头"。耳朵里充满喧闹嘈杂之声，间或听到"倒霉，见鬼！""滚你的蛋"。最后，我总算从铁路官员的魔爪里救出我的行李，然后放到公共马车顶上，一切才算妥当……

　　上车后我找了个角落猫起来，舒舒服服地睡了一觉。醒来后，离愁别绪再次涌上心头。但马车一路向前，我慢慢地不再伤感。到达艾尔伯特街时，我重新变得精神抖擞、情绪高涨起来。霍普韦尔（Hopewall）先生，坐在桌边喝茶，学生们围在一旁，看起来个个都像没出息的小痞子。不过，他还是客客气气地接待了我，甚至还问我，妈妈是否知道我出远门了。我则毫不客气，狂吃面包，还喝了起码兑了

15 倍白开水的牛奶，直到再也塞不下为止。

包腊在此地停留可能不到半年，因为第二封信写于同年 12 月，讲述的则是另外一所学校的场景：

> 你说妈妈想了解我安息日都干些什么。告诉你吧，我一般早上 9 点到 10 点半上课，然后去小教堂做礼拜，礼拜的仪式要持续到 12 点。下午 2 点到 3 点我继续回学校上课，然后参加祈祷，直到 4 点。放学之后我就回家看书，要么看司布真[1]的讲道集，要么看《马太·亨利〈圣经〉注释》(Matthew Henry's Commentary)。晚上参加礼拜仪式，最后到林赛 (Lindsay) 先生的客厅唱歌。至此，一天就这么结束了。我可从未有过如此愉快的星期日啊！
>
> 我现在来告诉你们我晚上都干些什么吧。星期一上《圣经》课；星期二学习古代史；星期三讨论社会改良；星期四读法语报纸，有好几张是我从废纸堆里捡的；星期五预习下周《圣经》课，还要写一篇关于印刷的论文，写完之后我会寄给你看；星期六一般不出门，就是吃晚饭、祈祷、上床睡觉。仅此而已。

这种日子简直是对人心智的摧残和折磨。老师永远在换，环境不停地变，再勤奋好学的人都会感到气馁。然而，母亲给予了他源源不断的鼓励和稳定感。这位贤良的女人永远背负着"各种担忧和

---

[1] 司布真 (Charles H. Spurgeon, 1834 ~ 1892)，英国浸信会牧师，有"布道王子"之称，其讲道集流传很广，影响较大。

焦虑"——丈夫总是在瞎忙活，让她不胜其烦。包婀娜写道："她最讨厌听到'发明'二字。"不过，老包夫人很早就看出儿子的才华超群，并把所有时间都用来培养儿子对文学艺术的热情。功夫不负有心人，她最后终于品尝到了自己辛勤耕耘的果实。

俗话说，好树赖树看果子。事实证明，这种说法千真万确。仅仅过了 4 年，包腊便进入伦敦城市学院（City of London College）就读。在那里，他不仅接受了一流的古典文学教育，而且为法语、德语打下了扎实的功底，对英、法文学有广泛的涉猎，只是时政知识略有欠缺。他后来忽然跑到意大利南方加入红衫军行军打仗，就是因为坚信他的敌人是"臭名昭著的炸弹国王"[1]，其实那个倒霉国王早在一年半之前就死了。不过，他的近代史知识还算丰富，所以后来有机会在城市夜校和成人学院讲讲课，主题是法国大革命的原因与结果。

随后，他参加了英国的第一次公开考试，准备跻身迅速壮大的公务员大军。在此之前，这一考试一直为少数特权阶层的子弟独享。而现在，这个领域也在缓慢并且试探性地向平民阶层开放。当然，"权势集团"齐声反对，抱怨、警告之声不绝于耳。虽然只有 6 个空缺职位，包腊还是一举中的，得到了伦敦海关的职位。

一直生活拮据的包腊时来运转了。轻松闲适的工作唾手可得，以后都不必再为吃穿犯愁。升迁之路或许漫长，但也是水到渠成、十拿九稳的事。年限一到，便可以体面退休，靠着不菲的养老金颐养天年。然而，他注定不会是一个平淡无奇的人。在摘下那张小心谨慎、书生气十足的面具之后，一个真正的男人凌空出世了！

---

[1]　即费迪南多二世（1810～1859），两西西里王国第三任国王，1830～1859 年在位。曾对墨西拿进行了连续 8 小时的猛烈攻击，造成无数平民伤亡，因此得到了"炸弹国王"的绰号。

1860 年 6 月初 [特里维廉写道][1]，加里波第和上千名来自意大利北方、身穿平民服装的志愿军，在半武装的西西里民众的支持下，激战三日，最后攻占西西里首府。而这里曾经有两万正规军把守，有庞大的要塞和炮火掩护，还有港口里那不勒斯舰队的保护。加里波第获胜的消息迅速传遍了整个欧洲。

7 月 12 日，包腊还在讲授法国大革命的课程。不到两周，他却已经踏上驶往西西里的航程，去投身一场前所未有、波澜壮阔的革命浪潮。

---

[1] 引自《加里波第与意大利的诞生》，第 5 页。——原书注

第 3 章

加入红衫军：为意大利的自由奋斗

如今，人们很难理解，为什么在维多利亚时代初期，英国人会对意大利的自由统一大业如此痴迷和关注。在 19 世纪第二个 25 年间，意大利深陷不幸，其悲怆经历很难让人联想到它曾经有过辉煌的历史和崇高的政治理念。当时的意大利遭受暴政的蹂躏，不论是哈布斯堡王朝、波旁王朝，还是不可一世的教会，实行的都是残酷的专制统治，与当今世界的专制政权如出一辙。我们今天看到和听到的只不过是一些轻描淡写的低吟浅唱而已。即便在相对开明的萨伏依王朝，热那亚总督也曾对马志尼（Giuseppe Mazzini）[1]的父亲抱怨过："我不喜欢看到我们的年轻人这么缺乏主见，只知道盲从他人。"

---

[1]　马志尼(1805 ~ 1872)，意大利革命家，民族解放运动领袖，意大利的国家缔造者之一。

传奇将军加里波第

至于对加里波第的评价，那就是另外一回事了。不管是岁月流逝，对手大肆攻讦，史学家寻根问底，还是他本人晚年的失败与挫折，都无法贬低和玷污他的光辉形象与崇高声望。时至今日，他仍堪称19世纪名垂青史的大英豪——是一个真正"无所畏惧、无可指责"的英雄。

加里波第的一生充满令人神往的英勇事迹，每一段经历都有史实为证，否则，他的那些惊天伟业实在令人难以置信。二十几岁时，加里波第就开始追随马志尼，加入撒丁王国海军。他曾谋划一场规模不大的哗变，准备占领护卫舰"尤丽狄希号"（Euridice），并夺取热那亚的军火库，但计划败露，未能付之行动。他被判处死刑，遂逃亡南美洲，在那里成为一名持有私掠许可证的海盗，效力于里奥格兰德共和国（Rio Grande）[1]，与巴西帝国分庭抗礼。他屡建奇功，后来不幸被俘，受尽折磨，最后逃出魔掌，重获自由。在他重新投入战斗时，遇到了心上人安妮塔（Anita），并将她从被逼结婚的险境中解救出来。两人的蜜月是在一场炮火连天的登陆战中度过的。当时安妮塔曾被炮弹掀翻在地，倒在三具尸体之上。为躲避战火，加里波第携妻来到乌拉圭，为其建立并培训海军。后来，乌拉圭与阿根廷开战。他率领一支小小的舰队与海军上将布朗进行了著名的"三日大战"，直到弹尽粮绝，才烧毁船只，抽身逃离。随后，他组建了意大利军团，也就是最早一批以身穿红衫而著名的勇士。他率领这批战士，于1846年春，粉碎了敌人对乌拉圭首都蒙得维的亚（Montevideo）

---

[1] 即现今的南里奥格兰德州，位于巴西最南部，1835年成立独立共和国，1889年改为州。

的围困。

　　然而，在流亡国外的数年里，最令他牵肠挂肚的还是祖国意大利的自由和统一大业。为此，1847 年秋天，加里波第甚至提出要为有心改革的教皇庇护九世（Pius IX）效力。终于，在 1848 年初，也就是大革命爆发的那一年，加里波第乘船返回欧洲，回到故乡尼斯。他听闻米兰已经爆发起义，赶走了由强悍的约瑟夫·拉德茨基（Joseph Radetsky）元帅统领的奥地利占领军。但随后，失败的消息和希望的幻灭纷至沓来，反动势力一路高歌猛进，取得节节胜利。加里波第只能留下来坚守阵地，与来自法国和那不勒斯的敌军拼死战斗，捍卫刚刚成立的罗马共和国。他率领手下那帮鱼龙混杂的将士，顶住 4 万正规军的猛烈炮火，顽强阻击长达两个月。接着，他又带着一两千名幸存的忠勇士兵开始了堪称传奇的撤退。他们且战且退，又坚持了一个多月，但最后还是在一个沼泽被奥地利士兵包围，挚爱的安妮塔死在他怀里。

英国军团介入？

　　加里波第又一次被迫流亡。有一段时间，他生活拮据，朝不保夕。后来，他做了商船船长，足迹遍及世界各地。他到过中国、澳大利亚，及英国的泰恩赛德（Tyneside）地区，诺森伯兰郡（Northumbria）的矿工还赠给他一把剑。1856 年，加里波第终于购置了一块田产，在博尼法乔海峡附近的卡普雷拉岛（Island of Caprera）上定居下来，享受了一两年太平日子。与此同时，在两西西里王国（Kingdom of the two Sicilies），素以残暴腐败著称的波旁王朝江河日下，百姓生活在水深火热中。所幸,格莱斯顿(William E. Gladstone)[1] 旅行至那不勒斯,无意中发现了"炸弹国王"监狱里的残酷暴行。于是,英国人上上下下都知道了那里发生的一切。1859 年,当加里波第再次拿起武器、披挂上阵时,他在英国已是家喻户晓的英雄。一年之后,加里波第远征西西里,并大获全胜。消息传到英国,自然是群情振奋,一片沸腾。血气方刚的年轻人争先恐后地投奔其麾下,为其效劳。凡此种种,不足为奇。

当初,加里波第是否赞成组织英国军团,这一点颇值得怀疑。但有一点可以肯定,他那些足智多谋的英国顾问都坚决反对这一计划。这时,冒出一个叫斯泰尔斯(Styles)的神秘人物。他因在米拉佐(Milazzo)的战斗中表现出色,受到提拔,这会儿从西西里被派到英国,代办此事。而伦敦也专门成立了一个委员会,成员皆为德高望重、品行无瑕的人物,国会议员、造币厂的法律顾问之一克劳福德(E. H. J. Crauford)担任委员会主席,温和的社会改革派乔治·雅各布·侯里欧克(George Jacob Holyoake)担任秘书。随后侯里欧克发现,问询者络绎不绝,他那间位于舰队街(Fleet Street)[2] 的出版社门庭若市,实在难以招架。于是,他在斯特兰德大街(Strand)[3] 租了一间房子,并在各大报纸上插入一则仿效伦博士(Dr. Lunn)旅行社风格的广告。广告词如下:

远征西西里

任何人,尤其是"来复枪志愿队"成员,如有意到访意

---

[1] 格莱斯顿(1809 ~ 1898),英国著名政治家,曾 4 次出任首相。
[2] 伦敦著名街道,因附近舰队河而得名,有数家报馆,亦指代英国新闻界。
[3] 位于伦敦中西部的一条街,以多旅馆和剧院著称。

大利南部，并亲自助阵支持加里波第和意大利的自由统一事业，可通过伦敦斯特兰德街索尔斯伯里 8 号加里波第委员会申请，了解办理程序。

在这里，"志愿者，分为忠诚和看似忠诚两类。看似忠诚指的是举止鲁莽冒失，并且热情有余的一类人"。在最早一批志愿者名单上，包腊的名字赫然在列，且属于前一类。

这件事从一开始就颇为不顺。很多来打听消息的人不过是些无聊之徒，跑来找点刺激罢了，并不想真的到异国他乡去打仗。再说，那个阴险奸诈的斯泰尔斯，用侯里欧克的话说，此人名字看起来有点呆傻，但他的脑子可一点都不呆傻[1]。不知道他用了什么方法，居然在仕途上平步青云，军衔迅速从上尉提升到少校。之后他被发现"巧立名目，出售委任状，将钱款收入囊中"。克劳福德先生法眼锐利，发现所谓 900 条来复枪出售清单实为造假。他设法拿到了那份清单。于是，一场颜面尽失的缠斗在所难免。此时，又冒出一个过分热情的美国人来蹚浑水。此人名叫德罗汉（De Rohan），自称是海军某军官，却无证据证明。他事事都要插一手，把事情搞得愈发混乱。最后，一班人总算摸索出一套方法和程序，选拔出 1000 名志愿者。出发日期也确定下来。但对情绪高涨的包腊来说，此事进展还是太过缓慢，他甚至觉得简直是度日如年。志愿者运动（Volunteer Movement）终于如火如荼地展开，《泰晤士报》每天都辟出专栏报道运动的具体情况。包腊刚到入伍年龄，便迫不及待地当了兵，还在唐卡斯特（Doncaster）和奥尔德肖特（Aldershot）接受了军事训练。他领到一套"挺括的军服，配有饰带和交叉皮带"。7 月底，他便只身踏上前

---

[1] 引自《往事并不如烟》（*Bygones worth Remembering*）。——原书注

往西西里的旅程。

　　身穿漂亮制服的包腊是什么模样的呢？他数月后退伍时，有一份退伍证明书，我们可以从其记录上推断出一些特征来。这份证明书多年之后才发到他手里，填写和发证人为均为"青年军官俱乐部"的埃芬汉·劳伦斯（E. Effingham Lawrence）。

年龄	18
身高	5 英尺 10 英寸（约 1.78 米）
头发	褐色
眉毛	
眼睛	蓝色
前额	高
鼻子	一般
嘴唇	
下颌	圆
面部	好
气色	好
特殊标记	无
职业	绅士

　　这是最后一次有人能够看到他干净圆滑的下颌。因为，此后的一生中，他的下巴上永远覆盖着胡须。茂盛已经不足以形容，简直可以说是浓密。

　　向南的航行风平浪静，平淡无奇。不久之后，幸运之神终于开始眷顾他。在旅行途中，他结交了约翰·怀特海·佩德上校（Colonel John Whitehead Peard）。他在意大利北方战役中功勋卓著，获得"加里波第的英国人"[1] 这一光荣称号。他早已脱去以往"康沃尔公爵那骑警上校的行头,不再佩带交叉皮带"[2]。我们看到一位"愉快的、身材壮实的中年男人,身穿黑色短大衣,蓄着浓密的大胡子,头戴黑色意大利轻步兵团军帽,帽子上镶有上校饰带和黑色翎毛"[3],显得神采奕奕,分外精神。包腊与之邂逅真是太幸运了!

包腊在墨西拿上岸。几天之前,加里波第刚刚夺下米拉佐,为全面控制西西里奠定了基础,也为突袭卡拉布里亚(Calabria)扫清了道路。在维特多利亚酒店(Hotel Vittoria),包腊叫醒了正在打瞌睡的门童,连珠炮一样问了一大串问题。

"有什么消息吗?谁在这里?情况如何了?关键是——将军在哪里?"

"没什么特别情况,先生。没有大胜仗,没有大暴动。军部也没什么变化。实际上,从星期一到现在都没发生什么事,也就是那次大事之后!"

"星期一?什么大事?"

"先生还不知道吗?哦,对了,当然不知道。先生刚刚乘'快速'号(Veloce)轮船从热那亚赶来。没错,这里刚刚打了一场大战。一场真正的'苏法利诺之战'(Solferino) [4],就在米拉佐战斗之前。结果大获全胜,总共俘虏了 800 名士兵,缴获枪支弹药不计其数。温德姆(Wyndham)上校受了伤,就在楼上 42 号房间。"

---

[1] "从这天起,他不再叫约翰·威廉爵士,而是叫'加里波第的英国人'。"语句出自大仲马的《随笔》。——原书注

[2] 引自《佩德日记》。——原书注

[3] 引自《圣茅尔伯爵书信集》(Letters of Lord St. Maur)。——原书注

[4] 发生于 1859 年 6 月意大利伦巴第苏法利诺的重大战役。交战各方均由国王亲自指挥。一方是拿破仑三世和伊曼纽尔二世领导的法撒联军,另一方是奥地利国王约瑟夫亲自指挥的军队。最后法撒联军获胜。

一小时之后，包腊的脑袋里已经塞满了各种真真假假的消息。他刚在桌边坐下准备吃早餐，身后便传来一个低沉厚重的声音。原来是佩德上校走到了他身边。上校与小伙子热情地打过招呼，主动提出让他睡到自己的房间。上校还承诺，将亲自把包腊介绍给将军，见面时间就定在第二天。包腊在日记中作了描述：

> 我终于见到了加里波第。我觉得这才真正领略到他的某些特殊魅力，他那高山仰止的魅力令所有认识他的人都对他深怀敬意。先说说他的相貌吧。肩膀宽得出奇，胸膛厚得惊人。脑袋前倾，似乎是因为身躯高大。其实，站在他身边，我才发现他并不比我高。他的头发是深栗色的，接近黑色。只有胡须例外，是黄褐色的。从脸上一小部分看，也就是未被胡须遮盖的部分，他的皮肤是古铜色的，也可以说是日晒的骏黑。不仅如此，他脸上还有许多雀斑。总之，是一种血气旺盛的颜色。
>
> 他对英国给予的同情和支持表示热烈欢迎，表示希望这千余名英国士兵可以教他的土包子士兵使用刺刀。最后，他热情地赞颂了英国，任命我为毕克休（Bixio）将军的参谋部副旅长。副旅长也好，二等兵也好，反正都一样。伙食一样，军饷也一样——都是毫无分文。
>
> 加里波第一身平常装束，穿着常见的法兰绒衬衣。脖子上松松地系着一块手帕，就像系着一条围巾。下身穿着一条灰色长裤，头上戴的是时髦的宽边呢帽，帽檐上卷。我的一身制服在红衫军士兵里格格不入，分外刺眼。我准备换下军装，只穿平常衣服。

假如包腊消息灵通一些，那么，当他听到自己未来上司那鼎鼎大名之时，肯定会心惊胆战、诚惶诚恐的。尼诺·毕克休勇武过人，出类拔萃。不仅因为他面对敌军表现出的巨大勇气，还因为他对手下极为严厉，堪称毫不留情。最早让人对其刮目相看的举动是，国王查尔斯·艾伯特（Charles Albert）骑马穿过热那亚时，他抓住国王的战马笼头，大声喊道："打到提契诺（Ticino）那边去，陛下。我们誓死跟你走！"12年前，在保卫罗马的战斗中，他一下子俘虏了法军整个营，最后中弹差点丢了性命。当时，他一马当先，冲在军队前面。只见他纵马跃上考西尼别墅（Corsini Villa）的外层楼梯，又闯过二楼客厅，一口气冲到阳台上，从那里可以俯瞰整个潘菲利花园（Pamfili）。但他刚一露头，子弹就如同暴雨般朝他飞过来。

1859年，尼诺·毕克休加入加里波第的队伍，在意大利北部战斗中再度取得卓越的战绩，并不断加官晋爵。突袭西西里时，他主动打头阵。在卡拉塔菲尼（Calatafini），他力挽狂澜，转败为胜。另有一事，足以证明毕克休的强悍个性。当时，人们普遍蓄须，周围净是些胡子男、美髯公。而在毕克休那倔强好胜的面孔上，只留着军人特有的齐整小胡子，这让他看起来仪表堂堂。但是，他的另一面却颇叫人诟病。几周前，他朝一位并无恶意的军官脸上揍了一拳，最终导致决斗。此外，他还用马鞭驱赶赖床的士兵起床。他甚至曾在部队运输船上直接把盘子甩到一名士兵脸上，后来还把士兵喊到甲板上，大声呵斥道："这是我的地盘，所有事情我说了算。我就是这里的沙皇、苏丹、教皇！我叫尼诺·毕克休。你们必须服从我，就像服从上帝那样！有人胆敢耸一耸肩膀，或者动一动造反的念头，我就会穿着军装，拿着军刀，把你们剁成肉酱。"

突袭卡拉布里亚

在攻打巴勒莫（Palermo）的激战中，毕克休一开始就中弹负伤。但他硬是用手掏出胸口上的子弹，然后继续拼杀。后来，他被抽调出来，奉命前去镇压一伙无政府主义者的暴乱。这些狂徒就跟他一样，不在乎生死，杀人不眨眼。暴乱地点位于埃特纳（Etna）山和布龙泰（Bronte）的纳尔逊庄园。此刻，毕克休正在这场惨烈的较量中拼杀。正因上司不在跟前，包腊可以随意走动，观察着愈发紧张的气氛。这时，加里波第已经集结兵力，开始实施横渡墨西拿海峡、攻打意大利的计划。包腊记录了当时的感受：

> 这里的道路已经完全乱成一团。到处都是士兵，他们有的在吃东西，有的在喝水，有的在睡觉，有的在打牌。有人溜达，有人聊天，有人玩闹，有人吵架。意大利的军官骑在野性难驯、难以驾驭的马背上。海边的大炮排列齐整。牛车停在路中间，密密麻麻地包围着打饭的人。远处，两艘那不勒斯战舰正虎视眈眈，注视着这边的一举一动。

包腊清晰地描述了当时的战略态势：

> 法罗角（Faro Point）与对面的距离，即西西里与卡拉布里亚的距离非常之近，乘坐"快速"号、"卡拉布里亚"号和"阿伯丁城市"号（City of Aberdeen）轮船，我们可以轻而易举地跨过海峡。眼下人们在争论，应该首先进攻菲乌马拉（Fiumara）要塞，还是锡拉（Scylla）要塞。两个要塞皆有重兵把守。米索里（Missori）已经前往刺探情报了。锡拉要塞坐落于一处与陆地分离的岩石之上，其下的陡峭

崖壁几乎垂直耸立。小镇则位于山嘴上，向两边的海滩延伸下去。小镇与要塞之间只有一座吊桥相连。

事实上，进行化装侦查的人并不是那个年轻勇敢的伦巴第海军中尉米索里，而是一个叫莫索利诺（Mussolino）[1]的卡拉布里亚农庄主。他与菲乌马拉要塞的守军商量好，到时候打开大门，放下吊桥，来个里应外合。根据这一计划，一支敢死队迅速集结起来。8月8日夜晚，200名持着来复枪和左轮手枪的士兵，在米索里的带领下，五六个人为一组，开始划着小船横渡海峡，准备在要塞的高墙下集合。加里波第亲自指挥小船队出发，目送他们远去。有人最后一刻报告：

"弹匣太大，无法插入来复枪。"

"那就用你们的拳头！"[2]

包腊听说了这次行动，当即要求出战。但是，没人愿意让一个毫无经验的英国年轻人加入这次几乎等同于送死的行动，也没有人愿意招惹毕克休。万一他回来找不着新任参谋官，必定会暴跳如雷，到时谁都受不了。不幸的是，莫索利诺中了别人的圈套——要塞的门根本没有打开。接下来，在将近两周的时间里，这群毫无希望的士兵陷入彻底孤立无援的环境中。他们遭到敌方正规军的穷追猛打，在阿斯普罗蒙特山（Aspromonte）里东躲西藏。夜晚，海拔3000英尺的山上寒冷刺骨。到了白天，8月的烈日猛烈炙烤着他们，而且他们总是食不果腹，饥肠辘辘。年轻的包腊身子骨从来不曾壮实过，也未参加过高强度的体能训练，根本无法适应如此严酷的磨砺。他

---

[1] 特里维廉记载的名字莫索利诺只有一个"s"，而《泰晤士报》特派记者当时就在现场，他的记载有两个"s"。——原书注

[2] 引自罗贝托·马里奥的《红衫军》。——原书注

这一生都在忍受"心比天高、力有不逮"的折磨。假如真要面对这种艰苦的逆境，恐怕大战开始之前，他的心脏就已经垮掉了。

在接下来 12 天里，他只能在墨西拿的客栈和小巷里闲逛。8 月 20 日，他在日记中写道：

> 除了突袭卡拉布里亚要塞之事，人们没有别的话题可谈。这次行动应该很快就能大功告成。今天，躁动的情绪四处弥漫，人员活动异常频繁。加里波第去了法罗角，指挥部几乎空无一人。雇员们在收拾行李。人人都在互相打探消息，但结果个个一头雾水。

从日记来看，包腊显然没有搞清楚形势。就在 18 日早上，加里波第结束对撒丁王国 6 天的访问，这会儿正高调出现在法罗角的大本营，面对那些赤胆忠心却又六神无主、只知道吱吱喳喳吵闹的士兵。他下令做好准备，立刻发起进攻，随后就不见了踪影。原来，他乘马车南下，沿西西里海岸到达陶尔米纳（Taormina）以南的一处地点，用了整整一天的时间。在那里，毕克休的部队已在极为秘密的状态下集结完毕。"富兰克林"号（Franklin）和"都灵"号（Torino）向西航行，绕岛一周后在此地停泊。前一艘船曾出现严重漏水的情况，后一艘船的船长则拒绝继续行驶和完成这项惊险无比的任务。现在，漏洞已经被加里波第派人堵上，船长也被毕克休逮捕。黄昏降临时，船只起航，驶向大海。至 19 日黎明时分，3000 名士兵已经在卡拉布里亚半岛最南端的梅利托（Melito）登陆。登陆后，他们很快得到米索里手下 200 名勇士的接应。面对意外来援的毕克休部队，那不勒斯军队被打了个措手不及，将军们自然手足无措，阵脚大乱。加里波第上岸后挥师北上。就在包腊准备邮寄日记回家的时候，部队已在攻打雷焦（Reggio）了。至午夜时分，小镇已被拿下。

他先前注意到的"那两艘那不勒斯战舰"此刻正穿过海峡，飞速驶来。但它们迟了一步，只能向着已经下沉的"都灵"号发了一通炮弹。而趁它们驶出港口、后防空虚的当口，科森兹（Cosenz）率领远征军主力从法罗角出发，"穿过凶险的墨西拿海湾大漩涡，奋力向前。他们绕了个大弯迂回前进，以躲避锡拉要塞发射的炮弹"，最终在法瓦齐纳（Favazzina）安全登岸。那不勒斯海军匆忙掉头北上，但还是晚了一步，眼睁睁地看着一群空渔船向着法罗角返航，只好胡乱射了一通炮火。包腊称之为"3 英里远的无效射击"。一直以来，敌方严密控制海面，从未受到挑战。而面对这种严密防守，加里波第硬是把全体部队送上了意大利本土，而且几乎毫发无损。

那不勒斯军队的下级军官和士兵倒比他们的上司更有血性。加里波第登岸伊始，双方便激烈交火。随着科森兹与加里波第汇合，敌军开始纷纷投降。小镇大门洞开，部队随即向那不勒斯急速挺进。

在这个节骨眼上，包腊的所作所为，虽说可以理解，却也实在令人不敢恭维。他先前已经被任命为尼诺·毕克休的私人参谋，此刻毕克休就在几英里之外的地方。这位脾气暴躁的将军正带领一支相当庞大的队伍穿越崎岖山地，而且几乎没有带轮子的运输工具，因此可以说这次行军困难重重。按理说，一个负责任的军官应该竭尽全力，找到自己的长官，并立即投入各种组织调动和后勤保障工作中。但包腊却想方设法混进了加里波第的随行人员中，跟着他快速向北方前进。他们时而步行，时而骑马，时而乘坐车辆，反而把自己的先头部队远远地甩到身后。他的日记倒是写得诗情画意，一派田园风光：[1]

---

[1]　接下来 10 天，包腊日记中使用的辞藻相当华丽，很大程度上得益于与他同在一个部队的《泰晤士报》特派记者所发的稿件。参见附录一。——原书注

明天我们将行进至巴尼亚拉（Bagnara）。今晚我们在一座小山顶的树林里安营扎寨，这里可以俯瞰海峡。啊，卡拉布里亚，天堂一样的地方！我们不断向高处走，在梯形盘旋的道路上转过一道又一道弯。广阔壮丽的景色一览无遗！田野如此广袤，海天如此无垠！夜幕降临，空气清新凉爽，沁人心脾。马蹄掀起的尘土，此刻也已沉淀下来。这里的山川丘陵承上天恩泽，土地肥沃。万物孕育，生生不息。苍松翠柏，山巅巍峨。辛勤耕耘的田野里，果蔬粮食丰收在即。如此质朴情趣，田园风光，只可在维吉尔的《农事诗》（*Les Georgiques*）中可见。

今天，我们从海峡一路向东，似乎每走一步都会看到更茂盛的草木，更肥沃的土地。这里的植被较少遭到海峡凛冽寒风的吹袭，因而显得更加茂盛葱茏。下午，我们穿过大片橄榄树林，那些橄榄树比我曾见过的所有品种都更高大壮硕。

政府竭力榨取和破坏各种产业资源。即便如此，农村的生产能力依然巨大。只是贸易往来暂时处于困难时期，我们甚至无法兑换一块法国银币——银子在这属于稀缺之物。

8月25日。我们在这天下午3点到达巴尼亚拉，并受到热烈的欢迎。卡拉布里亚人温文尔雅，淳朴高尚。那份热情让我们实在于心不安。他们称加里波第为恩人和大救星，我们一到达，他们就端出最好的东西来款待我们。

加里波第进村不久，国民卫队的人就押来一个一嘴黑胡子、满脸奸诈的神父。他的罪名是诋毁本地爱国志士的名誉，导致他们死亡。国民卫队把他从一个秘密藏身处搜出来，马上押到解放者面前，恳请他伸张正义，严惩逆贼。这个卑鄙小人以为加里波第会马上了结他的性命，吓得扑倒在地。他不是跪着，而是爬着，蠕动着凑到加里波第脚下，下贱至极地恳求饶命……

我简直无法形容加里波第对他的鄙视与厌恶。他甩开那个卑鄙之徒，就好像在躲避爬行动物一样。这个愚蠢的家伙竟然胆大包天，说了几句加里波第的妻子安妮塔的事（我没太听懂）。她是几年以前被奥地利人杀害的 [1]。加里波第终于忍无可忍，紧皱着眉头，面色凝重，命人把趴在地上的卑鄙小人拖走。他还嫌他爬过哪里，哪里就被玷污。接着，他冷静地命令特雷齐（Trecchi）召开军事法庭庭审，让法律处置这个卑鄙小人。

他们继续行军，速度不断加快。26 日，加里波第到达尼科泰拉（Nicotera），亲自迎接从墨西拿渡海而来的援兵。27 日，在蒙特利昂（Monteleone），由于误解，一万名那不勒斯士兵被允许逃脱。28 日清晨，加里波第骑上一匹快马，前去追击。至 29 日晚，他在蒂廖洛（Tiriolo）赶上逃窜的部队。佩德上校及时支援，在附近村庄招募的非正规军的积极配合下，加里波第于 30 日包围了敌军部队。当晚，部队投诚，加里波第缴获了大量战利品，其中包括 100 匹战马。他立即把塔尔（Turr）将军旗下一半的匈牙利骠骑兵（Hungarian Hussars）武装起来。一路走来，这些骑兵一直拖着沉重的马靴和马刀艰难跋涉，徒步前进。

包腊并未记录这一段精彩故事，他讲的完全是个人的事情。而

---

[1] 事实并非如此。—— 原书注

特里维廉颇为宽宏大量地写道，陪伴加里波第的是"一个特别容易疲劳的英国绅士，运气不错，还有钱雇马骑，使他得以跟上部队的速度"。但是，这位行军队伍中最年轻的小伙子居然还觉得自己的速度太快了。

8月30日。经过9天的行程，我已经明白，战斗虽然艰险，但比国内人们想象的要愉快许多。凌晨3点吹起床号，你必须从睡觉的旱沟里，或葡萄架下爬起来。我们每天都在4点借着月光或星光启程赶路，而且5点破晓之前都不会停下来。

我们必须自己喂马，自己整理行装，因为指派给我们的勤务兵都没有马，总是落在后面。于是所有差事都得我们自己亲力亲为，包括刷毛、喂料、饮马、备鞍、上笼头。不过，加里波第是个例外。他的两匹坐骑由他的两名爱将争相照管，就是特雷齐将军和皮亚齐（Piazzi）将军。前者曾是撒丁王国驻英国使馆随员，目前是维克多·伊曼纽尔[1]的一名副官。马匹都拴在远处牛棚里，东一处西一处，取草料要走很远。鞍具数量也有限，总是供不应求。看得出来，我的装备让别人眼红，因为这是军营里最好的，多亏梅里（Merry）的悉心照料。

折腾许久之后，我们终于上马出发了。每个人都紧赶慢赶，跟着将军。加里波第总是一马当先，绝不等掉队的人。我们每天早上要骑行三四个小时，然后在正午时分找个村子或林子停下休息一两个小时。一般要等好半天才能

---

[1] 国王维克多·伊曼纽尔二世。——原书注

吃上一点干面包，还有奶酪或香肠。这是配给的伙食。下午三四点时，我们再次出发。不管是人困还是马乏，都要走到黄昏日落才能停下来搭建宿营地。这是个苦差事，也是个难差事，常常让我们伤透脑筋。

天气炎热，尘土飞扬。虽然卡拉布里亚位于亚热带地区，但这个夏天热得出奇，三个多月滴雨未下。在路上，我们偶尔经过各色贵族大庄园、市镇里的大宅子和官殿。每次遇到这种地方，我们都顾不上旅途劳顿和一身风尘，纷纷坐下来享用带香槟的晚餐，或者吃一顿用精美器具端上来的清凉茶点。马匹驮着我们的全部家当——一套换洗的亚麻衣服和一张路线图。不过，我对亚麻质的衣服并不介意，有一件红色法兰绒衬衣就可以应付各种场合了。我的将军[1]此时还未与大部队会合，所以我都怀疑我现在所属的这个旅是否真的存在了。西摩尔爵士（Lord Seymour）已经把东西都放在侍从身上，还好意地让侍从也帮我背了几件物品。[2]随行人员中有几个英国人，我们打得火热。只要你是英国人，基本上就能得到加里波第的优待。

最难熬的事是没有机会洗澡——这里到处缺水，恐怕只有上帝才有泡澡这种福气了。供给的生活必需品也少得可怜，扁瓶装白兰地、香烟、肥皂，都莫名其妙地消失。对这种损失，我们无可奈何，只能克制自己，一笑了之。马匹同样吃苦受罪，非常可怜。这些矮小的卡拉布里亚马

---

[1]　即尼诺·毕克休。——原书注

[2]　此事不可能。西摩尔爵士后来在战斗中的确成为包腊的好友，但他是 9 月 9 日才抵达意大利的。——原书注

每天要跑30英里，除了缺少呵护、粮草不足等问题，还要忍受高温酷暑、漫天尘土的恶劣环境。只有爱尔兰马和英格兰霍恩卡斯尔（Horncastles）的高头大马才能承受如此苦役。加里波第有三四匹坐骑，其中还有两匹英国血统马。我们只能骑那些可怜的小牲口，但这些马常常出问题，与我们花的钱根本不相衬。

不过，抱怨也没用。我们在旅途中用无数玩笑化解各种烦恼——我现在晒得很黑，回家你们大概都认不出我了。日子一天天过去，我也参加过好几次战斗，不过都是在远处闻闻火药味而已。我渴望着接受战火洗礼。那不勒斯军队一定会在什么地方反击，我们会很快与之相遇的。

挺进那不勒斯

31日，加里波第从下卡拉布里亚，经阿格里佛里欧（Agrifoglio）山口，进入上卡拉布里亚。正午时分气温灼人，部队在罗利亚诺（Rogliano）休息，然后向省会科森扎（Cosenza）挺进——此次入城堪称英雄凯旋。包腊及时记录了盛况：

这天下午4点，我们离开罗利亚诺，于8点到达科森扎。进城后，我们发现，卡拉布里亚的所有男人都整装列队欢迎我们。大街小巷、公园广场灯火通明。到处是一队队四下巡逻的志愿兵，他们身上背着各式各样的武器。许多人只有长矛、标枪，有人甚至拿着农具，但他们个个勇武彪悍，豪气冲天。志愿兵的人数有一个军团那么多，可以说家家动员、全民皆兵。这是一个真正站立起来、行动起来的国家，一个波旁王朝曾经企图压垮、摧毁的国家，如今推翻了暴政的压迫，挺起了腰杆，再没有人能压迫和奴役他们了。

人们或镇定自若或欣喜若狂，张开双臂迎接他们的解放者。他们用狂热的方式包围了统帅加里波第[1]，几乎让他窒息。不仅如此，他们还与我们每个人拥抱、亲吻，紧紧握手，连我们的马匹、衣服和马具都不放过。他们是那么激动，几乎完全忘掉自己是否体面，也忘了我们是否消受得了。一切哀告求饶都不管用。每到一个镇子都会遇到这种热闹而混乱的场面。一个人抓住你的马缰绳，再传给第二个人，再传给第三个人，直到那可怜的马被折腾得晕倒在地。有人会带你去左边找马厩，然后再到右边去找。东找西找，就是找不到。我开始怀疑，这里到底有没有马厩。至少没有哪个马厩能容纳多出一倍的牲口。

所有人都按照军衔高低找到相应的去处。镇子上上下下全都归我们随意处置，我们被尽可能地安排得舒舒服服、妥妥当当。眼下，新的夜晚宿营问题出现了——我被镇上的人争来抢去。抢到我的那位老兄带我去了他家，那地方离指挥部足有 1 英里远，离我的马更是有 2 英里之遥。到家后，他给我铺了一张床。唉，说真的，还不如让我找张桌子凑合凑合呢，或者让我直接睡地板也比睡那张床强。他端来一杯红酒让我饮用，还有一杯让我洗漱的凉

---

[1] 加里波第在 1860 年夺取两西西里后，被拥戴为两西西里最高执政者，称统帅（Ditator）。此官名与"独裁者"的称呼一样，但实质意义不同，故译为统帅，以示区别。

白开。我想开窗睡觉，他却执意要关上，说开窗睡觉会吸进露水，导致感冒发烧，甚至丢掉性命。我不理睬他的苦心，非要打开窗子呼吸新鲜空气。他只好等我睡熟后蹑手蹑脚地溜进来，关上那扇讨人厌的百叶窗。但我很快就发现了他的举动，因为我被肮脏小屋内的污浊空气熏醒了。不过，第二天的早餐倒是丰盛无比，那杯咖啡也绝不含糊。这位可怜的老兄和他的妻子肯定整夜不眠不休，生怕加里波第的追随者会有不时之需。

但对包腊这位年轻的追随者而言，这场奔向那不勒斯的急行军就要接近终点了。统帅由那位时而冲在前面、时而乔装打扮的佩德上校陪同着继续前进，去接受更大的荣耀。至 9 月 7 日，他们进入首府，受到空前盛大的欢迎。而可怜的包腊则留在原地，等待自己指定的指挥官驾到。他将要听命于一位严厉的上司，并老老实实地履行正常的军官职责。

> 科森扎。我们在这里驻扎已经一星期，我找到了我的将军和我的旅。这 6 天以来，我一直忙于训练军士的工作，但尚未见到很大成绩。毕克休是个不折不扣的军人，曾参加过克里米亚战争，熟谙兵法。我很欣赏他。加里波第已经走了，去萨莱诺（Salerno），由塔尔和卡尔达尔（Cardarell）的旅随行。我们随即跟上。

此处的卡尔达尔，显然就是指那位那不勒斯的将军卡尔达瑞里（Caldarelli）。他的故事都是些小道传言，饭后谈资。卡尔达瑞里缺乏忠诚，性格优柔寡断。即便是在军心涣散的那不勒斯高级军官里，他也是有名的孬种——他带着三千多人的部队缴械投降。对于他的叛变行为，部下中有些人恨之入骨，欲除之而后快。后来，他解散了部队。当时，佩德上校使用计谋，赶到加里波第队伍的前面。他发现，人家总把他错认成统帅本人。虽说两人都身材魁梧，留着大胡子，但外貌特征相去甚远。他对那些跪地爬行、将他奉为"上帝再世"而膜拜的神父们深感厌恶。厌恶归厌恶，他还是欣然接受了人们的误会，不断将错就错，上演好戏。在埃博利（Eboli），他接受敌军投诚，占领电报局，并截获一份急电，内容是要求告知加里波第的行踪及卡尔达瑞里的位置。电报来自驻萨莱诺的那不勒斯将军，其手下有 1.2 万名士兵。于是，佩德上校回电，称统帅加里波第就在此地，正率领至少 5000 人部队前进；他还称卡尔达瑞里旅也已投奔己方，改编成纪律严明的作战部队，正跟随加里波第的队伍前进。这一计谋立刻奏效，驻扎在萨莱诺的部队立即弃城而逃。接着，弗朗切斯科二世和他那勇敢镇定的王后也逃离那不勒斯。包腊总算记录了一些历史事实。

加里波第奇兵突进，在身后留下了许多零星的抵抗势力，需要逐一扫除。在解决一股相对重要的抵抗势力时，包腊终于如愿以偿地闻到了火药味道。

今天终于第一次进入战斗，但由于过度兴奋，我实在难以厘清思绪。起初，子弹从耳边飞过时，我感觉十分怪异。我必须坦白，当时我着实把自己骂了个遍，我千不该万不该，不该来找加里波第。但过了半个小时，我不再那么慌乱，镇定下来。当那不勒斯军队举起白旗时，我甚至觉得意犹未尽，颇为遗憾。他们投降，交出要塞，而我方伤亡甚微。

龙廷洋大臣：海关税务司包腊父子与近代中国（1863～1923）

战斗有时只是一些小规模的交火，但感觉相当刺激。我们的人马都是刚刚从乡下或葡萄园里招募来的，连草垛都射不中。瑞士士兵[1]和那不勒斯士兵看准了我们枪法不精的弱点，极尽羞辱之能事。有个看起来像是来复枪部队上校的家伙，简直胆大妄为。他骑着一匹黑色高头大马，在要塞前的海滩上来回蹦跶，给他的士兵加油鼓气，显然一点都没把我们的枪手放在眼里。

我们的人朝他开了至少20枪，却无一命中。他的狂妄激怒了我。我抄起一杆枪，正要向他射击，就听到"咻"的一声，从道林（Dowling）上校的阵地上飞来一发炮弹，正中目标。硝烟尘土散尽后，人和马踪迹全无。不过，毫无疑问，附近地区一定可以拾到他们的碎块儿。

说到"道林上校"，人们会想起，曾有无数仁人志士云集加里波第身边，他们来自社会各个阶层。而道林上校，这位没有委任状的英国军官就是一位值得书写的代表人物。他原是英国皇家炮兵中士，参加过克里米亚战争。在无人提携的情况下，他凭一己之力，进入统帅的队伍。在整场战役中，每逢关键时刻，必会出现他的身影。道林为人可靠，多才多艺。遇到紧急情况，他总能随机应变，化险为夷。他负责训练那些基础极差的炮手，察看地形，修筑工事，还借助某些英国地中海舰队逃兵的专业协助搭桥铺路。在加里波第解甲归田后，在那些充满怀疑、猜忌、失望的日子里，他依然矢志不渝，从容应对，最后官至炮兵总监。

---

[1] 那不勒斯军队中的4个瑞士雇佣军团已在一年前哗变、解散，其中一些瑞士部队重新集结，他们以射击技术高超闻名。——原书注

包腊很快就见识到自己上司的手段了。此时，加里波第的处境岌岌可危。危机来自沃尔图诺（Volturno）的那不勒斯军队，也来自镇守那不勒斯要塞的波旁军队的火力。塔尔将军的师团是唯一跟上加里波第的部队，此刻正在阿里亚诺（Ariano）集中精力镇压反动势力。加里波第的主力部队正在拼命追赶自己的统领，却不幸遇到糟糕的路况，行进受阻。所以加里波第只好决定从海上调运美第奇（Medici）师和毕克休师的兵力，其中一部分经过保罗（Paolo），另一部分经过萨普里（Sapri）。在保罗，尼诺·毕克休与其他部队就登陆顺序问题发生争执，并用滑膛枪枪托打破了几个战友的脑袋。

　　这件事对将军身边的人来说司空见惯，只是小事一桩，大可一笑了之。但对笃信正义、纪律、绅士品行，满脑子英国观念的包腊来说，此事非同小可，令他深感错愕。但从他的日记里，我们看到，除了有关弗朗切斯科二世逃离那不勒斯的流水账之外，他只字未提其他事，这很是奇怪。也许，他想到的是，就在这晚（9 月 13 日），他的朋友埃德蒙·布莱（Edmund Bligh）会在伦敦的利德贺街（Leadenhall）给城市夜校和成人学院的学生讲授"男子搏击原理"，或者"拳击的哲学"。而在沿海岸行进的短暂旅途中，他心事重重，显得闷闷不乐。到那不勒斯登岸后，他听说毕克休师将暂时留在首府，于是不失时机，立刻申请临时调动，前往塔尔将军参谋部。此刻，塔尔将军已完成在阿里亚诺的任务，但他的部队正守卫着一条易攻难守的防线，其指挥部就驻扎在卡塞塔，左边是卡普亚（Capua）的要塞，右边是沿沃尔图诺河南岸蜿蜒伸展的高地。

　　斯蒂芬·塔尔也是一位值得浓墨重彩、大书特书的人物，他是加里波第的心腹爱将。论外貌，他有一张极为生动的面孔。虽然他那修剪整齐、呈铲子形的胡须不如别人那样茂盛，但他却有一副长长的小胡须，从上唇向两侧伸展出去，几乎呈水平角度，在顶端变成须尖。那张原本有着柔和眼睛和鹰钩鼻子的面孔因此给人一丝恶魔的感觉。这个匈牙利的马扎尔人出身名门，但并非贵族。1849年，他不再效忠奥地利，转而成为匈牙利爱国志士科苏特（Kossuth）的联络官。1856年，他被捕，被军事法庭判刑，但不久后他设法逃到了英国。他理所当然地被吸引到了加里波第身边，成为后者的得力干将。他算不上一名战士，因为他的策略永远不够英明，作战也总是鲁莽冒进，但他是一位老谋深算的谈判能手。

斯蒂芬·塔尔身体虚弱，行军在外总是不时地晕倒。在西西里和卡拉布里亚战斗间隙，他抽空去了一趟休假胜地艾克斯温泉（Aix-les-Bains）治病。包腊来他手下做参谋时，加里波第刚好去巴勒莫处理政治事务，留下塔尔单独指挥部队三天。塔尔随即发兵，结果证明那是一次计划不周、指挥不当的行动。他成功占领了山顶小镇卡亚佐（Cajazzo），却在卡普亚城下遭到疯狂反扑，部队伤亡惨重。统帅回来后严厉斥责了他的轻举妄动，不过这并不影响年轻的包腊对他的钦佩。

在卡普亚的圣安杰罗（Sant'Angelo），我依然跟随塔尔和他的骑兵部队，而毕克休的部队尚未到达。圣安杰罗是我们最前沿的哨所阵地，曾经参加克里米亚战争的皇家炮兵考珀（Cowper）把守着山顶小要塞。在那里，我们可以看到城墙上那不勒斯巡逻哨兵的圆筒高帽。夜间偷袭频繁发生，我们的士兵很难整日整夜保持警戒状态。

昨晚，我在一处干草堆里找了个舒服的地方，跟温索普（Winthrop）[1] 和格拉顿（Grattan）挤在一起。格拉顿是

---

[1] 包腊在别处提到"温索普曾经跟我同在一个队里打橄榄球，昨天跑到我这里。他们团驻扎在马耳他，他专程跑来就是为了打一场球赛"。——原书注

女王信使，专门从那不勒斯城里跑到前线来体验战场生活。我们刚刚开始享受第一次安宁的睡眠，突然听到一声枪响，接着是"噼噼啪啪"的交火声。我们睡不着了，很不情愿地爬起来，看看出了什么事。慌乱中，我好不容易着装完毕，其实所谓着装也就是套上靴子而已。黑暗中，刚好看到塔尔大步朝开枪的地方走去，身后跟着两个勤务兵。这时候交火已经停止。

营地里没有灯火，这一带木柴奇缺。其实，即便不缺木柴，也不许我们点火。因为火光会让我们成为炮弹的靶子。黑暗中人影绰绰，士兵们四下走动。偶尔可以听见武器碰撞发出的声响，那是士兵们从枪架上取下来复枪，或者钢制剑鞘碰到托架时发出的声音。可以隐隐约约看到几个哨兵黑乎乎的影子，显得阴森诡异。我们还时不时撞到拴在树下的马匹。眼前这个巨大的、寂静无声的黑影就是骑兵营，它时刻保持警惕，严阵以待。

这时，枪声已经基本停止。我们压低嗓音，相互招呼着，都觉得又是虚惊一场。前去侦察的军官回来了，表示并未发现任何情况。很快，塔尔也回来了，他听了几个汇报，发了几条指令，然后就返回营房。那是一处离我不远的草垛。大家紧张地折腾了半个小时，问了一通"谁？"之后，就各自返回自己的安乐窝。有的裹着毯子躺下，有的干等天亮，或等着执勤上岗。无端端遭受一番惊扰，所有人都开始抱怨连天。他们不分敌我，连那不勒斯的士兵和自己的哨兵一块咒骂了一圈。这种虚惊一场的情况经常发生，幸亏我有个能在战场的恶劣环境中照睡不误的本事，否则真别想休息。

用"骑兵"这个正经八百的名字称呼这支队伍属于自吹自擂。因为整支部队充其量也只有不到200名士兵，马匹也刚刚满员配齐，而且其中100匹还是塔尔最近在阿里亚诺行动中缴获的。在这批新到手的战马中，有一匹原本拴在树下，听到河对岸那不勒斯人熟悉的集合号声，那匹马便挣脱笼头，一路小跑回到自己的伙伴中。不过，话说回来，这些骑兵素质堪称一流。他们终生流放，远离故土，"打起仗来毫无顾忌，视死如归"，反正只要落入奥地利人之手，也是必死无疑。到目前为止，他们还没参与战斗，但已经跃跃欲试，个个热血沸腾，期待彰显英雄本色。此外，他们也是加里波第军队中唯一的骑兵部队。

此时，包腊已然充分体会到战场生活的艰辛，以及战斗中偶尔享受的小小回报：

我们已经适应了战壕中的一切，顾得上仔细观察真正的战斗场景了。一整天，双方都在持续不断地交火。炮弹不停炸响，震耳欲聋。伙食供应极其恶劣，多亏有温索普的仆人帮助，否则大家都要饿死。他是一位老护路员，也是主要的粮草筹集人。我们英国人受不了豆子和油脂，也不习惯就着农家自酿的红酒吞咽这些食物，只好假装不知道外出纪律，到周边村子里找些能下咽的食物。

今天，我们在副官长那里痛痛快快地大吃了一顿。他是法国人，叫德巴勒（De Burgh）。约定的时间是4点，这顿晚餐完全处于卡普亚炮火射程之内。晚餐内容相当有趣，因为受邀者没有空手而来的，多少都带了点东西。有人献出火腿和香肠；有人拎着宰杀完毕的鸡，准备烤制。多数人都抱着酒瓶来，想必打算在晚宴上一醉方休。

当天气氛热烈，大家情谊浓厚。我们到达大餐现场时，看到五六个家伙正在忙着帮厨。大厨德巴勒尤其引人注目，他手里拿着大勺子，叮嘱这个指点那个的，不时添加点油盐，试一下菜肴的咸淡。见我们来到，他停下手里的活，招呼了片刻，然后回到巨大的平底铁锅前，继续翻炒。从他那过于频繁的品尝动作，以及弥漫出来的诱人香味来看，我想那里面肯定有朗姆酒。

红酒和甜酒大受欢迎。虽然缺少水杯，但大家照样开怀畅饮。一位机灵的副官急中生智，跑到不远处的营帐里，很快取回一只锡质剃须罐，还有一只残破不全的咖啡壶。大家用这些奇奇怪怪的器具快乐地吃大餐。不一会儿，一只肥美的火鸡端了上来，没必要打听是谁搞来的，大伙一拥而上，风卷残云。顷刻间，盘中只留下一堆鸡骨头。当大家胃口大开、心情大好时，人也会变得机灵风趣。所以，当德巴勒厉声谴责偷这只倒霉的鸡的人时，大家便彼此开起玩笑，竭力把罪名扣到邻座头上，说此人最懂得如何"以战养战"。我们这群人四海为家，是世界公民，但我们也是狂热追随领袖和事业的人。

然而，这位领袖以及他们的事业，不久后将要经历最严峻的考验。

第 4 章

拉锯战：沃尔图诺河畔的战歌

弗兰切斯科二世已经被驱赶到（亦可称撤退到）王国的西边一隅，并在加埃塔市（Gaeta）建立了政府。那是一座海滨城市，位于那不勒斯以北 50 英里处，紧靠教皇国（Papal States）边界。他的军队虽然刚刚打了败仗，士兵们纷纷投降，但仍有 5 万训练有素、纪律严明的正规部队负隅顽抗，而且这些军队都配备来复枪，并保持着相当充足的一批骑兵和炮兵部队。整支军队中约有 3 万人据守在沃尔图诺防线，与加里波第的一两万人对峙。这一两万人大多是从意大利各地招募来的杂牌军，使用滑膛枪，仅有的几门大炮也是从敌人那里缴获的战利品。至于那批骑兵人马，前面已经描述过了。

但是，此时的时机对加里波第一方却非常有利。维克多·伊曼纽尔国王的部队在缓慢地向南挺进，动作过于小心翼翼了。9 月 18 日，加里波第发起攻击，在卡斯特尔菲达多（Castelfidardo）击败教皇军队，随后进入那不勒斯王国境内。这样一来，即便他还要跋涉

200 英里的崎岖道路，也可以乘胜追击，从后面袭击弗兰切斯科二世的军队。9 月的 29 日和 30 日两天，道林上校凭着坚韧不拔的毅力，硬是把加里波第军队的宝贝大炮搬上高高的圣安杰罗城，开始对卡普亚城进行炮击。霎时间炮声隆隆，震天动地，但炮击效果并不明显。10 月 1 日，天还未亮，那不勒斯军队发起总攻。

卡普亚争夺战

敌人此次行动野心不小，不仅希望一举击退加里波第的部队，还企图形成包围态势，彻底歼灭对方。他们的主攻目标是防线最西端的部队，即圣玛利亚（Santa Maria）的米尔比茨（Milbitz）部和圣安杰罗的美第奇部。与此同时，敌军第二个纵队跨过沃尔图诺河，向东移动 5 英里，与位于战区中部的萨基（Sacchi）部队交战。而第三支部队，即由冯·梅切尔（Von Mechel）率领的瑞士军队和奥地利军队，则推进至马达罗尼（Maddaloni），与毕克休部队交战。塔尔的部队作为唯一的后援部队，驻守在卡塞塔。他的副官一大早便身负重伤，于是上面要求让包腊顶替他的位置。

战斗初期，那不勒斯军队形势大好，占尽先机。在浓雾散去之前，他们突然发起进攻，攻占了河边邓恩（Dunne）上校那只有 4 门炮的炮兵连阵地。随后他们设法渗透至圣玛利亚与圣安杰罗的中间地带，进而分割并部分包围了米尔比茨部和美第奇部。所幸，加里波第乘早班火车赶到这里 [1]，为防守部队补充了有生力量。虽然此时战斗刚开始不久，但他还是认为形势极为严峻，必须抽调塔尔的后援部队进行增援。随后，他便跳上火车车厢，驶往北面的圣安杰罗，并直接

---

[1]　此话貌似不合理，但事实完全如此。——原书注

扑进那不勒斯步兵阵地。敌人的乱枪射中了他的战马，差一点就将他生擒。部下将他护在中间，奋力厮杀。近身肉搏中只见刀光和剑影，他们步步为营，最后夺回了那块阵地。

这时，战线的最东端情况危急，几乎被完全包围。虽然位于中部的萨基部队一直未遭遇强敌攻击，但由冯·梅切尔打头阵的精锐部队却将毕克休的一个旅赶出了阵地。攻势之强大，令战神毕克休也难以招架，不得不向塔尔部求援。但塔尔的部队也损兵折将，自顾不暇。就在这时，战场形势突然峰回路转。那不勒斯军队伤亡惨重，进攻脚步停滞不前。皇家精锐卫队也不肯再组织进攻。加里波第看准时机，命令塔尔派出最后的全部人马，即罗斯托（Rustow）和埃贝尔（Eber）的米兰人部队以及骠骑兵旅，直接杀向卡普亚城。

从清晨到傍晚，送来的报告都语焉不详。局势愈发严峻，包腊感到焦急郁闷。当听到毕克休将军身处险境时，他再也按耐不住，骑马冲出营地，去帮助自己以前的长官。通往圣玛利亚的路并不远，一行久经沙场的老兵沿着道路前进。包腊写道：

> 太阳刚刚下山，队伍行进至沟谷里。每个战士的脸，还有干草编成的草帽，都被镀上一层深黄色，这是意大利落日余晖的特有色泽。这个夜晚寂静、温柔而美好，但尘土却令人窒息。空气中有一种压抑感，似乎传染给每个战士。平时，这些意大利人遇到危险时仍会低声说笑打趣，但此刻他们却沉默无语。[1]

---

[1] 《辩论日报》的特派记者是最富有经验的观察家，他也提到过这一现象："……鉴于意大利人的特有天性，他们这种状态非常奇怪、恐怖——他们作战时不发出一声叫喊，几乎是鸦雀无声。"——原书注

加里波第此时正在圣安杰罗的大街上，接过杰茜·怀特·马里奥（Jessie White Mario）[1] 递给他的点心：一杯白开水，几颗无花果。同时，他还与英国皇家海军"汉尼拔"号（Hannibal）的水手们打趣——他们也想参加战斗。加里波第召开了一个简短的会议。目前的局势是，那不勒斯军队对这里的攻势依然强大。一支规模相当的骑兵部队已经逼近至西面城墙之下，他们只要一出城门，就会遭到敌方的迎头痛击。所以，现在要命令匈牙利骠骑兵前来解围，赶走这些敌人。作为下级副官的包腊则被委以传达命令的任务。

他写道："我完成了传令任务。现在，我无法克制心中的渴望。我渴望见识骑兵冲锋陷阵，也渴望展示自己沉着冷静的胆略。但我完全失去冷静，头脑发热，跟着冲了出去。"

那些流亡的骠骑兵等待这一时机已经很久了，此刻犹如挣脱羁绊一般，势不可挡。他们冲出卡普亚火车站，借着一道山梁的掩护，未受干扰，顺利疏散队形，然后从两侧包抄，插入兵力四倍于己的敌军骑兵阵。接着，他们又撞破、冲散了对方铁桶般严密的步兵方阵。在往圣阿戈斯蒂诺（Sant'Agostino）行军的路上，他们追上敌方的一个炮兵连。那些炮手措手不及，呆若木鸡，待反应过来后扔下大炮四散奔逃。骑兵战士们继续策马狂奔，奋勇向前，直到冲入卡普亚城头炮火的火力之下。

此时的敌军虽然已被冲散或赶走，但他们的炮火依然可以轻而易举地打到我们。一轮轮炮击像割草一样撂倒我们的人马，我们必须重新编队，必须撤退。当时我紧张

---

[1] 她是此次战役中唯一一位发挥重要作用的英国女性，曾 14 次到圣安杰罗前线帮助运送伤员。——原书注

得忘记了指挥口令，只好用英语向最近的骑兵中队大声喊叫。现在，我们完全处在敌人的火力线上。一名中队长头部中弹，跌下马来。无人控制的战马继续向前狂奔，跑到一侧之后，掉头跑向自己的队伍。炮火一阵比一阵猛烈，我们的人和马纷纷中弹，落地翻滚。我们一直竭力保持阵形，但撤退时还是几乎全乱了。我们退到一座小山包后，才避开致命的炮火。彼此张望一下，发现队伍减员了许多，心中无比恐惧。

战斗以胜利告终。塔尔的步兵部队激战于圣玛利亚城北门，赶走了附近的那不勒斯士兵，然后调头向左，直奔卡普亚。这时新增部队陆续赶到，并且由加里波第直接领导。所到之处，那不勒斯军队溃不成军，纷纷向城里逃窜。夜幕降临时，他们再次龟缩于城墙之内，垂头丧气，坐以待毙。包腊与骠骑兵们一同骑马返回。他对战场的最后记忆是，"汉尼拔"号[1]的水手们动作娴熟地协助部队装上刚缴获的大炮，正兴高采烈地拖拽其中两门。

包腊请战

加里波第的战士们也已经拼尽全力。军需部的人平时总是敷衍了事，一副漫不经心的样子，此时也已被紧张激烈的战斗拖垮。在过去 24 小时中，部队战士几乎没吃过东西，一个个饥肠辘辘，疲惫至极。军官和士兵就地一躺，便呼呼大睡过去。但好景不长，很快

---

[1] 当时舰队中并没有人争功邀赏，声称这些水手是他们的人。芒迪（Mundy）少将认为这些水手实则来自皇家海军"声望"号。——原书注

耳边又响起了警报。

原来是那不勒斯军队早先进攻中路的那个纵队。白天他们曾试图攻击萨基的部队，但未得逞。日落时，他们悄悄来到卡塞塔老城附近。这里有个破旧小村庄，村里有座大教堂，还有一处残破的城堡，就位于卡塞塔城东北一两英里远的一处地势陡峭、岩石突兀的山顶上。当时他们已经听到已方军队战败的消息，大部分部队已沿着沃尔图诺河小心撤退，回到了他们的安全地带。但仍有约2000名士兵，不知是为了荣誉还是抢夺财物，执意向卡塞塔进攻，一路上见什么抢什么。

早在当晚10点，身在圣安杰罗的加里波第就收到了敌情电报。但此时，已经很难找到还能站起来拿枪战斗的士兵，更不要说组织有生力量连夜奔袭，攻上蒂法塔山（Mount Tifata）了。直到凌晨2点，他才凑齐人马，准备出发。这其中包括一部分热那亚卡宾枪手，一部分卡拉布里亚杂牌军，还有一部分埃尔贝旅的瑞士士兵。这会儿，还需要有一些军官督阵。在整个战役中，包腊一向主动请战，只要一有机会，他就挺身而出。如今他再次请战，并且立刻得到了批准。

9点，他们出现在山上，来到圣莱乌齐奥（San Leucio）的一个小村庄。与此同时，萨基部与毕克休部也在向新、老卡塞塔城移动。那不勒斯军队几乎已经完全陷入包围，士兵们开始四处逃窜。当无路可逃时，他们便乖乖举手投降——只有一小股敌军负隅顽抗，据守在老卡塞塔城的那个城堡废墟，拒不缴枪。这次又是志愿兵打头阵，朝山上冲锋。包腊再次一马当先，冲在前头。山坡上大大小小的岩石、卵石提供了绝佳的掩护，他们没费多大周折就来到城堡废墟的墙角下。包腊沿着梯子爬上高墙，迎面和一个敌兵扭打起来，接着就受伤了，并发生了最不幸的事情。原本只是轻伤——脸上划破一道，牙齿被碰掉两颗,碰伤几颗——但他在跟对手扭打时滚下了乱石嶙峋的山坡,撞得头破血流。他在萨莱诺的医院里才完全恢复知觉。

一周以后,包腊重新回到战斗岗位上,职务基本上没什么变化。维克多·伊曼纽尔国王仍然在小心翼翼地向南行进,其缓慢进展令人焦虑。而且他的军队也远未对那不勒斯军队构成真正意义上的威胁,后者依然占据着沃尔图诺河沿岸的防线。道林上校"不断变换自己的角色,一会儿是炮兵战士,一会儿又成了宣传大队长"。[1]他在炮兵连里忙前忙后,阵地战进行得如火如荼。

包腊又遇到了不利的情况。塔尔的身体再次垮了,因而他不得不放弃前线部队,奉命前去指挥那不勒斯城的警备队,并为即将举行的公民投票维持秩序。这样一来,我们这位满腔热情、又多少有些敏感的年轻包腊,只好再次回到毕克休参谋部。只差一两天,他没能看到那场残酷无情的游街示众大会。这一次,4名脾气暴躁的军官因为怯战而被当众撤职,加里波第亲口对他们说:"去找一把枪,把自己打死吧。"包腊沉吟良久,细细思量,郁闷的心情重新变得明朗起来。毕竟,这种残暴的军旅氛围并不合他的胃口。

> 我又回到了我的旅,部队此时占据着圣安杰罗和圣玛利亚一带的前哨阵地。每天还是有一些小小冲突,都是为了争夺某个掩体、某个山沟或战壕等诸如此类的东西。除此以外,没有什么让我感兴趣,也没什么值得记录的事情。周围的村子景色宜人,只是不允许走得太远。
> 毕克休是我见过的最闲不住的人。他的信条是:副官

---

[1] 引自《泰晤士报》特派记者的报道。——原书注

既不需要休息，也不需要吃饭。我经常马不离鞍，在一个个旅、一个个哨所之间来回奔跑，一跑就是五六个小时，不喘一口气。我只能自我安慰，幸亏当初在唐卡斯特和奥尔德肖特训练过，清楚自己的职责与任务，明白它们与加里波第军队中的每一个旅、每一个战士关系重大。但我必须说，让我整天跑来跑去，传递一些无足轻重的信息，确实不太合适。

另外，这里紧邻卡普亚，是一块威胁着士兵们健康的恐怖之地。在这里，每天都有不少战士死于热病。放眼望去，肥沃茂盛的葡萄园起伏延伸数英里，一直铺到山地边缘。在那里，浓密的树木徒劳地挣扎着，企图穿破巨大厚重的葡萄藤、铁线莲，还有金合欢。意大利秋天的金色阳光洒满山坡，照耀着水波荡漾的沃尔图诺河。此情此景，不禁让人心生遐想。在英国，恐怕找不到一处比这里更有利于健康、更适合安营扎寨的地方了吧？然而，这里的草地看似繁花似锦，其中却滋生着热病、疟疾、鼠疫和死亡，连河水都喷出死亡的气息。夜晚，山谷里蒸腾起一层又一层黏腻的热气，悄无声息地潜入夜幕，钻进熟睡者的营地，用死亡之拥抱将熟睡者紧紧裹起。

恐怖的事件每天接二连三地发生，想想都不寒而栗。走在沃尔图诺河边上，你会看到沙地上不时立着一丛稻草。拨开稻草，你会突然看到一张死人的脸。他们被掩埋起来，以免沦为野狗和猛禽的食物。还会有尸体从河底冒出来，在河水中可怕地打转，一圈又一圈，或者在阳光照耀的河面上，在人们的凝视中，顺流而下。直挺挺的尸体在水中浮浮沉沉，使人作呕，令人胆寒。

但是，记录这些情景毫无意义。毕竟，这些都是战争的后果和代价。假如不是因为我今天心情郁闷，我根本不会提及这些事。

.

第 5 章

加里波第远征军：见证意大利的统一

正当包腊闷闷不乐又无可奈何之时，援兵终于要到来了，而且是从一个他几乎遗忘的角落而来。原来，9 月底，英国军团终于从哈里奇（Harwich）港口出发了。此行不是说走就走的轻巧事，因为整个远征行动本身就属于严重违背国际法的行为，所以谴责之声不断传到时任外交大臣约翰·罗素伯爵（John Russell）[1] 的耳朵里。"但约翰伯爵最擅长的就是平息非法的狂热行为。"[2] "美拉佐"号（Mellazzo）轮船停留在哈里奇港口数日，未受到任何骚扰。最后，所有志愿兵都盼来了一封神神秘秘而略显鬼祟的通知。上面印有"亲启"和"机密"的字样：

---

[1] 约翰·罗素伯爵（1792～1878），19 世纪中期的英国自由党政治家，曾两次出任英国首相，也两次担任外交大臣。

[2] 此句及后面各处引用均出自《往事并不如烟》。——原书注

有关此次远征的出发事宜现已安排完毕。特请诸位于本月 26 日星期三下午 3 点整，前往迪恩斯大街与牛津街的考德威尔（Caldwell）会议厅。届时，您将了解到出发时间及地点。

时间很紧迫。

斯泰尔斯少校

英国远征军登陆

英国远征军尚未到达，消息已经先期传到了那不勒斯，也传到了驻守在圣安杰罗的包腊耳朵里。机不可失，他立即动身去寻找远征军。此行为无可厚非，毕竟与同胞汇合是他理所当然的权利。而且，他还放弃了委任的官职，不惜做回普通士兵。他匆匆赶往那不勒斯，并于 10 月 14 日，也就是军团登陆那天，正式编入志愿兵队伍。

人们兴高采烈，丝毫没留意别的事情，例如佩德上任伊始就下令逮捕斯泰尔斯"少校"。还有，士兵们左顾右盼，也不见有人来照应吃饭和分配住宿的问题，但大家照样欢歌笑语。"英格兰万岁！英国人万岁！……每个人刺刀上都系着一束花，胸前也挂着大丽花……一位容貌俊俏的英国军官被一位老妇揪住胡子，热情亲吻——只可惜不是妙龄女郎。"[1]

包腊对整个欢庆活动处之泰然，他觉得自己已是个久经沙场、见过大世面的老兵了。不过，在英国远征军大家庭里，他还是感到一种友情的温暖。这种友情对他此后的人生影响巨大，即便这种影响

---

[1]　引自《泰晤士报》特派记者的报道。——原书注

并非处处有益。"理查德·萨斯菲尔德上校"（Richard Sarsfield）是西摩尔爵士使用的假名，他是时任英国海军大臣萨默塞特公爵（Duke of Somerset）的长子，起个假名是为了避免给父亲惹麻烦。西摩尔爵士是一位有些古怪、也有些悲情色彩的人物，这是继承自曾祖父理查德·布林斯利·谢立丹（Richard Brinsley Sheridan）[1]；他的魅力与精明则是母亲的遗传——他母亲曾经是著名的"埃格林顿骑士比武大赛"（Eglinton Tournament）[2] 的"选美皇后"。凡是见过西摩尔的人，都会对其充满浪漫气质的俊逸容貌念念不忘。一向对贵族世家缺乏好感的乔治·雅各布·侯里欧克在 40 年后对他有如下描述："肤色苍白，一副有气无力的表情；面容俊朗，实为罕见，堪与希腊雕刻家之杰作媲美。"

　　不过，恶灵也不甘示弱，在他出生时对他施了魔法，费迪南·西摩尔（也就是后来的圣茅尔伯爵）在短暂的人生里饱受严重哮喘的折磨；这也使他变得性格乖戾，喜怒无常。他有时会心血来潮，逞一时之勇。七八岁的时候，他有一次在信中说道："亲爱的母亲，我希望今年我能变得更加勇敢……" 1857 年，他尚在波斯服役，长官是英国陆军将领詹姆斯·乌特勒姆爵士（Sir James Outram）。印度大起义 [3] 爆发后，他随乌特勒姆奔赴印度。贝尔德将军在战况报告中提到，

---

[1]　理查德·布林斯利·谢立丹（1751～1816），爱尔兰剧作家。后当选为众院议员，活跃于政界。

[2]　维多利亚时代，英国人狂热推崇中世纪的骑士制度。1839 年托利党贵族模仿中世纪情景，在苏格兰埃格林顿组织了一场规模宏大的骑士比武大赛，史称"埃格林顿骑士比武大赛"。

[3]　印度大起义，指 1857 到 1859 年发生在印度北部和中部的反对英国殖民统治的民族起义。起义最终被英军镇压，这次起义通常被视为印度第一次独立战争。

他在坎普尔（Cawnpore）[1]"勇猛有余"，在勒克瑙（Lucknow）[2]"胆大而冲动"，以至于"C. C. 爵士[3]不得不一而再、再而三地命令他撤退，否则他早就没命了"。

　　家人对费迪南·西摩尔的军旅梦想并不支持，并设法阻止有关方面给他颁发东印度公司的委任状。在接下来的几年，他始终郁郁不得志，先后在第四皇家骑兵卫队和维尔特郡志愿者部队当兵。直到 1860 年战役打响，他立刻报名，作为一名二等兵加入英国军团。不过，他倒是给侯里欧克留下了极佳印象，并接受后者的委托，给"没有地址的"加里波第递送重要文件。在变化无常、孤单寂寞的旅途中，他严格按照自己的身份行事——"我把自己摆到二等兵的位置上，永远只坐二等车厢"。拜见统帅时，统帅请他用了早餐。很快，他就被提拔为上校，举荐给佩德。佩德随即任命他为"军事秘书"。比起国内，这里的上校们都拥有为数众多的参谋人员。

　　与年轻 6 岁的包腊相比，西摩尔具有一种真正的拜伦气质。而在西摩尔眼里，包腊这个年轻人精通外语，博览群书，具有深厚的文学素养和功底。此次出征，西摩尔也带足了钱粮，并雇佣若干侍从随行。他还好心地把一位侍从指派给包腊，让他随时听从包腊的吩咐。因为包腊不得已脱下了不够规范的红衫，又穿起原来精致考究的军服，这才突然发现自己几乎都忘了那些排场和仪式，以及那些必须精心打扮、闪亮登场的种种麻烦。他们还有一个朋友塔克，担任远征军的翻译。

---

[1]　印度北方邦南部城市，1801 年英国人占领该城，将其变成英国人重要的前哨站和贸易站。1857 年印度民族起义期间，这里成为本土军队反对英国军队的杀戮战场。

[2]　勒克瑙是印度北方邦首府，1856 年被英国吞并，引发印度反英大起义。1857 年，起义者围困英国总督府达 87 天之久。

[3]　即科林·坎贝尔爵士（Sir Colin Campbell）。——原书注

在这期间，远征军受到加里波第的亲自检阅，也聆听了他的演讲——这是加里波第一生中唯一被录制的演讲——"他情真意切，几乎不见平时的滔滔辩才"。远征军被重新编为两个营。一个营按照英军编制分为 10 个现役连，其中 1 个为掷弹连，1 个为轻步兵连，也称狙击连。佩德的参谋人员包括 1 位上校旅长、1 位军事秘书、1 位侍从武官、1 位副官，还有 2 位职务不详的军官。他们乘火车到达卡塞塔，一路嚷着要开战。到达前线后，战斗很快打响。

10 月 19 日，盘踞在卡普亚的敌军突然出击，攻势猛烈，将意大利轻步兵团赶出了圣安杰罗以北的山坡阵地，并直接威胁正在前进的英国部队。佩德抽调 6 个连布置在火线上，但意大利轻步兵团仍处境艰难。于是佩德命令第 7 连和第 10 连发起进攻，由他本人亲自指挥，参谋人员也全体出动。越接近敌人，炮火就越发猛烈。西摩尔突然发现塔克跟在自己身边，真是不知道他来这里干什么。西摩尔给了他一把左轮手枪，说道："怎么回事？拿铅笔可保护不了自己呀！"

话音刚落，飞来一颗子弹，正中翻译官头部。翻译官倒地身亡。接着，敌人对第 7 连阵地一阵狂轰滥炸。但是，"我们的战士保持阵形，稳步推进，以精准的枪法向敌人开火"。[1]那不勒斯军队随即后撤，退回防线以内。战斗进入尾声时，那个令人讨厌的斯泰尔斯少校又跳出来了。此前，他曾经被捕，但由于声望颇高，很快就被释放了，现在跑来积极请战，并且要求上刺刀，冲击敌人的固定阵地。当然，他又碰了一鼻子灰。

在这第一次，也是唯——次远征军作战中，交战结果是 2 死 8 伤。除了翻译官外，另一位阵亡下士叫威廉·华莱士·温克（William

---

[1] 引自佩德的正式报告。——原书注

Wallace Wink）。最令包腊难以忘怀的是，他那位新朋友殒命沙场。3 周之后，他在写给朋友埃德蒙·布莱的信中说道：

你问我是否参加了 19 日的战斗，我的军服上衣可以替我作答。当时我正在支援狙击手，以缓解他们的压力。我从一棵树窜到另一棵树，边跑边射击。突然，一颗强弩之末的飞弹射到我大腿上，就是裤兜那个部位。那只装在皮口袋里的烟斗被击得粉碎。当时，我还以为自己魂归西天了呢。但子弹并未打穿我的裤子，只是在外衣上钻了个洞，在我大腿上留下一处瘀伤，到现在还没完全散瘀。这次捡回条命已属万幸，但比起别人，这简直是小巫见大巫。

我们有几个战士，听到（无法看到）炮弹打过来，立即脸朝下卧倒，等落在附近的炮弹爆炸后再起身。他们等了几秒钟（以这种姿势等待，几秒钟犹如几年之久），仍不见炮弹有动静，正准备爬起来跑远一些，那枚装填有误的炸弹却突然爆炸了，炸断了一棵胸径足有 2 英尺的大树。而就在 5 分钟之前，其中一个士兵还借着这棵树作掩护呢。

然而，在双方交火中，子弹、炮弹都算不上什么真正的威胁，即便那天炮火密集到每分钟 100 发。它们打过来时，你都可以听得真真切切。真正危险的是来复枪子弹。炸弹国王的那些瑞士雇佣军枪法精准，指哪儿打哪儿。你稍微露出手脚，就会被子弹击中，而且他们打起仗来个个玩命。如此不顾性命地支持一个腐朽政权，一个暴君，都是为了金钱。最后，我们上刺刀冲锋，一字排开，他们才撤退。

好在他们撤退了，否则看到战友牺牲而杀红眼的战士们会毫不留情，杀他个天昏地暗、片甲不留。你无法想象，当我和战友接到命令，以刺刀肉搏、清扫战场时，心中是何等的狂喜。但是，一两个小时以后，我站在可怜的塔克身旁，注视着他那苍白额头上留下的圆形蓝色弹洞，内心开始感到深深的耻辱。我怎么会被这种残忍、野蛮的激情所左右？眼前的情景让人深恶痛绝。没错，我的确是被推荐来参战的。但是，假如不是因为深知我们是在为神圣事业而战，坚信这项事业必定会胜利，我早就离开军团了，早就回去做我那份摇笔杆子的平静工作了。

加里波第与国王的历史性会师

与此同时，维克多·伊曼纽尔国王的军队继续缓慢向南推进。到10月下旬，与加里波第的会师才终于得以实现。经过一系列斡旋谈判，两位领导人的会面事宜已协商完毕。会面地点设在塞萨（Sessa），那里远离沃尔图诺河，到卡普亚和加埃塔的距离大约相等。此事也并非万无一失：虽然那不勒斯军队已退回两座要塞中，但军队仍有5万之众，是加里波第人马的两倍。所以，加里波第谨慎前进，并由几支强悍队伍保驾护航——毕克休师、英国军团，以及由塔尔亲自率领的匈牙利骑兵旅。

这次包腊又走大运了。匈牙利骑兵们没有忘记这位每逢大战必情绪高涨的年轻副官，他们明白，能亲眼见证一个历史时刻对这个小伙子来说意味着什么。于是，他们提出临时调包腊去骑兵旅。这个请求让佩德犯了难——他正忙于整顿自己那个难于管束的指挥部，以加强传统纪律。借调包腊的事，他也只是勉强同意。包腊自然喜出望外。有一次，他在谈到自己的好运时说："温索普……将作为志愿兵与我们同行，还有道林和西摩尔。我们可以好好聚一聚了。今晚就出发。"

多面手道林，此刻正在位于福尔米科拉（Formicola）的沃尔图诺河上架设一座摇摇晃晃的临时渡桥，协助他架桥的是被《泰晤士报》称为"英国军团水手"的一帮人。其实，称他们为"英国地中海舰队逃兵"更为确切一些。加里波第顺利渡河，只遇到从卡普亚方向远远打过来的几枪，这纯属象征性的抵抗。加里波第经贝罗纳（Bellona）和卡尔维（Calvi）继续北上，夜晚在卡亚内洛（Cajanello）和瓦伊拉诺（Vajrano）之间的一个地方露营。26 日，会师的时刻终于到来。

塞萨。所有以往的经历，比起今天的见闻，都变得微不足道。今天，我亲眼见证了一个伟大的历史时刻。加里波第与维克多·伊曼纽尔终于相见了，之后，他们各奔东西。两个人就那样面对面站在一起，一个是国王，另一个是王国的缔造者。一个建立起军队，征服了一个王国；另一个将从他手上接过这个巨大成果。人们看到的维克多·伊曼纽尔有一张古铜色的面孔，有着战士般坚定勇敢的表情，一身戎装光彩照人。但再怎么样，人们心中仍会产生某种不良印象，或许这是不公平的比照。

再看看加里波第的面容。他那崇高的人格魅力使人无法不产生敬仰之情，他的笑容是那么温暖亲切，他的声音是那么低沉浑厚，震人心魄。你会感受到他那无时不在的真诚与坦荡，还有那种水手特有的质朴与单纯。假如不是看到他和蔼可亲、胸怀宽广的一面，我们会更多地想到他的英雄传奇，想到他一生遭受的艰难困苦，以及所有纯洁无私的思想与行动。

他们就此分手，各自去完成自己的使命。维克多·伊曼纽尔将成为统一意大利的一国之君；而加里波第在征服卡普亚之后将解甲归田，返回自己的小岛家园。

包腊高涨的热情并未持续很久。就在当天下午，他听从命令，跳下高头大马，回到自己原来的部队。几小时后，他们开始打道回府。

[他告诉埃德蒙·布莱]我们于晚上 8 点出发（此刻，你正准备回到自己幸福安逸的家中）。大雨滂沱，但随后风停雨息。我们一口气前进了 18 英里，然后停下脚步休息了 4 个小时，再向卡尔维进发（那里距休息地点约 12 英里），于正午时分到达。再次休整，至夜晚启程。我们到不远处的一个农庄寻找粮草，当时的情景煞是有趣。

我看到那个农庄里有三十多个我们的士兵，正围在一个猪圈旁。一头猪钻出来，在园子里奔跑，十多个弟兄跟在后面猛追。有人抓住猪尾巴，但被它挣脱，在稻草和垃圾上滚成一团。还有人用手枪和长枪向家禽射击，惹得鸽子、鸭、鹅嘎嘎乱叫，显然它们很讨厌这些人搅乱了它们平静的生活。一个爬上鸽子窝的士兵突然掉下来，落进了下面的小水塘。原来，其他弟兄们砍断了鸽子窝的支柱。他们也想占点便宜，分一些战利品。

这一幕已经够荒唐可笑了，谁知下午我们离开卡尔维时，还发生了更可笑的事。当时，我们突然接到命令要渡过沃尔图诺河，回到圣安杰罗。刚刚抢来的美味还来不及煮熟，又舍不得扔掉，所以大家决定随身带走。有人用枪筒挑着，有人挂在腰带上。我带了一只刚拔了一半毛的鹅，还有许多蔬菜。那模样一定让人笑掉大牙。

夜晚，我们停止前进，抓紧时间煮熟战利品，果然美味至极。要知道，自出发以来，我们就只能用黑面包果腹。9天来，每天的伙食里只有2盎司肉，根本不够行军打仗所需要的能量。次日，到达卡塞塔时，我们已经精疲力竭。我的脚上冒出了水泡，痛得几乎无法站立。装毛毯的背包也被雨水浸透，压得肩膀疼痛难忍，连衬衣都碰不得。

这种轻松愉快的插曲正好衬托了英国军团即将面临的不幸与尴尬。虽说加里波第对部下体贴关怀，但在执行战地纪律时，他却格外严厉，尤其是对抢夺百姓财物的行为绝不姑息。违纪者的尸体被摆在行军道路旁，以示警告。初来乍到的外国部队竟敢如此公然藐视他的权威，此事非同小可。人们会觉得英国人自认为高人一等，可以无视任何规章制度，为所欲为，但恐怕这种感觉有些言过其实了。我们对其他民族的所谓视而不见与歧视，原本毫无恶意，最多也只是偶尔发生的闹剧而已。英国王室法律顾问埃德温·詹姆斯（Edwin James）是一位在卡塞塔为《泰晤士报》写信、发表一系列精彩文章的休假法官，他曾评论过驻扎在卡亚佐的加里波第士兵的恶劣行径。他说，他本人曾千方百计让他们的指挥官受审，最后枪毙。罪名是贪生怕死。

在这段时间里，对卡普亚的轰炸一直在持续。10月底，道林的炮兵在城墙上炸出一个突破口，加里波第军队趁势发起攻击，渴望荣耀的英国军团充当了先头部队。负过伤的包腊并未害怕和退缩，他再次让人们领教了真正的志愿兵本色。

[他对布莱说]我给你写了一封短信（当晚就寄到那不勒斯）。因为我们旅接到命令，要立即出发，进攻炮兵连在城墙上炸出的突破口。

（当时我想自己可能永远回不去了，于是）我在短信里要求你烧毁我留在家中的所有信件。现在，你不必替我做这件事了。但是，将来假如我马革裹尸、回归故里，请你继续替我完成这件事，我不想让随便什么人都能读到这些我留给自己的东西。

出发的命令在天亮前被取消了，我们大失所望，尤其是我。因为我已经提出了加入敢死队，结局要么是加官晋爵，接受嘉奖，要么就是战死沙场，跟可怜的塔克躺在一起。

麻烦不断的英国军团

11 月 2 日，卡普亚方面停止抵抗，除了弗兰切斯科二世那位勇敢的巴伐利亚王后还在加埃特顽强防守以外，这场战斗的大势已定。英国军团参加重大战事的希望已化为泡影，这样的结局让部队士气一落千丈，部队中频频出现分裂与意见不合的现象。

我们在进行休整，让精疲力竭的部队恢复元气。但是，此时的战士们与登陆时的勇士们判若两人。那时，战士们个个生龙活虎，精神抖擞。而此刻，每个人都情绪低落，闷闷不乐。我们原本不属于列兵这个等级，此刻却跟列兵没什么两样。如果是在野外行军，在战场上拼杀，这一切都无所谓，因为你可以感觉自己是个绅士冒险家，是一名西西里远征军人，但在兵营里感觉完全不同。这里鱼龙混杂，有些人档次很低，我们还得和他们混在一起，称之为战友，这让我们觉得很掉价。

大家心怀不满，有人甚至嚷着要回英国。我当然也很想再次跟你愉快地散步，希望能尽快见到家乡，但同样也非常渴望留在国外战斗到最后，彻底战胜道路上的一切艰难险阻。只要英国军团在国外，我就不回国。不过，但愿我们的军团解散吧（有人在议论此事），那样你就能在英国见到我了。

战斗已经结束，但打斗还没有结束。实际上，这才刚刚开始。衣衫不整的红衫军士兵眼巴巴地看着身着华丽军服的队伍招摇过市，胸中不免生出怨气。阅兵式上，各种光亮耀眼的奖品、饰物一一颁发，夺人眼目。9日，维克多·伊曼纽尔进入那不勒斯城，盛大的入城仪式在电闪雷鸣的暴雨中进行。城里人无不内心惶惶，坚信他拥有"恶魔之眼"。次日清晨，加里波第首先登上英国皇家海军"汉尼拔"号，向海军少将芒迪告辞——此前他曾大大得益于芒迪的建议和支援。然后，他驶向他那个卡布里亚小岛。包腊饶有兴致地关注了这两件事：

今天是 11 月 9 日。此时此刻，在伦敦的大街上，政府要员们正陪同新市长举行庆典游行。[1] 此时此刻，市参议院议员们、市下院议员们、市长以及皇家军人，一个个

---

[1] 指"市长游行"，是英国伦敦老城一项庆典活动，庆祝每年一度的市长就职。活动于每年 11 月的第二个星期六举行，至今已有 800 多年历史。

吸着鼻烟，暗自揣摩着今天自己要在世人面前所扮演的重大角色。而就在同一时刻，在那不勒斯大街上也正上演着完全不同的一幕。这一幕足以使市政厅里的那些议员大人们瞠目结舌，很可能还会让那些政府要员们觉得匪夷所思，毕竟他们只会待在市政厅里对整个世界摇头晃脑，指指点点。

一位凯旋的战士，一位强大的统帅，一位无冕之王，他把自己拼命换来的丰厚奖赏奉献在祭坛之上，他亲手解放的祖国的祭坛上。前来告别相送的，有飞洒的泪水、无声的哽咽、真心的祝福和沉重的叹息。人们送走的是一位征服者、救难者、统帅。没有勋章，没有奖赏，没有惠赠，他回到了寂寞小岛上的乡下农庄。他是这个解放了的自由王国的万民之主，欧洲大陆首要之地的主人。他在登上权力的顶峰之际，在大获全胜之时，向意大利国王维克多·伊曼纽尔致敬。他庄严神圣地把国家独立、统一和兴亡的使命交到这位他中意的君王手里。

历史画卷鲜见如此精彩辉煌的篇章。他回到自己纯朴的世界，人生记忆中不曾留下任何污点。他留下的是一种使命感、一种对真理的挚爱，其珍贵与美好，恐怕我们连一半都不曾明白。

加里波第离开的这天对包腊意义非凡。这天早上，他被提拔为中士，而当晚就发生了那场捍卫军团荣誉的决斗（本书第1页已有描述）。他的助手是包家世交，在滑铁卢受过伤的威廉·维尔纳（William Verner）爵士的侄子。爵士本人对历史的浪漫一面并不陌生，作为里士满公爵的副官，他曾亲自为著名的布鲁塞尔舞会（Brussels

Ball）[1]发送过请帖。他自然十分理解侄子和包腊这两个年轻人的举动。他本想严厉责备一番，但想了半天，只想出一句顺口溜："一鸟在手，胜过双鸟在林！"

至于决斗另一方，那位法国"祖阿夫"（Zouaves）轻步兵军官的身份，以及他所隶属的部队都非常不合情理。在那个等级观念盛行的年代，一个有正式委任令的军官与一个士兵决斗，绝对是不成体统的怪事。加里波第军队中的确有一支祖阿夫步兵编队，由温德姆上校负责指挥。维克多·伊曼纽尔军队中也有祖阿夫兵部队。在那个政权分崩离析的混乱年代，此人很可能是一个刚刚趁乱离开罗马的法－比联合"教皇祖阿夫兵"。

不管他是何许人也，包腊此举完全是头脑发热之举，也未挽回英国军团名声扫地的局面。到了27日，英国军团遇到了更大的麻烦。当天，发生了一场严重的骚乱事件。"起先是双方士兵拳脚相向，随后发展到刺刀相见，甚至拔枪射击。对阵的结果是两三具尸体，五六名伤兵"。这件事很可能不是他们的错。因为后来的调查发现，他们当时"遭遇了围攻，肇事者是一群刚刚释放出狱的保皇党分子，还有一些据说是刚刚拿到半年工资的街头流浪汉"。这件事被添油加醋地传开了，还说得有鼻子有眼的，说在警察随后逮捕的53个人中，至少有14名妇女。局势已经闹到不可收拾的地步。显然，不痛不痒的从轻发落是不够的，包括征调精干列兵进入道林的炮兵部队，或进入福布斯上校的骑兵部队。必须动点真格，才能平息这一事件。于是，整个英国旅被调离卡塞塔，发配至萨莱诺，去那里围剿当地那些猖獗一时、为害乡里的匪患。

---

[1] 1815年6月15日，由里士满公爵夫人举办的重要社交活动，受邀的都是英国普鲁士联军军官。3天后，滑铁卢战役开始，故也称"滑铁卢舞会"。

就在骚乱发生的当天，包腊接到英国军团的解聘通知。他的失落与不满与日俱增，但他对加里波第赤胆忠心，这种忠诚即使是在统帅离任以后也从未改变。

> [他对布莱说]假如不是因为我对加里波第的正义事业抱有坚定不移的信念，我早在几周前就回家了，其他一切都不足以使我去忍受这里的种种不适与不便。我并不想描述或历数这些我必须面对和克服的不适。我居然能顶住这些困难，你肯定觉得难以置信，我知道你一直觉得我忍耐力差。

所以，他留在意大利继续服役。12月1日，他被提升为陆军少尉并被委任为"萨莱诺支队上校司令"的代理秘书。

他巴不得离开那不勒斯，离开那种令人压抑、军心涣散的准军事化圈子，那里的情况一天不如一天。事实是，加里波第的军队聚集了一帮稀奇古怪的人物。他们个个身有所长，但生性桀骜不驯，无法忍受长久的无所事事和默默无闻。这些人物中有大仲马（Alexandre Dumas）。他最初是乘坐自己的游艇来的，时常"与一名海军学校女见习军官形影不离"。但是，由于法国人不爱搭理他，他只好投到英国海军的保护伞下。他的确为加里波第的事业效过力，而且想方设法混上了一个国家博物馆馆长的头衔，但最终还是因为贪腐被摘掉头衔。目前，他为风格犀利的《独立》杂志做总编，极力煽风点火，制造事端。还有前面提到的福布斯上校。1849年，他在陪同加里波第从罗马艰难撤退时，自始至终都戴着一顶白帽子。后来，他出现在弗吉尼亚，跟约翰·布朗（John Brown）[1]做一些神秘买卖，随后就发生了那场惨烈的大起义。古怪人物里还有罗迪（Rodi）少校，他装了一只木头假手，手下有一支从当地育婴堂招募来的男童旅。有些男童因行为不端，触犯纪律，被打入囚牢。于是有人看到，罗迪少校用剑头挑着小面包，喂给牢笼中的男童。怪人还有邓恩。他是一位机敏的律师，也是一位出色的战士。他对手下的西西里狙击手完全信赖。但就在 12 月初，一位没有得到他提拔的少校竟从背后开枪，打死了邓恩。此人在沃尔图诺战斗中不但临阵脱逃，还怂恿其他士兵跟他一起逃跑。

最后，就要说说包腊新近结交的朋友——倒霉的西摩尔爵士，他对这位爵士简直钦佩至极。一直到攻占卡普亚，西摩尔爵士的言行举止堪称楷模，时常给人以激励。当他的士兵缺乏口粮时，他会将自己的伙食让出。长途行军中，人们还看到他为 3 名脚底起泡、行走困难的小兵背长枪。10 月 18 日骚乱时，他也表现良好，未曾出事。但现在他卷入了一桩不明不白的债务纠纷中，令自己颜面尽失，声名扫地。此纠纷涉及那不勒斯作战部部长偿还英军承包商的债务。债主的诉讼得到一位名叫司各特（Scott）的英裔意大利老头的支持。而这位支持者后来在小巷里被人拦住并痛打了一顿，西摩尔爵士承认了罪行。其实，他是不是此事的真正责任者不得而知，但估计牵涉颇深。因为司各特在税务法庭上对他提起赔偿损失诉讼，法庭判定他必须赔付 500 英镑，外加 4000 英镑诉讼费，方可了结此案。这在当时是一笔不小的款项。

---

[1] 约翰·布朗（1800 ～ 1859），美国南北战争前夕的废奴主义者。1859 年 7 月 3 日他在哈珀斯费里领导武装起义，要求废除奴隶制，并逮捕了一些种植园主，解放了许多黑奴。后来起义被政府军镇压，布朗被逮捕并杀害。

谢天谢地，包腊没有真正卷入这些可悲的事端。他满怀热情地投入了新工作中，我们权且称之为联络官。他干得有声有色，成绩斐然。英国军团此时已改过一新，令人刮目相看。他们积极清剿匪患，抓到二十多名匪徒。他们与驻守在附近的第53步兵团关系融洽，还受到萨莱诺当地头面人物的欢迎。包腊迅速成长起来，甚至变得有些絮絮叨叨，爱讲大道理。

> 我相信，如今我所处的这个位置让我受益颇多。虽然工作时有些孤单，但这反而使我学会自力更生，不必依赖别人的劳动和领导，让我比以往明白更多的道理。我不仅明白了"自由"（一个被滥用的词）的真正含义，而且明白了生命意义是何等伟大，生命是何等珍贵的恩赐。我明白了，一个人如果不坚定勇敢地为目标奋斗，而将生命浪费于一些无谓的琐事之上，那就是碌碌无为的懦夫。

最终，英国军团于12月15日启程返回英国。当时的秩序尚属井然，两艘运输船上挤满了人，否则船上的储备和供应会更加充足。船上甚至准备了足够的用于更换的平民服装，都是格拉斯哥委员会的麦亚当先生（Mr. M'Adam of Glasgow）筹集来的。萨莱诺居民首先致告别辞，而斯梅尔特（Smelt）少校也做了恰如其分的答谢演说。包腊没有跟大家一起撤离，他希望继续留到圣诞节之后，以完成军团的扫尾工作，比如料理一些赔偿事宜、关闭银行账户等。直到1861年1月，他才最终踏上归途。此时的包腊刚满19岁，却已实实在在地体验了6个月的冒险人生，足够普通人用一辈子去经历了。无论多么微不足道，他毕竟扮演了一个角色，见证了一个伟大国家的诞生，也见证了地中海历史进程的改变。总有一天，他会读到埃米利

龙廷洋大臣：海关税务司包腊父子与近代中国（1863~1923）

奥·卡斯特拉尔（Emilio Castelar）[1] 关于意大利爱国志士的一番话：

　　当年尤利乌斯二世[2]动用军队和大炮不曾做到,利奥十世[3]靠振兴艺术不曾做到,萨伏那罗拉修士（Savonarola）[4]献身上帝不曾做到,马基雅维利（Machiavelli）[5]祈求撒旦也不曾做到。如今,你们做到了。在你们手中,意大利实现了统一,意大利获得了自由,意大利终于屹立于世界民族之林。

---

[1] 埃米利奥·卡斯特拉尔（1832～1899）,西班牙共和派政治家、历史学家,曾任西班牙第一共和国总统（任期 1873～1874）。

[2] 尤利乌斯二世,罗马教皇（任期 1503～1513）,也被称为政治教皇、战神教皇。他最终目的是要在罗马教皇的旗帜下,看到一个统一的意大利。为此,他奉行极端好战的政策。罗马教皇的政治权力在这期间达到高峰。

[3] 利奥十世,罗马教皇（任期 1513～1521）。当政时正值文艺复兴时期,同时面临内忧外患的局势。他以热爱科学、热爱艺术、资助艺术并参与政治著称。在其资助下,罗马重新成为文化中心。

[4] 吉洛拉谟·萨伏那罗拉（1452～1498）,虔诚的天主教徒,也是 15 世纪后期意大利宗教改革家和佛罗伦萨神权共和国的领导者。他追求复兴宗教,欲以佛罗伦萨为中心,建立一个俭朴禁欲的神权国家,从而推动整个意大利和教会的改革。但最后改革失败,被处以火刑。

[5] 马基雅维利（1469～1527）,意大利政治哲学家和历史学家,主张结束意大利在政治上的分裂状态,建立强大的中央集权国家。他不再从《圣经》和上帝出发,而是从人性出发,以历史事实和个人经验为依据来研究社会政治问题。

第 6 章

遇上贵人：阴差阳错远赴中国

归国后的包腊已经变得成熟老练，这大大有利于他在随后两年中的发展。家人为他感到骄傲，老朋友埃德蒙·布莱和爱德华·克拉克（Edward Clarke，刚刚辞去印度事务部职员的差事，正在攻读律师课程）也都对他的游历和冒险羡慕不已。然而，英国的海关部门却对他的英雄事迹不以为然——这其实也不足为奇，毕竟包腊的行为违背了勤勉学徒的行为规范，即寸步不离自己的岗位。他们的评价是：此人性情多变，不够稳重。就这样，这个四平八稳的政府部门拒绝接受他回海关工作。

再找一份合适的工作谈何容易。有一段时间，包腊甚至为 1861 年的全国人口普查服务。磕磕绊绊地摸索了半个世纪之后，这个机制终于走上正轨，并延用至今。他也曾在伍斯特郡（Worcestershire）的金斯诺顿（King's Norton）谋得一个职位。最后，包腊还是借助那个年代必不可少的家族势力，才有机会参加驻中国领事馆进修生翻译考试。但他只考了第七名，以微弱差距落榜——当时只有 6 个名额。多年后，包腊的儿子称此次落榜实乃万幸。因为如果考中，这辈子包腊就注定穷困潦倒，惨淡一生了。

包腊在意大利结交的那帮上流社会的朋友也没帮上什么忙。当初，他性格热情开朗，人缘也好，很快就获得大家的喜爱，加上他为捍卫英国军团荣誉而决斗的仗义行为，得到这些人的一致赞许。现在，这些人回到自己无忧无虑、歌舞升平的世界，仍然希望与包腊保持情谊，并纷纷出面以"尽地主之宜"。然而，在维多利亚女王统治的时代，上流社会、权贵阶层与头脑清醒、勤奋工作的普通阶层之间有一道不可逾越的鸿沟。所以，整日与这些公子哥儿吃喝享乐，包腊很快就变得入不敷出。他在到上海后不久写道："我必须付给哈里特公司（Hallett & Co.）200 英镑，还得偿还尼科尔斯及科布公司（Nicholls & Cobb）50 英镑的欠款。"在当时，对一个一文不名的年轻人来说，这确实是一笔大钱。

说到名门之后，当属那位西摩尔爵士。此时他尚未摆脱那不勒斯不轨行为的阴影，但不久后被封为"圣茅尔伯爵"（Earl St. Maur），继而进入英国上议院。他帮了包腊一个莫名其妙的忙，即把他引荐给"自己的裁缝以及其他商人"。据包婀娜说，"他让包腊代替他，到巴黎的布洛涅森林参加决斗"。这又是一个真假难辨的家族传说。当时，西摩尔爵士根本不愿意出场为荣誉而战——这是对手攻击他的众多把柄之一。[1]

在与这些上流社会人士打交道的日子里，包腊根本性的严肃人生观没有改变，但找工作屡屡受挫对他打击颇大。1862 年春，他写了一首水平马马虎虎的长诗，以表达自己的心情。诗的题目是"播种与收获"。第一节与最后一节如下：

> 十一月天空阴沉晦暗，
>
> 冷雨凄凄令人惆怅，
>
> 寒风呼啸犹如悲叹，
>
> 种子播撒进土地，
>
> 麦垄起伏犹如坟茔，
>
> 只等待冬日逝去。

> 寒冬中播下种子，
>
> 暖日里萌芽破土，
>
> 而你要精心呵护，
>
> 收获时节尚需等待，
>
> 辛勤付出不辞劳苦，
>
> 精诚所至胜利终至。

这首预言般的诗歌居然应验了，好运后来果真降临。10 月中旬，包腊接到在意大利服役的退伍证明，上面还附了一封言辞友善的信笺：

---

[1] 实际上与他相关的布洛涅森林决斗事件，似乎是在他的校友 —— 曾与其在意大利作战的温索普与利德尔先生之间进行的。——原书注

亲爱的包腊：

　　非常高兴随信寄去您的证明。

　　虽然您在与敌人的交战中无过人之处，但可以肯定地说，您在炮火下冷静勇敢的表现，还是令我刮目相看。

　　衷心希望您事业有成，前途光明。

　　　　您真诚的埃芬汉·劳伦斯（E. Effingham Lawrence）[1]

　　　　　　　　　　　　　　　　　　　　青年军官俱乐部

决定命运的晚宴

　　这封信如同雪中送炭，令心情沮丧的包腊精神大振。不久，包家世交威廉·维尔纳爵士（Sir William Verner）任命包腊为自己的私人秘书。他的侄子曾经在卡塞塔决斗中充当过包腊的助手。威廉爵士现在是阿马区（Armagh）议员，趁着议会开会的契机，在位于伊顿广场（Eaton Square）的家中大宴宾客，出席晚宴的都是当时的重要人物。包腊有意躲开社交寒暄，却碰上一位身材不高但结实健壮的年轻人。此人长着鹰钩鼻，眉眼粗犷，脸庞四周完全被浓密的黑色胡须覆盖。相比之下，即使是加里波第座下的好汉也略逊一筹。他嘴巴边缘的胡须都刮得很干净，但两鬓蓄着络腮胡，胡须犹如鬃毛般直立着并向两侧伸出，足有两英寸长，愈发衬托出他那倔强好斗的宽下颏。他一个人站在那里，跟别的宾客相比，显得十分孤傲。见包腊过来搭讪，他便打开了话匣子，之后简直变成了他的个人演讲，内容全是当下中国的政局、财政、贸易。就连男管家隆重地宣布"晚

---

[1]　埃芬汉·劳伦斯在效力加里波第之前，曾是皇家第七骑兵卫队号手，后为女王私人轻步兵自卫队上尉。寻找更多信息时发现，他于1884年服役于塔桥哈姆雷特区自卫队，后被要求辞去青年军官俱乐部的职务。——原书注

宴开始，请女士们就座"也没打断他侃侃而谈的兴致。他坐在女主人左边，美酒佳肴一道接一道端上来，似乎无穷尽。在维多利亚女王时代中期，晚宴以冗长费时著称。席间，他高谈阔论、滔滔不绝，最后他的听众们开始难掩烦躁之情。

但包腊却听得津津有味，心驰神往。在他脑海里，对中国的印象不过是黄皮肤、拖在脑后的长辫子以及几首依稀记得的童谣而已。别人口中的总督、户部[1]、买办、各省造反、圣谕等名词，包腊完全不知所云。但他听出了一个重要事实，即讲话者此次英国之行的任务是为中国海关招募欧洲雇员。包腊脑海里若隐若现地浮现一些英国海关的工作程序，这一星半点儿的知识就是他唯一拥有的资历了。

女士们离开了宴会厅。亚瑟爵士[2]端着波尔图葡萄酒来到桌子另一端，坐在这位颇为健谈的客人身边。一番推杯换盏之后，亚瑟说起自己年轻的私人秘书，简单介绍了他那并不简单的事迹。客人一边继续高谈阔论，一边从燕尾服口袋里摸出一个破烂小本子，记下了包腊的名字。一周后，包腊接到一封极为简短的面试邀请函：

包腊先生：

李泰国先生（Horatio Nelson Lay）[3] 责我告知您，他很乐意于下周一上午 11 点与您见面。

您忠实的仆人　金登干（J. D. Campbell）[4] 秘书

小乔治街 6 号　中国政府代理处

1863 年 2 月 7 日

---

[1] 此处指粤海关。

[2] 根据上下文，亚瑟爵士即前文所提威廉·维尔纳爵士。

[3] 1959 ~ 1963 年任中国近代海关第一任总税务司。

[4] 金登干（1833 ~ 1907），英国苏格兰人，1862 年入职中国海关驻伦敦代理机构，任李泰国秘书；1863 年 5 月到中国，9 月任海关总税务司署的总理文案，并主管财务稽核。1873 年被派往中国海关驻伦敦办事处担任税务司，直至病逝。

整个面试过程只进行了不到 5 分钟，但包腊第二天就收到了一封信。是正式聘任他为中国海关职员的信函。

信函落款时间是 2 月 3 日，也就是那次决定命运的晚宴之后一两天写成的，比头一封信早了整整 4 天。显然，包腊碰到了一位与他一样容易头脑发热、办事冲动的人。信的最后一段指示他"搭乘跨大陆邮轮前往中国，开船时间为 3 月 20 日，地点是南安普顿港"。于是，在那天晚上 6 点，英国海岸渐渐消失在包腊视线中时，他又开始记新的日记了。

远赴中国

在两次世界大战之间的太平岁月里，假如有人搭乘大英轮船公司（P. & O.）的轮船前往中国，那他肯定可以每晚都安睡在同一张床上，直至在上海登陆为止。但在包腊那个年代，他会惊讶地发现，到达上海之前要换四次船。首先，他要乘"埃洛拉"号（Ellora）轮船，经直布罗陀、马耳他到达亚历山大港。然后换乘火车，经开罗到达苏伊士。在那里，会有更多的有钱人登上轮船加入航行，他们都来自于欧洲大陆甚至是马赛那么远的地方。人们乘"西姆拉"号（Simla）轮船，一路经过亚丁、加勒（去往印度的部分旅客告别其他旅客，在此下船）、槟城，到达新加坡。接着，换乘"渥太华"号（Ottawa）轮船继续沿着中国海岸行驶，到达香港。最后一程是乘坐"北京"号轮船抵达上海。这段旅程一共有长达 7 周的闲暇时光。

在整个行程中，包腊每日不断地记着日记。本打算大量引用他的所思所想、所见所闻，但又发现，他在意大利时表现出的文字天赋此时竟消失得无影无踪了。

他的日记时而警句连篇，字字隽永（思念家乡）；时而调侃打趣，满纸荒唐（海上晕船）。但多数时候，他的文笔平庸，有时展现出来的自我优越感实在让人难以忍受。其早期的文采在日记中似乎只能偶然得见。例如：

> 就我的判断而言，乘客们都是彬彬有礼的绅士。今晚晚餐，未见到女士（除了一位年长的富婆，她执意与我共饮，但我猜她是想自己喝个大醉，找我不过是个幌子罢了）。不过，我在大厅的一个舱门口瞥见一双小巧精致的皮靴，想必主人是一位年轻貌美的姑娘。

他写道，"吃饭是船上的主要任务"，并列出如下接连不断的可怕的餐饮清单：

9 ～ 10 点	早餐
13 ～ 14 点	午餐，有啤酒和红酒
16 ～ 18 点	正餐
19 ～ 20 点	茶
21 ～ 22 点	晚餐，有朗姆酒或威士忌酒兑水制成的格罗格酒

亚历山大港的欧式景象令他惊讶——到处是"双轮双座马车、四轮轻便邮车、英式路灯柱"。后来到了充满东方气息的开罗，他才松了口气。他爬上巨大的金字塔，领略了那里的风光，但又以"浪费人力、挥霍资源的纪念碑建筑"一笔带过。只有狮身人面像让他印象深刻，可以排在臭虫之后，名列第二——床上的臭虫让他夜晚备受煎熬。

窗帘可以阻挡嗜血蚊子的进攻，却无法挡住"诺福克·霍华兹（Norfolk Howards）"[1]的偷袭。这些臭虫爬满衣物，企图劫持你的躯体。你可以大把大把地拍死它们，犹如大力士参孙（Samson）击杀非利士人（Philistines）一样，易如反掌。你可以把它们的尸体从床罩上抖落。但它们还是会一个营一个营、一个旅一个旅地朝你扑来，前赴后继，源源不断，带着更坚定的意志，更强的嗜血欲望——你的大开杀戒毫无效果。束手就擒办不到，撤退也不现实。到最后，你只能无条件投降，并祈求"昏昏欲睡的上帝"帮忙。第二天早上一睁眼，你看到成堆的尸体，都是你诛杀的生灵呀，不由得目瞪口呆。但当你看到自己那张惨不忍睹的脸时，你会不由得"怒从心中起，恶向胆边生"，口中也不再念叨"我主慈悲，天降甘露"。你只能抓起脸盆、刷子，一边大声咒骂，一边仓皇逃离。你会对自己的脸深感厌恶，对自己的失败满腔愤怒。

邮轮向南，行驶在红海里。旅客们开始互相搭讪，慢慢熟悉起来。女士们纷纷在甲板上亮相，那双"小巧精致皮靴"的主人也终于露出了庐山真面目。原来的确是"一位容貌端庄、受过良好教育、举止优雅的年轻女士，只是脑子里空空如也，也许根本没打算往里面装东西"。

包腊的旅伴之一正是金登干，就是在伦敦通知他前去面试的那位。他比包腊年长 10 岁，但和包腊一样，都是第一次去中国。他于

---

[1] 这里指臭虫。1863 年，一名英国男子因姓氏（Bugg）与臭虫（bug）相近，更名为 Norfolk Howards，人们于是戏称臭虫为诺福克·霍华兹。

前一年 12 月辞去财政部的职位，通过比较正规的渠道进入海关。在那个年代，志愿者运动方兴未艾，他同样对业余军旅生活充满热情。所以，他很快发现包腊这个年轻人很有激情，也容易接受新鲜事物。之前他已经与热情奔放、喜欢高谈阔论的李泰国交往了三个月，也开始谙熟远东近代史。此时，与包腊漫步于甲板之上，他又把这些新学到的知识全盘告知包腊。

欧洲雇员把持的中国海关

从 1517 年 9 月第一任葡萄牙使节登陆广州那天起，中国与来华的欧洲人一直是龃龉不断。双方都觉得自己天生高贵，对对方不屑一顾。几百年过去，荷兰商人、英国商人相继步葡萄牙人后尘，纷纷踏上中国土地。俄国人则将地盘从西伯利亚推进到阿穆尔河畔（即黑龙江），在那里安营扎寨。局势不断恶化，直到 1840 年爆发鸦片战争。结果是中国被迫开放厦门、福州、宁波和上海为通商口岸，并把香港割让给英国。

清政府深感屈辱，负责议和的钦差大臣被撤职查办。1858 年，中英两国再次交战。英国人又一次占领广州，英法联军更是攻克大沽口要塞，进入北京城。中英修好似乎遥遥无望了。就在这一时期，中国海关建立。一方面，它基本上是清政府的一个部门，法律意义上应属中国机构，但同时，海关的高级职位全部由欧洲雇员担任，其中英国人占绝对优势。

故事要从 1853 年太平军占领上海讲起。事件导致当地的海关机构瘫痪，对外商贸基本断绝。应中国地方政府请求，由英、美、法三国共同监督的临时海关应运而生，取而代之。当初的设想只是让它临时运作，直到紧急状态结束、秩序恢复正常，但该临时海关运转良好，富有成效。于是，1858 年战争结束时签订的条约 [1] 规定，将此机制扩大到所有其他通商口岸，并由外国人管辖。

1846 年，李泰国的父亲 [2] 去世。李泰国 14 岁时被带到中国，师从著名德国传教士及语言学家郭士立（Karl Gutzlaff）。三年之后，他得到第一份翻译差事，官职从低级领事一路飙升。1855 年，他已成为英国驻上海副领事，并且显然会接替原英籍税务监督威妥玛的职位，后者如今已是海关总税务司。

身居高位的李泰国，显示出过人的精力、组织能力、管理能力以及对中国官员的影响力。他对中国与西方列强之间错综复杂的条约关系了如指掌。他陪同额尔金勋爵（Lord James B. Elgin）北上，交涉并修订《天津条约》。在一系列后续谈判中，李泰国都扮演了主要角色。谈判结果包括欧洲使节得以入驻北京；建立总理衙门（即中国的外交机构）等。还不到 30 岁，李泰国的地位已无人可以撼动，前途一片光明。

嚣张跋扈的李泰国

李泰国飞黄腾达，官运亨通。对此有不少评说，有人出于善意，有人心怀叵测，但人们都提到他性格中的致命缺陷，即生性粗鲁、态度蛮横、恃强要挟、咄咄逼人，这倒无甚大碍。可他长期与人争斗，

---

[1] 指第二次鸦片战争结束后，中国清政府于 1858 年 10 月与西方列强签订的《天津条约》附约，即中英、中美、中法《通商章程善后条约：海关税则》，开始实施外籍税务司制度。

[2] 李泰国父亲名为李太郭（George Tradescant Lay），1836 年作为"大英圣书公会"传教士到中国传教，1843 年成为英驻广州第一任领事，1844 年调任福州领事，1845 年 11 月 6 日在任厦门领事期间病死。

势如水火，而且又总是缘于零星琐事，以至双方之利益常常互相抵消。真正让人担忧的是他发自内心的仇外、恐外情绪。那是一种对所有外国人，尤其是东方人，特别是中国人的不信任和蔑视，而且这种蔑视丝毫不加掩饰。所以，他的行为遭到诸多诟病。即使是跟随额尔金勋爵谈判期间，他也让深感头痛的欧洲谈判同僚不满，让中国人深恶痛绝。他公开羞辱了德高望重的钦差大臣耆英，在大庭广众之下引用了这位老臣"佯示友好，安抚夷人"的奏疏。至于对自己在龙廷里的职位，他写道：

> 我是一个受雇于中国政府的外国人，为他们从事某种工作，但并不隶属于他们。我完全没想过，一名绅士会在一个亚洲野蛮人手下行事。那是愚蠢的想法。

人们对于他这种引火烧身的性格的形成原因，众说纷纭，莫衷一是。难道是遗传？（毕竟温和的纳尔逊[1]曾教诲年轻军官"要像恨恶魔一样恨法国人"）。但更可能是因为，这名少年初到中国时没少听到人们对其生父的苛责。少年李泰国无亲无故，孤苦伶仃，因此养成高傲、敏感的性格。无论是什么原因，其结果都是自取灭亡。年轻的包腊很快就惊愕地目睹了这个大人物的倒台。

---

[1] 指霍雷肖·纳尔逊（Horatio Nelson），英国 18 世纪末及 19 世纪初著名海军将领及军事家，在英国享有极高名望。李泰国英文名字的教名和中间名与之相同，但二人没有任何关系。此处为作者调侃。

第 7 章

天津海关：初见中国的真实面貌

不过，这一可悲的事件此时尚未发生。此时，"西姆拉"号正平稳地航行在印度洋上。包腊要么与金登干在乘客甲板上散步，要么待在大客厅里，坐在他身旁，听他讲述创立中国海关的神奇故事。他渐渐觉得，自己的上司简直是个英雄，崇拜之情油然而生。当他看到新加坡这个"繁忙的小港口"时，不由得又回到早先那种妙笔生花的状态：

> 我看见了法国军舰，上面执勤的水兵一副懒懒散散的样子。不过，他们身上穿的蓝色棉布衬衣倒是绝对与这里似火的骄阳相配，比我们水兵那身毛茸茸的羊毛军服舒服多了。在英国皇家海军舰艇"俄耳甫斯"号（Orpheus）的船尾，就有一位正在受罪的水兵，穿着一身大红色制服。我目不转睛地盯着他，生怕他突然就着起火来，烧成一团。

看，一艘阿拉伯人或者是暹罗人的小船快速驶过港湾。12支桨一上一下划着，12顶土耳其高筒帽也随之一上一下地闪现。一个衣饰华贵的东方人斜倚在船尾处。接着，一艘战舰上的轻便小艇疾驶而过。小艇洁净、轻盈，好像有公事要办的样子。它后面驶来一艘撑着白色天棚的总督专用艇。一位胖墩墩的官员头戴白色软草帽，还要加上一把白色遮阳伞来躲避日头。后面又来了一条大型中式划艇，船首绘有一只巨大的眼睛。100支划动的桨在推着它缓缓前行。木桨在水中急急忙忙划拉着，船体犹如一只巨大的蜈蚣。

香港到了。但他只看到了夜景，而且在岸边短暂的散步也令他颇感尴尬：

最先映入我眼帘的是"包腊船用杂货及帆具修理店"（Bowra & Co., Ship Chandlers）。这位包腊在这个行当里一定是赚了不少钱，但也只是个档次不高的小门小户，算不上正经八百的商人。

漫长的"流放"生涯

到达上海后，他大失所望。几周前已经回到中国的李泰国登上船来，当即指派他前往天津：

这是一个位于白河上的港口，就是额尔金和葛罗签订

《天津条约》的地方。要不是有此事，这应是中国最不起眼的一座海滨城市。我原本对这个最具商业化气息、最有活力的中国港口充满期待，盼望着能在一个舒适的"地方"定居下来，结果这里却是个肮脏的角落，真让人着急上火。这里大概有 6 个欧洲人，还有 50 万心怀敌意的当地人。

他的情绪反复多变，飘忽不定。"汕头"号暂停大沽口时，他与第 31 团 [1] 的副官们聚餐，这令他欢欣鼓舞，情绪高涨。随着船逆白河而上，天津渐渐进入视野。初次见到中国的真实面貌，包腊的情绪再次跌入谷底。这真是有些奇怪，但当他开始意识到舒适惬意的生活正在向他走来时，心情又豁然开朗了。

河岸两旁是广袤的农田，种着稻谷或小米。田野里盛开着大片大片的兰花。这个国家到处是被开垦的农田，而且地势平坦。人们穿着蓝土布衫，成群结队地在河边悠闲徘徊。牛群低头啃着嫩草，或者走到河边饮水，一副心满意足、与世无争的样子。它们不时抬起棕色大眼睛，样子略显诧异，但温顺敦厚。狗儿们有的大声狂吠，有的忧郁低嚎。见到天津并未使我感到期待已久的放松，相反，随着城市的影子越来越清晰，眼前不时闪过房屋和宝塔，我反而觉得心头沉甸甸的，如同在噩梦中，愈发沉重、黑暗。它似乎象征着漫长的流放生涯，而我身临其境，真的开始了流放生涯。

---

[1] 此部队后为东萨里团，现为女王皇家萨里团（Queen's Royal Surrey Regiment）。——原书注

他的行程并未到此结束，因为还得继续沿河行驶一两英里才能到达海关：

　　于是，我收拾好行李，登上中国海关的船，继续前行。船夫们一律面朝前方，站在桨后面，即靠近船尾的方向。这只小船状似拖鞋，但不是女士那种拖鞋，而是又宽又大、极为舒适的那种。船外侧漆着白、绿、红、黄几种颜色，船艄绘着色彩艳丽的眼睛图案。一面黄色大旗迎风招展，上面装饰着醒目的黑龙。它与海关钤子手[1]帽子飘带上"大清税务"（Imperial Revenue Service）几个普普通通的字形成鲜明对照。海关船以两海里的速度在繁忙的河道中穿行，周围全是满载沉重货物的中式帆船，还有密密麻麻、不计其数的小船。最后，我们停靠在一处凹凸不平的土台阶旁，船员把我和行李托付给岸上的一群苦力。他们一拥而上，像抢夺猎物一样，扛起我的箱包，连我也差一点被搬走。我们沿着一条脏兮兮、两旁是泥墙的小巷走了没几步，就来到一扇敞开的大门前。走进去，在一间小屋里，十几个中国人正一边吃东西，一边抽烟、聊天。再往里，有个地上铺着砖的院子。七八条英国猎兔狗在嬉闹玩耍，它们又蹦又跳，汪汪狂叫。一个动作迟钝的中国人独自待在一旁，脸上一副又开心又害怕的样子。我穿过院子，走进办公室。

　　从此以后，一切都称心如意。税务司回家休假了，一走就是一

---

[1]　海关外班职员，负责登上进港船只，待涨潮时进港。——原书注

年半。包腊可以独占他那有5间房的寓所，里面各式家具一应俱全。代理税务司马吉（J. Mackey）请他加入集体伙食，以减省各种麻烦和开销。接下来，他开始选择自己的仆人：

我有5个仆人，全都不会讲英语。第一位是我的先生，也就是老师。他是一个留着花白辫子的老书生，相貌体面，气质不凡，让人望之顿生敬意。我分配了一个房间给他，并每月付他20元，即5英镑。第二位是我的"男童"，即侍童，大约25岁，相当聪明伶俐，一人身兼数职，包揽了所有活计，包括男仆、打扫房间、擦靴子、补衣服、缝扣子等，而且总是随叫随到。他的薪水是每月5元，相当于1英镑左右。还有2个苦力负责打扫庭院，倒洗澡水、抬轿子，或者我吩咐的其他差事。最后就是我的马夫和我的马了。这些统统被登记在册。

我在这里唯一可从事的运动就是骑马，这里的马匹价格相当便宜。我相中了一匹漂亮的白马，它四肢健壮，奔跑速度十分快。我仅仅花了40元，即8英镑。我的马夫名叫阿柱（Ah Chu），是个机灵的家伙。我每月付给他5元，另加5元草料钱。这样，我每月只需花2英镑，就可以享受到国内每年100英镑的奢侈待遇了。

厨子等仆役是大家共用的。每月集体伙食费满打满算18～20英镑，费用包括了买葡萄酒、啤酒等饮料的钱。这里的伙食很奢华，顿顿供应两三种葡萄酒、大块熟肉、各种家禽、鲑鱼，还有各种蔬菜和水果，就连伦敦考文特花园（Covent Garden）的蔬果市场都无法媲美。这个国家的消费实在太便宜了。

日常生活完全谈不上辛苦。每天早上9点半用早餐，上午的办公时间是10点到下午2点，但实际上，中午之前基本上无事可做。然后就是午餐时间，可以享用"一块肉排，还有一杯英国巴斯牌淡啤酒"。午餐后继续办公，至下午4点。办公内容只是"同书办（职员）谈谈话，写几封信"，一天工作便告结束。随后，可以自己"洗洗刷刷，更衣打扮，然后在书房、台球室转悠转悠，或者与人闲聊个把钟头。之后骑马出门，8点前赶回来吃晚饭。饭后抽一支雪茄，与大家聊会儿天，在房顶上溜达溜达。到了10点或10点半左右，各自回房休息"。所以，毫不奇怪，包腊在走马上任时曾记下这些日记："这里的工作量尚不够一个外国人干，更不用说我们有三个人了。"

如此奢侈安逸的生活容易让年轻人得意忘形，不思进取。然而，包腊并非这样的人。他每天早上6点起床，早餐前的2个小时恭恭敬敬地跟着老师学习中文。接着，他利用中午之前的闲暇扩大词汇量，复习早上的功课。他会抓住一切机会，与仆人和其他职员练习中文对话。在大量闲暇的时光里，他尽量与中国人交往，"以熟悉他们的规矩、礼仪、思维方式和生活习惯"。不久，马吉就说，他从来没见过有人能这么快就掌握中文。

生活也并不总是处处轻松，事事如意。他那匹马名叫"骗子"，顾名思义，这桩买卖就是件亏本儿的生意，虽说买马的价钱并不高。这匹马野性难驯，马夫用了一小时才给他装上马鞍。他们第一次骑马出门，来到一处陡峭的河岸，包腊跳下马并牵着马走了一段时间。待他想重新上马，却变得比登天还难。最后，包腊只好一路走回家。路上遇到夜晚出游的骑手，又引来一番言辞粗鄙的嘲讽。在这里，包腊第一次见识到夏天的沙尘暴，不由得对此深恶痛绝。另外，他对当地传教士也无甚好感。

周日晚上。今天一整天都疲倦不堪，不知做什么好。天气酷热，难以忍受。灼人的干燥热风从沙漠吹来，所有缝隙都填满了细细的沙尘。在屋外，你几乎睁不开眼睛。这个中国北方之地，到处都被 6 ～ 8 英寸厚、粉末似的细沙所覆盖。只要哪个倒霉鬼稍微动一动，沙尘就会飞扬起来，把他毒死或者闷死。沙尘来自辽阔的西部沙漠，夹杂着城墙上剥落的砖瓦和灰浆，裹挟着野狗和中国人腐尸的碎屑，以及一切可以落成泥、碾作尘的物质。尽管你关闭门窗，沙尘仍会通过罅隙潜入屋来。待再次打开门窗时，你会发现，桌子、椅子、书本、衣物上都覆盖着一层厚厚的尘土，如同在干燥炎热的夏日里走在英国收费公路上一样。

今晚领事馆举行了一场礼拜仪式。布道冗长乏味，令人抓狂。布道者显然是个扔掉鞋匠挑子，跑来寻个体面差事的家伙。他也不掂量掂量自己的斤两，国内的人怎么就找不到水平高一点的人来传教呢？简直可悲。我们这向中国人传教的教士有 8 ～ 10 个人。他们之前均未受过专门训练，不会说汉语（坦白说，这确实是天下最难的语言），但他们又没法弥补这种缺陷。依我看，在向中国人传教这件事上，只需要十几个像埃德蒙·布莱这样的人，就胜过一大堆缺少教育、毫无个性、只会曲解英国宗教的无用之徒。

"赚钱发财是很容易的事，只要你能好好活着"

总体来说，包腊与周围的洋员同事相处得还不错，就是稍稍有点自命不凡。在那个年代，宝顺洋行[1]是"中国最富有的洋行。岂止最富有，他们的做派和花销也极度奢华、无人能及"。洋行代理汉纳（Hanna）是"一个心地善良的爱尔兰小伙子。每次捐款都当仁不让，第一个出手，而且总是积极资助各种创意和有趣之事"。排在第二的是怡和洋行，"他们在此地的代理人是赫克托·麦克莱恩（Hector Maclean），一位相貌英俊、脾气温和但办起事来有些糊涂的家伙。此君永远觉得自己最重要，瞧不上任何人。他经常说一些并不幽默的笑话和双关语，常常是娱乐了自己，却让其他人十分困扰"。

接下来是几个来头小一点的商人，每个都代理几家中国商行，同时自己也做点买卖。头一位当属沃勒（Waller），他任工部局（Muncipal Council）主席、租界工程总监、警察局长、赛马场管事、五柱球场干事、板球俱乐部领队，同时还是最佳射手、最佳骑手、最佳台球手。包腊对他佩服得五体投地。第二个是密妥士（Meadows）。这位先生早先在领事馆供职，后来娶了一位中国妻子，辞去官职做起了买卖，而且还做得有声有色的。"我敢说，他目前拥有 5 万英镑的身家。密妥士是一位出色的汉学家，也是一位有资本的商人，还是一位一流的东道主——他举办的晚宴无人能媲美。"他有三位助理：索伯恩（Thorburn）助理是一个福斯塔夫式[2]的人物，只是没有那个大肚皮。作为一个苏格兰人，他也毫无苏格兰人应有的幽默感。助理杰克逊（Jackson）是"一位沉默不语、谨言慎行的人。他用自己的储蓄购买了一块田产，一两年内就会有可观的收益"。再就是瓦德曼（Wadman）助理了。他跟随伯父从老家出来打拼，而这位伯父只花

---

[1] 多年以后，一位容貌美丽却水性杨花的中国姑娘引发了宝顺洋行与怡和洋行之间的激烈争斗，最终导致前者破产。——原书注

[2] 福斯塔夫（Falstaff）是莎士比亚喜剧人物，肥胖、贪心，但常常妙语连珠。

了两年工夫就"捞了个盆满钵满，随后退休返回英国坐享每年1000英镑的进账"。

只有两位英国同胞令包腊恨之入骨：

> 商人利文斯顿（Livingstone）是一个笨拙粗鲁、不可一世的家伙。在天津，他趾高气昂，不搭理任何人。就因为曾在大沽口与第31团成员会餐过一两次，从此便以"军队的大人物"自居，极度狂妄自大。利文斯顿模仿军人，留着标准八字胡，头戴一顶军便帽，自我感觉是个"分量十足的实力派"。然而，他其实是个十足的蠢货。幸亏他只是个可怜的狗不理，不然就他这种性格早就成万人嫌了。不仅如此，他还吝啬、抠门。遇到赞助活动、慈善捐款或公益事业时，他绝对是分文不掏，除非听说军队也捐了款。他总是鲁莽下注，然后又耍手腕摆脱困境。他在我们这个小圈子里声名狼藉。

> 不过，一旦做起生意来，利文斯顿的脑袋还是很灵光的。最近，他的兄弟也来入伙。后者早先是个普通水手，现在摇身一变，成了商务助理。你简直无法相信这是同一个人。他曾经公开宣称，自己只与医生和沃勒打交道，追求的是"唯我独尊、卓尔不群"，而他兄弟追求的是"有分量的实力派"。反正这两人是我们这里的异类。

在那些悠闲惬意的日子里，赚钱发财是很容易的事，只要你能好好活着。但也有个别倒霉的，像是这个"叫诺顿（Norton）的家伙。他是个喋喋不休的话痨，满脑子都是些奇怪想法。他在中国已经混了 23 年，却一个大钱也没挣着。他永远叽里呱啦说个不停，练就了一副嘴皮子，吐字流畅，语速飞快。而且他会拽着你聊个没完，你必须费好大劲儿才能挣脱他的手"。这里还有一个从殖民地来的"精明小伙子安斯利（Ainslie），是个老家在苏格兰的澳大利亚人。他崇拜拿破仑，渴望获得军人的荣耀，对英军那一身大红军装和马靴都无比向往"。对于这种渴望，包腊内心其实并不抵触，甚至还当真考虑过此事：

> 一位清廷军官在此地担任海关监督，他告诉我，如果我愿意加入崇厚的军队，就可以封上校军衔，每月军饷 500 两银子（相当于 160 英镑）。不知此番许诺是否得到授权。

最后，要说说几位非英国籍的洋人：

> 有几位德国商人，担任着普鲁士和关税同盟各邦国的领事。其中一位名叫阿利施（Alisch），算得上是个运动健将，每年光是花费在马匹上的钱就至少有 1000 英镑。有个叫山德里（Sandri）的意大利商人，搞一些低档的小买卖。还有个法国人，做天津与西伯利亚之间的贸易。他遇到的困难闻所未闻，遭遇的险境也匪夷所思。还有几个美国人，其中一个来自鼎鼎大名的旗昌洋行（Russell & Coy），叫波默罗伊（Pomeroy），担任领事。此人似乎生活在与世隔绝、厌恶人类的空间里，既不是北方派，也不是南方派，似乎天下之事没有一样值得他关注。另一位则完全相反，叫金能亨（Cunningham），是个充满激情的北方派。他与

同胞不同，说话带鼻音，拿腔拿调，但是个不错的家伙，颇受欢迎。

至于包腊本人，这个小圈子里的人们对他的评价大同小异。他适应环境，随遇而安，无论是热闹嘈杂的社交活动，还是日常的勤勉苦读，他都热情待之。有付出就有回报。一个月后，李泰国在赴京途中造访天津港。陪同人员有秘书金登干，以及在李泰国两年缺席期间代理海关总税务司的鹭宾·赫德[1]。

李泰国的青睐

李泰国看起来身体欠佳，似乎虚弱无力，难以行使手中大权。如果说功成名就必须靠良好的"体魄"，那他根本不可能有今天的成就——说白了，他是当今在中国最有影响力的人物之一。他那明亮的黑眼睛里流露出平静而坚定的目光，挺直的鼻梁和坚毅的嘴唇透出强大的自我意识。你一眼就能看出，他之所以能够有如此权力，绝非机缘巧合、命运使然，而完全是由于他有坚强的意志，十足的动力。他用中文向我提问，我不知道我在回答时有多少次磕磕绊绊的了。他的中文流畅得跟中国人一样，可以吐出一连串颚音，语速极快，发音精准，听起来棒极了，真让人羡慕。

星期五。似乎昨天与李泰国的谈话给我带来了天大的好运。就在今天早上，金登干给我送来一份誊写齐整的

---

[1] 在中国取名赫德，字鹭宾。

正式信函。信里告知我，海关总税务司将我每月薪金提高到150两银子，即每年600多英镑。这可是比头一个月多了200英镑啊！这样我可以每年至少存200英镑，寄回去还清以前的欠账了。

第二天，一个更大的好运从天而降。李泰国没有去咨询港口有名气的骑手，而是直接找到包腊，让他帮着挑选两匹好马。然后，当天下午他们就上路，开始了向北京进发的4天行程。此行队伍有12辆牛车，颇为壮观，而且其中一辆车上满载面包、啤酒、葡萄酒和香槟等食物和饮料。

包腊心中充满感激与羡慕，两眼发亮，他以更大的热忱投入到学习之中。现在，他终于有机会仔细探究一下天津城了。起初，城里无处不在的肮脏邋遢和贫困悲哀的景象让他深感恐惧，但很快，他就不由自主地迷上了在中国的生活，而且永生难忘。

这里的城墙足有60英尺高，宽敞的城墙顶上可容纳三辆马车并驾齐驱。城墙上有雉堞、瞭望孔和垛口。每隔一段就有一处方形高塔，比城墙还高一倍。其中一个高塔里挤满了囚犯。站在城墙下，你可以不时地听到他们的哀嚎。城门宏伟巨大，戒备森严。做生意的中国人进进出出，车水马龙，有从北京来的骆驼队，有从蒙古远道而来的牛车，还有身背肩扛、源源不断的人流。包腊趟过泥水，甩掉成群吵吵嚷嚷的生病的乞丐。他呆呆地站在那里，出神地看着这条繁华大街上的中国景象：

只听一阵高声吆喝，随着刺耳的喇叭声和毫无乐感的鼓声，一队士兵押着一列游街示众的囚犯朝这边走过来。这些囚徒都犯下了造反的罪行，士兵要对他们施以各种无所不用其极的酷刑。士兵们尽力摆出凶神恶煞的样子，使他们那原本平淡无奇的脸上露出一些肃杀之气，给人一种囚犯必定凶多吉少、在劫难逃的感觉。但是，他们那种凶神恶煞的表情又因为身上乱七八糟的物件而大打折扣。除了武器之外，他们每人身上都背着一把画得花里胡哨的大扇子，一把大而无当的艳绿色纸伞，还有一个装饰着龙和"睚眦"的大灯笼。这些凌乱的配饰，加上他们拖拖拉拉、毫无纪律的行进队列，使你无法给他们的军人素养打高分。

这队人马刚走没一会儿，又来了一列出殡的队伍。前面打头阵的是响器班子，发出一通单调而悲哀的吹吹打打声。你可以看到，乐师吹着长长的锡制唢呐，敲打着奇形怪状的小鼓。接下来的一拨人里有做法事的和尚，还有一些面目可憎、野蛮粗鄙的泼皮无赖。这些人脑门上都有上帝留下的印记，让人一看就知道他们是一群奸猾狡诈、无恶不作之徒。随后经过的是死者的亲属和仆人，浩浩荡荡足有一两百人。他们后面跟着踩高跷的男孩子，个个带着怪兽面具，正好遮住了他们丑陋的面孔。其后是一辆巨大的灵车，蒙着紫色幔帐，上面缀着金银色的饰物。两旁护驾的是十多个旗手，用金光闪闪的旗杆挑着色彩艳丽的大旗。队伍的最后跟着一些和尚和跟班。

接下来大概是一名有身份的中国人，坐在轿子里，被人抬着。中高级官员的普通服饰包括一身宽松的长褂，用带子系在腰间。下身是一条肥大的棉布或丝绸长裤，裤脚用绳子扎紧。脚上是一双缎面毛底高筒靴。头上则是一顶上宽下窄、呈圆锥形的官帽，红色缨子垂坠下来，有马毛或丝线的。如果是满族人，帽子上还会有一颗顶珠，表示品级：

　　一品官　亮红顶

　　二品官　涅红顶

　　三品官　亮蓝顶

　　四品官　涅蓝顶

　　五品官　亮白顶

　　六品官　涅白顶

　　七品官　素金顶

　　八品官　阴纹镂花金

　　九品官　阳纹镂花金

　　身穿蓝色布衫的苦力四下奔走，兴奋而忙乱。他们不断地碰撞在一起，然后破口大骂，怒气冲天。他们一边干活，一边骂骂咧咧，脏话连篇，一如伦敦的煤炭装卸工，或比林斯门（Billingsgate）大鱼市的卖鱼妇。几百名苦力下河汲水，供居民饮用。还有些苦力不堪货物的重压，步履维艰，一边痛苦呻吟，一边抱怨不断。其实，这点分量，伦敦的搬运工不费吹灰之力就可以搬起。

　　卖糖果和甜点的小贩走街串巷。他们挑着有秤砣和秤杆的精美货摊，站在树荫下。色彩鲜艳的糖果和香甜诱人的果脯令那些光屁股小孩儿垂涎欲滴。街上有一群浑身疥癣的邋遢狗，毛色如同肮脏的法兰绒，不知属于哪个品种。你一走近，它们就朝你咆哮；你一旦要追它们，它们马上逃回门洞里；等你刚要走开，它们又露出脑袋，朝你狂吠。

　　不论在哪个街角，哪片树荫下，哪个僻静角落，或隔三岔五的大门台阶上，不论老少尊卑，健康与否，人们通通留着辫子，头顶刮得锃亮，连眉毛也被修整过。游走街巷的剃头匠使用的工具包括一个浅浅的黄铜盆、一块充作手巾的棉布以及一把形状怪异、约一英寸半长的剃刀。他们整日踯躅街头，寻找顾客。

在临街小铺买东西是一件其乐无穷的事。包腊详尽描述了讨价还价的过程：

马路两旁全是吵吵嚷嚷的商贩。他们起劲儿地兜售自己的货物，一个个不停地吆喝，声嘶力竭，吵得你几欲耳聋。只要有人驻足观望，或走进店铺买东西，马上就会有一群店主的同伙围拢过来。你刚要开口讨价还价，这些人就会七嘴八舌，说个没完。时间对中国人来说不值分文，他们可以花上几个小时争论货物的价钱，而这件货物很可能就值个一块八毛。但就为这一丁点钱，他们能争得面红耳赤，吐沫星子乱溅。每当有人说得在理时，旁人便应声附和，表示赞同。

但当一个洋人径直走进店铺时，店铺里顿时鸦雀无声。店主身子一躬，脚往后一撤，向你行礼，然后很有礼貌地问你吃过没有。这是最客气的打招呼方式，你只要如实回答就可以了。接着，你可以借助几个词儿，加上比比划划，告诉店主你需要什么。他会拿出店里的货让你选。然后，他点上烟袋锅，并一定会叫人上茶，接着就静静等在一旁，让顾客自己拿主意。那样子好像不屑于细说货物价值何许，或者，他怕过分吹嘘会适得其反。

交易结束，你鞠鞠躬，离开铺子，身后立刻会有一群

中国人一拥而上，他们都是店主的朋友，急切地要知道刚
才那个"洋鬼子"买了什么，或者，如何吃亏上当了。

　　包腊这会儿比较关注货币和薪水问题。他在大街上刚走到一半，
突然遭遇大水，足有两英尺深。大雨过后常常会出现这种来势凶猛
的洪水。他好不容易才找到一个苦力，肯背他走两三里路，开的价是
一百"钱"。那是一堆中间有孔、用线绳串起来的小铜板，相当于 4
便士。后来他得知，这笔钱相当于那个苦力一个星期的生活费。而且，
接下来他会什么活儿都不干，直到花光最后一个铜板。包腊把这笔
钱与自己的月薪进行了比较。他从中国的银号里取出的是 3 个巨大
的马蹄形银锭，每个相当于 16 至 18 英镑，然后按重量换成墨西哥
银圆。但这种笨重的交易又费事又麻烦，没什么意义。因为，"每月
该交的钱都已经结清，没什么要用现钱的地方。现钱用起来太笨重，
很是讨厌"。他还发现，在海关供职的中国人，级别最高的年薪不过
70 英镑出头，只相当于他的十分之一。

　　第一次吃中餐并未给包腊留下什么深刻印象。他只描述了三道
菜，当时端上桌子的足有三四十道之多。从他描述的海参来看，他
真是幸运至极。"细小、柔软、白色、类似虾米一样的东西，而且味
道还可以。"海参通常指那种六英寸长、墨绿色、形似大便的东西，即
使对最见多识广的欧洲食客来说，这道菜的外观和味道也会令其倒
胃口。

　　燕窝汤"非常类似粉丝或粗鱼胶丝"，笋尖"是最多汁味美的蔬
菜"。他声称自己很失望，没见到菜单中有狗肉，并断言：有教养的
中国人从来不吃狗肉。其实这种说法值得怀疑。因为据说广东人习
惯在春节时大啖猫肉，味道确实鲜美。此外，包腊完全不懂得用筷
子吃饭是多么干净、方便，吃相也甚为优雅。他把中国的葡萄酒比

作"1.5 先令 1 瓶的南非葡萄酒[1]，1 夸脱水兑上 1 品脱糖浆"。

但对充满热情的包腊来说，这只是个别情况。他在给母亲的一封信里概括了自己的总体感觉："你看到的中国和中国人越多，就越发觉得奇妙，接着想要看到更多。"

他骑上马，来到一块平坦、开阔、安静的美丽田野。远处夕阳西下，衬托出山峦的壮丽景色。此情此景又让他手中的笔开始天马行空、纵横驰骋了：

> 随着太阳的顶点沉下去，天际之处的山峰云雾缭绕，宛如仙境中的宫殿、象牙雕刻的城堡，或者黄金堆砌的宝塔。最后一抹光辉扫过群山峡谷，将整座山峦映照得一片通明，如同纯金倾泻而下，瞬间改变了天地的颜色。金子洒落到哪里，哪里就与天空融为一色，鲜花盛开，流光溢彩。又好像有宽广无边的绛红色巨毯陡然展开，铺天盖地。金色瀑布从山上奔涌而下。一条条绿色长带散落于起伏的山梁之间，宛如翡翠之谷。山梁也染上红宝石的色彩和银色的光影。
>
> 很快，太阳落下去了，大地万物又幻化出无数美丽的新模样。天光逝去。这时，整条山脉又变幻成绵延不断的火山。所有山脚都隐藏在庄严肃穆的灰色暗影里，山的侧面仍隐隐可见些许微光。但山巅之上如同燃起熊熊烈焰，比我在维苏威火山看到的景象更加灿烂辉煌。
>
> 更远处的山峦破碎了，它们破碎成灰色大理石的泡沫，

---

[1] 听起来似乎很奇怪，一百多年前会有南非葡萄酒出现在市场。但实际情况是，它早在滑铁卢那年（1815 年）就开始生产了。——原书注

带着闪光，投入到遥远的绯红色天空中，投入到雕刻的浪花花环里。你仿佛看到风狂雨骤的海岸上，浪花飞溅。浪花未及跌落就被霜雪凝固在半空，海妖们用橄榄石和银子镶嵌在它们身上。这电光火石的惊鸿一瞥胜过在伦敦的一生一世；这撼天动地的一瞥震撼人的心灵和意志，远远胜过那些吐沫横飞、歇斯底里的演讲，以及巧舌如簧、苦口婆心的布道，胜过擅长辞令的"金口教父"，还有大喊大叫的传道者——他们只会一味诅咒罪人，或者剖析条条教义。

在天津的日子依旧过得惬意、安稳，风平浪静，最大的事莫过于有访客进进出出。7月初，三口通商大臣崇厚大人驾到，支付上次战争的赔款。这是每个季度一次的例行公事。由于马吉不会讲法语，包腊被找去做翻译。他看到书办们一个个换上色彩鲜艳的行头，出来会见英法领事。英国领事吉布森（Gibson）"又瘦又高，一看就是来自特维德河北方的人。他眉毛上有一块长矛伤疤，是去年冬天民众起义留下的印记。这块伤疤让他说起话来犹犹豫豫，听着都受罪"。还有法国领事爱棠先生（Monsieur B. Edan），"个子高高，眼窝深陷，颧骨突出，一脸土色。举止不雅，不像个法国人"。

本月中旬，有3个欧洲人从北京出发，途经此地。"有位德国名人，自称维根斯坦亲王（Prince Wittgenstein），相貌英俊，脸容整洁，气宇非凡，说起话来声如洪钟——可惜不是我们英国人。"[1]威妥玛（T. F. Wade）目前担任公使馆的汉文秘书，自然是那个显赫机构

---

[1] F.冯·维根斯坦亲王确实值得包腊仰慕。他是一位著名的俄国军人的儿子（亲王头衔是普鲁士称号）。之后不久，他加入戈登将军的部队，任编外副官，在苏州被围困期间起了重要作用。他曾亲历9具无头尸首的恐怖场景，并第一个向戈登报告李鸿章背信弃义、屠杀降将的可靠消息。——原书注

的灵魂人物。最后一位就是李泰国本人了。他途经此地,前往上海,去见谢立德·阿思本(Sherard Osborne)和他的小舰队。包腊说:"我们谈论了很多中国目前局势的问题。应该说,他在谈,我在听。"

神仙般逍遥的日子一天天过去。包腊有时会出门打野鸭,有时骑着"骗子"飞奔,跨越"僧格林沁的愚蠢工事"[1]。他加倍用功地学习中文,对自己目前的境遇心满意足。然而,8月底,刚刚到这里3个月的他要被派往上海了。因为整个夏天,情况一直很不妙。霍乱肆虐,危及健康。一周之内,2名帮办和5名雇员相继丧命。眼下,必须有人前往接替他们的位置,刻不容缓。

即将调任的消息,给了包腊当头一棒。在他眼中,天津是中国最安逸的港口,是学习语言的最佳地点,而且消费水平也是最低的。实际上,他一直在考虑财务方面的问题。即使在最初薪水只有400英镑时,他就已经制定一套计划,即每年寄回家100英镑,以偿还自己欠下的沉重债务。李泰国给他提薪后,他将还债数目增加到200英镑。不仅如此,他还向父母伸出援手——父亲的专利事业仍未见多大起色,家中境况日渐窘迫。如今,这些如意算盘都要泡汤了。上海是所有港口中消费最高的,即便上面许诺给他增加50镑年薪,也起不了什么作用。虽然还想撑撑门面,但现在他必须卖掉"骗子",减少仆人了。

不过,他还是看到了令人欣慰的一面。毕竟海关工作是与商界打交道,而且都是大手笔的买卖,而上海又是中国的商业中心,也是最具活力的港口。许多洋行[2]的总部都落户此埠。现在,他有机会亲自接触这些洋行的老板大亨了。其中有些人他在出国旅游中见过,

---

[1] 指这位鞑靼将军为抵御欧洲人进攻而刚刚修筑完成的8英里土垒战壕。——原书注
[2] 外国大商行。——原书注

而且他知道这些人对他印象颇佳。另外还有一些人，早在英国时就有朋友给他介绍过了。

> 有些商人在国内的社会地位相当高。这位安特罗伯斯（Antrobus），我曾跟他一同从英国启程来华。他的父亲是位男爵；有个兄弟在下议院当议员；一个姐姐嫁给了埃利奥特（Hon. G. Elliot），正是他提名我做翻译进修生；另一个姐姐嫁给了目前的康沃尔·刘易斯男爵（Sir Cornewall Lewis）。所以，你可以看到，这里的商人完全有理由唯我独尊、自命不凡。他们无法拒绝唾手可得的滚滚财富。只需干上几年，就可以腰缠万贯，荣归故里。他们中有人赚了大钱，但不赚够10万英镑他们是不会收手的。还有些人，赚这些还嫌不够，一定要搬个金山银山才肯罢休。

毫无疑问，包腊非常关注财富与地位，但他并未因这些而丧失信念。对未来，他仍不气馁：

> 作为一个男人，他的事业必定掌握在自己手中。成也好，败也罢，皆由一人担当。男人应该不攀龙附凤，摆脱那微不足道的阶级、等级观念的束缚。凡此种种，在因循守旧、爱慕虚荣、盲目拜金的英国正大行其道。
>
> 那位桂冠诗人[1]曾说："欧洲50年，胜过了中国一个轮回"。这是多么荒谬可笑。
>
> 这里有奖品等待你去领取，有困难等待你去克服，有

---

[1]　指英国诗人丁尼生（Alfred Tennyson）。

凶恶的敌人等待你去战胜。懒惰懈怠没有出路，你将一事无成。一切皆为目光敏锐、内心勇敢、意志坚强者而准备。希望的领航星在天空闪烁，光芒耀眼。它比阴晴不定、旦夕祸福的欧洲公司更能指引我前进的方向。

第 8 章

李－阿舰队：影子舰队覆没始末

送行的宴会一场接一场，包腊吃了一顿又一顿。凡是海关职员离职时，都要如此欢送一番。即使包腊职位如此低，且刚到任不久，也不例外。他一直想卖掉"骗子"，但就是找不到买家。无奈之下，只好把它带到上海去。他只希望在那里，"它的良好品相和上佳的速度能卖个好价钱"。说不定，它在天津人尽皆知的坏脾气，到了上海就无人知晓了。"遐荒"号[1]（Thule）载着他顺河而下，驶往大沽口。他从船上军官口中知道了后来被称为"李－阿舰队"那件事。

筹建中英联合舰队？

此事最早发端于清政府要建立海防舰队这一当务之急，其目的

---

[1] 亦有称"极北"号。

是打击海盗，稽查走私，加强海关执法。当时在英国休长假的李泰国，一直在紧锣密鼓地张罗此事。在此期间，太平军重整旗鼓，取得节节胜利，并且已经牢牢盘踞南京10年之久。1862年，他们再次进犯上海。清军部队全线失利，无一告捷。他们终于明白了一个道理：在加强陆军之余，还必须有得力水师才可以灭贼。显然，太平军老巢对炮艇进攻不堪一击。1861年发生的事情更加印证了此理。当时，英国海军总司令将舰队停到南京城外，亲自出马与天王谈判，最终达成协议，即所有长江航行不受干扰，为期一年。

这样一来，李泰国的使命发生了变化。他原先得到的指示是购买三四艘"快艇"，配上二十多个中国水手，再雇几个欧洲人"教会这些无知水手如何航行，如何操控机器及开炮"。但此时，他接到一份语焉不详的命令，要求他筹建一支小型舰队，去打败那些斗志高昂、指挥得当且战无不胜、攻无不克的反叛军队。

李泰国的教名与英国著名海军将领霍雷肖·纳尔逊相同，他的确不负盛名，以百倍的热情投入到打造舰队这项巨大事业中。他先从英国皇家海军直接购买了3艘军舰，重新命名为"北京"号（Pekin，700吨）、"中国"号（China，700吨）和"厦门"号（Amoy，300吨）。再从私人手里买下两艘小船，一艘名为"巴拉瑞特"号（Ballarat）的补给舰和一艘名为"遐荒"号的供应舰。接着，他又订购了3艘军舰，其中包括莱尔兹造船厂（Lairds）制造的"广东"号（Kwangtung，550吨）和"天津"号（Tientsin，450吨）以及最后在南安普敦制造的旗舰"江苏"号（Keangsoo，1000吨）。据一向比较可信的《泰晤士报》称，"江苏"号为"海上最快的战舰"。

至于舰队的人员配备，此时亦变得简单。以往必须有枢密院颁授的敕令，方可雇佣皇家海军人员，现在只需要花点钱，略费些周折，即可办妥。清政府开出的年俸等级在那个年代相当诱人：舰队总司令给 3000 英镑，见习海军军官给 100 英镑[1]，水手给 25 英镑。更为诱人的是，成为现役军人准保前程似锦，大有可为。克里米亚战争早已结束多年，欧洲大陆一片太平景象，这对不甘寂寞的职业海军来说，实在沮丧。这些年来，只有在远东才战事不断。英军于 1857 年占领了广州，于 1858 年和 1860 年又两度攻陷大沽口要塞，只是 1859 年攻打大沽口时失败了，代价颇高，令人蒙羞。我们不妨引用一下纳尔逊爵士的名言——"中国乃是荣耀之所在"。

李泰国可以亲自挑选人马，而且是精挑细选。他选择了曾担任过巨舰舰长的年轻人谢立德·阿思本担任舰队总司令。此人在封锁马来亚吉打（Kedah）的行动中指挥过一艘军舰，当时才 16 岁。他也曾在北极海域度过两年半时光，数度参加远征搜索行动，搜寻神秘失踪的著名北极探险家富兰克林（Franklin）。他还在克里米亚战争期间指挥过一支亚速海舰队。在他 1875 年去世时，讣告称其"在整个海军界胆量超人，无出其右"。李泰国挑选的舰队副司令是博格因海军上校（Captain Burgoyne），他曾在克里米亚战争中获得维多利亚十字勋章。后来不久，他就随着英国皇家海军"船长"号（Captain）沉入大海，这艘时运不济的铁甲舰首次航行就倾覆下沉。接下来是福布斯舰长，此人与年轻的包腊在意大利有过一面之缘。当时，福布斯跟着佩德上校疯狂奔袭埃博利，也就顺便分享到无比崇高的荣誉，简直有辱神圣事业。他亲自发出几封杜撰的假电文，唬得那不勒斯军队仓皇逃离萨莱诺。此外，在其余众多海军助理军官中，还云集着数不清的著名海军家族的成员。

现在，经费又成了最大障碍。其实，这个问题一直都存在，但现

---

[1] 相比之下，1914 年时，本书作者每天军饷为九分之一银元，即年薪 32 英镑。为此，他可怜的父亲不得不额外给他一年 50 英镑的津贴。——原书注

在到了关键时刻。起初，清政府倒是汇过几笔款子到英国，但后来改变计划，宣布将从美国购买舰队，而不是从英国，显然没有考虑到那里正进行得如火如荼的内战。美国海军正疲于封锁南方邦联军，根本无力再拨出多余舰船。不过，李泰国自有办法。他动用手下海关征收到的税款，先行付账，购得舰船。舰船的设备安装进展飞快，到 1863 年 4 月，第一批 5 艘舰艇已启程驶往远东。对自己的知名度，李泰国也十分在意，一直关注着媒体的报道，尤其是《泰晤士报》，似乎总是怀揣一份。这家大名鼎鼎的报纸撰文庆贺舰队起航，文章不吝辞藻，大肆渲染。想想一场覆灭即将临头，读此吹捧之文何其可悲。

"遐荒"号上的闲暇时光

包腊有充裕的时间跟舰队的军官们慢慢熟悉，这是因为在北京的李泰国计划有变，加之大沽口的一连串事故，使他在此地又耽搁了 3 个星期。当时，"中国"号飘扬着谢立德·阿思本宽阔的三角旗，刚刚到达，舰长是他的弟弟诺埃尔·阿思本（Noel Osborne）。"遐荒"号喷着浓烟，驶出港口前去迎接。但它刚刚驶出拦江沙，发动机突然熄火，差一点在波涛汹涌的海上失灵。它只好调转船头，凭借风帆侥幸返回，慌乱之中又与一艘法国军舰纠缠在一起，扯掉了人家船首的装饰物和船首斜桅。更多的麻烦接踵而至。先是恶劣天气不见好转，接着"遐荒"号船长贝克又生了病。李泰国此时正在与清政府，以及大权在握、相对独立的各省督抚进行艰苦卓绝的谈判，就有关创建舰队的详细条款讨价还价。此外，如果舰队总司令谢立德·阿思本不到场，谈判根本无法达成最终协议。凡此种种，使李泰国变得越来越急躁。原来，谢立德·阿思本被要求乘坐中国船只溯白河而上，就是类似短桨小舢板的那种小船。包腊的评价是："对舰队总司令而言，简直有失体面"。

虽然包腊不停地抱怨绵延无际的海岸线单调乏味，却也彻底享受了闲暇时光，一分一秒都没浪费。他发现这艘"遐荒"号异常舒适。这其实也不足为奇，它本来就是专门为大英轮船公司老板打造的私人游艇：

> 它是我见过的最漂亮、装修最精美的船。船型和线条完美无瑕。船舱品味高贵，装潢典雅。舱内使用厚实的枫木板材，抛光度高，镶有镀金檐口和装饰板条。梳妆镜造型精美，地毯质地柔顺。船上配有英式烤炉和壁炉架，四下里还摆放着座椅和沙发，让你仿佛置身于家里客厅中，浑然不觉身处战船之上。

他与舰队总司令在甲板上散了一会儿步，发现此君"颇具魅力"。而他的弟弟——

> 我从没见过这么快乐、这么令人愉悦的人。在谢立德·阿思本身上显露出的文学造诣和文字天分，到了他弟弟身上就变成了能说会道、侃侃而谈的能力。虽然他说起话来没完没了，但都值得一听。话语中充满各种描述、思考、故事和幽默段子。风趣幽默，又不失一舰之长的身份与威严，反倒觉得他集绅士、水手和才华于一身。

包腊说动了"遐荒"号大副斯奎尔（Squirl）教他使用六分仪，并"惊奇地发现，航行原理如此简单"。他参加了周日早晨传统的礼拜仪式,地点就在狭小的后甲板,水桶、绞盘棒、食堂板凳都派上了用场。

　　到场的几个军官包括充当助理牧师的大副、大病未愈的贝克、轮机长克劳什(Closh)以及斯奎尔。不知何故,在这个远离家乡5000多英里的地方,听到亲切熟悉的教堂祈祷辞会让人觉得在家一般,心情愉悦,精神舒缓。除了宗教特点外,它还是道德上的镇静剂,利于产生良好的社会效应。在英国舰艇招收非国教信奉者之前,我对此深信不疑。

　　同一天,包腊还参加了海军舰船上的另一项传统活动,即在午前值班航海钟敲响第七下时开始的聚会。来的客人有其他舰艇的军官,还有岸上来的英国侨民。这些岸上来客议论纷纷,所谈之事令包腊十分诧异。早在短暂停留天津期间,他就已经发现,由洋人控制的中国海关在商人圈里相当不得人心。大洋行认为征收关税无论如何都会"限制贸易",小商行也怨声载道,因为海关跟某些违法勾当脱不了干系,如走私物品、掠卖华工[1]等活动。但是,直到此时,包腊才真正明白这些人对海关是多么深恶痛绝。李-阿舰队的到来预示着海关的权力将会大增,声名也会大振。商人们满腔怒火,忍无可忍。偏偏还传来一则消息,更是火上浇油。消息说李泰国离开英国前,刚刚被授予巴斯三等男爵爵位。在那个遥远的幸福年代,整个英国贵族阶层尚未因两次世界大战和各种不光彩事件的冲击而沦落到卑贱、堕落的地步,伦敦也还没有变成"廉价骑士的城市"(City of Dreadful Knights)。给一个刚刚三十出头的人授予一个相对低等

---

[1]　即绑架(说得好听一些是拐骗)中国劳工到南洋种植园做劳役。——原书注

的三等男爵爵位无异于发出了信号，当然那也是一份令人眼红的荣耀。那天早上，在"遐荒"号聚餐会上的讨论一定言辞激烈，热闹非凡。

午餐前，岸上客人来到船上，大家就是否应该为清政府提供实质援助展开激烈争论。争论持续了很久，包腊真是不听不知道，原来商人们对组建这支英中联合海军舰队以及它的作用居然抱有这么多误解和成见，真是出乎人意料。大多数人都直截了地当斥责这支舰队的组织者，称这是趁火打劫。即使对李泰国和谢立德·阿思本，他们也是出言不逊。这样做未免有失公允，太缺乏绅士风度。

最新的邮件带来了英国的消息，李泰国真的被授予了三等男爵头衔。海关的死对头们顿时炸了锅，他们的积怨和仇恨顿时冲破了所有法律束缚和礼仪规范。香港的《孖剌报》(Hong Kong Daily Express)[1] 发文称李泰国是"满嘴谎言的臭鼬"，还说 C. B.（巴斯三等男爵）应该是"慈善学校生"（Charity Boy）[2] 的首写字母。文章最后还用了最恶劣的言辞辱骂李泰国，将他比喻成狄更斯笔下的诺阿·克雷普尔（Noah Claypool）[3]。好在文章的编辑完全是个无名之辈，否则肯定会追究他的责任，告他一个诽谤之罪。不过，出言不逊也罢，缺乏风度也罢，天津乃至整个中国的商人

---

[1] 《孖剌报》是香港早期英文报纸，又称《孖剌西报》或《孖剌沙西报》，1857 年创刊，发行了约 80 年。最初报章头版有中文名称《每日杂报》，但约一年后这个名称从报章上消失不见。报刊主编为约里克·莫罗（Yorick Jones Murrow），莫罗的粤语音译为"孖剌"，故港人称该报为《孖剌报》。

[2] 由孤儿院或慈善学校抚养、教育的孩子。

[3] 《雾都孤儿》（ Oliver Twist ）中的人物，慈善学校生、窃贼、恶棍。

都会因此幸灾乐祸、暗中窃笑了。他们觉得这是一篇批判佳作，堪与当时最著名的讽刺大师的作品相媲美。

如果是《星期六评论》（Saturday Reviewer）的评论家想要伤害或惩罚李泰国，肯定会用完全不同的方式，而眼下的这些记者，当然都与赞助商们一个鼻孔出气。这些商人完全不属于安特罗伯斯（Anerobus）那样的贵族阶层，没有那种与生俱来的高贵，也没有社会地位打造出来的绅士风范。这些商人不过是伦敦亚麻布商仓库里的淘汰货色，跑到中国，施展一套小商小贩的伎俩，试图混迹发财。如今他们用不着再吃人家的残羹冷炙，一个个开始登堂入室，享用起美酒佳肴。但他们骨子里仍然缺乏那种坦然淡定，也不具备那种素质和教养，无法承受世事变迁。一有风吹草动，便开始谩骂攻击。

尽管包腊对这些攻击自己同事的闲言碎语忿忿不平，但这丝毫不影响他尽情享受这种全新的生活方式。他经常上岸吃饭，主要是与第 67 团 [1] 的军官聚餐。他还借了一套打鸟工具，漫步滩涂，寻找目标。然后，他会扛着大兜大兜的野鸭、麻鹬满载而归。他还与诺埃尔·阿思本结伴远行，与当地农民练习讲中文，找驻防部队的非洲猎兵队（Chasseurs d'Afrique）练习讲法语。

这个伙计身材魁梧，站在一米多深的河沟旁。他手里拿着一根长长的竹竿，上面系着棉线，一端挂着一枚弯曲的大头针。他兴奋地盯着一上一下跳动的浮漂，不时抖动

---

[1]　即现在的皇家汉普郡团（Formerly the 76th）。——原书注

手腕，钓上些一两英寸的小杂鱼。这条小河沟带给他的巨大快乐，不亚于挤满鳟鱼的山间溪流，或粮食收割后麻雀成群的英国田野。阿思本举起镶金线花边的军帽与他打招呼，他也举起法式平顶帽回礼，并告诉我们，他的工作既是为了"做饭"，也是为了"消磨时光"。

终于，"遏荒"号的主发动机修理完毕。但海上风急浪高，船只无法驶出拦江沙，刚好又赶上礼拜日，包腊有幸再次参加海军活动，即周日下午的军官野餐会。这是一段令人愉快的记忆：一条小舢板满载着各种食物（相当于时下那种令人难忘的"野餐五大样"，即面包、黄油、咸肉、香肠和啤酒。另外还有一只水壶、一些生火材料和一个煎锅）。一行六人，个个兴致勃勃。有"遏荒"号上的斯奎尔和克劳什，"中国"号上的轮机长和领航员，还有一位名叫葛德立（William Cartwright）的见习军官。包腊作为向导，领着他们在大沽口下的海滩上停船登岸，去探访一座年代久远、残破凋零的寺庙。

三间主殿里都供奉着佛像，而且都是大约 8 英尺高的泥塑神像，漆着色彩鲜艳的油彩。殿前挂着巨型金属大钟，音色洪亮，声震八方。每尊佛像前都摆着整包整包的香纸，样子跟软果糕差不多。第一个大殿里供着几尊女菩萨。第二个殿里矗立着 9 尊巨型佛像，三个一组，分左、中、右排开。其中一尊神像手握巨斧，威武彪悍，面色通红，大概是个行刑者。另一尊神像手执卷轴和笔墨，看起来是负责记录的天神。还有一尊手握三叉戟和一条鱼，显然是个类似海神的角色。第四尊脸色青白，飞鸟栖于肩头，似乎表示他统治天庭。

在第三间大殿里，有一尊巨型马像，旁边立着马夫。马匹全身披挂齐整，似乎立刻要踏上征程。陪同我们进殿的是一位礼数周全、极为友善的和尚。他不厌其烦，为我们讲解各种事情。突然，斯奎尔踩住马镫，跳上马鞍。这个举动让我忍俊不禁，但又觉得愧对主人，深感不安。那个可怜的和尚只能眼睁睁地看着神明遭到冒犯，却又无计可施。他什么也没说，消瘦的面颊泛起一丝红晕。想必这种大逆不道之举让他深感羞辱。我赶忙向他解释，说水手就是这样粗鲁莽撞，没心没肺。但是，这个和尚显然觉得自己的神灵受到了亵渎，期待我们这些人遭报应。

他们下一站要去的是葛沽镇（Koorku），沿河上行 5 英里即可到达。但天公不作美，此时的风向和潮水都不对，他们只好将小船停靠在一条大平底船旁边，就在甲板上生火做饭。这时，一个苦力爬上船来，询问是否需要拉脚。得到明确答复后，他就下了船。很快，他就带着三辆北京大车返回。这种大车大概是最不舒服的交通工具了。车上安着两个实心木头车轮，直径足有 5 英尺。轮子上用大钉箍着一圈铁皮，基本上算是圆形的了。接下来两个小时都坐着这种车赶路，简直是活受罪。车厢下面没有减震弹簧，车轮不时陷进深深的道路中，一会儿是左轮，一会儿是右轮，车子随之东倒西歪，倾斜角度足有 40 度。车上的 5 名水手都大呼小叫，高声抱怨。而包腊却浑然不觉地享受着自己的美好时光，他行走在大车旁，不时记下见到的各种花草植物。

我们路过一小块棉花地。这种植物看上去像草本植物，而非木本植物。叶片宽大，叶脉完整清晰，花冠为五瓣，花瓣粉黄色，双花萼。雄蕊群与花丝紧密相连，成为一体，几乎不能分辨出来。果实与种子是一种蒴果，有数个瓣，内含棉籽。棉籽为一层黄色棉质软毛所包裹。

他一本正经地继续写道：

本想特意关注一下此植物的长势与外观，但是，这伙吵吵闹闹的水手在旁边，真的极不利于仔细观察。

在葛沽镇没有发现什么有趣的东西，只是"看到缠着三角形小脚的女人用后背对着我们，唯恐被'洋鬼子'的'邪恶之眼'看到而遭厄运"。不过，当大家摆弄着不听使唤的筷子，饱餐一顿中国饭菜后，水手们又变得心情愉快起来，个个喜笑颜开。接下来，他们又雇了一条舢板，借着明亮、清冷的月光，顺流而下。他们喝着烈酒，抽着雪茄，唱着维多利亚时代中期音乐厅里常常演奏的歌曲。

又过了一两天，"遐荒"号终于开动马达，驶出拦江沙。引航过程惊心动魄，标尺显示船尾吃水超过11英尺，而测深锤几次测得水深不足10英尺。"船底冲破泥沙，剐蹭着，撕扯着，奋力向前，仿佛在愤怒地挣脱泥沙对它的牵绊。"最后，他们在一片宽阔的锚地停泊下来，与"中国"号只隔一条绳索。一到这里，包腊马上被拉去入伙，跟大约15个军官混在一起，而"遐荒"号上只有4名。这些军官张口闭口谈的都是当兵打仗之事，还有即将打响的战斗。"他们个个摩拳擦掌、跃跃欲试，抓紧时间享受奔赴南京之前的宝贵时光。南京是江南名城，眼下是太平军大本营。"包腊也被这种临战气氛感染，心情变得激动起来。然而，海面此时风浪大作，舰艇倾斜摇摆，令包腊胃里翻江倒海。他的心情因而大受影响，不再阳光乐观，看什么都觉得不顺眼。

平时，他一直觉得中国的孩童乖巧可爱，此刻看他们却个个都尽显腐败堕落的样子，令人心惊：

> 他们小小年纪，眼珠一转便露出冷漠与堕落的样子。他们不是赌博、骂街，就是吵闹或昏睡。日复一日，最后变得和周围那些贱狗一般。赌博似乎是年轻人的唯一嗜好。每条街巷中，每个门洞里，每个屋檐下，你都能看到走街串巷卖甜饼的贩子。一到这时，街上所有野小子就会聚拢过来，手里攥着一两枚铜钱，脸都不曾洗过。他们围着诱人的货摊，投掷硬币，玩"押双倍"，直到花光几个可怜的小钱。

即便是那些性情随和、毫无恶意、开心欢笑的成年人，此刻也令他心生厌烦。"喜欢娱乐消遣的民族往往容易被他人奴役。所有历史都证明，一个习惯于轻浮和戏谑的民族，总喜欢在编年史中记录一些愚蠢顽劣的人物。"接着，他引用了欧文·梅瑞迪斯（Owen Meredith）[1]的一段诗词：

> 哦，不要蔑视低俗的解脱，
> 让悲哀结出苦涩之果。
> 忍受吧，猛烈地痛苦，
> 胜过享受野蛮的欢乐。

---

[1] 英国政治家第一代利顿伯爵（1st Earl of Lytton）的笔名，是小说家第一代利顿男爵之子。——原书注

哭泣吧，上帝也曾哭泣，
　　胜过大笑，蠢人皆会大笑。

　　日子一天一天过去，包腊的郁闷与日俱增，终于触犯了一条中国佣人最重视的规矩，差一点失去一个体贴入微、服务周到的佣人。大约40年前，本书作者在皇家海军"蓝铃"号上任大副时，有一次见到就餐的佣人中多了一张新面孔，于是大发雷霆。那人满脸麻子，长着一双斗鸡眼，一看就不是好人。

　　"那家伙是干什么的？马上把他送到岸上去！"

　　"老爷也许不知道，中尉买了一缸金鱼，他是管金鱼的。"

　　"老爷"知道自己没招了。但包腊还得吃一堑，才能长一智：

　　我把马鞍交给他清洗，因为马镫和搭扣都被海风锈蚀了。他很不情愿，闷闷不乐地蹲在地上，慢吞吞地干起来。我让他站起来，他却犯起倔脾气，蹲在甲板上坚决不起。我一下把他拎起来，他竟然把马鞍猛地摔向天窗，并冲着我说他不是马夫，还要我送他回天津。我刚刚预支给他4个月的工钱，让他买衣服或者其他物件。想到这里，我不由得怒火中烧，打了他一记耳光，令他退下。

　　当晚，他来请假，说要上岸剃头，梳理发辫，而且还要1块钱雇舢板。我断定他想借机逃跑，但还是放他走了。反正我可以通过当地衙门找到他。阿思本舰长笑我居然相信中国人说的话。所以，到约定时间他没回来，我也就不再抱什么希望，回屋睡觉了。

　　一觉醒来，我突然发现，一杯巧克力饮料和一支雪茄已经摆放在床边，而那犯了错的仆人正手拿着灯，恭恭敬敬地候在我身旁。我大为惊讶。但当我大声责问他为何逾期不归时，他却显出一副冷静倔强的神情。这种神情时常出现在中国人脸上。显然他认为，我应该感激他才对，他能回来就已经不错了。

李泰国倒台

在停泊的船只上晕船非常难受，包腊可以说是饱受摧残。他没有感谢上帝让侍童回到他身边，而是冷漠、非同寻常地从道德上找原因——"在欧洲，利益或恐惧是唯一可以牵着下等人跟你走的绳子。此法则同样适用于中国。其实，此法则适用于任何有奴性存在、但未实行家奴制度的地方"。最后，他终于犯了舰艇生活的大忌，同舰长吵了一架。这位曾借枪给他的好人，如今成了"自私、专横、无知，且最说一不二的人"。

心中充满怂慂的日子终于熬到了头。舰队总指挥的私人秘书格拉汉姆（Graham）带来了北京的指令。他们立即起航。10月4日，包腊在上海登陆。其实，船一出海，包腊的心情立刻多云转晴，恢复正常。与"遒荒"号军官告别时，他依依不舍，同时对他们即将迎来的战斗和胜利充满艳羡，"相信很快就会看到大清旗帜在南京城墙上飘扬"。

同样抱着光荣的梦想，舰队的战船一艘接一艘从英国驶来，集结在烟台，并逐渐形成一支规模庞大的作战部队。李泰国此时正在北京。他过高估计了自己的优势，现在只能孤注一掷，作最后一搏。他提出强硬的合同条款，即谢立德·阿思本只听从他的指挥，而他只对中央政府负责，不接受各省督抚调遣，即便他们有权行使相关职责。这种提议给总理衙门大臣恭亲王出了难题。如果他接受这些条款，最好的情况也是要得罪各省拥兵自重的清廷官员，然后会因四面树敌而导致舰队行动受阻，最后无果而终。更糟糕一些的话，会刺激那些蠢蠢欲动的贼寇，导致他们公开造反。

英国公使卜鲁斯（Frederick W. A. Bruce）千方百计地调停此事。另一方面，清政府也自有其道理。它指出，查尔斯·戈登上校此时就正在中央政府和巡抚李鸿章的双重领导下指挥战斗，取得剿匪战役的巨大胜利。但李泰国坚决不妥协，他被自己的成就冲昏了头脑，以至于到了狂妄自大的地步。他居然要求赐给他一座王府，而当时只有王公大臣才可享有此等厚待，这种非分之想令宫廷上下一片愕然。

李泰国丢官免职在所难免。可悲的是，他的倒台使建立中英联合舰队的美妙计划彻底破产，也使一支足以改变远东历史进程的海军舰队就此夭折。一切都是天意。最后舰队灰溜溜地回到英国。大沽口外"中国"号上那些青年军官曾与包腊一起欢笑、争吵，一起畅饮，热血沸腾，但最后能闻到火药味儿的，却只有包腊一人。

第 9 章

常胜军：苏州杀降风波

包腊对上海的最初印象可谓十分复杂。从那位刚刚上任的英国领事与上海道台签订协议，将老县城之外、沿黄浦江岸一条泥泞荒芜的浅滩划分出来，让予外国人落脚定居，到现在不过 20 年光景。而现在，这里已是绵延一英里长的外滩了。各式洋行建筑拔地而起，商贾云集；江面上帆樯如林，贸易兴旺。岸边密密麻麻，全是身穿蓝色布衫的苦力。他们扛着一捆捆棉花、一箱箱鸦片、一包包英国货物，颤颤巍巍，步履蹒跚。每走一步，都喊出"嘿嗬"的号子，听起来像是不满的咕哝，又像是痛苦的呻吟。沿着外滩耸立着一排洋行商厦，华丽气派，一律是欧式建筑。楼房高两层，楼房外有宽敞的花园。在风格大同小异的楼房中，有两处与众不同，一下子就抓住了包腊的眼球：

在群楼之中，有一幢样式古怪的中国衙门式建筑，其房顶貌似佛塔，外观黯淡无光。与周围齐整明亮的英式房屋相比，这栋建筑犹如羊群里的骆驼，格格不入——这就是海关大楼。它每年收入的银两，足够清政府支付所有行政开销。再往远处看，有一幢尚未完工的大楼，围着脚手架，四周麇集着无数喊着号子的苦力，这就是正在兴建的上海总会 [1]。

那幢黯淡无光的中国衙门式建筑，将很快让位于我们如今看到的那些高大宏伟、光彩夺目的新古典主义建筑群，而面朝黄浦江的上海总会至今风采依旧，(但愿)楼里仍设有"世界上最长的酒吧台"。

在这些富丽堂皇的楼宇背后，英租界正迅速向纵深拓展。洋人社区已经遍地开花，欣欣向荣。"三四处砖石教堂"已拔地而起。这里有各种娱乐设施，正好满足包腊在天津未能充分满足的休闲需求。他到达此地一周之后，终于有机会骑上"骗子"游玩一番，并作了如下记录：

> 这里并未完全压抑人性，你依然可以感觉到女人的存在，几位商人和领事都在此结婚。在像公开舞会这种盛大场合中，听说还能遇上四十多位女士。这真是莫大的好消息！昨天，我骑马出游，风光招摇了一回，惊喜地见到两位骑马的女士。这两位我尚未认识，希望很快有幸结交。其中一位女士骑乘姿态优雅，驾驭马儿也游刃有余。我猜

---

[1] 即英国在沪侨民俱乐部，也叫上海俱乐部。总会大楼于 1864 年动工，1910 年建成启用，由英国建筑师负责建筑设计，日本建筑师负责室内装潢设计，故建成后有"东洋伦敦"之称。楼内装饰典雅华丽，以 34 米长的黑白大理石酒吧台著称，为当时远东最长的酒吧台。

　　　　龙廷洋大臣：海关税务司包腊父子与近代中国（1863～1923）

这是英国领事的太太马安夫人（Mrs. Markham）。只见她像卡米拉（Camilla）[1]一样，"风驰电掣地飞过原野"，把我抛在一团灰尘中。我与一群操沃尔西语[2]的看客一样，望着她矫健的身姿，张大嘴巴。"目瞪口呆（拉丁语）！"太好了。听懂了，说明我的拉丁语还算灵光。

文明停滞的帝国

但是，上海老城却令他大失所望。原来，快速变成中国迷的包腊，来上海还没有一周就对这座城市进行了一番探索。在他眼里，上海是中国沿海最没有魅力的城市，现在也许依然如此。与多姿多彩、生动迷人，或许还有些蒙昧粗俗的天津街景相比，这里反差强烈，让他感到抑郁，难以释怀。

一旦你走出街道宽阔整齐、房屋粉刷精美的租界，进入城门内那黑暗的贫民窟，所见情景触目惊心，痛苦异常。你会立刻感觉到文明停滞，因为在这里你完全看不到整洁舒适的家居，放眼过去，尽是东方帝国的衰败与残破。房屋破破烂烂，散发着熏人的热气，恶臭经久不散。肮脏狭窄的街巷中，臭水沟毫无遮掩。街巷里，吵吵闹闹的人们熙熙攘攘，挤得密不透风。在这里，你可以看到出没于中国城市的各色人等。坐在轿子里的清廷官吏，或大腹便便，

---

[1] 罗马神话中的女战士。
[2] 沃尔西语是意大利语族的一支，与拉丁语接近。

或身材瘦小，前有骏马开道，后有几十个家丁跟随；还有形容枯槁的水果贩子，他们原本可能是干苦力的，现在年老力衰再也干不动了，经风吹日晒，他们的皮肤变得干瘪枯黄，活像一具具乌木雕刻出的印度神像。街道弯弯曲曲地延伸出去，如同变化多端的小溪，显得狭窄幽深，无声地隐藏在两旁崖壁似的房屋阴影里。每家房顶都撑着蓝布遮阳棚，像是一张张风帆，虽然遮挡了太阳，但也阻隔了空气的流通，并给下面的每一个物体都蒙上一层阴暗沮丧的色彩。中国人面黄肌瘦，阳光明媚时都让英国人觉得难看，而现在，罩上一层晦暗发青的光影的那些高颧骨、眯缝眼和黄皮肤，就更不用说了。

包腊登上某个商人位于外滩楼房的房顶，远远眺望乡村景色，仍然无法心生愉悦。

黄浦江上有一些小河伸展出去，河边芦苇丛生，枝桠密布。阡陌与沟渠间可见零星几处房屋，屋顶卷翘，就像印着柳树图案盘子上看到的那种。偶尔还可以看到类似梯子一样的农具，那是给稻田灌水用的。小河弯弯曲曲，毫无规则地穿行于古怪、平坦而孤寂的田野上，有时会莫名其妙地戛然而止，如同一个个狭长的养鸭塘。

脚下的河水静静流淌，轻轻发出摇篮曲般的乐音。在这夜幕四合的闷热夜晚，河水舒缓着一个慵懒男人的身心。不知何故，我的思绪回到了三年前的此时此刻。那时，我们刚刚攻下卡普亚，我坐在萨莱诺湾岸边。那里的海岬由玫瑰色花岗岩和亮蓝色的石灰岩构成。透过清澈见底

的海水，岩石就像是泛着淡淡光泽的巨大蓝宝石。雪白的
沙子和贝壳环绕着一半陷入海底的沉船残骸，堆积在断裂
的古老铁锚、发白的桅杆和帆杆上。

　　不知为何，我魂牵梦萦，想回到那个时刻。难道是巨
大反差使然？这里的一切都黯淡、单调、贫瘠，了无生趣。
而在意大利，一切都明亮、鲜活、美好。这里就好比魔鬼
的殿堂，而那里则景色迷人，足以令沙漠中的毁灭天使塔
拉巴 [1] 如痴如狂。

　　令包腊烦恼的，还有这里高昂的生活费用。"这一时期的上海恐
怕是世界上生活成本最高的城市了"。付给仆人的工钱要加倍（此刻
他已经变成了一个"很听话的侍童"），付给先生的工钱也要加倍，
勤杂工的工钱比在天津的马夫的工钱还要高。包腊在海关的新食堂
与另外五六个帮办搭伙吃饭，这给他省下了不少伙食费。那是海关
从沙逊公司（Sassoon & Co.）租下的一幢坚固而气派的英式楼房，
年租金 1200 英镑。各地海关格外优待自己的雇员，安排周到细致。
但总体来说，这里的物价仍属天文数字，加上不断增加的社交开销，
包腊只好大幅修改早先精心设计的财政计划。偿还沉重债务的计划
必须延缓执行，本应寄给尼科尔斯及科布公司的 80 英镑还款也需要
挪用一下，以装点自己的新居。"冬天将至，到时需要温暖的炉火，
以及香气浓郁的哈瓦那雪茄，还要买一套中国古籍。我要在那间屋
子里度过许多令人愉快的夜晚。"同样暂缓执行的还有接济常年手头
拮据的父母这一计划，此事一直让他放心不下。另外，投机房地产

---

[1]　19 世纪英国湖畔派诗人罗伯特·骚塞（Robert Southey）的史诗《毁灭者塔拉巴》
　　（*Thalaba the Destroyer*）中的故事。

以求一夜暴富的念头也得放一放。

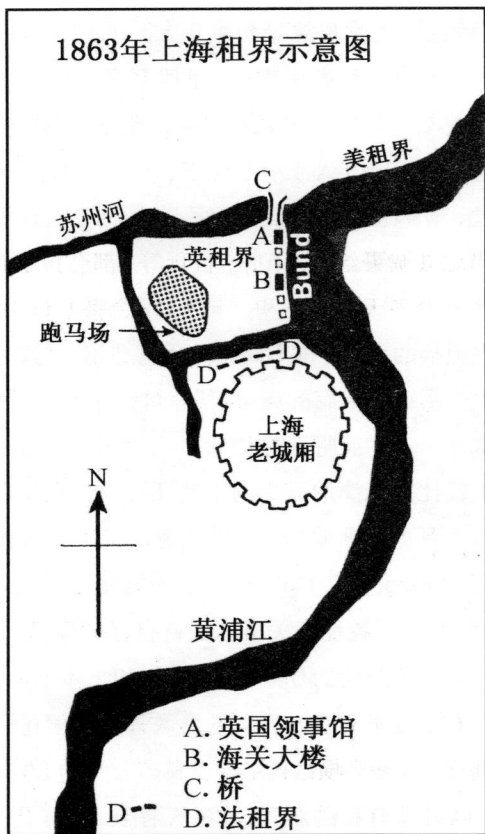

1863年上海租界示意图

A. 英国领事馆
B. 海关大楼
C. 桥
D. 法租界

一直以来，太平军与清军在浙江一带交战频繁。同时，英国当局态度坚决，一直维持着上海方圆 30 英里地盘的安然无恙。所以，成百上千的中国有钱人争先恐后地挤进这个安全区。地价随之急速攀升，眼疾手快者已经发了横财。此时攻克苏州指日可待，太平军即将土崩瓦解。到那时，难民会返回自己的家乡，而这里的地价也会回落，

龙廷洋大臣：海关税务司包腊父子与近代中国（1863～1923）

必将再次造就一批捞金者。包腊的一位海关同事不过才 22 岁，就因投资房地产发了一笔小财，于春天时怀揣 3 万英镑返回英国。包腊一向对自己的眼光和判断踌躇满志，没理由不参加这场夺金狂潮。

但此时，这些计划都被他抛之脑后，他再次孜孜不倦地学习中文。很快，他发现在北方 4 个月的勤奋学习已使他远远超越其他海关同僚，连比试切磋的对手都找不到。"在那些与我同时进入海关的人中，还没有谁能讲一句中文。"所以，不断有人请他去做翻译。只要他们到当地县城买丝绸、茶叶、古玩等，都会拉上包腊同行。似乎一切都在为这个冬天营造祥和、宁静，适合潜心读书的氛围。然而，就在包腊到达上海不到一个月的时候，他又开始投入到一场生死之战，投入到一场与他毫不相干的事业中。

华尔洋枪队

太平天国（字面意思为"天下太平"）起义注定会撼动清政府的根基。十多年来，它给数以百万计的人们带来了死亡、破坏和贫穷。与以往无数次推翻朝廷的暴动一样，这次起义同样发端于动荡不安、充满叛逆精神的中国南方，那里是暴动的温床。起义的直接原因是一位懒惰腐败、残暴专横的清廷皇帝继位了。起义真正开始于 1850 年，而源头则可以追溯到 1837 年的某一天。那时，一名叫洪秀全的乡下书生在三年一次的科举考试中第四次落第。与以往几次相同，他每次初试都名列前茅，最后却名落孙山。洪秀全是客家人，这一族群的人性格高傲，行事神秘，好争斗；他们从来不曾被周围族群所同化；在清朝统治的数百年间，他们蔑视征服者的法令，坚决抵制为族中妇女缠足的习俗。[1]

客家人拥有勤勉、实干、诚实、忠义的美德，多年的郁郁不得志足以让客家血统的洪秀全揭竿而起。他心中充满愤懑，转而从基督教中寻求安慰。他潜心研究一名当地传道者赠送的福音书，并很快产生了幻觉。事情缓慢地发展，直到 7 年之后，当他再次参加科举而名落孙山时，终于想通了。那就是，除天父与天兄（即耶稣基督）之外，他是三位一体中的第三者，号称"天王"（其实，他对神学理论一知半解。不久，一位不识时务的门徒自称是圣灵，立刻被拉出去斩了首）。洪秀全满腔热情，孜孜不倦地宣讲自己刚刚皈依的信仰，与省府衙门的矛盾日渐加深。中国南方总是到处充满着不满。最先投奔他旗下的都是些受人鄙视或遭人嫉恨的客家人，还有沿海地区那些狂野不羁、组织有序的海盗（大多数是闽南福建人），以及许多势力庞大的秘密帮会，如三合会[2]。

清军将领愚蠢无能，滑稽可笑。一位将领在呈送皇帝的奏折中怒不可遏地说，乱匪总是占有先机，夺取他原本要占领并修建工事的有利地形，简直岂有此理。到 1851 年底，太平军已经控制了广东、广西大部分地区，并直接威胁广州城。1852 年 4 月，太平军向全国各地进军，目标是夺取整个中国。在接下来的 11 个月里，他们挥师北上，一路挺进 700 英里，打到长江南岸。围城 10 天后，太平军终于一举拿下南京城。天王决定定都于此，建立起神权统治，并维持了 10 年之久。他的数位亲密战友被封为"诸王"，并建立起粗俗、奢

---

[1] 缠足是施于女性的最残酷的肢体残害。所谓缠足，即女婴出生后，足弓即被折断，大脚趾被搬向足跟方向。其他四根脚趾亦被折断，压到脚底。然后，整只脚被紧紧包裹起来，令其不再生长。——原书注

[2] 又称洪门三合会，是著名的反清复明组织洪门天地会在广东地区的一个分支，以"反清复明"为宗旨。

华的宫廷和后宫。但洪秀全有"靴踢"后妃的怪癖，故"后宫佳丽"时常逃跑，所剩无几。

根据其他资料记载，太平军在 1853 年攻占上海县城，并对天津形成威胁之势，但随后出兵北伐攻打京城之举却以失败告终。此后，他们再未贸然北上，渡过黄河。清政府终于一反死气沉沉的常态，重新抖擞精神，行动起来。他们从骁勇善战的蒙古人和满族人中征集人马，组成庞大的军队。随后，他们遏制住太平军的攻势，漫长的战线从汉口一直延伸到大运河一带，然后步步紧逼，迫使太平军回撤至南京城。南京城遂被重重围困，陷入绝境。

在这紧要关头，好运不期而至，西方列强的到来为太平军解了围。原来，这些国家听信了满腔热情的传教士的宣传，对信仰"基督教"的太平军产生了好感和同情。其实，太平军所信仰的"基督教"不过是洪秀全胡编乱造出来的而已。他们不知道，清廷正为了保住自己的江山而倾巢出动，希望扑灭比它自身更残酷、更野蛮的叛军。此时，清政府需要各国伸出援手，予以外交上的支持。但列强偏偏在关键时刻添乱，为了发泄自己的各种不满与怨恨，甚至到了动刀动枪的地步。英国人的政策路线过于僵硬死板，但倒也一如既往。法国人则缺乏理性，不负责任。[1] 但两国最后都采取了中立的立场。三年里，大沽口三次遭到攻击，清政府不得不调集精兵强将来应战，而对南京的围困计划也就一再耽搁。这使得天王得以负隅顽抗，最终甚至还拼凑起残兵败将，于 1860 年 5 月 6 日一举杀出南京城，突破重围。清军溃不成军，四散奔逃。安徽、浙江及苏南相继失守。8 月，天王再次打到上海，兵临城下。

---

[1] "法国人坚信，可以设法迫使中国政府资助解救行动。中国之所以不愿与世界交战，就是因为害怕要花钱，而且对后果顾虑重重。"——摘自巴夏礼爵士的日记

紧要关头，英国海军司令急访南京，与天王洪秀全建立了私人关系。除了英国商船获准自由航行长江一年之外，在此期间上海的安全也有了保障。另外，列强对洪秀全的了解也更加深入，后者提出了诸多问题，其中包括圣母玛利亚是否有个天仙一样的妹妹可以嫁给他。

　　所有人都松了口气。末日审判只能推迟了。上海守军得到了增援。洋商也自发联合起来，筹集资金，组建私人防卫力量。他们雇用了两位胆量超群的美国人：一位是来自马萨诸塞州萨勒姆（Salem）的海员华尔（Frederick Ward）；另一位叫白齐文（H. A. Burgevine），是个冒险家。他们随即招募 500 名菲律宾人和其他外国人，组成一支雇佣军。这两个美国人口碑较差，多遭诟病。部分原因在于他们行为古怪，举止异常；另一部分原因是，与他们那位战绩辉煌的继任者相比，他们立显逊色。但实事求是地讲，他们的勇猛、战斗能力以及近乎超人的胆量的确可圈可点，值得称道。他们时而单兵作战，时而与英军或清军联合作战，率领着他们那支小部队出生入死，从无败绩，因而获得"常胜军"的称号。随着清政府的资助饷银源源到达，他们可以招募中国士兵，将部队扩充 3 倍，还可以给这些士兵配发欧式军装。由此，这批人也得到了一个恰如其分的称呼——"假洋鬼子"。

　　华尔领军打仗习惯身先士卒，因此阵亡也在所难免。他死后，指挥权交到白齐文手里，后者也两度负伤。第二次伤情十分严重，令他终日痛苦难当，只能借酒精艰难度日。关于他受伤后的故事，一言难尽，这里暂且不表。但白齐文有两次改换门庭，效忠不同主子的经历。他先是投奔了太平军，后来又回到清军一边。此外，他还有过数次酒后滋事的恶行。下面就是一个典型事例，讲述者是他的亲密朋友兼左膀右臂——琼斯海军上校（Captain Jones）。

　　　　　　　龙廷洋大臣：海关税务司包腊父子与近代中国（1863～1923）

中午时分，我去找白齐文，他正在 32 磅炮的重炮船上睡觉。我询问是否要扶他上岸，因为很多官兵都在谈论他的身体状况。他问是哪些人在谈论，我如实相告。他立刻拔出四管短枪，抬起枪管朝我头上开了一枪，距离不过 9 英寸远。子弹穿透我的左脸，钻了进去，到现在还未取出。

"你居然朝你最好的朋友开枪！"我喊道。

"我就是开了，怎么样？我应该打死你！"他竟然这样回答。

这件事刊登在当地一家英文报纸的专栏里。白齐文甚至觉得有必要确认一下信息的准确性，于是亲自写信给报社编辑：

琼斯上校的叙述基本属实。凡是关于他的亲历事件，我都非常乐意为他作证，证明他描述准确、客观公正。

还有一次，白齐文为了给士兵筹集军饷，与一位官商发生了纠纷。他一怒之下，居然挥拳打了人家的脸。显然，将他革职查办一事刻不容缓。这样，寻找继任者就成了当务之急。匆忙之中，一位在英国舰队服役的皇家海军陆战队轻步兵上尉[1]被挑中了。此人根本没有料到自己要指挥 2500 多名士兵，还有 5000 之众的清军。在尚未摸清敌情的情况下，他仓促出击，攻打位于上海 30 英里安全区边缘的太仓城。这座小城由城墙围绕，原本不必主动惊扰的。轻举妄动的结果当然是吃了败仗，损失惨重：死了 300 名士兵、4 个外国

---

[1] 指英国军官奥伦（John Y. Holland）大佐。他曾任士迪佛立（General Stavely）的参谋，接替白齐文任常胜军管带，官阶品级为"镇台"。

人，还搭上 2 门重炮。此役使欧洲军队，尤其是英国军队的声望严重受损，这可以从一位太平军主帅对战斗的描述中略见一斑：

> 里面还有英国军官呢！哦，记录官，看看他们逃跑的样子吧！有个军官连手枪和剑都扔了，抱头鼠窜，稀里哗啦地游过小河。可他们根本用不着这样嘛。我们知道你们国家的政策——30 英里界线以外你们是不会袭击我们的，我们本来也用不着揍他们……
>
> 不过，说句良心话，大实话，很多松江[1]兵打仗确实勇猛，长官也算得上好汉。他们费了半天功夫，想弄走那两门炮，奈何我们火力实在凶猛。那个英国人管带的表现让我们目瞪口呆。你能相信吗，记录官？他下令先搬走小炮，而不是利用小炮作掩护以搬走大炮。后来，他逃到小船上指挥撤退，又让我们大跌一回眼镜。我们都知道，清妖[2]才会如此贪生怕死，英国军官肯定会临危不惧，冲锋在前呢！

常胜军强攻苏州

可想而知，当务之急是尽快物色一名新指挥官，来统领这支溃不成军的队伍。驻上海的英国海军司令何伯（James Hope）、陆军司令士迪佛立将军与驻北京的英国公使卜鲁斯爵士紧急磋商，他们的目光锁定在一位英国皇家工兵上尉身上。此人曾公然违抗士迪佛立

---

[1]　上海南部，靠近黄浦江的一个小镇，曾是常胜军大本营。——原书注
[2]　太平军给清军指挥官的绰号。——原书注

将军之命，冒着猛烈炮火仔细侦察太平军大本营，令将军对他刮目相看。此时，他刚刚完成对苏南地区的实地勘察，正好担当此重任。

时间倒回到 1860 年 7 月 30 日。那天，包腊刚刚到达墨西拿，依然沉浸在与加里波第见面的兴奋与激动之中。那时的他对上前线还充满渴望。就在同一时刻，大英轮船公司的"瓦莱塔"号（Valletta）正开足马力向着中国行驶，驶过前一年 5 月红衫军登陆地马尔萨拉（Marsala）。当时，查尔斯·戈登就在船上。他看到阳光照耀着地上的房屋，心中充满期待，期待着当晚到达马耳他，听到前线战斗的消息。他一生充满变数，四处征战，十分理解和同情那些非常规军战士的境遇。

戈登的家族与战争紧密相连。族里子孙皆尚武好战，其中有两位在普雷斯顿潘战役 [1] 中效力于敌对阵营，他本人在皇家军事学院的经历也颇为坎坷波折。因不服从命令和所谓"恃强凌弱"的不实评语 [2]，戈登损失了半年军龄。他接下来的两年是在米尔福德港度过的，可谓枯燥无味。在此期间，他"成为虔诚的教徒"，开始潜心钻研神学著作，并为之痴迷一生。随后，他参加了克里米亚战争，从 1854 年到 1855 年那个可怕的"黑色冬天"开始，直到战争结束。在围困塞瓦斯托波尔城战斗中，他显示了"特殊的军事才干"，"假如他所在的兵团允许的话，他早就获得晋升了"。随后，他极不情愿地跟随近东边界委员会执行了数次任务，又在查塔姆（Chatham）的皇家工兵学校做了一年副官，之后被派往中国。到达中国后，他遗憾地发现自己晚了一步，"没赶上好戏"。

---

[1]　1745 年詹姆斯党试图复辟斯图亚特王朝的叛乱，被英国政府军镇压。

[2]　要想评判这些违纪行为的严重性，必须考虑那个时代人们的精神面貌。1861 年和 1864 年，皇家军事学院的士官生曾两次发生大规模哗变。在第二次哗变中，他们"向总督府方向发射野战炮，并把佩剑扔进水库"。——原书注

的确，他在上海登陆时，大沽口要塞已被攻克。但他跟随英国军队开到北京，亲历了对圆明园的烧杀劫掠，震惊不已。接着，他忙于修筑兵营，在士迪佛立将军手下工作，从事前面提到过的勘察工作。1863 年 3 月，接到新任命后，他有过激烈的思想斗争，因为他明白，父亲是不会赞同他参加这种非正规军的 [1]。但最终他还是接受了任命，并立即接管部队。

这时的常胜军刚刚经历惨败，士气低迷。队伍里约有 3000 名中国士官和士兵，外加 130 名欧洲军官，水平参差不齐。优秀者表现出色，另一些人却表现糟糕。例如，仅 7 月，就有 11 人死于戒酒后的震颤性谵妄症。这支部队要面对的是凶猛残暴的强敌，敌我双方人数悬殊，从来不会低于 4 比 1。他们的统帅虽说有些乖僻无常，却也精明强干，经验丰富。这些太平军从广西起家，一路高歌猛进，直逼京城。作为纯粹的军事壮举，太平军的北伐之旅堪比 1926 年蒋介石夺取全中国，也不输于 1934 年中国共产党领导的"万里长征"。他们征战不断，至今已有十年之久。

走马上任一周之后，戈登开始行动了。他带领部队，先是乘船顺黄浦江而下，再沿长江逆流而上，于福山登陆，向南推进，夺取常熟。10 日之内，返回松江。5 月初，他再率军出动，目标是太仓，也就是前不久吃了败仗的那个地方。此次进攻异常艰苦，历经拼死肉搏才拿下一城。他重新集结队伍，整顿了那些拒不执行命令的正规军官，巧用计谋，最后不费一枪一弹，迫使昆山城内大量守军弃城而逃。接着，他乘胜进攻，距太平军大本营苏州已不到一英里之遥。大规模围困就要开始了，但在此之前，他还需彻底整肃一下这支小

---

[1] 戈登在家书中说："恐怕此次要惹您生气了。因为，我已经受命指挥松江部队，成为清朝官员了。"——原书注

龙廷洋大臣：海关税务司包腊父子与近代中国（1863～1923）

部队。

整肃行动可谓大刀阔斧。为了提升部队士气，戈登首先从调整饷银制度入手。他规定，此后不得拖欠饷银 10 天以上。他还增加士兵口粮，禁止吸食鸦片。为整肃纪律，他宣布，凡违抗军令者，一律当众就地正法，而且由他亲自用左轮手枪执行。后来，再也没人见他使用过这把枪。他领军作战时习惯不带任何武器，只带一支轻便的手杖。敌我双方都觉得那支手杖附有魔力，太平军将领甚至相信他是天神下凡，往往使用魔法禁止狙击手向他瞄准。

对于那些觊觎其权位的无数阴谋诡计，戈登同样视若罔闻，不予理睬。白齐文对他的功绩愈发嫉妒，最终背弃清军，带着三十多名冷血杀手抢夺了一艘炮艇，继而投奔太平军。即便如此，戈登仍然不动声色，冷静应对。待到 10 月初，他终于看到了回报。原来，那个变本加厉的疯子（忠心耿耿的琼斯上校仍然追随其左右）与他进行了一次秘密会晤，竟劝说他也叛变投敌。当然，这是枉费心机。万般无奈之下，白齐文只得带着他的小股人马，再次归顺清军。

为了尽可能遏制队伍中不断出现的破坏活动，戈登将大本营从松江前移至昆山。他率领装备精良的部队和威力巨大的炮兵辎重，向苏州郊外几处防守坚固的小镇发起强攻，随后逼近苏州城下，开始实施包围行动。

11 月 5 日，包腊在日记中写道：

在我看来，白齐文装出一副温和老实的嘴脸，获准再次进入上海，并一直无声无息地待在租界的家中。对他的控告和判决，皆称其公然背叛清军，行为卑鄙无耻。但他利用戈登的宽宏大量，钻进租界，再次蓄谋对抗清廷。偏偏愚不可及的朝廷饶了他一命，让他得以苟延残喘，继续作乱。

　　至于戈登，给他任何崇高的赞誉都不为过。他是一名真正的军人，一名品格高尚的绅士。他身上汇集了圆桌骑士[1]的所有风度和勇敢，还要加上技术娴熟的士兵那种灵活的作战技巧……等等，等等。

这种溢美之词滔滔不绝，超过上述笔墨一倍之多。难怪包腊当晚就离开驻地，直奔前线，去拜见这位盖世英雄。像包腊这样的低级职员，刚刚到任不足一月，却要请10天假，未免过于缺乏纪律性了。人们不禁怀疑，他是不是已经"走人了"，就像3年前他拍拍屁股一走了之，他的前辈同僚只好接受这么一个既成事实。

　　我于午夜12点出发。天气潮湿，雨雾迷蒙，但很快又雨过天晴了。我睡了两个小时，醒来后看见满天星斗，比伦敦的星星更大，也更明亮。船员们站在船尾，面向前方，奋力划桨。每划动一次，都伴随着单调、像是呜咽的歌声。我跌跌撞撞地来到侍童身边。他正蜷缩在舱门口，头枕在一箱啤酒上，长长的发辫垂落在地板，弯弯曲曲如同一条青蛇。

　　船行缓慢，第二天我就开始不耐烦了。午饭吃的是船员们说的红烧肉，颜色如同马鞍革或乌木。饭后，我花钱雇了一匹奇丑无比的小马，开始走陆路。我们穿过广阔的田野，这里的农田土壤肥沃黝黑，没有篱笆。点缀其间的

---

[1]　圆桌骑士是传说中不列颠君王亚瑟所领导的一群高贵骑士，既勇猛顽强，又温文尔雅。

　　　　　　龙廷洋大臣：海关税务司包腊父子与近代中国（1863～1923）

是高低起伏、若隐若现的西瓜，还有红铜色的南瓜。我们翻过遍生着低矮粗壮藤蔓的红色丘陵，来到一片高大浓密、如同篱墙一样的谷子地（疑为高粱地）。谷子秸秆形状似竹，叶子如柳，小风吹过，会发出欣快的轻声絮语，犹如音乐一般。在大路上，我们超过一辆辆骡车、牛车，车上满载着支援戈登的物资和弹药。水车吃力地转动，水花四溅，发出吱吱呀呀的响声。路边的茅屋残破不堪，还能看到一些水果摊，农民无所事事，围在一旁。又经过几处山崖和荒地，偶尔可以看见肯特郡的那种果园。果园里有红彤彤的苹果、黄澄澄的梨，沉甸甸地挂满枝头。

一些往相反方向去的牛车与我们擦肩而过，行进速度大约每小时一英里。牛车上装着茶叶、稻米、棉花，都是销往英国市场的。拉车的公牛沉默地靠在一起，缓缓前行。后面的驾车人手里拿着长长的刺棒，不时戳到某只越位的畜牲头上，以示警告。车后跟着一位身穿蓝色布裤、粉色布衫的女人，迈着粽子似的小脚蹒跚而行，模样就像在踩高跷。她把脸扭向一边，生怕看到洋鬼子的恶魔之眼。

翻过一桥，眼前出现的画面简直就是一幅临摹作品，与家里盘子上印刻的那种柳树景致如出一辙。此时正是黄昏时分，我们停顿片刻，让马匹歇歇脚。下面平底船上挂着的灯笼，将金黄色的光柱投向四周的水面。远远近近的河面上，可以看到船尾木板上闪烁的灶火。中国人就围坐在那里吃饭，火光将奇异的影子投射到他们脸上。

我们来到一间小客栈，决定在这过夜。这里最好的房间，其实只有空荡荡的四壁和光秃秃的屋顶。仆人里里外外忙个不停，最后我们终于坐下来享用晚餐。晚餐有鸡肉和米饭，还有泛着泡沫的苦啤酒。美味的啤酒冲刷掉了我们嗓子里的尘土，抚平了胃里翻涌的胆汁和脑子里的乱麻。黎明时分，我们再次上路。走过的乡村景致大致相同，只是沿途的乡野越来越荒凉。一路上，匪患肆虐、生灵涂炭的印记比比皆是。终于，苏州城隐隐约约地出现在视野里。

这是第三天晚上 8 点。可以看到一道黑黢黢并且泛着微光的防线，那后面有无数灯火映出的光亮。我明白了，这里就是太平军大本营，而我离戈登的前线阵地已经不远了。很快，我听到了哨兵的盘查口令，还听到长枪枪筒磕碰刺刀架发出的咔咔声。我心里甚至在琢磨，一个受过训练的士兵是否能在黑暗中打中 50 步开外的目标。

不过我可不想做这个实验。于是，我回答了口令，进入围栏，然后立即有人领我去指挥部。借着幽暗的星光，我可以看到一排排的帆布帐篷，阴森森地排列在那里。到处都有无所事事的士兵，有些在抽烟，有些在赌钱，还有些学欧洲大兵的样子在消磨时光。大炮分散地摆在各处的沙袋炮台上。马匹都备好鞍具，齐整地拴在一起。眼前的一切是大战将至前的景象。我一边看一边跟着领路人往前走。

来到河边，我发现戈登正在一条布置得很舒适、便于行动的小船上。船上的空间正好够他活动、吃饭和睡觉。此人事迹我早有耳闻，恨不得早点一睹真容。他的一举一动很有可能会极大地影响中国未来的命运。但出乎我的意料，他竟是一位身材不高的年轻人，有一双栗色的眼睛，鼻孔清理得很干净，嘴唇上蓄着浓密的小胡子，浑身上下都散发出一股军人气质，虽貌不惊人，却蕴藏着巨大的能量。戈登原本是那种典型的万人迷，头发卷曲，皮肤光滑，仪表堂堂。在伦敦社交季[1]期间，他会身穿纤尘不染的制服，戴着天使脸蛋儿般平滑的手套，巡游于社交名流聚会的海德公园及林荫道间。但这位英国的花花公子也是勇敢之人，不时展现出将军事技巧与务实眼光相结合的才干，眼下更是人尽皆知。

他热情接待了我，又把我介绍给他的助手布朗——陆军司令伯朗（Brown）[2] 将军的弟弟，以及他的副官库可汗（Kirkham），后者据说是一位精通战争之道的优等兵。我们在那条逼仄的小船上度过了愉快的夜晚。其间，戈登给我们讲述了他带兵打仗时碰到的各种奇闻轶事。他对部队里训练有素的中国士兵评价极高，认为他们个个都是纪律严明的战士。他显然认为，苏州城一定能攻克，而且指日可待。对这样一位身居要职、手握重兵的人，我不想再提出更多问题。

第二天一早，我陪着戈登巡视整条防线。我惊奇地发现，这位具有实战技巧和非凡能力的英国军官竟然创造出如此非同凡响的成果：各处堡垒修筑得角度恰当，防守到位；挖掘的条条战壕也是质量精良；仔细搭建的隐蔽通道使战壕与大炮相连。看来，英国人的技术无所不能，即使他指挥的是半开化的军队。

每隔一段距离就设有一个岗哨。一旦你走进 15 步的

---

[1] 伦敦社交季起源于 18 世纪，每年 4 月起，至 8 月结束。其间，英国上流社会举办各种社交活动，如宫廷舞会、晚宴、慈善活动、赛马会、板球赛、网球赛等。

[2] 伯朗刚刚在上海接替士迪佛立，担任英国驻华陆军司令。此处提到的弟弟，在次年 3 月，营救失利于金坛的戈登（亦负伤）时英勇负伤。——原书注

规定距离，哨兵会以标准姿势完成"拉枪上肩"，即将恩菲尔德步枪扛在右肩上。看着这些身穿蓝布裤褂的清廷士兵挖好战壕，筑就堡垒，布置巨炮，你可能有一种异样的感觉。但当你听到他们那些英勇事迹，或者亲眼看到一声令下，他们奋不顾身冲入战场舍命相搏的气势，你就不会再有这种不协调的错愕感了。

进攻的战线一直逼到城墙下，离城门也就两三百米的样子。自始至终我都在场，枪声大作，炮声不断。我终于参加了一次进攻，甚是过瘾。

那天下午，刚吃过午饭，戈登下令，我们必须拿下太平军在城东门前布置的石垒阵地。我当然不能落在后面，于是随军出征。我方的战士准备就绪后，立刻跳出隐蔽阵地，发起冲锋。事先我并未料到会冲到如此近的距离，所以未携带其他武器，身边只有一支在槟城买的沉重手杖，还有下船时戈登借给我的左轮手枪。

出乎我的意料，太平军并不肯轻易撤退。他们顽强抵抗，子弹如同暴雨般向我们的队伍倾泻而下。在这种情况下，极有可能中弹负伤。我开始为自己逞一时之勇后悔不已，心里祈祷能活着回到上海。此时，戈登令我军迂回前进。我们立刻遵命，战士们兴奋异常，我却慌乱至极。

此时，我们已经推进到离石垒仅有 50 码的地方了。见我们阵形散乱，太平军趁势杀出，扑了过来。只见一群人突然从石垒后冲出，接着就陷入一场厮杀混战，见人就砍，见人就杀。

我还没来得及看清四周情况，一个体形彪悍的太平军士兵便向我猛攻过来，我慌忙招架。他挥舞着一支三米长的红缨枪，朝我刺来。枪头锃亮，一尘不染。当时我的脑子里闪过一个念头：可惜了，这么好的枪头，马上要被我的血浸染。

我完全忘记了说中文，无法向这个士兵提出建议，让他别把这个洁净无瑕的枪头弄脏。于是，我左手用手枪向他瞄准，右手挡开他的扎枪。开枪，未击中。接下来，我像疯子一样，不停地跳来跳去，躲闪着红缨枪。再开枪，这次打中了，对方手中的武器掉落。

令我惊讶的是，这个士兵并未像其他中国人那样，无声无息地倒地丧命，而是又向我扑来，用蛮力抱住我，与我一同滚翻在地。我的左轮手枪再次响起，这才让我摆脱了他的纠缠。尽管一切都发生在一分半钟的时间里，但此时太平军已经撤退，戈登也已占领这块阵地。

杀降事件

包腊的生活中不断续写着新内容。在他回到工作岗位的当晚，那个贼心不死的白齐文再次登台，上演了一场精心策划的谋反行动，他甚至从上海港口里劫掠了戈登的旗舰。[1]

　　该省的中国巡抚[2]手中握有特权，如同半个皇帝一

---

[1] 这一时期，戈登拥有两艘炮船。较有名气的是"海生"号（Hyson），船底装有履带，可以爬过较浅的沟渠，一般在进行水路攻击时打头阵用。——原书注

[2] 指李鸿章，亦称为"巡抚"或"抚台"。——原书注

样。他不时会送来几艘蒸汽炮舰。炮舰在剿灭太平军的战斗中屡建奇功，在这些炮舰中就有这艘"飞尔复来"号（Firefly）。当时，它停靠在英国领事馆外面的河上，准备第二天早晨启程，前往苏州。但就在午夜12点，几个洋人强盗悄悄潜到戈登的船边，劫持了炮舰，并将船员扔进河里。随后，他们又悄无声息地解缆起锚，逆流而上，连人带船一同投奔太平军。

整个过程干净利落，不是吗？从拥挤繁忙的港口抢夺了军舰，然后毫发无损地撤离。据说，白齐文是整个阴谋的总策划者。当然，最终他逃脱不了被擒的下场。但不管怎么样，这完全是当初戈登放虎归山、养痈为患的结果。

11月底，有消息传来，称李－阿舰队解散，且李泰国被撤职了。

谢立德·阿思本的旗舰"江苏"号到达此地，并带来了一个令人难过的坏消息：北京的中国政府拒绝给予中英联合舰队所希望的待遇，或者说，没有授予其要求的特权，因此阿思本拒绝指挥行动。他执意拒绝参战，表示除非能够完全脱离所有地方当局的挟制，仅听命于大清皇帝。[1]

然而，这个省的抚台偏偏是个举足轻重的风云人物。他可以切断大清政府的所有供给，除非他的港口及周边的船只全部听凭他一人调遣。清政府夹在中间，左右为难，最终还是向这位顽固自大的抚台大人妥协。这正是中国人

---

[1] "……完全不受制于什么抚台（Footais）、道台（Tootais）或其他什么台"，阿思本在写给戈登的信件中如是说。——原书注

龙廷洋大臣：海关税务司包腊父子与近代中国（1863～1923）

与众不同之处——不知何去何从时，干脆放弃任何抉择。从北京传来的最新消息说，朝廷已经乱成一团，老朽的保守派占了上风。

李泰国已经辞职，赫德奉命接任。李泰国固然精明强干，但走到这一步，他也没什么可遗憾的了。

12 月初，苏州被攻克。接踵而来的杀降事件令戈登怒不可遏，在整个上海引起不小的骚动。

12 月 6 日。整个上午，这里都骚动不安，这是因为戈登的信使带来了攻克苏州的战报。消息说，部队中四分之三的欧洲军官都在战斗中负伤，有的伤情严重，而太平军依然据守部分城区。

另有消息说，本省抚台率部亲临，背弃了戈登与太平军将领达成的投降协议。这些将领正是因为有戈登的担保才前来投诚的，而抚台在戈登不在场的情况下，将这些降将逮捕、杀害，且手段非常野蛮，惨绝人寰。

戈登返回军营时，那些他承诺要饶恕的将领已被开膛破肚，陈尸桥头，而其他的斩杀行动还在进行之中。这位虎胆英雄、高贵的绅士，立刻杀入人群，救下那些受害者，并亲手击毙 35 名抚台的军官。

随后，他将自己的部队撤回昆山，在那里等待伯朗将军。惊悉此番暴行，将军立即动身，离开上海。戈登欲辞去统领之职，但截至目前，除戈登之外，还从未有人能够拯救节节败退的清军。如果没有他的高超技巧和才干，太平军必将很快卷土重来，包围上海。

12 月 11 日，抚台又制造了新一轮暴行。伯朗将军遂决定占领太仓和昆山，虽然这里处于 30 英里安全区之外。这些行动无疑会招致中国人的更多仇视与误解，他们也正变得越来越难缠。我觉得，用不了多久，我们就会被逼无奈，再次出手教训他们，让他们学习学习该如何打仗。中国的古老文明已走到尽头，行将灭亡。3000 年的信仰和政权此刻危若累卵，摇摇欲坠。

12 月 17 日，仍然没有苏州方面的消息。只听说，整座城市已被清军洗劫一空，城内居民惨遭杀戮。戈登仍然守在前线，此时他代表英国政府统领部队，而不是代表中国政府。

伯朗将军已从苏州回来，对那里发生的暴行义愤填膺。我昨天就在司令部食堂吃饭，他讲话的样子让我颇感有趣。他是个不同寻常的老家伙，但只会喋喋不休，没有多少真本事。

这些传言有许多夸大其词之处。戈登部队的洋人军官的确伤亡惨重，但绝对没有多达四分之三这回事。但是，戈登的确计划在两艘炮船的支援下亲自捉拿抚台，并向清政府控告后者背信弃义。而说他大量击毙清军将官也完全是一派胡言，那都是包腊钦佩的熟人——从苏州回来的维根斯坦亲王杜撰的不实之词。

同样，他对伯朗将军的贬损也是信口开河，缺乏根据。伯朗将军实际上完全具有决断能力、判断能力和指挥策略。他到达昆山后，充当起常胜军的临时指挥官，缓解了戈登的过激行为；他促成与抚台的会晤，并严厉斥责了抚台的行径。他的果断行动稳住了阵脚，挽回了我们的声誉，也扭转了一败涂地的局面。

现在，又一新情况让上海的富商们感到焦虑不安。美国内战已接近尾声，南方邦联用于封锁北方商业航道的武装船只"亚拉巴马"号（Alabama）已在茫茫大海上游弋18个月之久，专门劫掠美国商船。这艘船是在英国西北部城市伯肯黑德（Birkenhead）建造的，舷号为"290"，后在亚速海群岛（Azores）完成装备。包腊写道：

> 今天早上，美国蒸汽船"福建"号（Fukien）挂起了英国旗。这是一艘体形庞大，速度极快，在这一带沿海地区进行贸易的船只。船尾处的"纽约"二字已被涂掉，以"香港"二字取而代之。实际上，此举是由《法国邮报》（*French Mail*）刚发来的一则消息引发的。那则消息称，"亚拉巴马"号已到达周边海域。于是，港口里一半的美国船只都在考虑悬挂英国旗，并申请英国船舶国籍证书。[1]

此时的太平军，虽然大势已去，但仍负隅反抗，继续犯下种种残暴罪行。

> 今天早上，我的先生带来一位小个子清官，他刚从抚台大营里来。就在前一周，一座修筑着防御工事的小村镇落入清军之手。清军进村，一连串被钉在十字架上的尸首赫然在目。显然，这40具尸体是违抗命令的下场，他们

---

[1] 12月11日，"亚拉巴马"号实际上正停靠在昆仑岛（Pulo Condore），进行休整和重新装备。这是交趾支那（Cochin China）最南端，正东100英里处的一座小岛，也是"亚拉巴马"号所到过且离上海最近的地点。之后，它调转方向，准备回家。之前，在驶往巽他海峡途中，"亚拉巴马"号刚刚劫获3艘船只及货物。启程之后，它又在马六甲海峡劫掠3艘船只，并长时间骚扰美国在新加坡一带的商业活动。——原书注

一定是急于投降或不愿作战的人。双方似乎是在进行一场野蛮的较量，看看到底是谁更冷血凶残，谁更罪孽深重。

圣诞之夜，包腊写完了这段日记，并将其寄送给父母。几个月来发生的一切令他十分兴奋，这本身也足以让大多数年轻人沾沾自喜。然而，包腊却意犹未尽。

我准备再次出城。我将带上我的枪，这次有借口了。还要带上我那位永远流着鼻涕并且对手帕不屑一顾的中文先生与我同行。我要去会一会太平军，看看他们是否真的如报道所说，善待外国人。

但此次行动并未成行。据可靠猜测，他应该是那自视甚高的老毛病又犯了，最终还是决定返回办公室，老老实实地伏案工作。

第 10 章

粤海关"第二把手"：直面土匪与海盗

我已经相当了解赫德的情况了，但愿他的继任预示着
我的升职。总有一天我会坐上他的宝座。当然，如果没有
他的提携，我的升迁之路会十分艰难。他交代的任务，我
样样都可以完成。对此，他心中有数。而且，他也明白，
在整个江海关里，能讲中文的仅我一人。我准备向他提出
申请，到北京做翻译进修生。

就这样，包腊仅用只言片语，轻描淡写地带过了他过去心目中
的那颗明星的陨落。这位孜孜以求、野心勃勃的学徒再次抖擞精神，
整装待发。在他的信里，他不断提到个人发展和完善的规划。

到中国农历新年时，海关要结清一年的账目。此时，包腊也首
次体验真正紧张忙碌的文案工作。当然，这些辛苦付出最终换来了
一个月的奖金。他将奖金揣进腰包，颇感慰藉。不久，就到了职员

离任休假的季节。

　　每班邮轮起航都要带走几名归家的海关职员，这艘船上也有两位，其中一位在 4 年里捞了 1.8 万英镑，主要是从房地产上发的财。顺便说一下，如果到时他找上门去看你们，我不会觉得奇怪。但是，我希望他别去，因为我不愿意让他看到我们家的窘境。再过一两年，等我可以呼风唤雨、随心所欲时，等你们可以在利福德（Lifford）置下房产业时，我会让所有朋友和熟人去拜访你们，但现在不要。
　　如果有一个叫辛盛（Simpson）的人去家里拜访，千万不要跟他谈论任何事情，也不要与他打交道，因为他是一个非常不地道的人，发的是不义之财。而且他会不择手段地加害于我，以及任何在海关里工作的人。

　　父母生活拮据一事始终令包腊忧心忡忡。父亲"对投机事业兴趣盎然，永无止境"，也让他惴惴不安。他盼望被调至外港，从而领取主管办事员的薪俸，以此接济父母。在这期间，包腊积极参与各种与工作无关的事情。他的顶头上司是内河处（River Department）负责人，这个"毫无趣味之人"眼下遇到一个天大难题，那就是在欢迎法国官员美理登男爵（Baron de Meritens）的晚宴上致辞。于是，包腊为他撰写讲话稿，并且谨慎起见，将讲话稿提前发到当地报社。次日早晨，讲话稿如期见报，随即引起不小的尴尬。原来，头天晚上，那个没用的上司还没讲上几句便张口结舌，最后只能尴尬收场。另外，包腊还为英国皇家地理学会的北华分会撰写过一篇稿子。他参加了上海义勇队[1]，并顺理成章地被封为第二连上尉。包腊训练士兵得心应手，深得即将退休的司令官褒奖。要知道，这位来自宝顺洋行的韦伯先生（Mr. Webb）可是"最讨厌海关"的人了。最后，他还承担了为"业余剧社"排演戏剧的任务。当看到自己的名字与那些大腕级人物并列出现在工部局名单上时，他感到无比羞怯。

> 安特罗伯斯，男爵之子，宝顺行股东，还是此地大商行——顾资银行（Coutts' Bank）的高级合伙人。颠地（Dent），是东方乃至整个世界，规模最大、财力最雄厚的商行巨子。布莱恩（Blain），为另一家商行的高级合伙人。罗布森（Robson），一年收入至少 6000 英镑。能被选为工部局成员，对我这个穷兮兮的海关职员来说，真是莫大的荣幸。虽然我一再推托，可他们坚称非我不可。

所有这一切，包腊都干得有声有色，水到渠成。但是，"多么可悲呀，我的投资都押错了宝！我赔掉了苏州的田产，手里的银元不是被偷盗，就是倒腾银币时打了水漂"。另外，他与一个叫贝切拉（Batchelor）的朋友做了几笔莫名其妙的买卖，结果非常可悲，都未能达到预期目的。

"亚拉巴马"号早已遁去，太平天国运动也日渐衰微，好日子似乎终于降临于这个多灾多难的世界之隅。洋人租界里灯红酒绿，歌舞升平。

---

[1] 1853 年 4 月，为应对太平军进攻，英、美等国以保护租界侨民为名组织的一支准军事化武装，即民兵组织，后称万国商团。1943 年七八月间解散。

太平军仍在顽抗，但毫无疑问，他们的一统大业已成幻影。戈登强压心中对抚台大人残暴行径的厌恶，准备再次奔赴战场。有了他的护佑，上海得以安享太平。这里夜夜笙歌，纵情欢乐。每天晚上，业余戏剧、舞会、晚宴及其他各种娱乐活动轮番上演，好不热闹。

挣钱易如反掌，花钱更如流水。包腊不无赞许地说，为他拍摄义勇队全身戎装照的摄影师，3 年前不过是个不起眼的铃子手，而现在干这行已挣下 15000 英镑。

4 月，又传来打仗的消息。不过，这次是在欧洲。德意志人开始了长达 82 年的大肆征伐，战争最终在柏林大火中彻底结束 [1]。这次战争是俾斯麦的首次冒险行动，为他随后的所有战争确立起一种战略模式。对唯利是图的法国政府，俾斯麦通过允诺从别处进行"补偿"来加以说服。对于丹麦人，他算准了他们决不妥协，于是故意放出烟幕弹，暗示英国人会支持德意志的事业。接着，他巧妙地挑起事端，侵占了石勒苏益格－荷尔施泰因（Schleswig-Holstein）这两个归属不确定的小公国。对于英国和俄国虚弱无力的抗议，他置之不理，速战速决，一举打败丹麦人，吞并了该国。英国上下一时群情激愤，即使维多利亚女王同情并支持德意志人，英国人的怒火仍然难以扑灭。事件的涟漪波及上海，包腊也禁不住大声斥责：

> 每艘邮轮的到来都让我们充满期待。我们期待听到英国站在丹麦人一边，向普奥宣战。大家都觉得，英国政府胆小怯懦，连匹夫都不如，这实在有失颜面。不过，下一

---

[1] 指 1945 年第二次世界大战后期，盟军攻占柏林时的情景。

班邮轮应该会带来明朗的消息。

然而，下一班邮轮仍然没有带来什么新的消息。渐渐地，人们的激动情绪回归平静。就这样，在 1866、1870、1914、1938 和 1939年 [1]，历史不断重演。

到 6 月，戈登终于取得了最后胜利。南京被清军部队围困，并于 7 月 19 日陷落，天王吞金箔自杀。常胜军在完成自己的使命后被解散。然而，包腊对这些惊心动魄、充满戏剧性的事件却只字未提，只是讲到贼心不死的白齐文，再次上演阴谋诡计。

> 这一两天，此地弥漫着骚动不安的情绪。有小道消息说，白齐文计划伙同那些美国流氓，再次投奔太平军。我们都加以防范，到处搜捕他，但他却迟迟未落网。

其实，这个说法毫无根据。那个进退自如、善于钻营的家伙此刻正在日本横滨，悄无声息地享受着快乐生活。他在京都 [2] 与极端攘夷派势力领袖——长州藩大名毛利元就（Mori Motonori）进行谈判，欲加入其军队。好不容易熬到 1865 年，白齐文乘船沿中国海岸南行。在厦门，他偶遇一股太平天国的残兵。他借着酒劲，承诺带领他们再次抗击清军。但随后他被一个佣人告发，继而被捕并押往内地，途中可能因溺水而亡。但他躺在棺材中的尸体皮开肉绽，很可能是死于非命。

---

[1] 发生在这些年份的战争分别指普奥战争、普法战争、第一次世界大战、希特勒德国占领苏台德、进攻波兰。

[2] 当时仍然是首都。——原书注

夏季来临，霍乱随之爆发。在那个卫生条件极差的年代，霍乱年年到访。包腊自诩身强体壮，不惧危险。而那位与包腊合住的贝切拉却倒霉至极，"吓得精神错乱，疑神疑鬼；凡是花园，他都看成坟地；只要头疼脑热，牙齿肿痛，他就以为是霍乱上身"。他曾与包腊合伙做各种各样的买卖，包括纸衣领、法兰绒衬衣、棉制品、火器、雨伞、肉桂、朱砂、大黄、银币甚至是棺材。但是，这位老兄的身体一直安然无恙，而自恃健康的包腊却不幸身染沉疴，7月时大病一场（大概是轻度伤寒）。随后，他被送往横滨疗养。在那里，他受到英国公使阿礼国爵士（Sir Rutherford Alcock）的热情接待，颇有受宠若惊之感。"他们在领事馆腾出两间房间给我，送来糖果、冰品以及各式各样好东西，还三天两头请我共进晚餐。"

几周后，他在长崎完全康复了。这个九州岛的南部地区动荡不安，他发现自己再次陷入乱世当中，这也是他一辈子永远无法忘怀的人生经历。

我住在颠地的房子里。这是一幢舒适宜人的平房，掩映在林木茂盛的半山腰里。外国人和本地人居住的镇子就坐落在山脚，港口从那里延伸到广阔的海面上。这里比起我所见过的中国的任何地方都要好无数倍。若不是在这里要时刻担心受到袭扰，我真想就此定居下来。可是，一想到自己有可能在睡梦中被大火烧死，或在清晨散步时被乱刀砍死，眼前这良辰美景便不再那么赏心悦目了。我宁可回到上海的寓所，那里尽管平庸乏味，但你不会处处看到愤怒与嫉妒的目光。

待在这里实在是太不安全了。就在前天，刚刚吃过晚饭的光景，隔壁平房的一个佣人就被砍死在主人的大门口。我们都掏出左轮手枪冲了出去，在附近搜索，但一无所获。虽然从事发到出动搜索只用了两分半钟，但凶手还是逃之夭夭。这里没有人敢不带枪就出门的，而且，对宅院的袭扰每天都可能发生。

此刻，舰队正在我们北面 100 英里处攻打一个不太驯服的皇子，摧毁他的炮台。这里的人都在说，皇子的朋友和家臣一定会采取报复行动的。我们每天都在等待攻克下关的消息，但消息迟迟未到。你也许可以想象出当时情况是多么紧张。[1]

工部局翻译进修生

回到工作岗位后，包腊发现自己申请当翻译进修生的事有了眉目，他已获批前往北京参加为期一年的学习。离开上海时，他又变得身体康健，精神百倍了，只是离开时的感觉与刚来时一样，五味杂陈，百感交集。一方面，这里是远东地区的商业大都会，商机无限，而江海关又是全中国举足轻重的大关。但另一方面，生活在英租界里，基本上如同生活在一个英国港口城市，中国人要想入内，必须获得准许，而且能进来的都是些地位卑微的小人物。所以，要想扩大并增加对"本地人"的了解几乎没有可能。不过，像包腊这样狂热的中国迷，什么都拦不住他。

人未到，他的名声已经先行一步到了北京。人们都已经听说，

---

[1] 就在包腊写信的时候（9 月 4 日），英、法、荷、美舰队刚刚攻克下关炮台。——原书注

包腊是一位严谨的学者，一位能力很强的低级职员，一个和蔼、热情、合群的人。到北京后，他果然受到热烈欢迎。他发现，这里的生活水准比在天津时还高，随后以详尽的笔墨描述了进修生食堂的情况：

食堂两侧的厢房里，进进出出的都是进修生的佣人和食堂的仆役。他们侍候左右，随叫随到。这些人中有掌勺的、掌灯的、洗菜的、看仓库的、刷盘子洗碗的、端汤上菜的，在中国，每份不同的差事都有专门的佣人负责[显然，他已经从大沽口拦江沙外那件事上吸取了教训]。所以，我们的住处聚集着人数众多的仆人大军。

在此学习中文的共有5人。我们估算了一下，发现截至10月最后一天，加上赫德先生留下的8名仆人，这儿上上下下共有八十多个人，其中包括家役、中文先生、仆人、厨师、木匠、马夫，还有孩子。

包腊像往常一样，详细列出每天的日常活动，并严格遵守作息规定。

7点　起床，到这里的健身房锻炼。喝一杯咖啡，吃几片面包。

8点　准备听先生讲课。课上专心致志，心无旁骛。

11点30分　洗漱，更衣。

12点　早餐质高量足，有牛排、猪排、腰子、肉、蛋、水果、啤酒、咖啡和茶，最后还有一杯雪莉酒和一支方头雪茄。

13点30分　回到房间，先生已在那里等候，继续学习。

17点 我的马已经备好鞍,静候我的到来。我跃马扬鞭,驰骋田野,跨越险阻,勇往直前,令那些愚笨的英国同学看得目瞪口呆。正如我的骑马技术无人匹敌,我的中文水平也令他们望尘莫及。

19点 再次回到住处,享用晚餐。晚餐无比丰盛奢华:先是汤、鱼、主菜、肘子,接着是制作精美、花样繁多的点心,用餐过程中还有啤酒、红葡萄酒、雪莉酒和最后一道茶。

相对公使馆派送的进修生,包腊觉得高人一等。他有这种优越感不无道理,因为其他人花两三年时间达到的水平,他只需一年就可达到。不过,他认为这也公平合理,因为其他人拿的钱比他少一半。一想到这儿,他就感到庆幸,多亏在三年前的那次中国领事服务考试中,他以一名之差落榜,这才会有今天。进修生一起搭食的有一名德意志人、一名法国人、一名美国人以及另一名英国人,也算是个小世界了。作为资历较高者,包腊有时难以维持彼此和睦的局面。

来自普鲁士西里西亚的小伙子面容整洁,无髭须,高颧骨,浑身上下充满能量,冲劲十足。对他来说,每天应付14个小时的学习,实属轻而易举,不在话下。他头脑清醒,判断准确,却是5个人里脾气最火爆的。宿舍里唯一能跟他合得来的正是他的强劲对手——本人包腊,但我们算是友好竞争。好在我记忆力超强,又有出色的先生,所以并不担心竞争结果。他的名字叫康发达(Kleinwaechter),在整个海关系统里,他几乎是德意志人唯一的代表,当然干劲十足。况且,他还是普鲁士首相俾斯麦的侄子。

坐在他对面的那位，相貌英俊，长着黑头发和黑胡髭，衣服一尘不染，领子、袖口匀称齐整，前胸部分平滑挺括，双手洁净白皙。这就是法国人德善先生（M. de Champs）。他的行为举止和教养都无可挑剔，人也聪明机灵，非常有魅力。但他就像个大公鸡，喜欢炫耀，而且对法国美女特别殷勤。

德善同样勤奋好学，取得了不错的学业成就，但比起他旁边那位 16 岁的邻座，这点进步还不及人家十分之一。他就是葛德立。来此之前，他是一名海军见习军官，跟随谢立德·阿思本出来闯世界，后来便留了下来，现在要在帝国海关里试试运气。从外表看，葛德立稚气未脱，仍然身穿缀着镀金纽扣的海军蓝制服。但同时也看得出，他有些过于成熟的严肃与沉静，胸中颇有城府。

坐在他右边，也就是坐在我对面的是汉密尔顿（Hamilton）先生。这个新近调来的美国佬极端自以为是，总要摆出美国人那种盛气凌人、好管闲事的派头。不过，他也算是一位有良好教养的绅士。在这群人里，他既不像那位德意志人那么脾气火爆，也不像那个法国人那么疑心重重，喜欢炫耀。

一个苦难民族的欢乐春节

在所有洋人眼里，圣诞节都是个喜庆热闹的日子，只有传教士除

龙廷洋大臣：海关税务司包腊父子与近代中国（1863~1923）

外，他们反对任何节日的庆祝活动。[1] 蒲安臣（Anson Burlingame）家的人在美国公使馆里竖起了一棵巨大的圣诞树，挂上了各种礼物。包腊等几个翻译进修生雇了上百个苦力，运了一天的水，在众多院子里挑了一处灌满水，造了一个不错的溜冰场。这样，他们不用出门就可以过一把滑冰瘾了。河里早就结了冰，最后一班邮轮已于11月初离开大沽口。包腊试着经西伯利亚寄送信件，应该是靠大篷车吧，因为穿越西伯利亚的铁路要30年之后才能修建好。他喜欢这种天寒地冻的气候，并兴高采烈地描述了自己丰沛的精力和日渐粗壮的腰身。

农历新年的热闹喧嚣持续不断，宿舍的几位翻译进修生再也坐不住了。他们放下书本，跑到北边狩猎。"在8天时间里，他们用4支枪捕获了7头鹿、3匹狼，还有不计其数的野鸡、野鸭、麻雀和山鹬。"包腊指挥这次狩猎行动似乎是出于某种目的，"想象一下吧，在1865年的1月里，在中国的万里长城上，4个外国人就着红加仑酱，吃着鹿肉，喝着香槟酒，恭祝女王安康，那是怎样一幅情景呀"。然而，当他们回到北京，发现新年庆祝活动仍在热火朝天地进行时，他不由得发起火来。

> 直到现在，房子外面还没有安静下来。大街上，各式各样的爆竹、火箭、烟花发出的声响此起彼伏。乒乒乓乓，爆炸声震天动地，不绝于耳。待在屋子里，你会以为敌人已打到城外，正在开炮轰击城墙呢。喧闹声令人胆战心惊，

---

[1] 第一批传教士只是在3年前才设法进入北京，当时伦敦传教会的雒魏林（Dr. Lockhart）是打着英国公使馆医务官的幌子混进北京城的。包腊的评价有失公允，很可能是指他们不赞成庆祝活动中那些缺乏宗教信仰的事物，如圣诞树、圣诞礼物、圣诞老人等。——原书注

不断的干扰也令人心烦意乱。此时，除了耐心忍受外，你别无他法。要知道，中国人完全不懂得我们所说的神经系统。如果你告诉他们，吵闹会令人烦恼，硝烟弥漫不利健康，他们会嘲笑你的。如果你说每周过一次节比每年过一个月的节更合理，因为一个月的节日会使人更疲劳，他们会觉得你滑稽可笑。

尽管他言辞中多有不敬，但还是被中国人那种巨大而难以名状的魅力所吸引，烦恼也随之烟消云散。在同一封信的附言中，他写道："如果能每周寄来《笨拙》(*Punch*)[1]杂志，我将非常高兴，因为我想把它翻译给中国的满大人们看，他们看了肯定会特别开心。"

此时，赛马之风在中国还未像60年后那样风行——60年后，"独臂萨顿"在上海跑马场狂扫3万英镑奖金，他的"孟加拉猫"一举夺得冠军。同样著名的还有白色种马"布龙"(Boroon)，如果有哪匹马试图超越它，它便会发起疯狂攻击。不过，此时一年一度的北京赛马会同样引人注目。包腊赢得比赛，捧得奖杯，心中溢满喜悦之情。只是后来的结局令人唏嘘。

你会看到我赢得了越野障碍赛的"蓝带"。几乎所有外国侨民都骑马来了，我们度过了愉快的一天。当然，并没有什么特别精彩刺激的节目，也没有下赌注，但大家还是希望比个输赢。虽然北京这里只有六十多个欧洲人，但我们还是凑了100英镑作为奖金。最后，我赢了20镑。遗憾的是，自那次比赛之后，我的马却死于急腹症。它可

---

[1] 《笨拙》为世界第一本漫画杂志，1841年在英国伦敦创刊。

是北京独一无二的良马。

　　一天，我急着从乡下赶回京城，于是策马疾驰，走了大约 40 英里。就这样，我失去了爱马。这令我心痛万分，无以言表。我刚把它买下时，它还是个桀骜不驯的烈性子。但是，经过我的亲自喂养和百般呵护，它终于变得温顺听话了，就像一条宠物狗一样。它会从我手上吃东西，到处都跟着我，除了不会跟我说话以外，它什么都会。我再也不会拥有这样一匹马了——真的，只要我在这里，我是不会再买马了。

6 月中旬，战神再次向他发出召唤。他对母亲说：

　　我每天都很忙，按照欧洲模式操练中国士兵。叛军距此尚有几天路程，很快就要打到北京了。清廷已经惊慌失措，乱成一团。依我看，打一场大战对他们没什么坏处，结果不会有大碍。

黄河匪患，捻军来扰

　　包腊自诩为目光敏锐的中国时局观察家，这次却看走了眼。所谓"叛军"实际上是捻军，可以说是太平天国运动的副产品。发生在黄河两岸的水患直接催生了这些匪患，这条险恶的河流每次改道都会导致此种灾难。成群的农民失去土地，背井离乡。他们饥肠辘辘，辗转荒野，往往为了谋生被迫落草为寇，并逐渐麇集成大股匪帮。他们每扫荡一个村庄，就会招募更多的跟随者。他们的武器装备原始粗鄙,各式各样,有长矛、剑、前膛装药火枪以及几门抢来的大炮,但显然他们不知如何摆弄。尽管如此,他们的马匹装备并不差,只要愿意,他们一天可以行军 60 英里,行踪诡异,飘忽不定。他们的人马逐渐壮大,最多时达到一万之众,而且也打了一些大胜仗。当时,那位著名的蒙古将军僧格林沁奉命前去剿杀,但"他的部队却败下阵来,弃帅而逃。他被敌人活捉,当场剁成肉酱"。这算是捻军最辉煌的战绩了。清政府大概愿意佯做惊惶状,但实际上京城丝毫没有遭受攻击的危险。尽管如此,他们也根本不敢露头,或者贸然靠近城墙。

看来,包腊一定是受到他那些喜欢《笨拙》漫画的满大人朋友的奚落和嘲笑了。因此,一年半之后,当大名鼎鼎的《泰晤士报》犯下同样错误时,他会那样冷嘲热讽就不难理解了。

> 《泰晤士报》攻占北京了吧?但人在北京,为何什么都
> 不知道呢?太可笑了吧。《泰晤士报》居然不知道"捻匪"
> 是什么人,不知道他们要干什么。事实上,捻匪是土匪、
> 盗贼的统称。《泰晤士报》所表现的无知实在令人震惊!而
> 且,他们的无知还造成各种紧张和焦虑,这又该当何罪?

太夸大其词,吹毛求疵了吧?的确如此。但是,不能忘了,包腊此时也只有 25 岁,而年轻人对大家尊敬有加的事物都喜欢冷嘲热讽。

他设法拖延时间,直到 9 月才离开北京,这样就躲过了中国南方的可怕酷暑。接着,他被派到粤海关做代理翻译。而在到达广州前,他又领教了台风季节的最后一次侵袭,上岸时仍腿脚发抖,心有余悸。在那个年代,气象学刚刚起步,根本无法预测恶劣天气,通信设施缺乏也是一个原因。"新加坡"号驶离上海时,丝毫看不出风暴即

将来临的征兆。第一天,海上航行可谓风平浪静,只有一只杯子掉落。但这预示着麻烦即将到来。不久之后,风雨大作,轮船剧烈摇摆,舷缘侧倾,船体入水。行李、家具纷纷掉落,东倒西歪地砸在地板上。包腊感到心惊肉跳,同时眩晕作呕。有些乘客见多识广,自然明白"新加坡"号是经不起海上风浪的。还有一些乘客拿出形状怪异的"游泳带"——你可能会想,这其中会不会有包腊父亲的专利设计?包腊从床上爬起来呕吐,吐得天昏地暗、灵魂出窍。这时,他听到怒吼的狂风中夹杂着女士的尖叫:"我们要沉了!我们肯定要沉了!我在中国海上沉过两次船。沉底了——真的,亲爱的,彻底沉底了——就在北直隶湾[1]!"

　　船长决定进港暂避。于是他们抛锚停船 3 天,等待风浪平息。但即使这样,包腊到新岗位报到时仍然面色惨白,神情萎顿。

　　刚开始时,工作量庞大,内容复杂,一向情绪高昂的包腊也感到有些气馁。"我连做梦都会梦到翻译稿件、发送稿件,梦到存票、免税单,梦到涉约纠纷及解决方案。"当然,这一切都是有回报的。现在,他的年俸已经达到 650 英镑。他觉得,可以从中省下 400 英镑,终于有望摆脱沉重的债务负担了。在这个重要港口的海关做"第二把手",他的位置既高贵体面,又责任重大。同时,他对汉语文字的掌握能力也令他在华员中享有极高威望。(说到口语,比起只有 4 个声调的汉语官话,广东方言有八九个声调,令他难以辨别)。作为包家的殷殷孝子,他遍访此地的古董店,讨价还价,在众多的货品中选购中意的扇子、披肩、漆器,还有在北京见不到的皂石。他愈发频繁地往英国的家中寄送邮件,包括家书、礼物等。在他早期的信件里,我们还能看到,他曾严厉地斥责姐姐包婀娜。

---

[1] 此处指渤海。

拜托了！请不要学我的样子问候贝利先生（Mr. Bailey），或者任何他的朋友。那天，一名铃子手居然非常亲热地跟我打招呼，就因为他是贝利先生的朋友，或者说"是他父亲的老朋友"。贝利先生也许是一位值得尊敬的人，但我并不打算与之结交。同样，我也不想和他的朋友有什么瓜葛。此人在上海时就很想跟我套近乎，但我从来不搭茬。

你大概不明白这种事会令人多么烦恼。你可以想象一下，你去格拉顿夫人（Mrs. Grattan）家拜访，而"你家人的朋友"写信给那里的女仆、厨子、马夫，让他们去问候你，你会感觉如何？我想，我不需要再提醒你们，我正在这里奋斗，力争出人头地，而与贝利先生的朋友为伍非但不能助我一臂之力，反而会阻碍我。

整整一个月，包腊几乎没有离开办公桌一步，没有到外面走动，只是划着船往来于沙面的寓所和海关的码头。接着，他将众多职责进行明确划分，并下放给可信赖的得力部下。他只需坐下来，监管整个机制，确保其良好运转。这样一来，他便腾出了大把闲暇时间，用来探索周围的新世界。他发现，这里与中国北方截然不同，就像西班牙与瑞典迥异一般。他很快厌倦了热闹的大城市，奇怪地将其形容为"东方威尼斯"。其实，这个比喻现在已相当不贴切了。城市以外的乡下未曾遭到匪徒劫掠和战乱侵袭，是一派欣欣向荣的景象。包腊陶醉其中，心中荡起诗情画意，并冒出一些小小警句。他把此地宁静的田园风光与他在上海与苏州之间所见所闻的恐怖情景进行了对比。

龙廷洋大臣：海关税务司包腊父子与近代中国（1863~1923）

在那里的乡下，你每走一步都会见到焦黑的村庄、捣毁的寺庙、倒塌的佛塔和肮脏的坟墓。大片的肥沃田野已经荒芜，成熟的庄稼遭人肆意践踏，烂在地里。你只能见到三三两两的可怜人在狭窄的小道上艰难耕作。在这些人中，有蹒跚的老者和幼童，有原本卧床不起的病人，还有一些曾经娇生惯养的小家碧玉。他们只想躲避那些人类蝗虫的玷污和疯狂杀戮，后者却常常得到基督徒的支持与帮助。西克斯上校（Colonel Skyes）[1]甚至与他们称兄道弟，将其视为基督徒的天然盟友。

　　而在这里，谢天谢地，我们看不到那些惨状。在这里能看到亮丽的房屋，屋顶铺着各种颜色的瓦。数不清的锥形宝塔伫立乡野，高大的垂丝柏环绕着墓地。墓地的挡券墙用明蓝色瓷砖细细勾勒，挡住外人的视线。宁静的小村庄在太阳下安然入睡……

接下来，他又写了一堆陈腐不堪的话语，想必日后他会感到极为难堪。

这里的乡村完全没有道路。在没过膝盖的泥泞稻田中有隆起的小道，小道只有一条青石板宽，而且青石板是平铺在上面的，有的地方还有缺损。在这上面骑行显然太过危险了，即便是对包腊这种乐观胆大的人。于是，他不得不迈开双脚行走。这种锻炼还不够，他甚至成了一个划桨能手。这里的人同样让包腊感到趣味无穷：他们皮肤黝黑，个头矮小（比北方人平均矮 4 英寸），但热情兴奋，生机勃勃。

---

[1]　最容易听信谎言、最爱发表言论的太平军辩护者之一。——原书注

包腊很快就决定，日后一定要再来了解和认识这些客家人、福佬 [1]、海南人以及其他各色奇异族群。

缉捕鸦片走私犯

如果说这一时期的华南地区鲜有匪患，那么海盗和海贼却是不计其数，大肆泛滥 [2]。他们头脑机敏，做事大胆，而且组织有序，情报网络四通八达。他们是盘踞在大亚湾那些匪徒的鼻祖。在两次世界大战之间，那些匪徒曾令英国皇家海军不胜其烦。他们屡屡得手，那些必须走海路的有钱人往往会乔装打扮，假装苦力。这样做是为了避免被扣押或被索要赎金而带来的身心折磨。如今，海盗们手段毒辣，会割下肉票身上的重要部位，送给他们心急如焚的亲人以催讨赎金。

随着海关建立，逐渐发挥威力，海盗们不得不干起走私活动。于是，海关缉私处应运而生，它以李－阿舰队的剩余人马为基础，迅速发展壮大。眼下，驻扎在广州的缉私队包括蒸汽船"金花"号（Goldflower）、一艘大型武装缉私艇，以及数量众多的小型船只。指挥这些船的通常是经验老到的水手，要么在皇家海军服过役，要么在商船上干过。他们多半都嫉妒海关缉私处的丰厚待遇，但包腊可不管这一套。当他们接到可靠情报，说有一条大平底船要偷运鸦片时，包腊当机立断，马上组织了一场缉私行动。包腊计划（正如他对老朋友埃德蒙·布莱所述）"将工作与玩乐结合起来，让军事行动

---

[1] 福佬是汉族的一个民系，主要分布于闽南地区、粤东地区以及台湾，所说方言属为闽南话。

[2] 一份议会报告显示，从 1865 年 6 月 24 日到 1866 年 2 月 18 日，皇家海军在中国沿海地区至少抓获 71 艘海盗船。——原书注

变成一次出游"。

天刚亮，"金花"号便驶出沙面的泊位，顺江而下。前往澳门和香港的渡船早已行驶在江面上。甲板上有一些衣衫不整的中国乘客，他们尚未洗漱。另外一些客人慵懒地伸着脖子，从小小的舱门里探出脑袋，睡眼惺忪地看着嘶嘶喷着蒸汽的火龙飞速驶过。

我们所追缉的船将于我们离开广州的当夜从香洲出发，驶向约30英里开外的珠江口，它必定会从那里通过。我们所行驶的水路情况复杂，弯弯曲曲。我们要穿过九曲回肠般的狭窄河道和泥沙地带。在通过狭窄地段时，我们要用船桨推开一堆一堆黏滑的水生植物方能前行。幸亏我们的船长是一位来自康涅狄格州的水手，对这里的河道了如指掌，所以大家得以安然无恙。

入夜，我们抛锚停船，并派人放哨，严密把守。天一亮，我们又开始移动，停靠在一处突出的海岬阴影里。我们叫住一条渔船，派上去一位驾驶员，让它停得远一些，以观察各个方向。这样，走私船一来，它就可以向我们发出信号。

太阳越来越高，我们继续等待，身体疲惫，内心焦灼。山坡、山沟、岩石、稀疏的草木，还有波光粼粼、宽阔平静的河口，统统笼罩在炙热的光晕里。白天就这样过去了。那条渔船此刻染着落日的光泽，静静地躺在河中央，随着波浪轻轻摇荡。渔民在落下的船帆上睡觉。焦急的探子半蹲半坐，隐蔽在船头张望。我们的烟囱影子越来越长，西边的天际越来越红。但依然毫无动静。

河口足有3英里宽，我们担心猎物会借着夜色的掩护溜进河口。沿河口而上，八九英里处有一片长长的沙洲，从北岸伸展出来，只在河面上留下一条窄窄的水道。如果守住这里，就没有船只能从我们眼皮底下溜过去了。于是，我们召回那条渔船，收起铁锚，向那里行驶。我们小心翼翼，用一根长长的竹竿探测水深。"不到底！"我听到有人报告。"10英尺！""8英尺！"有时会更浅一些。我们在漆黑的夜色里摸索前进，耳边只听到呼哧呼哧的喘气声。当然，灯都灭掉了，只有对面渔村的点点灯火投到水面，发出些许微光。还有就是烟斗或雪茄烟不时冒出的一星半点光亮。我们的人在甲板上抽着烟，打着哈欠。

突然间，船撞上了什么东西，一阵尖锐、粗粝的刮擦声打断了我们愉快的闲聊。天哪！尽管我们小心再小心，"金花"号还是搁浅了。我们一次又一次奋力划桨，船还是一寸一寸地快速陷入泥里。此时，潮水已退，要等上好几个小时才会再次涨潮，助我们脱困。而到那时，敌人可能早当着我们的面扬长而去。但还有一线希望，船上20多个人聚在一起，同时从甲板一侧跑到另一侧。这样来回重复了十多次，船才慢慢摆正身体，滑回到较深的水里。

几分钟后，我们来到一个隐蔽地点——一处水浅、蜿蜒的河汊，这里很少有船只行驶。凭借树木的茂密枝桠和水草的遮掩，经过的船只完全看不到我们的踪影。而且，在河水交汇处，刚好有一块高大的砂岩矗立在水中，方圆几英里都没有比它高的地方。夜晚，我们把船开出来，监视所有过往船只。白天，我们可以潜回安全地带，偷偷观察。船锚还没放下，一阵狂风骤雨突至，把我们赶进船舱。船舱里干爽、舒适、灯光明亮，让人感到惬意。

清晨5点，我们起锚，驶入隐蔽的河汊里。雨已经停了，风也顺了，浓重的雾霭笼罩着四周。此时行船很危险，但我们必须开船。因为过不了多久，炙热的太阳就要升起来，它将穿透山顶云层，驱散周围的雾气，而我们会暴露在敌人警觉的视线里。

　　我们再次停船探测水深。这时，突然听到一阵兴奋的说话声，还有船桨快速击水的声音。我们大为好奇，放下小船以探究竟，但什么也没发现。不久，雾气变得稀薄。这时，我们才看到一片水塘，通过一条不足2米宽的水渠与河汊相连。水塘里停着一条又窄又长的小船，就是那种大肆出没于广州水域骚扰商贸活动的海盗船。驾驶这种船的都是些粗鲁蛮干的亡命之徒，跑得比任何小船都快，遭殃的都是一些更小的货船。

　　这条船每侧都伸出15支细桨，其中2支在船匆忙溜入水塘时折断。参差的断桨头从一片杂乱倒伏的芦苇丛中露出来。河汊两侧布满了芦苇。这是一条平甲板船，船尾处有3挺回转炮。船舱里的货除了几袋大米以外，全部都是火药、臭弹、长矛和抬枪。在突出船尾的架子上还燃着炭火，火上正煮着一锅糊糊。不知为何，这锅糊糊竟使我想起卡普亚，想起那些在意大利战斗的日子。一大盘米饭扣在一边，几滴酱油汤缓缓淌下来。杯、盘、碗、盏东倒西歪，筷子也散落一地，这说明船匪刚刚正在吃早饭，然后就突然受到了惊扰。

　　显然，他们原本希望不要被我们发现，但听到我们放下小船，便仓皇而逃了。潮湿的草地上留下了他们的脚印，但我们没兴趣乘胜追击，因为我们的捕猎行动就要见分晓了。

　　此时是 9 点。强劲的海风借着耀眼的阳光，几乎将雾气全部扫去，只在高高的山顶上还飘着几片白云。终于看到了期待已久的信号，追寻的目标已近在眼前！我们立即开足马力，迎了上去。没错，就是这条船！我们相距不到四分之一英里，它正在乘风行驶。巨大的焦褐色风帆鼓胀着，将桅杆拉弯，舷缘侧倾，浸入水中。船的外侧有一条一英尺宽的木板过道，从船头一直通到船尾。乘客和船员都聚集到这条过道上，睁大眼睛看着我们。有些人开始烧纸钱，并把纸灰扬到空中，祈求神灵多多保佑。船首只有孤零零的两三个人，大概是船长和船主。他们正朝我们这边指指点点，比比划划说着什么。

　　河中的沙洲迫使他们向南岸靠近。由于我们的船离岸边只有几码距离，它必须与我们贴身而过，因此将会进入我们的手枪射程之内。船越来越近。我们命令它放下风帆，停船，但他们置之不理。我们朝它的船头放了一记空枪，仍然不见反应。

　　船靠得更近了。我们的人手持长枪，聚集在甲板上，左舷舱门打开，火炮就位。可以明显感觉到敌方首领犹疑不定。有两个人跑向桅杆，抓住绳索，开始放下风帆。第三个人上前，欲阻止他们。女人们纷纷从船舱里涌出来，哭天抢地，吵吵嚷嚷，像是在劝导投降。有一个人像演戏似地，来回在几门炮上方摇晃着点燃的香，一边比划一边振振有词，既有祈祷，又有威胁的意思。其他人则敲着锣，打着钹，跪在小佛龛前。

　　我们的船头碰上他们的船尾，撞掉一些突出的木质结构。还没等那些碎片落进水里，敌方船长突然跳起来，用四门尾炮向我们快速连发。弹丸呼啸着飞过来，打中了驾驶室，将其击得粉碎，碎屑落了中国舵工一头一脸。好在舵轮没受损，舵工面无惧色，镇定自若。

"左转舵！"

左转舵后，两条船并行。我们纷纷跳上他们的船。他们的船长和船员则纷纷跳下水，向陆地游去。那些乘客不熟悉眼前这条恐怖的蒸汽船，不知所措，只好乖乖听凭我们处置。看到追捕的结局已无悬念，他们个个显得事不关己，无动于衷。唯一让他们兴奋一阵子的事是允许他们找到并带走自己的个人物品。

我们拖拽着战利品在江上行驶，本打算将其带回广州，但在转弯时，一阵大风突然吹来，将其结结实实推上沙洲。我们竭尽全力，奋战了 4 个小时，拉断了无数根绳索，船开足马力，仍然无济于事，根本无法拖动。最后，我们只好留下一人看守，其他人打道回府。后来，又折腾了 10 天，加上潮水大涨，我们的战利品才终于脱困，被带回来。就在我写此信的时候，它就停在我的视线里。它既是我们辛勤付出的证明，也是对那些藐视海关、企图逃税者的警示。

包腊最后写道，"类似这样的行动十分畅快，而且一点都不缺乏趣味性"。但令他遗憾的是，"虽说基本上可以自己做主，但多少还得考虑税务司的存在"。此后，他再未参加过抓捕走私分子的行动。看来，很可能是他的上司认为没必要让他唯一的洋员下属——一位具有语言才干的人——冒生命危险去抓捕武装歹徒，而且这种抓捕任务完全不属于他的职责。包腊只好将多余精力投入葡萄牙语的学习，"因为葡萄牙语在中国用处很大，这都要归功于早期葡萄牙神父的不辞劳苦"。他还"浅尝梵语"，并重新干起新闻工作，为《康希尔杂志》(*The Cornhill*) [1] 投了两篇稿子，还为当地报刊撰写了一篇关于"走私与缉私处"的文章，他甚至指示包婀娜为他搜集信息，看他留在中国期间，是否可以免除法律考试和律师行面试。他的生活过得很忙碌，但心情却十分舒畅，直到一桩突然发生的悲惨事件震动了他，令其感到前所未有的沮丧，继而思念起家乡来。

原来，一名缉私官员在协助抓捕走私分子时出了事。他在沙面外登上一条平底船时不幸落水，尸首三天后才在一条花船（即水上妓院）边被发现，但船上的人对此置若罔闻。

尽管那位肥胖的中国人再三阻拦，那具浸泡得浮肿的尸首最终还是被打捞上来。当时这位客人正在浓妆艳抹的美女陪伴下尽情地吃吃喝喝。如此一番，夜宴只好作罢，客人们纷纷散去。这些中国人麻木不仁，自私自利。再强的诱惑也是徒劳，不管是精雕细刻的鸟笼，沁人心脾的香茶，浓郁醉人的美酒，还是巧笑倩兮的黑发美人儿，一切都不能让他们留下。他们斜眼瞟着停放在大理石台面上的浮肿尸体，就这么看着泥水从那张僵硬的嘴里流出来，顺着稀疏的褐色头发，滴落到大理石地板上。但愿这些人……唉，一言难尽。

---

[1] 19 世纪下半叶最著名的英国杂志，由出版商乔治·史密斯于 1860 年创刊，小说家萨克雷为第一任主编。众多后来成名的文学家曾在此杂志上连载小说和其他文学作品。

在包腊这个年纪，他已经见过太多的暴毙与横死，但那些都是在战场或政治动乱中发生的，逝去者总会得到军功荣誉（有真英雄，也有冒牌货）或者名留青史。而眼前事件的悲惨结局却震撼了他的心灵，令他不安，迫使他思考未来。出国在外已将近三年，还得再等两年才能回家。真像度日如年的流放一样，但愿快一点熬到头吧。就在此时，他仿佛突然变身幸运王子，戴上了如意帽，只要心想，必定事成。他居然真的要回家了。在两个月的时间里，他被提升为正职翻译，年俸增加 200 英镑。此外，他还被指派陪同斌椿（中国海关中文文案）出访欧洲。

第 11 章

出使泰西：“斌椿使团”眼中的西方

　　人们所知道的“斌椿使团”实为鹭宾·赫德的“主意”，这也许是他众多计划中唯一失败的一次。冒出这个想法，部分原因是他已经在远东居住长达 12 年，希望借机重访故乡阿尔斯特（Ulster）[1]。另外的原因则是他目光敏锐地注意到在他尽心效力的中国，只要大臣们固守北京，不遣使海外以代表龙廷的利益，那么在与外国列强交涉时便始终处于不利的地位。

　　数百年来，中国对外部世界历来不闻不问，离群索居。虽然中国也会不时接待一些外国特使，但只是听他们讲讲奇趣异闻，权当新鲜笑料而已。直到 1842 年之前，没有一个外国特使的请求获得御批。同样，中国也没觉得有必要遣使海外，它对外国没什么好奇心，既不愿意跟外国人争论你长我短，也不愿意向外国人解释其态度。中国

---

[1]　在之后的 42 年任职期间，他仅回国探亲过一次。——原书注

事实上是当海外诸国不存在，视而不见。在历史长河中，中国只有一次打破了惯例，即1733年雍正帝派遣使团前往圣彼得堡。对此次破例，官方说法为，欧洲列强中只有俄国领土（在西伯利亚）与中国交界。但真实的原因是，雍正帝发现东正教廷与罗马教廷关系紧张，希望利用东正教来遏制"耶稣会的阴险图谋"，当时他正想方设法把耶稣会逐出中国。然而，耶稣会最终还是站稳了脚跟。

如此一来，中国发生涉外纠纷案时就成了自说自唱。当然，这种纠纷是极少出现的。这种国事单边性的危险，驻京公使个个心知肚明，但他们几乎每天都要挨上一顿奚落和羞辱，又何苦为一件与己国无关的事挺身而出，自找没趣呢？眼下，在整个中央王国，只有一个人位高权重[1]，能够推动中国朝着正确的方向迈开脚步，这人就是海关总税务司鹭宾·赫德。

东土西来第一人

一旦作出决定，赫德便以其一贯雷厉风行的作风行动起来。他说服了的朋友及支持者——头脑开明、思想开放的总理衙门大臣恭亲王。恭亲王立即奏得皇帝谕书，恩准斌椿——一位"平易近人、善赋诗文"的满族耆老，随赫德前往泰西，并记录沿途见闻。斌椿之子广英和新开办的同文馆三名学生将作为随员同往。德善先生，就是包腊在北京进修汉语时认识的那个"喜爱炫耀、妄自尊大"之徒，将出任翻译官；而包腊则任使团秘书，是此次游历之实际负责人。

---

[1] 约60年后，在1925年抵制英货运动期间，出现了许多荒唐的情况，其中一个情况如下：每一个港口，海关税务司一职都由中国高级官员担任，但几乎都要听命于这个英国人。

1866 年，斌椿使团。

　　朝廷任命一公布，洋人圈里就炸开了锅，掀起一片反对声浪，主要是针对斌椿本人的能力问题。洋人指责斌椿事业上碌碌无为、性格平庸无能，而且这些指责并非毫无根据。斌椿大部分时间是在省府为官，官阶品级相对较低。就算是目前，他在海关的官职也无足轻重 [1]。他之所以官运亨通，部分原因是他在京城官圈内交友甚广，另外则是因为他跟一位朝廷重臣有姻亲关系。有人称此次出访之事

―――――――――

[1]　担任总税务司的中文文案（秘书）。

完全是在热闹祥和的婚礼早餐上敲定的。即便在公使团中，也并非所有人都喜欢他。他要么朗诵自创诗文，俘获一帮听众；要么就是没完没了地吹奏中国笛子，自娱自乐，却让听众痛苦不堪。

1866 年，身穿制服的包腊。

一位公使团的观察家认为，斌椿是个"老古董"，另一位认为他是个"很无聊的人"，还说他"根本不能正确欣赏他将要（在西方）看到的东西"。然而，公使团的各位洋人实际上错判了这位仁兄。斌椿也许看起来老态龙钟（其实只有 64 岁），也许谈吐单调乏味，但包腊很快发现，他从一开始就头脑清晰，知道自己要看什么，即使所到之处不是欧洲列强为增广见识而安排的景点，他也能对所见所闻一一体察。

出游的准备工作进展迅速。为了给斌椿安排一个适宜的身份，他被提升为总理衙门终身名誉副总办，赏亮蓝顶珠，官至三品，但最终还是没有被赐予朝廷钦差大臣的官职。离斌椿出发日期越近，反对声浪越高。中国的文人学士都嫉妒不已，说他不费吹灰之力就获此殊荣，这也让外国使臣忧虑，接待这样一个人有损西方威望。此说法不无道理。而在上海的大亨们则怒火满腔：《德臣西报》(*The China Mail*)[1] 的责难可谓低俗，亦不明智，纯属谩骂，但弗里曼－密福特（Freeman-Mitford）[2] 发表的醒世言论还是比较理性的：

> 他（斌椿）奉命旅行游历，并详细记载所访诸国的"山川形势"。大凡胜景，将无不游观。我只希望不要过于盛情优待之，否则中国人会误读你们。他们马上会说："瞧，我们民族多么伟大，我们一个私人旅行者到你们国家都能受到如此礼遇，皆因你们知道我们聪明，智慧超过你们；而你们夷人，即使大臣来此也不会有如此优厚待遇……当然，这是因为吾皇伟大圣明，所以你们来此必先获其恩准。"

"清廷化"：斌椿笔下的西方

3 月 14 日，斌椿使团在天津登上了一艘小汽艇，开始周游与中

---

[1] 又名《中国邮报》、《德臣报》，该报于 1845 年 2 月 20 日由英国资深出版商萧德锐（Andrew Shortrede）创办，中文名称得名于报纸的第二任主编德臣（Andrew Dixson）。

[2] 时任英国参赞，后来称里德斯代尔勋爵。——原书注

国缔结条约的欧洲各国首府,包括伦敦、巴黎、海牙、哥本哈根、斯德哥尔摩、圣彼得堡和柏林,然后经华盛顿、旧金山、社会群岛(the Society Isles)[1]和日本返回。此行堪称大张旗鼓,雄心勃勃,连颇具远见的赫德都没有料到,此行会受两个重要人物那么大的影响,以至无果而终。一个是俾斯麦亲王,另一个就是斌椿本人。

像包腊一样,斌椿也是勤于写日记之人。包腊此时正在香港等候,准备与他们一行会合。夜晚,斌椿在黄海遇上了狂风巨浪,幸好平安无事(看来他对航海有惊人的适应力)。翌日,他眺望海景,对此作了一番散文式描述,文采飞扬,悠然自得,读起来一点都不觉得他年迈体弱。

> 风渐平。登舵楼四望,海天空阔,波涛无际。远望数十里外,有淡烟一缕,约二三寸许。舟人以远镜窥之,乃三桅轮船也。自大沽口至此,水程逾二千里[2],仅见此一舟耳——足见海上航行非轻巧之事!

一行人在上海逗留了四天,但给他印象不深。随后,他们换乘"拉布得内"号(Labourdonnais)轮船。这艘体形较大的法国邮轮吸引了斌椿,因而记录下船体可见的每一细节,以及其船员定额和客运量:"每间房舱各嵌玻璃灯二,大穿衣镜一。烛光照耀,入其中者,目迷五色。"从餐饮到淡水供应,每一样都让他兴趣盎然。"行海以淡水为要,轮船则以火灼水,籍水气之力以运船",然则他称"前后左右暨

---

[1] 也许是指檀香山群岛,即夏威夷,因为多少会经过那里(社会群岛属波利尼西亚群岛)。——原书注

[2] 1 里约为三分之一英里。

椺中用针盘五，各二人司之，以定方向"，实为激情多于准确。

在香港，他们再次换船。此次登"康拔直"号（Cambodge）。包腊上了船，精神抖擞，这不无理由，因为他是整个外交使团中唯一未经受"巨浪颠簸"的人——赫德一直被人攻击为"野心勃勃的阴谋家"（他当然不是）；斌椿被说成是一个"老守旧"，这言过其实；其他中国随员也由于年少职微而遭非议。但这种批评却没指向包腊，彼时尚不足 25 岁，唯一能解释的理由就是，人们都知道他才华横溢，无论是语言能力、办事能力还是社交能力，这些都使他成为得以胜任如此重要职责的不二人选。

轮船驶过西贡和新加坡，斌椿对此没有作任何评论。但在加勒，新上来的 170 名乘客把甲板都挤满了。亚洲人种如此多样，以及欧洲男人对女性无一例外的俯首帖耳、体贴入微，这些都令斌椿惊奇不已：

> 计二十七国人，言语不同者十七国。而形状服饰之诡异，亦人人殊。有顀而长者，有硕大无朋，称重二百斤者；有鬐鬚交而发蓬蓬者。衣裙多用各色花布，似菊部之扮演武剧，又如黄教之打鬼。
>
> 惟泰西诸大国，则端正文秀者多，妇女亦姿容美丽[1]，所服轻绡细縠，尤极工丽。每起，则扶掖登船楼，偃卧长藤椅上。而夫日伺其侧，颐指气使，奉令维谨若婢媵然……耳语如梁燕之呢喃，如鸳鸯之戢翼。

---

[1] 此处，斌椿只是讲客套话而已。当时的中国人，无论男性还是女性，恐怕没有一个人会认为欧洲妇女姿容美丽的，尤其是英国妇女，通常被描述为"笨拙、粗俗、好斗和厉害的人"。——原书注

一周之后，一名穆斯林富商乘客葬身大海。在赫德的提议下，斌椿作了五言诗纪念此事。他现在已适应了船上生活，学会苦中作乐，甚至能寻到一丝愉悦。他写道："是晚，明月如昼，碧海不波，倚篷远眺，飘飘然有凌云之想。"次日晨，他5点便离开舱房，"见海日初出，气象万千"。终于，在4月24日，他们抵达苏伊士，于黎明时分上岸，入住当地旅馆，等候下午前往开罗的火车。他在这里见识了日耳曼人乐师，他们一定是后来"德意志人乐队"的先驱，这些人在第一次世界大战之前是伦敦街头的一道亮眼的风景线。

　　　饭桌四行，饮馔一如舟中，惟酒须自沽耳。食次，乐声大作，乐工男女八人，乐器形状诡异，节奏尚可听，询为日耳曼国人。三奏，女以玻璃盘挨坐一过，客各予银钱一二枚。

　　头一次坐火车，他的反应可想而知："车外屋舍、树木、山冈、阡陌，皆疾驰而过，不可逼视"。而开罗的旅馆奢侈豪华，给他留下了一定的印象。但那天日记最后是以这么一句结束的："计行海一月馀，今始登陆，第一次可宽衣就寝"，终于展露了他面无表情、神色庄严背后的真实感受。

　　翌日，有人陪他游览了金字塔，他对此的评述要比包腊4年前所作的有趣得多。他睿智地建议：应将各种石刻碑文拓印下来，以便与中国的古钟、古瓷和古碑作一比较。他还觉得狮身人面酷似佛面，特别是"如杭州西湖大佛寺佛像"。载他前往亚历山大的火车比前一趟速度更快，"直如云中飞过也"。地中海航行亦无惊无险。5月2日，他们抵达马赛。包腊开始书写新的日记。

　　经过一段无所事事的漫长航行，他和同样精力充沛的德善开始迸发出活力。法国马赛市政府深知，中国人很快会将法兰西帝国的都市之光彩拿来跟英国对比一番，因而给予斌椿使团以隆重的接待。4日早上，一行人被带到法国皇家邮轮公司在拉西约塔（La Ciotat）[1] 的船坞，四处游览，无一遗漏。包腊说："他们仔细地视察干船坞和其他码头，参观了几艘在造轮船。他们对吊车、起重机、船闸和轮船下水装置都无不细察，兴趣盎然，充满好奇，我们原来都没想到他们会有如此兴致。"他们还能到一个市场购物，闲逛整个下午，真够幸运的。第二天上午，地方官员亲自引领他们参观新法院。他们登上山顶圣母小教堂花园，眺望全市风景，然后匆匆下山，赶11点半的火车前往里昂，行程需8小时。5日，他们在丝织厂参观了一天，但什么也没买，因为那些丝织品的颜色似乎不合他们的胃口。这可能是在马赛登岸以来第一次毫无吸引力的参观活动。6日，斌椿干脆罢行了。

原本当天的活动是参加里昂法军军官举行的盛大军人仪式，由于斌大人 [2] 无论怎样也不愿穿官服、戴顶戴，即使禀告他当地的头面人物会"盛装"出席并热情地迎候他都无济于事，因此"我们只好谢绝参加仪式了"。

他罢行可能有两方面的原因。一是他确实厌倦了。在过去三天里，他既对五花八门的东西感到厌烦，也觉得身体疲惫不堪，无法再忍受。尽管包腊对此还保持乐观态度，但唯一让斌椿还能提起点兴趣的东西，就剩旅馆的电梯和房间里的服务唤铃 [3] 了。回想起来，这

---

[1] 沿岸距离马赛23英里。

[2] 恰如其分地称呼中国人的大名总是很困难的事。赫德本人在不同场合称呼他为："斌椿"、"斌大人"或者"斌老爷"（意为"老先生"）。——原书注

[3] "另有小屋可容七八人，用火轮转法，可升至顶楼。屋有暗消息，手一按，则柜房即知某屋唤人。"——《斌椿日记》，第66卷，原书注

种厌倦的心态早已显现，这次军人仪式终于让他忍无可忍，甩手不干了。在今天，人们很难理解为什么这位老派的中国人，尤其是文人学士，在心底深处会对军人职业如此反感和蔑视。中国人常说："好铁不打钉，好男不当兵"。在民众眼里，当兵的还不如一个戏子。既然戏子都被视为下三流之人，那么军人的声誉真不知低到哪里去了。如此说来，让他为这些蛮夷穿戴清官黑圆帽，实在是过分了。何况那上面还有他非常珍惜的、刚被赏赐的亮蓝顶珠呢！于是，斌椿的愤怒由此爆发。好在他们那天就乘夜车离开，前往巴黎。

一行人在法国首都停留，但刚一开始就出现了不祥之兆。德善和美理登男爵[1] 生出龃龉，如同狗咬狗，闹得颜面尽失。包腊在上海撰写的那篇没有讲完的演讲稿正是为了欢迎美理登。现在，美理登正回国休假。赫德之前已在马赛与他们辞别，独自前往爱尔兰老家探亲，而美理登则因在中国海关职位高于德善，故负责使团在法国的全程活动。两人就应该由谁来向外交大臣杜隆先生（M. Drouyn de l'Huys）介绍斌椿这个重大问题爆发激烈的冲突。美理登扬言，如果德善执意要介绍，他就马上发表声明，宣布使团的访问是未经授权的，不合规范——这在外交界属于恶语相向。双方都自恃身份，疯狂地写信给赫德，要求裁决。为此，包腊使出了浑身解数，力求避免发生一场公开的对决。

事实上，他们的行为既愚蠢又徒劳无益，是典型的"小吏之见"，只会把事情搞得一团糟。在他们寓所的前厅里，达官贵人的约见函堆积如山。但外交礼仪规定，他们必须先到外交部作初步会谈，然后才能回复拜见请求。与此同时，可怜的斌椿在继续忍受折磨，如同身在炼狱。他被安排乘车沿香榭丽舍大街兜风，到布洛涅森林（Bois

---

[1]　时任中国海关福州关税务司。

de Boulogne）转了一圈，再去参观正为 1867 年巴黎世界博览会而修建的玻璃房，然后在伟大的雷赛布先生（Ferdinand de Lesseps）的亲自指点下，被迫仔细观看规划图。这两天最大的亮点就是参观布洛涅森林的"万种园"（Jardin d'Acclimation，今译"动植物驯化园"）了，他对那个透明水槽里的海洋小动物十分着迷。

最终，5 月 9 日，礼仪问题得到了解决，即由德善和美理登两人同时介绍。斌椿听说当晚必须要出席一场官方招待会，而且巴黎各政府部门和机构都对他的亲临视察翘首以待，不由得心情沉重。但他的苦难日子快到头了，因为他打定了主意，设法逃离那个光鲜亮丽的社交聚会，而悄悄溜到"锐武园"（Theatre de L'Ambigu，当时巴黎著名的剧院）。比较一下斌椿的笔记和尽忠职守的包腊的日记，你会发觉颇有意思。包腊只是一句话带过："他们的座席正对着皇帝[1]，他恰好也来看戏。"而斌椿的则精彩多了：

> 剧中能作出山水瀑布，日月光辉，倏而见佛像，或神
> 女数十人自中降，祥光射人，奇妙不可思议。

但真正吸引他注意力的是那些演员：

> 女优登台，多者五六十人，美丽居其半，大多率裸半
> 身跳舞。

斌椿渐入佳境，他开始感觉到此番游历也许还是值得的，应该不虚此行。

---

[1] 即拿破仑三世。——原书注

　　　　龙廷洋大臣：海关税务司包腊父子与近代中国（1863～1923）

ILLUSTRATED TIMES

JUNE 2, 1866

THE CHINESE COMMISSIONERS AND THEIR INTERPRETERS IN THEIR HOTEL AT PARIS.

斌椿使团及翻译官于巴黎下榻之饭店（来源于《泰晤士报》）。

次日，新一轮令人厌烦的活动继续进行。使团"完全忙于出门拜客，迎接回拜"，其中包括了与高理勋爵（Lord Cowley）[1] 的会面，后者提前宣布了克拉伦顿勋爵（Lord Clarendon）[2] 将为他们"游览英格兰各大名胜作出适当的安排"。然而，他们随后又溜之大吉，在皇家花园（Palais Royal）买了手表和玩具，当晚又逃出去观看马戏团表演，直看得斌椿如痴如醉。

> 夜赴戏园看驰马，颇便捷。有女子于马上跳跃。马疾驰，人持圈道旁，女跳圈中过，仍跃在马背。有能令马人立而舞。又有铁栅，大于屋，置轮其下。中蓄狮子大小五，吼声震耳如铜钲。人执刀入栅与门，燃火铳。

拜见瑞典使臣；3点，参观帝国印书馆。然后他回到大饭店寓所歇息。在此，他发布了一条措词坚定而正式的告令，表明他及随行希望多观赏戏剧，越多越好；而且，这绝对要优先于其他活动安排。告令的语气之坚决，不由分说。当晚，他们即被带去喜歌剧院（Opera Comique）和夏特莱剧院（Theatre du Chatelet），分别观赏了两场表演。

翌日早上，斌椿感到身体不适，无法接待瑞典、丹麦和美国使臣的回访，也无法参观造币厂、图书馆或拜见著名的汉学家儒莲先生（Stanislas Julien）[3]，还有参观邮政总局、电报总局、电器制造厂等。在电器制造厂，他忠实的随员倒是"对电的多种用途惊讶不已"。即

---

[1] 1852 ~ 1867 年间出任英国驻法大使。

[2] 1853 ~ 1858 年间出任英国外交大臣。

[3] 中文名又叫茹理安，19 世纪法国籍犹太汉学家，不仅向西方介绍了有关中国农业、蚕桑、陶瓷方面的中文书籍，还把中国经典小说、戏曲等翻译成法文。

斌椿专使（来源于《伦敦新闻画报》）。

使是饭后到灯火通明的花园散步这种惬意的活动，也不能诱使他离开床榻一步。

13 日，斌椿的身体状况更加糟糕，无法接待各种人士的拜访，也无法去凡尔赛宫游览，甚至无法到巴黎谐剧院（Bouffes-Parisiens）去享用一下那个专为他安排、供他随意使用的包厢。他还宣布，第二天不便启程前往伦敦。他还断然拒绝看医生，自称身体有恙是过去几周鞍马劳顿所致，唯一能使他尽快康复的办法就是在巴黎静养，由其子广英侍奉即可。他要精心体会巴黎的无穷文化之美。同时，他一再坚持让其他随员继续行程，无须等他。

接下来是收发电报，一通忙乱，赫德最后同意由包腊率领使团较年轻的成员先到伦敦，不等斌氏父子。但他同时指定德善留在巴黎陪他们，以防老爷子对巴黎文化美景的胃口一直有增无减而无限期地拖延行程。

5 月 15 日，在阔别英国三年后，包腊第一次踏上故土。他的到来恰好碰上股票交易所发生股灾，人们终于意识到俾斯麦已作好准备再次出击，而奥普战争将会吞没整个欧洲。但 4 个年轻人情绪高涨，一点也没有受到焦虑气氛的困扰。他们在早上 7 点抵达，入住查尔斯大街上的联合大酒店（Unite Hotel），那里靠近圣詹姆斯广场。他们义务性地拜见了赫德，然后便高高兴兴地去参观杜莎夫人蜡像馆。16 日是"大赛马日"（Derby Day），他们乘马车赴爱普森（Epsom），观看了"里昂勋爵"（Lord Lyon）——一匹很有胜算的赛马——以半个马头的优势获得胜利；还看到一名赖账的赌马经纪人在大看台前遭人痛打，最后不省人事。在这些轻松的活动之后，他们不辞劳苦，次日又花了一天时间游览大英博物馆、南肯辛顿博物馆和不怎么令人开眼的"从圆明园抢劫而来的梅坡尼船长（Capt. Meponi）珠宝珍藏"。

同一天晚上，斌氏父子从巴黎大驾光临。他第一个举动便是自称身体有恙，不宜马上参加活动，显然在巴黎休养一段时间并未使老爷子的健康有所好转。自此，身体微恙开始成为他的固定说辞。18日，他宣称生病，无法接待来客或者参加在"韦里思厅"（Wills's Room）举行的年度"中国晚宴"[1]，但他对英王的问候表示了谢意。然而，在儿子的搀扶下，他沿着查尔斯大街，蹒跚而至干草市场剧场（Haymarket Theatre）观看戏剧。20日，他称因身体太过虚弱，无法去参观圣保罗大教堂或者到医学院观摩詹姆斯·弗格森爵士（Sir James Fergusson）做外科手术。但傍晚他体力有所恢复，足以前往"百里游剧院"（Primrose Theatre）看演出。看来，一到白天他的健康就不稳定，不能指望他参加任何活动。但只要太阳一落山，他便活力再现；而当夜幕降临时，他就身体康健，可以去享受各种表演带来的快乐了。

但不管有他没他，使团都尽力尽责。他们参观了汉普顿法院，之后在"徽章与勋位酒吧"（the Star and Garter）享用晚餐；在伊斯灵顿（Islington）观看马术表演，到皇家剧院欣赏歌剧《胡格诺教徒》（The Huhuenots）；访问理工大学和外交部；参观泰晤士河隧道和鲜花展，以及伦敦塔、啤酒厂和邮政总局；用了一天时间拜访欧洲列国使馆。第二天行程更密，所到之处包括《泰晤士报》印刷厂、本顿维尔模范监狱，以及文学协会。最后是参加格莱斯顿夫人的"私人聚会"，在这里"斌大人被引荐给伦敦一半以上的爵士"，诸如此类的活动一个接一个。

---

[1]　即张德彝记载的"集华会"，见《航海述奇》。

英女王接见

有几件事可圈可点。一是参观奥尔德肖特。在这里,包腊又回想起卡普亚城外塔尔的匈牙利骑兵团。此时他发现自己与斯卡利特将军(General Scarlett)[1] 并肩而坐,甚感荣幸。这位将军是克里米亚战争中最出人意料的一位军人。他当时还从来没听过子弹呼啸而过的声音,却奉命指挥"胸甲骑兵团"(Heavy Brigade)冲锋陷阵。将军很明智,邀请两名印度军团的老兵与他平起平坐,并根据他们的建议,率领骑兵团发起军事史上最成功的一次猛攻。另一件则是,某一天到伍利奇(Woolwich)参观皇家军器局,并与戈登上校共进午餐,后者的兄长正是镇压太平天国运动的功臣,此事让斌椿感慨万千,以至他"即席成五律二章"。还有一件事是,一天傍晚在"客立满戏园"(Cremorne Garden)观看戏法表演。节目既不全是马戏,又不全是哑剧,是一种即兴滑稽戏,堪称艳舞大杂耍(strip-tease)。几天后,《泰晤士报》有一条报道这么评价:"舞台上表演的是滑稽讽刺剧,情节精彩,噱头十足,还时不时一语双关。"其间,更有"几位芭蕾舞演员和两名顶尖舞蹈家——奥林匹娅小姐(Signorina Olympia)和尤金妮亚小姐(Signorina Eugenia)的表演"助兴。其他节目还有体操、无鞍骑马、高空秋千艺术、走钢丝和犹如"神人布朗丹"(The Immortal Blondin)[2] 的高空走绳。丰富多彩的表演令斌椿感到"神妙莫测",但令他印象最深刻的还是参观海关大楼以及附近专为茶叶和葡萄酒设立的保税仓库。斌椿评论道:

---

[1] 全名詹姆斯·约克·斯卡利特(James York Scarlett),1840 年在克里米亚战争之巴拉克拉瓦战役中指挥英国骑兵团出奇制胜,击退俄国骑兵团的进攻。

[2] 即查尔斯·布朗丹(Charles Blondin),是 19 世纪法国大杂技家。

窖深远，燃烛十余枝始见。酒气酝酿，其香醺人。使
阮籍[1]入其中，当云死即埋我，无须荷锸随也。

一直以来，使团很少受到媒体关注，这实在令人失望。巴黎记
者只热衷于指责彼此、捏造虚假新闻，或者只报道这些访客的生活
习俗，但其描述完全不着边际。例如，比较典型的说法有："他们根
本不吃牛肉，因为牛是农耕之畜"；"他们用餐时从来不喝酒"。再不
然就做些自以为幽默的臆测，例如：他们如果得知欧洲正处于普奥
军队交战状态的话，一定会大惊失色。法国人感觉自身能避开这场
战争，所以忍不住要说点轻佻的话。

英国报纸对他们更是不屑一顾，有关报道几乎销声匿迹。直到
6 月初，恶名昭彰的西克斯上校在议会里提出了一个非常愚蠢的问
题，这才让使团引起公众的关注，不然他们大可过得自在一些。就
是这个自以为是的家伙，去年秋天为太平天国之事作辩护，引得包
腊大为愤慨。西克斯存心要与清廷结下个人恩怨，故意提出了这一
问题：斌椿及其儿子，还有他们带来的那些蒙古鞑子朋友，值得英国
政府如此隆重招待吗？其措辞粗俗滑稽，引人发笑。这在当时实属
罕见，很可能会遭到尖锐抨击。但议会正在辩论迫在眉睫的公学改
革，没什么比此事更重大、更紧迫了，尤其是伊顿公学和温切斯特公
学的问题。因此，西克斯的话题也就就此搁置。

宣传不到位算是小事一桩，不必往心里去，使团一行人的英国
之旅正渐入高潮呢。英国王室认可了他们的到访，并将由女王亲自

---

[1] 阮籍是中国史上最传奇的嗜酒七贤之一，卒于公元 263 年。他是一个讽刺当时正统
礼法制度的放情肆志思想家，常言："让我一醉方休，死便埋我！"引文作者佚名，
但几乎可以肯定是出自包罗之手。——原书注（此处有误，斌椿写的是"刘伶"，
不是阮籍，见《乘槎笔记》，而且"死便埋我"是刘伶所言。）

接见。此想法最先是在他们访问议会时冒出来的。当时，某个大名鼎鼎的演说家正如往常那样，举止夸张，侃侃而谈。斌大人听完之后，问了一句："他没说胡话吧？"这个问题在议会上引起一片哗然。

如此重要的大事无疑要马上向赫德汇报，但赫德此刻正在老家利斯本（Lisburn）休假。他即时回复说："如果亲王[1]愿意接见斌椿，就让他去吧，当然，你要亲自陪同，千万别让他带着笛子去！"

消息很快传遍开来。大家还未得知消息前，英伦那些名媛贵妇就已开始拟订邀请嘉宾名单了。包腊的行程记事本一改平时单调乏味的用语，不再使用格莱斯顿夫人"私人聚会"这种词汇，而是充满了华丽的辞藻，诸如"瓦德格拉夫夫人之怡园"，或者"与威尔顿勋爵和霍顿勋爵在'嘉里克俱乐部'共进晚餐，再移步前往菲兹威廉夫人之雅会"。斌椿的身体健康现在成为王室权臣们关注的焦点，因为从今往后，不容发生任何事情来干扰女王接见这一大事。在参观水晶宫[2]的艰苦旅行中，斌椿不仅受到了水晶宫的主席和总管的款待，而且还"备小车以代步"，小车其实是一把"有篷盖的轮椅"。6月4日，他们参观了伊顿公学（斌椿称之为"大书院"）和温莎城堡，由王家御驾伺候往来交通。置身于高屋广厦的东方宝藏中，或徜徉于温室的奇花异草中，斌椿真是兴高采烈、轻车熟路。他认出书写于一把纸扇上的"《留香集》七律诗三首"和"秋海棠高两尺许，丰韵嫣然"；但最让他赏心悦目的则是"小驷八匹，如蜀产，为女王乘御"。

5日清晨，他们被邀请到舞宫赴宴，当晚将举行盛大的国宴。于此，斌椿终于真切感受到典礼的庄严和场面的宏大了。他对此的描

---

[1] 指威尔士亲王（后来的爱德华七世），此时维多利亚女王把大多数社交礼仪都交由他来代理。——原书注

[2] 1851年伦敦第一届世界（万国）博览会时建于海德公园内，1854年迁到伦敦南郊西德纳姆山，1936年毁于大火中。

述尽管详尽细微，但无外乎就事论事，直到受到亲王和王妃的接见并相互寒暄时，才终于吐露心声：

云："中华使臣，从未有至外国者，此次奉命游历，始知海外有此盛境。且蒙君主优待，实为感幸。"

亲王及妃皆含笑让，旋赴宴厅，酒肴多品。膳宰皆衣金绣，持盏授餐。

何期身到大罗天，羽队齐排金甲神，玉阶仙仗拥千官，能到瑶池已足豪！

由此我们可以看出，斌椿的确是一位饱读诗书的绅士，也是一位才华出众的诗人。在其略显夸张的赞美之辞中，他文思泉涌，将东方想象中的各种神仙美景汇聚到一幅画面上。"瑶池"是传说中西王母所居之地，金甲神是因陀罗的侍卫，玉阶仙仗则来自道教的神话故事。

次日他又情绪高涨。这天，他受到隆重接待，并在王宫的风琴厅单独谒见了维多利亚女王。他怀着崇敬的心情描绘了此事，结尾其意是这么写的：对于我这样一个游历者，女王能够三番四次给予隆重的款待，并赐机会面，恭谦地尊称于我，让我不禁受宠若惊。

此后无论发生什么，注定都是从高潮走向低潮的自然反应。7日，他们前往北部工业城市游览。但糟糕的是，此行安排参观的项目更令人疲惫。他们计划在牛津大学用午餐。比较合理的安排是先参观5个学院和博德莱安图书馆，然后再与校长进餐。但荒唐的是，在参观完毕之后，他们就交由市长和市政府官员负责，被拉着去市政厅、公共图书馆和谷物交易所转悠了一圈。随后，他们继续赶往伯明翰，那里的市长和其他官员已在恭候他们的驾临。但对斌椿而言，后面这几天简直如同噩梦。

斌大人当时不再提笔续写他珍贵的日记，而包腊的日记也写得像一份官方行程表。不过，他们的炼狱行程可以通过《伯明翰邮报》（*Birmingham Post*）专栏的长篇大论略知一二。他们游览了 E&M 瓷盘厂（Elkington & Mason）、E&W 别针厂（Edelsten & William）、吉洛特水笔厂、火车车厢制造厂、业慈有限公司（Yate's & Co.）铣削厂以及阿斯顿的衣纽厂。所到之处，工厂老板和经理都费尽心机地引导他们仔细查看每一道工序，从原材料一直到制成品，整个过程一样不落。其间，正式的午餐、晚餐宴请接连不断，宴席讲话穿插其中，宾主纷纷起立，频频举杯。

初时，斌椿尚能忍受。他一直都被宫廷众人阿谀奉承，且越来越喜欢包腊，在一定程度上也被他生龙活虎的热情所感染。但很快，他开始变得情绪低落，精神萎靡。最初在阿斯顿的衣纽厂出现的疲态，还算是相当克制的了。

> 他们所造的各式衣纽似乎让中国专使及其随员觉得很有趣。但在狭窄过道里一连串的穿行，还有在楼梯间的上下爬动，都令他（专使）步履维艰。最终……他躲进一个只有几个女工在劳作的小房间内，只有他和包腊两人停留在那儿。恰好是下午茶时间，大人顺访于此，使姑娘们面露羞色……等等。

包腊察觉到了这些危险的迹象，尽其所能，在当晚安排观赏了一场非常精彩的马戏表演。翌日，情况仍然很糟糕，他们要参观两个工厂，还要下煤窑，这真让他们勉为其难了。在坑道口，他们起初不愿放低高高在上的架子，脱下官服换上矿工服装，但"他们用中文简短而大声地交谈了一番后，便放弃了东方人的坚持，接受了命运的安排"。当天，他们即前往曼彻斯特。10日，除了跟市长和市议员乘车到奇德尔（Cheadle）之外，包腊争取让他们一行人休息了一天。可第二天是周一，疲惫不堪的例行参观计划又开始了：棉布厂、立法院、盲人庇护所、聋哑人学校，以及麦金托什的橡胶厂。参观橡胶厂让包腊多少有点伤感，陷入了沉思，不知父亲是如何与名利失之交臂的。

斌椿开始公然发脾气了。他还威胁说要放弃后面的行程，以确保在御定的时间返回中国。此借口实在站不住脚。事实上，他正承受着身体疲惫、心情暴躁，以及强烈思乡的多重折磨。待他返回伦敦入住圣詹姆斯大街的同一家酒店时，他在曾经熟悉的环境中感受到了喜悦，这实在可悲：

> 回到叉耳思思忒力忒[1]寓舍，女主人即僮仆皆殷殷有熟习意。瓶花笑客，笼鸟唤人。杜诗云："犬迎曾宿客"，不虚也。

欧洲列国首府仍然在迈向恐怖战争的进程中，包腊一度忧虑万分，因此写信给赫德倾诉烦恼。在他们收拾行装准备奔赴欧洲大陆时，赫德的回信到了：

> 我十分明白你不得不应付的艰难困苦，但你尽可放心，只要目标明确，尽力而为，你的苦劳一定会得到回报的……请转告斌椿，让他放心，他一定可以按时回到中国的。

---

[1] 对应为 Charles Street，即查尔斯大街。——原书注

他还相当乐观地就事论事：

> 我希望在 9 月尽早得空，为你们前往美国送行。至少
> 访问一趟华盛顿再回国，使团之行才算圆满。

回信的最后几句有不祥之兆：

> 如果有人提到短暂访问俄国和普鲁士之事，请你解释
> 说斌椿得到的指示是要在 6 个月内返回中国，所以他担心
> 会有拖延。

信函落款日期是 6 月 13 日。16 日，普鲁士便入侵了汉诺威、萨克森和黑森（Hesse），七周战争[1]打响。就在前一天，斌椿又一次令人惊愕不已，他远行至斯特鲁德（Strood）[2]，在当地受到威尔顿勋爵（Lord Wilton）和格雷伯爵（Earl de Grey）的接待，当参观"伟大东方"号（Great Eastern）轮船时，不论那些爵爷们如何劝说，他都拒绝登上这艘闻名遐迩的大轮船。他的明智抉择得到了验证——这绝对不是第一次了。这次，轮船出发时，天气突变，狂风大作。返航的途中，轮船遭到一阵暴风吹袭，桅杆折断。尽管明智过人，先知先觉，他还是变得越来越难伺候。因此，当赫德从爱尔兰匆匆赶来时，包腊如释重负。赫德来此是因为战争已经爆发，他要来商讨修改欧洲大陆行程之事。

---

[1] 奇怪的名称。因为这场战争，从宣战到停战，整个过程不超过 5 周，怎么计算也没有 7 周。——原书注

[2] 英格兰东南部古老小镇，距离伦敦约 48 公里。

龙廷洋大臣：海关税务司包腊父子与近代中国（1863～1923）

他们认真考虑的结果是，可见的战争风险仍在能够承受的范围内，因此必须对斌椿软硬兼施，让他无论如何都要继续完成行程。随后赫德又返回利斯本，德善也去度假了，再次剩下包腊一人领队，独自承担照料使团的各项责任：社交的、政治的、外交的。这样的重担，即使是一个比他年长一倍的人也很可能会吓破胆。

但此时此刻，他觉得这项计划与其他任务别无二致，也是他非常热衷之事，而且现在已经结出硕果。

尽管他尚未腾出时间去探望父母，但他们早已筹划好招待斌椿使团及一大群亲朋好友。即便家境窘迫，生活拮据，可他们还是准备在比金山（Biggin Hill）的家里安排一次花园聚会。比金山在克里登（Croydon）东南部五英里处。从现在收藏的那所房屋的油画可以看出，那是一所简洁干净的三层楼房，装着时兴的飘窗，大门前砌有台阶，四周环绕着可爱的篱笆花园，园中栽有两棵高大的白杨树和几棵小树。由此可以想象当时的情景：男人们头戴标准的高礼帽，身穿长礼服，与中国访客的东方风采交相辉映，妇女们则穿得有点不伦不类、但还算是优雅的细腰衬布裙。

他忠诚的朋友埃德蒙·布莱出席了此次家庭聚会。爱德华·克拉克也来了，包腊就读城市夜校时爱跟他讨论社会问题，现在他是出庭律师，双脚已经踏上通往名利的阶梯。唉，可惜没见到圣茅尔伯爵。包腊在中国期间还一直与伯爵有书信来往，但慢性哮喘病现在已把圣茅尔伯爵折腾得身体虚弱，不得不长年居住在丹吉尔[1]。还有一位 19 岁的漂亮姑娘，长着一双黑眼睛，性格相当内向，她名叫媞莎·伍德沃德（Thirza Woodward），他以前就认识，但一直觉得她是个小女孩。所以，当听说她已订婚，并且即将出嫁时，包腊甚感惊讶。

---

[1] 摩洛哥北部港口古城。

聚会一定非常成功，他的日记中没写什么，只有一句，"22日至克里登"。然而，斌大人却有话要说：

> 是日，晴，往包腊家。饭后，群赴园较射击球，歌舞竟日。[1]

战争已蔓延至整个欧洲，意大利站到普鲁士一边，而巴伐利亚却加入了奥地利一方。此时，斌椿这位精疲力竭的耆老在苏格兰舞厅观看了他在伦敦的最后一场盛大舞会。他写道：

> 闻苏格兰人居多。妇人白发者，十有二三，姿容少艾，询系染白。不知者，幾以令妻为寿母也。

这是他对异国风情的最后一次体察，他于此地已逗留了整整5周。24日，使团一行乘船赴安特卫普。

---

[1] 斌椿另赋诗一首，见斌椿的《海国胜游草》。

龙廷洋大臣：海关税务司包腊父子与近代中国（1863～1923）

第 12 章

旅途中的婚礼：闪电迎娶贵族之女

　　使团的行程仍然继续。在海牙，他们的活动由不动声色、但做事井井有条的荷兰人全权打理。他们拜访了几个外国特使，也接待了回访；他们参加了多场商贸会、花园聚会和宴会；他们还游览了几处规模宏大的市政工程、画廊和动物园 [1]。这一连串行程下来，连包腊也开始感到疲惫不堪。对于倒霉的斌大人来说，行程的唯一亮点是最后一夜的烟火汇演。随后他们登上荷兰"抵御风暴"号（Stoormvaast）汽轮，前往汉堡。想到一整天都在海上度过，不用与任何人见面寒暄，也不用参观任何地方，他们就觉得无比惬意、轻松。

---

[1]　斌椿称"生灵苑"，见《乘槎笔记》。

斌椿罢行

包腊现在已摸透了老爷子的脾气，察觉到他又要发作，就在一个大港口夜宿时安排了夜场马戏，同时还给他历数在哥本哈根可以尽情享受的各种消遣和夜生活。他的描绘天花乱坠，只求斌椿开心振作起来。之后，他们乘马车到阿尔托纳（Altona），坐火车赴基尔（Kiel），搭小船至柯尔索尔（Korsor），然后再乘火车。这样的行程实在是疲乏辛苦。但到了丹麦首都就好了，其"北方巴黎"之称号绝非浪得虚名。哥本哈根已经让他们充满期待，浮想联翩。他们熬过了白天的游览行程后，晚上就在蒂沃利公园（Tivoli Gardens）[1]观看马戏，斌椿对世界著名的小丑表演如痴如醉，连睡觉都沉浸在快乐的笑声中。这种好心情一直持续到第二天，即使是午前参观民俗博物馆也没有遭到破坏。但这天晚上，他再度发脾气，断然取消了约请而坚持重游蒂沃利公园。虽然有些小风波，但幸好大部分任务也已完成，使团一行人便精神饱满地开赴马尔默（Malmo）[2]。

唉，遗憾的是，他这种精神饱满的状态并不稳定，难以支撑前往斯德哥尔摩那段冗长乏味的旅程：需要一整天的时间才能抵达延雪平（Jonkoping），那是当时欧洲铁路的尽头；然后要在一个小城镇里度过很不舒适的一晚，再乘车赶整整 11 个小时的路程。瑞典人的各种礼仪浮华隆重，令人感到无聊和郁闷。这样的情形一直持续着，斌椿变得越来越不耐烦。包腊感觉到，他正强压怒气，但已经到了爆发的临界点，随时都可能中止一切行程。他们唯有好言相劝，告诉他很快将经由圣彼得堡和柏林，原路返还。但即使如此，效果

---

[1] 位于哥本哈根市中心，是丹麦著名的游乐园，有"童话之城"之称。
[2] 瑞典第三大城市，位于瑞典南部波罗的海海口。

也不明显，因为斌椿对欧洲地理毫无概念。反正只要回到西欧，他便可以随心所欲，而横跨美洲之行就想也不要想了。包腊黔驴技穷，只好给赫德寄了一封求助信，并很快收到了回复：

> 听到你的任务仍然困难重重，麻烦不断，我甚感遗憾。我想，解除困境的唯一办法是缩短行程。使团将在 8 月 19 日从马赛返程。

此信函产生两方面效果。一方面，它让包腊知道麻烦将要结束，生活终于有了盼头。再有四周，斌椿就可以登上东行的邮轮，上了船便可以顺其自然了，而且不管怎么说，赫德将会重新主导使团的事务[1]。另一方面，信函也猛然提醒他，欧洲之旅即将结束，他将重返中国，而在那里他不知又要待上多久，但肯定是一段相当长的时光，他还没享受到自己理所当然的休假呢！柏林将是使团正式访问的最后一个都城。之后，斌椿肯定要在巴黎逗留，等候返程。德善休假后已回到使团，如果包腊放假回家，由他留下陪伴斌椿不是再合适不过吗？

还好，现在他有了盼头。然而，他们在斯德哥尔摩的活动经受了极度的考验，即使像他那么温和的人，都感到有些无法承受。他们于星期日晚抵达，腰酸背痛，步履蹒跚。一位瑞典海军军官前来迎接，令人郁闷的是，这名军官声称奉国王之命，凡在瑞典国界之内，斌椿所到之处，他都将全程陪同照料。这意味着那位清廷大人不再享有宝贵的私人时间，不见外国人的自由也荡然无存。该军官还为使团

---

[1] 包腊这一幻想很快破灭。在远方的赫德一边留意着使团的进展情况，一边在悄悄地谈情说爱，日子过得无比惬意。他在 8 月与老家波塔当镇（Portadown）的赫斯特·布雷登小姐完婚，然后才乘坐晚一班轮船返回中国。——原书注

带来了瑞典国王的谕旨，他将安排在下星期三接见使团。而那天，他们原本计划启程前往圣彼得堡，这一谕旨意味着他们必须仓促改变行程。再有，他们还得知，王室的外交礼仪非常刻板，根本容不得使团向国王提反对意见。而且，他们还必须匆匆忙忙地发一通电报，否则将极有可能大大地得罪那个骄傲而敏感的斯拉夫民族，这样的风险无时不在。

如同每到一座都城一样，星期一和星期二的日程按部就班地度过。星期二晚他们去了戏院，但由于去之前得知觐见国王的时间将推迟至星期四，因此斌椿一行愉悦的心情大受破坏。星期三，他们重游星期一已经参观过的博览会，主要是因为奥斯卡亲王要亲自赠予每一位使团成员一枚纪念章。就寝前，包腊研究了一下次日的活动安排。不看还好，一看顿时情绪低落，因为入宫面见的时间被安排到下午5点，而上午的娱乐节目是参观摄影厂、"日光显微镜"，还有另一个民俗博物馆——这正是斌椿最厌恶的地方。

然而，瑞典的王公贵族毫不吝啬地展现了他们的好客之情，国王还亲自带领全家，包括王后、王子和公主，一同会见斌椿使团，使这位清廷大人甚感欣慰。接见仪式很隆重，国王不但向使团一行人一一敬酒，而且惠赠他本人照片一张，这又让斌椿深感荣幸。觐见活动进行得很顺利。翌日，他们赴梅拉湖（Malar Lake）的岛上宫殿拜会了王太后，"在中国式凉亭里享用早餐"。之后，他们抖落鞋上的斯德哥尔摩尘埃，登上驶向圣彼得堡的轮船。接下来又是一段令人疲乏的路程，需要三天半的时间——夜宿于奥布港（Abo）、赫尔辛弗斯（Helsingfors）[1]和维堡镇（Vyborg）。抵达第二个港口时，一名海关职员公事公办，执意要打开斌椿的其中一个行李箱检查，导

---

[1] 瑞典语之称呼，即赫尔辛基。

致老先生与日俱增的火气终于爆发。有一名旅客站出来替海关职员说话，但斌椿"用俄罗斯帝国般的恐怖淫威，厉声恐吓那位彬彬有礼、只想息事宁人的先生！"

在圣彼得堡，事情有所好转。尽管已见识过巴黎、伦敦和哥本哈根的繁华，但这里的教堂和宫殿宏大辉煌，涅瓦河两岸景色壮丽，仍然令中国人叹为观止。在当时，它是俄国城市中最国际化的大都市，也是文明程度最高的地方。当然，前提必须是只看其表，不究其里。俄国宫廷和外交界都有一种不合常理的特点，甚至可以说是怪癖。在经历了瑞典人呆板拘泥的繁文缛节之后，再体会俄国人的怪癖，真是太有趣了。俄国人本身就是欧洲民族中最亚洲化的人，所以他们更加了解这些宾客的喜好。负责接待他们的官员很注意每天留出大部分时间，让他们自由活动。实际上他们就没游览什么地方——只有圣·艾萨克大教堂、冬宫和艾尔米塔什博物馆，还远行至彼得宫（夏宫）。这个偏僻的博物馆对斌椿等人来说，不过是"帝国马车历史博物馆"而已，完全可以在半小时内轻松愉快地打发掉。4 天的访问转瞬即逝，一行人于 21 日乘坐火车前往柏林，以愉快的心情迎接最后一站的到来。

包腊闪婚

不管怎样，他们大可不必担忧，因为柏林有更好的活动可以期待，有比东方人的逍遥聚会更好的消遣。7 月 3 日，普鲁士赢得萨多瓦（Sadowa）战役 [1] 的决定性胜利。22 日，就在包腊率领一行人中途停留于哥尼斯堡（Koenigsberg）用餐那天，战争以停战告终。之

---

[1]　1866 年 7 月 3 日爆发的克尼格雷茨战役（又称萨多瓦战役），是 1866 年普奥战争的决定性战役。

后签订的《布拉格和约》接受了俾斯麦的每一条要求，使得普鲁士在日耳曼北部称王称霸，成为通往第一次世界大战道路上的又一个里程碑。普鲁士全城正欢庆着军队的凯旋，所以当使团到访时，除了受到恰如其分、不失礼节的接待外，几乎没有人关注他们。他们如常地访客，如常地游览，最后一天在夏洛腾堡王宫（Charlottrnburg Palace）受到普鲁士王后的接见。

但原本已安排他们参观鲁尔工业区，所以他们 26 日离开奔赴埃森（Essen）。此时，包腊提出了休假的申请，并获得了批准。27 日，他把带队职责交给了德善，然后动身回英格兰。他总共只有 3 周时间，然后必须在马赛与使团会合，乘船返回中国。

坐在开往老家的欧陆火车车厢内，包腊的思想状况不难推测。像大多数维多利亚时代中期的适婚男子一样，他对女性既温文尔雅，又风趣殷勤，但只要一触及严肃的情感问题时就变得小心谨慎。他会在"埃洛拉"号轮船舱门外因"瞥见一双小巧精致的皮靴"而对靴子的主人感到好奇，他还会为驻上海的英国领事夫人的高超骑术而倾倒，但也仅止于此。那年年初，他曾想到自己将在广州度过一段漫长而寂寞的生活，甚感郁闷，因此写信告知母亲："我回家时，您一定要帮我找个媳妇，让我带走。当然，我希望您一定要明智审慎，擦亮眼睛。"这些话不过是无奈的苦中作乐而已。

只有一次，他内心深处的情感确实被搅动了。那是因为当时发生了一起攻击"上海狗"[1]的事件，使得他不能外出一步，终日只能躺在床上，因而有足够的闲暇通读巴尔扎克的大作，这些书籍深深地打动着他：

---

[1] 指侨居上海的洋人。赫德曾在《局外旁观论》里抱怨道：在中国，"居官者初视洋人以夷，待之如狗"。

这些法国小说成千上万地涌到这里。它们怎么会那么受欢迎呢？是因为它们描绘了感动着社会大众，却被英国传统忽略的某一时代的生活吗？还是因为它们讲述了一种能够唤起人们七情六欲的生活？这种描述使人摆脱了来去匆匆、苦苦挣扎的现实生活，让人对世界充满了希望和敬畏、欲望和期盼，而英国人却在极力地隐藏着这些真实感受。

如果确实如此，那么当你开卷如饥似渴，掩卷时心中充满对人生的懊悔，就是很自然的了。最好还是抛弃对世间功名利禄的追逐吧，哪怕片刻也好。追名逐利，谁曾心满意足？人间享乐，谁会坦白承认？淡泊心境，谁已拥有？

他肯定已经意识到，在英格兰，适婚的大家闺秀不少，比起在中国沿海地区的外国租界，在家乡寻觅一位合适的、传统的、快乐的妻子的机会要大得多。在中国的外国租界里，几乎没有欧洲姑娘。即使有那么几个，竞争也十分激烈。况且，包腊一直在尽职尽责，始终没有休假，而赫德和德善早在第一时间就回家探亲了。除了在比金山的花园里的片刻聚会，其他时间他都在照料中国使团。他的日记根本没提到他在家里待过，即便是一个下午都没有。对此，他倒是没表示过什么遗憾。事实上，可以肯定地说，那段特殊时期里，他还没有考虑到婚姻大事。

至于他对媞莎·伍德沃德是否有很深的感情，从所掌握的资料来看，答案是否定的。他1863年乘船去中国时，媞莎·伍德沃德才16岁，虽然是他家世交的女儿，但给他的印象并不深。现留存了他那段时期在海外书写的家信共30封，大多数信札结尾处都列着一大串他要问候的亲朋好友的名单，但提到媞莎的只有 4 次，更常出现的名字则是某位福克斯小姐。

那年 7 月，他从天津寄了这么一封信：

> 请代我向威尔金森阿姨和查尔斯伯父问好，向汉弗莱太太和所有问起我的人问好——特别是向福克斯小姐、向可爱的小媞莎、向穆尔和托马斯以及向布莱先生和太太问好，如果见到他们的话。

1864 年 3 月从上海发出的信函，结尾写道：

> 请替我向帕尔玛太太和所有朋友问好，不要忘了问候福克斯小姐和媞莎。我答应过给媞莎一张照片，就请从我上次邮件里寄回去的那些照片里挑一张给她吧。

从这些言辞中看不出有什么爱意或渴望，而且好像那个小姑娘一直没收到他答应送给她的照片。尽管包腊是个慷慨大方的人，但在他的送礼名单里也没有看到她的名字——他不时地会赠送些茶叶、丝绸、生姜、玉石、纸扇、古玩等礼物给亲友。假如她在比金山聚会上已向他表明了爱意，假如他在那个场合里也给了她一些积极的暗示，那么后来他的表现就堪称无情无义了。在旅程快结束时，他挤出时间写了这段时期唯一的一封信给母亲：

> 我计划 8 月初回家，埃德蒙(·布莱)会跟我一起去。请注意：包婀娜要给我们介绍几个谈恋爱的对象，所以赶紧做好包婀娜的淡紫色裙子，还有您自己的衣服，不然我会犯愁的。

包家的说法是："他一回家就全情投入，诱使媞莎·伍德沃德嫁给他"，还说他像年轻的洛钦瓦尔（Young Lochinvar）[1]一样，"闯进去，携其新娘扬长而去"。但根据现有资料，不能不得出这样的结论：在 7 月末的那段日子里，他横穿日耳曼西部和法国，渡过英吉利海峡返回家乡，只想着跟老朋友好好相聚一番，跟家人度过一个愉快的假期，除此之外别无他念。可不到三周时间他竟然结婚了。

　　理解闪婚之谜的关键可能要从两方面入手：一方面是要了解维多利亚时代中期年轻女子普遍接受的家教情况；另一方面是要知道这样的家教对每个女孩子，尤其是对媞莎这一类型的姑娘产生什么样的效果。她们的生活完全由父母掌控。即使是最宽容的家规，也极为严苛。她们经常被禁止读报，尽量不受外部世界的"污染"，因而对外部世界一无所知。她们被教导，全部职责就是屈从于"赋予她们生命的人"，这种职责贯穿她们的终生，这真是骇人听闻。经过这种家教的最终产品是什么，就取决于原材料了。软弱、温顺、天生愿服从的人自然就生出柔弱而温顺的女儿，继而成为听天由命、任劳任怨的贤妻；但其他一些意志坚强的、性格倔强的人，像巴雷特家的女儿们（the Barretts）[2]和勃朗蒂三姐妹（the Brontés）那样的女孩，在经受过年幼时的压制和磨难后，只会变得更坚强。由于她们从小就已经懂得坚持目标、计划和理想的重要意义，因此成年后会比任何时候都顽强、桀骜不驯。媞莎属于哪一类型的姑娘，不言自明。

---

[1]　"年轻的洛钦瓦尔"是英国著名历史小说家和诗人沃尔特·司各特（Walter Scott）所著叙事诗《玛密恩》（*Marmion* □ 中与情人私奔的一名传奇人物。
[2]　其中伊丽莎白·巴雷特·布朗宁最出名，是维多利亚时代的著名女诗人。

媞莎的高贵血统

她的家族血统非同一般，甚至可以说充满浪漫色彩。她父亲塞缪尔·伍德沃德（Samuel Woodward）是第二代伯爵，她爷爷是第一代康沃利斯侯爵（Marquess Cornwallis）[1]。康沃利斯侯爵是一名高贵的军人、政治家和行政官，在其事业生涯中赢得了威灵顿和拿破仑[2]的尊敬，但在 1805 年出任印度总督的第二任期后不久就去世了。侯爵一定也是个尽责的父亲，因为他让儿子接受良好教育，并进入海军军官学校受训，只是儿子做见习军官时就退了役，到加尔各答经商。1844 年 12 月，塞缪尔·伍德沃德在加尔各答与第二任妻子玛格丽特·德拉翰（Margaret Delahunt）结了婚。玛格丽特的父亲是来自爱尔兰城市蒂珀雷里（Tipperary）的威廉·德拉翰（William Delahunt），由于卷入了 1798 年那场暴动而被迫逃到开普敦。但他一直设法与那里的财富和权势圈子保持着联系，因此他的女儿才前来加尔各答，担当印度总督子女的家庭教师。

这样的家庭背景可以反映出玛格丽特的性格。1844 年 6 月，亨利·哈定（Henry Hardinge）接替其姐夫埃伦伯勒（Ellenborough）出任印度总督。鉴于后者无嗣，她肯定是跟随着哈定来到加尔各答的。不出半年，她相继订婚、结婚。在那个年代，妇女多半恭敬温顺，对丈夫言听计从，而这么一个被雇主颇费周折和钱财、千里迢迢带到加尔各答的家庭教师，居然为了个人婚事而向其雇主——堂堂总督大人——辞掉干了不到半年的工作，这简直有点不可思议。当时的

---

[1] 此爵号到 1852 年第五代伯爵时就废除了，目前的男爵爵位是 1927 年封的。——原书注

[2] 他在《亚眠和约》谈判之后曾称他"很顽固"，但在以后的岁月里称赞他是"一个非常勇敢的人"。——原书注

加尔各答社交界是个极小的圈子，引起总督不悦一定会带来灭顶之灾。但她居然毫不畏惧，义无反顾地嫁给了一个无财无势的男人（就当时情况来看）。他们的第一个孩子媞莎于 1846 年 10 月来到人世。可以肯定的是，娶媞莎为妻，包家的血脉中也就注入了新的、高贵显赫的血统。

媞莎年幼时父母相继去世，被送到布朗普顿（Brompton）的同父异母的姐姐家里接受监护。那里是远郊，比肯辛顿（Kensington）或切尔西（Chelsea）还要偏僻。她在格林威治（Greenwich）和巴斯（Bath）上学，偶然认识了包腊的父母。1862 年的圣诞节她去诺伍德（Norwood）探望他们，并与包婀娜成为好友，经常与她书信往来，但保存至今的信件只有两封。

一封冗长的信是 1864 年 1 月写的，寄自布朗普顿路 174 号，结尾是这样的：

> 我想现在不会去印度了，回巴斯再住半年，然后何去何从就该有定论了。我还没收到你的照片，不知应该怪谁，但我是很生气的，我很痛快地拍了照片送给你，已经寄给你了……希望你给我写一封很长的信，并附上你的纸片［原文如此］……

另一封信是 6 月写的，从巴斯的亨利埃塔街（Henrietta Street）寄出，显示出两人的关系更加亲密。"亲爱的包婀娜"变成了"最亲爱的"，而"你可信赖的、永远诚挚的朋友"变成"致以深情和衷心的祝福"——这在当时的正规措词中是一个重大的变化。这位等待长辈决定她"何去何从"的乖巧女生，现在已经蜕变为一只在社交场合展翅的花蝴蝶。

我从上个月 15 日开始就不再上学了（就读书而言），
准备周游一段时间，然后（如果顺利的话）就定居在伦敦
的布朗普顿。亲爱的伦敦，将来，一定要让这里成为你给
我写信的地址。

包婀娜有一段时间心情不好，媞莎写信安慰她。她故作诚心地
劝诫她顺其自然。"希望你不要觉得一个比你小得多的人写这样的
信是多管闲事。"她聊了聊她的交往情况，最后终于切入主题：

很高兴知道你弟弟近况甚好，你们全家肯定深感欣
慰，我很愿意了解他的情况。你母亲说他寄了一张照片给
我，但某位女士要走了。下次他再寄来时一定要给我一张。

那个时代，对于一位出身高贵、受过良好教育的姑娘来说，主
动向一个男人索取照片，在人们看来已经属于出格。而她不断催促，
一心索要照片，甚至可以说得上是"强求"，更让人觉得她胆大妄为，
不知羞耻。媞莎是一个机灵而明智的女孩，十分在意其家族的高贵
名誉，之所以做出这种寡廉鲜耻的行为，只有一个解释：她肯定已经
爱上包腊，在他去中国之前就爱上了他。当时她只是个 16 岁的小女
生，而他是一个帅气、文雅的小伙子，善于交际，魅力四射。不论是
在不久之前的加里波第战斗中，还是即将动身前往神秘的东方，他
都是出类拔萃的人物。

媞莎具有超出其年龄的智慧，所以她对这段感情守口如瓶，即使
是面对包婀娜，她也没有坦白交代。可就是从那时起，在包腊眼里
还是个孩子的她已打定主意嫁给他了。她确实很可能已跟另外一个

男人订了婚，但她显然一点都不把那人放在心上，那只是一个手段而已——媞莎一位出嫁多年的朋友就坦白，自己曾使用过这一手段。媞莎准是用这种手段，迫使包腊正视自己的感情，令他下定决心。

包腊第二次在多佛港登岸时，其命运已经注定。10天后的一个早晨，大约8点时，他带媞莎出去散步，回来时两人已订终身。此时他接到指示，必须在8月17日前返回巴黎与使团会合，并随团前往马赛，所以只有不到一周的时间来安排各种婚礼事项。但所有困难最终都迎刃而解，那天《泰晤士报》的婚姻专栏里刊登了这么一则告示：

> 本月15日，在布朗普顿圣敦福德税务局旁的三一教堂，中华帝国之海关税务员包腊先生将与加尔各答已过世的塞缪尔·伍德沃德先生的三女儿媞莎喜结连理。邀请帖恕不另发。

赫德"出卖"女王求荣？

星期三晚上，他们是在古老的沃登勋爵酒店（Lord Warden）[1] 度过的，这是新婚夫妻都希望能体验一把的传统酒店；星期四入住宁静街（Rue de La Paix）的德福旅馆（Hotel de Douvre）；星期五，他们在火车车厢里"经历了整夜旅行的各种恐怖"；星期六到马赛——"一个肮脏的地方，但也有一些值得夸耀的建筑"；星期天他们登上法国邮船"珀琉斯"号（Peleus），住进"一个双层铺位的小船

---

[1] 位于多佛港，1853年开业，英国著名小说家查尔斯·狄更斯和法国拿破仑三世都在此酒店居住过。

舱"。他们没能在墨西拿登岸,这令媞莎大失所望,因为她一直期待能在旅程开始的地方,聆听丈夫亲口讲述当年参加战斗的故事。穿越大陆的旅程受到严格的检疫隔离规定,受此影响,他们的大好心情遭到破坏:

> 我们抵达了亚历山大港。看看我们到底被关进了什么样的火车检疫车厢吧!真是触目惊心!看起来就像是运送牲畜的车厢——没有软垫,没有窗户,只有一个小孔可以窥视外面。躺在硬木椅上,我全身的骨头都感到酸痛。
>
> 我们的车厢挤满了一批英国轮船二等船舱下来的旅客,他们要前往孟买。这一整夜,他们都在说话、唱歌、喝酒。他们交谈的语言和粗俗的内容真让人恶心。
>
> 我只睡了一会儿。每到一站,都被猛烈的震动所惊醒。包腊本想跟门卫搭讪,但那卫兵挥舞了一下大棒,大声喊道:"检疫隔离!"埃及人怕我们怕得要死,这真是滑稽好笑。

但当他们在苏伊士登上"老虎"号(Tigre)轮船时,所有的不愉快都烟消云散了——"这轮船十分壮观,各方面都舒适无比。每个人对我都十分体贴关照。包腊真是个完美无缺的人,所以我当然感觉非常幸福"。

她在巴黎、苏伊士和西贡写的每一封信都流露出她坦诚、热情和乐观的性格。(八月的)巴黎是"那么干净、明亮、仿佛仙境,那里的人们似乎都'无忧无虑'"。德善一家最友善,他们的女儿很可爱。媞莎把图片和蜡花礼品送给斌椿,并很快与使团的所有人打成一片,和睦相处:

我非常喜欢那些中国人，德明先生是我最中意的一位。我最喜欢彦慧的相貌，但他只会说一点法语，英语一句都不会，所以我无法跟他交谈。对于那位老先生，我只能朝他点头和微笑了。

她散发着欢乐的气息，欣赏着几乎每一样东西——即使是听着斌椿吹那可怕的笛子来伴奏中国歌曲，她都觉得"很开心"。道德的反思和爽朗的个性在她笔下流溢出来，所以，如果她在书信结尾写下"您不是失去了一个儿子，而是收获了一个女儿"，千万要记住，100年前这样的情感表达尚属新鲜，还不会成为人们嘲讽的笑料。她自己这样签名："永远爱您的孩子，包媪莎"。

过了苏伊士，事情就不那么顺利了。在红海上，她发现在埃及中转时行李箱被乱扔，结果她所有的宽边帽和无沿帽都被"压扁了"。船至印度洋，他们又遇上西南季风，她便一直晕船不起，而包腊则忙于追踪来自中国的英文报道，整天都一副愁眉苦脸的样子。每停泊一港口，他都可以拿到这种报纸。数月已过，新闻媒体丝毫没有因此而消除对他们的敌意。当使团再度驶近"中央王国"（指中国）时，辱骂声开始滚滚而来，在数量和恶毒程度上都有增无减。"赫德先生的门徒"变成了"赫德的宠信"，而总税务司本人则被指责搞阴谋、耍手腕，"显然，这样一来，原本他在留着长辫子的主子心目中微不足道，现在反而博得盛赞，获得荣耀——为此，他稍稍'出卖'了我们的女王陛下，'出卖'了外交部，特别是我们的头面人物，他还'出卖'了我们那些没出过远门的英国百姓"。

有些批评倒是颇为在理。当时在京城的外国人普遍存在这么一种奇怪的想法，即：真糟糕！斌椿一行可能已在温莎堡谒见了维多利亚女王，可是之前在巴黎，拿破仑三世并没有接见使团，这简直有损英国的声望。但此事是由英国宫廷和外交界高层决定的，看不出赫德有什么办法能促进或阻拦，即使他想那么做也无能为力。多数情况下报刊的攻击谩骂幼稚可笑，很多攻击谩骂是指责使团的年轻随员在韦里思厅举办的"中国晚宴"上穿戴不得体，"有失中国普通官员的颜面"。这些攻击谩骂显然都是那些无事生非者在翻阅所有新闻报道后不负责任地编造出来的。

当时远东媒体比较粗野，由一群批评家引领的《德臣西报》一如既往地采用一种恶劣的手法和令人憎恶的品味来达到某种目的。斌椿先生及其随员被比喻为：

> 一个有才智的办事员，带着儿子和四个乡下小男生，凭借他们戏子般的聪明伶俐以及头顶长辫子、脚蹬厚靴子的强大力量，身着奇装异服，对眼前一晃而过的新奇景象习惯性地露出笑容，终于获得了觐见女王陛下的机会……

这次觐见"无异于对女王的侮辱"，最后，《德臣西报》试图让读者相信：

> 每个外国人都在嘲笑英国人，他们在北京忍气吞声，又得不到英国朝廷的承认，还遭到满大人的冷落，受到普通百姓的嘲笑，但那几个北京暴发户却得到如此厚待，好像真是什么王公贵族似的。

这是包腊第一次遭遇不公正的评价，他心潮起伏，有苦难言。毫无疑问，大多数攻击谩骂是针对赫德和斌椿的，而对德善和包腊的责备则针对具体事务。但他对总税务司是如此的忠诚和钦佩，以致这样的攻击谩骂在他看来就像是针对他自己。在过去半年多的时间里，他一直小心翼翼地伺候着那个令人讨厌的清廷老官吏，其行为举止总是那么变幻莫测，而且随着时间的流逝，越来越难把握。他容忍了他的暴躁乖戾，为他的不当行为遮遮掩掩，还要寻找各种借口，替他编造合理的理由掩饰。在斌椿和游历半个欧洲旅途中遇到的各色令人眼花缭乱的人物之间，他巧妙周旋，扮演着保护者和缓冲者的角色。即使发生最令人愤怒的情况，他亦能够冷静判断，以和风细雨的手段化解矛盾。除了偶尔在与赫德的通信中抱怨几句，他从来不会意志消沉。他心里清楚，自己是多么出色地完成了任务。这不是自负，也不是自满。对此，最好的回报就是看到他殚精竭虑、忘我侍奉的使团经受住冷嘲热讽，看到他所钦佩的上司光明磊落，经受住对其动机的恶意责难。

漫长的航程终于接近尾声，但即便到了香港，包腊还是不能放下重任，因为已决定让斌椿父子在广州巡视 10 天。直至 10 月 11日，他才送他们搭乘开往北方的轮船。那天的告别相当感人，这实在出人意料。斌椿总是比他外表看来要精明和敏锐。他对包腊的付出心知肚明，对他以最佳方式把自己引荐给外国人的苦心也一清二楚，因此对他怀有真正的敬意和感情。然而，对于外国人本身，他的反感依然是那么彻底而无法改变。他向天子的衙门官员呈交了报告，但没有公诸于世。报告要旨可以从帝师倭仁（Wojen）的评论中略知一二。几年后，当有人提出派遣另一个更为雄心勃勃的使团出访时，他就外国人问题说道："他们的风俗污秽狡猾，而他们的喜好就是凶残恶毒。"[1]

　　包腊一直挥手告别，直到轮船消失在鲤鱼门关口。他坐上黄包车，心思转到媞莎身上。

---

[1] 可比较一下一名海军见习军官的那句不朽名言。他在得到上级指示"汇报当地人的风俗习惯"时，只用四个词就打发了："风俗——没有；习惯——野蛮"。——原书注

第 13 章

节节攀升：官运亨通的年代

　　斌椿离开后，包腊的事业发生了显著的变化。一直以来伴随着他脚步的那一系列事件，不管是闹剧还是悲剧，功劳还是灾难，现在都已大江东去，成为历史。随后的 6 年里，他事业一帆风顺，都相对顺利地收获了成功。只有一个人对此视而不见，那就是包腊本人。

　　包腊重返海关担任翻译，仍旧是二等供事（Clerk）级别的岗位，他顿时认定在中国海关任职没有什么前途，因此在后来的几个月里转而向英国领事局申请其他工作，一个是外交部翻译员职位，另一个是大英博物馆的中文藏书管理员职位，甚至是英国海关职位——但这在他上演了"加里波第恶作剧"之后肯定渺无希望。他提到，自己已任职 5 年，所以可以拿到 1000 英镑的退休金（此时，他的年薪也差不多是这个数），而如果在英国就业，每年就只能拿到 300 英镑。

　　他那么闹腾的理由一点也不诚实。他其实是在掩饰内心的焦虑，因为当时传言海关职位即将全部由中国人取代——以后 80 年里，相似的说法反复出现,直到1949年中国共产党夺取政权后才最终实现。但包腊跟其他人一样,知道在这方面其实没什么可担忧的。他只希望能让父母在晚年过上安逸的生活,尽管他们如今才年过半百,身体健康,也已经以乐观的心态熬过了与他分离的日子,现在经济上还有保障,但他们仍然要依靠他来获得更多的心灵慰藉和安逸舒适的生活条件。所以,求取更高的职位对他来说意义重大。结果,他怪罪于媞莎的思乡愁绪,不喜欢在穷乡僻壤安家落户。当然他不是责怪媞莎本人,她在他眼里是完美无缺的。

事实上,媞莎完全融入了这里的生活。起初,她对一切都震惊不已,污秽不堪的大街小巷,肆意横行的老鼠蟑螂,以及和阿嬷(Amah,中国女仆)沟通时存在的那些非常"可笑的"障碍。而不那么可笑的是,她跟贴身仆人总有客客气气的隔阂——"他只会说:'等主人来了再说吧;主人决定'"。在此之后,她便满腔热情地投身家务。她迫不及待地等待订购家具的到来,等待他们前任的搬迁,因为当这里真正成为他们的家时,生活才能安定下来。她参加野餐会、私人堂会,观看赛马(宽宏大量、思想开明的丈夫还允许她下赌注,但只能小赌一把)、帆船赛和球赛,不仅在沙面,还去澳门和香港,因此"她觉得广州令人非常愉快"。她喜欢那里的人,而她显然也成为那里广受欢迎的人物,因为她收到了大批的圣诞礼物,包括两只小鹦鹉(其中一只"特坏")、一条狗(个头很小,以至于她房间的捕鼠器都可以逮到它)、一只猫和一只金丝雀——这鸟是粤海关税务司吉罗福先生(G. B. Glover)赠送的礼物。她对天天做同样的家务事并不厌倦,事实上那可以称之为"一种无聊至极的生活"。她对格雷先生(Mr. Gray)的布道"十分着迷","我真想认识他"。不仅如此,"让我很开心的是,包腊每个星期天都跟我一起去教堂"。

1871年，包腊与媞莎在广州。

　　包腊真正的烦恼是感觉自己没有被充分赏识，这是所有勤奋能干、胸怀大志的年轻人都容易患上的一种精神抑郁症。在过去的半年里，包腊往来于各大宫廷和使馆，与各种达官贵人平起平坐，扮演着种种完全不熟悉的角色，也因此声名鹊起。为此，他希望能迅速获得认可，但当发现自己又被打发回来担任原来的低等职位时，心中便充满了怨恨。在等待了近一年后，期盼已久的升职机会终于来临。当这一机会降临时，已经与他前段时期的功劳毫不相干了。

升任宁波浙海关税务司

他的升迁更多归因于他兢兢业业的做事方式、坚持不懈地勤奋工作以及语言天分，这些优点现在开始让他收获成果。赫德很久前就认定，掌握一定的中文知识是海关税务人员升职的基本条件，尤其是在署理一个口岸的税务司的具体职务时，更应如此。赫德是一个一丝不苟、处事公正的人，在前几年已多次就此劝诫过海关洋员。1867年，他诉诸行动了。最先遭殃的是两名受害者——希望如此用词恰当——粤海关税务司吉罗福和宁波浙海关税务司林纳（J. K. Leonard）。前者被派到北京，用一个冬天的时间来学习汉语，但徒劳无获，其位空缺时包腊临时顶替了他。后者则被遣往上海，虽然优厚的薪酬不变，但担任的职位较为卑微，实际上是明升暗降，而包腊则被提拔为头等供事，北调接任其职。

这对年轻夫妻离开南方口岸时心情有些复杂。一方面，他们觉得这里的天气热得难以忍受，既潮湿又沉闷，想到将来能感受到冰凉的冬天，心里还是比较喜悦的。但另一方面，尽管包腊生活节俭，而且全神贯注于其新婚妻子（没有她一路陪伴，他才不会离家折腾呢），但他们一家还是颇受大家喜爱的，与新交的朋友们离别总有发自内心的遗憾与惆怅。当然，媞莎对社交生活唯一颇有微词的地方，就是男女都偶尔有的纵欲行为：

> 我说服不了亲爱的包腊去吃点兴奋剂。他愿意做的，仅是每天早晨大概9点的时候吃一大盆面包和牛奶。这里的女士和男士一样，都非常爱用兴奋剂，这已成为很普

遍的风气，所以有这么一个不用兴奋剂的丈夫，真是难能可贵。

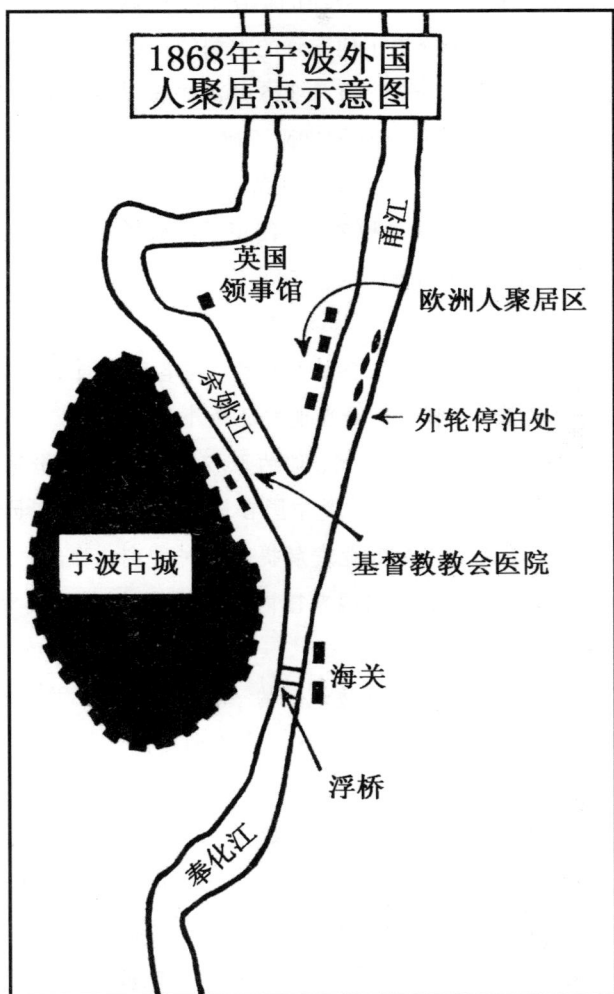

1868年宁波外国人聚居点示意图

甬江
英国领事馆
欧洲人聚居区
余姚江
外轮停泊处
宁波古城
基督教教会医院
海关
浮桥
奉化江

对于包腊来说，成为一个总揽大权的实权人物，是他的终极目标——他这时才二十几岁，在海关工作不足 5 年就萌生这样的想法了。他在阅读任命其为署理税务司的信函时非常高兴，任命书无论是在形式还是内容上都充满了他崇拜的上司的特点。赫德在任命书里首先提到了他新的薪酬是"每月 325 两海关银"（约每年 1200 英镑），然后非常直白地提醒他任职期限不确定，"某种程度上取决于你任职后的工作表现"，最后阐明了几条基本原则，这些原则在以后半个世纪里一直指导着海关税务司，注定了海关税务司在"中央王国"里拥有独一无二的权贵地位：

> 你的职责是，在你服务的口岸内，与各级官员维持亲密友好的关系，不管他们是当地的还是外籍的。
>
> 你要牢记，在任职期间，你的职权一律与道台平等，不低于道台。不要忘记，你是中国官员，而不是外国官员。
>
> 你要尽你所能，为商业发展提供各种便利，助合法经营者一臂之力；在你的权限范围内，坚守作为一名税务保护者的职责。
>
> 盼时常向我通报你周边地区的一切趣闻轶事，并且每两周向我递交一份公函，并附上你个人的便函。

但对媞莎来说，未来就没那么美好了。宁波是个"风平浪静的城市"，也是中国最早被迫向外商开放的 5 个通商口岸之一，但由于来自上海的激烈竞争，其重要性已经在衰落。这里的贸易量在萎缩，洋人社区微小。他们乘坐的轮船沿江逆流而上，媞莎一眼望过去，看到一座座结冰的房顶上高高的茅草盖；寺庙屋顶两端的燕尾脊；更高处是四方形棋子坪，如同大帆船的最前端；还有覆盖着野草的圆坟土堆，远不如广东精雕细刻的大理石陵墓那么别致。她悲叹地形容丈夫任职的港口是"一个景象悲惨的地方"。她的第一个孩子快要分娩了，所以可以理解她心里的焦虑：

> 梅多斯医生（Dr. Meadows）来看望我。他很年轻，尚未结婚，对此我觉得很遗憾。最近有几位女士在追求他，看起来都对他很满意。我准备从上海请一位护士（欧洲人），如果有人愿意来的话。这里有个叫瓦德曼夫人（Mrs. Wadman）的妇女，育有 7 个孩子，她已答应到时尽可能来帮我，这让我感到安慰。

她焦虑的情绪很快传染给包腊，他总是神经质地担忧她的人身安全，甚至禁止她坐轿子，生怕轿夫不小心把她摔下来。媞莎反驳说："从来没听说过这样的事，我相信不会的。"不到两个月，他再度猛然陷入忿恨不满的情绪低谷中，所以又一次向国内有权势的人强烈要求调任工作，这次是外交信使的职务。

包腊忿忿不平的另一个原因，是他没有被挑选为蒲安臣使团的成员，该使团于 1868 年出发前往美国。蒲安臣是个善良的人，但也是一个天真、不着调的政治煽动家，他在自己的国家内就已声名狼藉，因他接受他人的决斗，竟然挑了来复枪作为决斗武器，选择尼亚加拉大瀑布之上的"海军岛"作为决斗地点。后来，林肯总统任命他为驻奥地利公使。奥地利宣布他为不受欢迎之人后，美国只好将他改派北京，作为一种安慰。几年后他辞去驻华公使的职务。接着，让外交界感到可笑并惊愕的是，他以不正当的手段获得了中国皇帝之

"出使世界各国朝廷的特命全权大臣"[1] 的任命。他率领比斌椿还要多的随行人员出发，在两年时间里努力传播关于中国的虚假思想和错误印象，遍及西方各国首府，直至后来在圣彼得堡死于肺炎。他的整个计划都不被看好，甚至被认为是荒唐之举，显然注定要遭到比斌椿使团还惨重的失败。只是包腊认为自己具有先前的经验，又有独特的资格，却没被邀请加入使团，因此心里感到很不是滋味。

随着第一个孩子艾塞尔（Ethel Bowra）于 2 月底降生，包腊的所有不满情绪都烟消云散。孩子出生时并不十分顺利，幸亏媞莎身体强健，医生也医术高明，最后一切进展不错。这对包腊有两方面的影响：首先，他变得比以往更恋家了，甚至可以说"足不出户"；其次，他感到心满意足，看待周围的事物都闪耀着美丽的光芒。

> 我们的家很好，有漂亮的花园和农田，位于宁波最好的一处江边上。我们的草坪顺着山坡延伸到江边，正好面向对岸蜿蜒的中国城墙。江面开阔，如同里士满区（Richmond）那段泰晤士河，但相似度也仅止于此。江水浑浊、泥泞，稠度堪与浓豌豆汤相比。但我们家窗外风景秀丽，与中国城墙的距离也恰到好处，使城墙看起来灰蒙蒙的，充满古色古香的味道，部分地方还长满了茉莉花和金银花。
>
> 那块农田给我带来极大的快乐，我们很快就要在园子里养些牲畜了。这里的家禽每打要 9 两银子，鹅每只大约六分之一两银子，鹿来自附近乡下，大约要 12 两银子。所以有了这么一块地，就可以使我们丰衣足食。但奢侈品非

---

[1]　准确名称为："办理中外交涉事务大臣"。

常昂贵，即使是一丁点价格也不菲。用来伴羊肉或鹿肉吃的一小罐红加仑果酱比鹿肉本身还贵；而餐桌上其他的零星杂物，如面包、食盐、胡椒、酱油和奶油，要花费将近一顿饭菜的钱。煤是我们家用开支最大的一项，因为是从英国进口的，在这里每吨煤差不多要花310英镑。

　　媞莎很快可以走动了。她尽可能多地走路，大口大口地喝黑啤酒，这有助于催奶。她很高兴自己生了个女儿："从我的角度来说，我不想要男孩。生男孩会有一种可怕的焦虑，要培养他，还要按包腊之愿给他一定的社会地位，这可是要花一大笔费用的，而我们永远也不会有那么多钱。"她曾尝试学习汉语，但三天打鱼两天晒网，后来改学意大利语。她的业余时间安排得满满当当，生活幸福美满。

　　包腊也如此，似乎都快成为一名真正的隐士了。他甚至放弃了他的业余爱好——戏剧创作，谢绝参与改编《咏叹调铃歌》(*Aria Bell*)、《命运多舛的游吟诗人》(*Ill-treated Il Trovatore*)以及《在这里我们讲法语》(*Ici on Parle Francais*)等剧本。事实上，他仅有的社会活动都是重复过去做过的事情。他在宁波读书会与同好交流时，先讲了"与加里波第并肩战斗"的故事，该主题在广州已经讲过了，第二次就谈"依纳爵·罗耀拉"(Ignatius Loyola)。媞莎说："当我看见他站在那儿，不用底稿不看笔记就能滔滔不绝地说上一个半小时的时候，我可以毫不迟疑地说，那是我听到过的最完美、最动听的演讲。"

　　宁波，正如他定期向赫德汇报的那样，是一个"风平浪静"的港口，所以，他丰沛的能量无处释放，只好投向学术活动。在广州期间，他曾在著名汉学家梅辉立(W. F. Mayer)的指导下深造，而且为编撰不朽的《中国辞录》(*Chinese Reader's Manual*)作出了贡献。现在他开始做自己的研究，并将浪漫主义小说《红楼梦》的几章翻译成英文，发表在有关的中国杂志上。他制定了详尽的财务计划，打算在比金山为父母购置房产。他严厉训斥可怜的包婀娜，说她不该提出开办学校一事："只要我活着，你就没必要靠此赚钱，我不喜欢这样的想法……如果你喜欢的话，可以教几个学生，赚些零用钱，但不要再提办学校的事了。"但包婀娜的性格跟包腊一模一样，都十分倔强顽固，他专横的语气导致适得其反的后果。当他再次重返英国时，她在比游拉山区（Beulah Hill）开办的学校经营得红红火火，他们年迈的父母跟她住在一起。

包腊的第二个孩子在 1869 年 8 月 22 日出生了，取名塞西尔。"他跟艾塞尔长得很像，脸蛋又红又丑，脑袋长着浓密的黑发。"媞莎的第一反应是写信回家，要"一本伊莎贝拉·比顿（Isabella Beeton）写的《育儿宝典》（*Hints To Mothers*）。她的《家政管理手册》（*Household Management*）我已经有了，写得真好，所以也要看她另外的作品。"媞莎不是那种拘泥于清规戒律的人，与维多利亚时代布道士们推崇的年轻母亲模范相差甚远：

> 艾塞尔脾气很坏。她一生气，就会用"脏"字骂每个人！她会说："脏妈妈！脏爸爸！"我告诉她，这样很没规矩。而如果她还不断地说下去，我就会罚她站墙角。有一天，我罚她站墙角时，她告诉我她以后一定会做个好孩子。可我刚抱她离开墙角时，她就在我耳边说："脏妈妈！"我正是为这句话罚她的！然后她自个儿承认"艾塞尔没规矩，到墙角去"，然后便自己跑回墙角那儿重新站着了。我真是忍俊不禁。

全权负责粤海关

赫德对于包腊两周一次的"私人便函"都会认真回复，告知对方已收到，1869 年 1 月他还提到他自己的大女儿出生了。4 月，他传来消息，朝廷赏了包腊一块"功牌"，即立功奖牌。这种奖牌一般是论功行赏时颁给那些有一定官职品级的中国朝廷官员的。那年秋天，包腊计划着未来职务的各种可能。接着，1870 年 4 月，他很突然、很出人意料地被调回了广州，全权负责粤海关。这肯定是一次升迁，尽管广州的贸易量不能与上海相提并论，但其半独立的地位和两广地区历来的叛逆作风，以及在地理位置上靠近葡属澳门和英属香港，加上走私猖獗，所有因素混杂在一起，使得该口岸具有独特的政治和外交重要性。

这次的任命书用语明显不同于之前宁波浙海关的任命书，其内容是：将所有粤海关的资产转到他本人的名下，包括土地、房屋和设备；将所有缉私舰队的船只及其部署和指挥权转到赫德名下。任命书最后写道：

> 请悄悄地着手结识当地中国官吏，不要太过张扬。
> 尽你所能，查出两广总督拥有巡缉舰队的一切情况，
> 以及他在香港附近设关征税的数额。

因此，包腊及其家人再度南迁，举家迁回沙面，此时全家人口已增加了一倍。税务司官邸气派、舒适、宽敞，在难熬的热带夏季中，这里倒是可以过得凉爽些。气候虽炎热，但并未给艾塞尔和塞西尔带来不良影响，完全不像他们原来担心的那样。两个孩子茁壮成长，而且现在又迎来了一个妹妹马蓓尔（Mabel Bowra）。在他们离开此

地的两年半里，洋人社区已经显著扩大。他们的回归受到热烈的欢迎，媞莎出现在各种野餐会、晚宴、午餐会、舞会和时兴的槌球戏上，她感觉现在的广州比任何时候都令人愉快。

包腊比以前更忙碌了。事实上，他是如此全神贯注于工作，以至于在1870～1871年普法战争爆发的整个过程中，都没见他在家书中提及此事。对于任何一个普通人来说，像他这样承担大量复杂的工作肯定会不堪重负。海关的缉私船队由他全权掌控，而赫德提到的"两广总督的巡缉舰队"也同样由他管理和节制。这支巡缉舰队在"户部"[1]的把持下征收"厘金"，即地方官府向内地贸易征收的一种关税。巡缉舰队由洋人统率。这段时期他解聘了一名行为不端且屡教不改的原皇家海军上校，此人曾负责指挥一艘大型炮舰。这是包腊最不愿意履行的一项职责，但不得不做。

鸦片贸易问题有其独特性，陆上走私问题也一样，起码需要英葡双方合作，最终允许中国海关在洋人占据的领地上建立关口。处理此事，包腊得心应手，游刃有余。他现在熟悉相关政治问题的运作，又熟练地掌握了中文，再加上年富力强，使他成了一名理想的谈判高手。不久后，他不仅在两广总督与两位洋总督之间，而且在"广州将军"[2]与香港英军总司令及海军总指挥之间，都扮演着半官方的中间人的角色。对于大多数中等商行和所有的小商户而言，走私不是为了维持生计，却是维持资产的重要途径，而包腊查禁的就是走私行为，因此双方免不了激烈的对抗，谈判进展也是不可避免的缓慢。但应该公正地说，正是他在这一时期的坚持不懈，为1886年达成《香

---

[1] 洋人对粤海关的代称，因粤海关在行政系统上隶属户部。
[2] 即指驻防于当地的满蒙部队的指挥官。——原书注

港协定》(Hong Kong Convention)[1] 奠定了基础。根据该条约,中国海关在香港半岛地区的九龙和澳门离岛的对面山岛(Lappa Island)设关[2]。

在内务管理上,他雷厉风行。首先让测量师和建筑师重新设计装修粤海关大楼;再按照传统规范草拟《年度贸易报告》;然后以仁慈之心监管职员的工作和福利,但若有必要,他也会采取果断的惩罚行动。他解雇了黄埔口的副税务司,因为此人耍阴谋诡计挑战其权威,故意为一件事跟他闹意见分歧,争论不休,一直到此人被解职后风波才得以平息。

混迹于社交场合加重了他的负担,但他显然很享受觥筹交错的欢宴,享受大人物伴随其左右的感觉。将军们、舰队司令们、外交特使们和主教们聚集在他的官邸,被安排与广东官员见面交谈;他总是被找去负责更重要的接待来访要人的任务,如阿里克谢大公(Grand Duke Alexis)[3],他当时乘坐着俄国游船"斯维特兰"号(Svetland)环游世界,或者是前奥地利驻巴黎公使——哈布纳男爵(Baron Hubner)。

对于时运不济的老朋友,他会鼎力相助。1872 年,他腾出时间专门去了一趟香港,只为了看望崇厚。他们相识于天津。这位年迈的清廷大人曾经在朝廷中得宠,但现在犯了死罪,他因为未经许可而擅自从圣彼得堡返回家中这种技术上的过错被刑部判处监斩候。他真正的罪行实为跟俄国签订《里瓦几亚条约》(Treaty of Livadia),把新疆广袤的土地割让给了俄国。但由于满族旗人的强烈反对和维

---

[1]　即中英《香港鸦片贸易协定》。

[2]　应是拱北关,在对面山岛设关是根据 1887 年中葡《和好通商条约》。

[3]　全名阿里克谢·亚历山德洛维奇(Alexei Alexandrovich),俄国罗曼诺夫王朝沙皇亚历山大二世的第 4 个儿子。

多利亚女王出面干预，他捡回了一条命。

媞莎坚定地支持包腊，并表现出无可置疑的社交天分。作为女主人，她善良、能干、体贴，举止高雅，毫不矫揉造作，这一点也不妨碍她的风趣幽默和对八卦的喜爱：

> 我们这里发生了一件相当浪漫的事。吉罗福先生（包腊接任之前的税务司）昨天与一个传教士的女儿结婚了。她也算是嫁得相当不错的了，因为吉罗福先生很有钱。唯一麻烦的是，他已 49 岁，而她才 19 岁。
>
> 她父亲不同意这桩婚事，所以（鉴于她未成年）新郎便租了一艘游艇，到外海上举行婚礼，由船长为他们证婚。
>
> 他们回来后写信给她父亲，告知婚礼的整个过程。得到的回应是，父亲把她逐出家门，从此不再见面，即使昨天他们在教堂里再度举办婚礼——按照一整套宗教仪式进行，也无济于事。
>
> 没人知道她父亲为什么要反对。他虽然有个大家庭，但穷困潦倒，认识吉罗福先生也有 10 年了，而且还允许他俩在他家约会。
>
> 假如是出于宗教的理由，那他就不应该让他如此频繁地造访家里，也不应该让他把女儿带出家门。
>
> 最重要的是，那年轻姑娘一心一意地爱着他。对她来说那是多么大的改变啊！从一个几乎一穷二白的家庭来的姑娘，摇身变成一个富家太太，成为一个老人的宠儿……

1871 年夏，中国的仇外情绪增长，几乎蔓延至整个广东，但这是由一两个传教组织恣意妄为而引发的。这些传教机构遍布全省，相互竞争。他们在佛山建了一座礼拜堂，这是繁荣的珠江三角洲的一个港口城市，也是一个以排外思想严重而闻名的中心。看到礼拜堂被当地愤怒的民众拆毁后，传教士们执意要求中国官府重建。现在礼拜堂已接近完工，但难免再次被烧毁。由于包腊的中国高官身份，他与此地深受困扰的清廷官员私交甚密，每到危机时刻，他们都会来向他讨教。

[他向赫德汇报] 目前情绪非常强烈，如果两广总督不派遣一支大部队前来保护的话，那个礼拜堂难免会再次被洗劫和烧毁。毫无疑问，两广总督也认为，礼拜堂很可能在几天内就被摧毁。

民众对官吏的态度非常可怕，这令人担忧。标语四处张贴，指控他们收取贿赂，同情洋人，或者跟洋人共犯滔天大罪。

洋人则被指控犯下了滔天罪行，据说就在昨天，有一个人在十八甫投了洋药到井里，结果遭到民众袭击，当场致死。

如往常一样，两广总督首当其冲，很不幸地成为民众泄愤的对象，而由此他还要承受来自京城的压力：

在一幅广泛流传的漫画中，总督被描绘为与洋人狼狈为奸，犯下邪恶罪行的人。在另一幅漫画中，他被刻画为一条狗，偷偷溜进了一个洋人的礼拜堂，一副摇尾乞怜的样子。

包腊倒是镇定自若，并不担忧暴乱的威胁：

> 标语随处可见（我寄给你的那三四张，是我今早骑马路过时亲手撕下来的），但城里（我每天都经过这里两次）人们对待洋人的举止言谈跟过去并无两样。
>
> 目前的报纸言论比去年 7 月更有煽动性，但我觉得没有什么可怕的……
>
> 休斯（Hughes）认为住在山里不安全，但我还是想让我的家人留在那儿，尽可能避开炎热的天气。

编撰《广东史》

包腊已经进行了如此频繁而多样的活动，还能利用空闲时间来从事文字工作，这实在令人难以置信。但不管怎样，他抽出时间作了一番重大的独创研究，其推动者不是别人，正是赫德本人。赫德向各税务司发出告示，提议每人应编撰一本有关所在港口和省份的历史书籍。不难想象，这样的行政命令肯定要引发各种抗议，发牢骚的、提出辞呈的或怒不可遏的都大有人在。但对包腊来说，他很乐意接受这项任务，觉得是一种挑战。他一口气连续工作了 18 个月，终于写出了《广东史》，其中 5 章分期发表在《中国评论》（*China Review*）[1] 上，分别题为："满族的征服"、"崖山的民族丰碑"、"五代"、"苏东坡"以及"末代汉人"。

---

[1] 又名《远东释疑》，1872 年 7 月创刊于香港，1901 年 6 月停刊，是由英美人办的英文汉学评论刊物。

在撰写第 5 章时，包腊肯定是满含深情，因为它讲述了"三大忠杰"中最伟大者文天祥的生平事迹。尽管当时的皇帝荒淫无度，软弱无能，而朝廷又贪污腐败，官员彼此尔虞我诈，但他仍誓死抗击忽必烈大帝及其悍将伯颜率领的蒙古军队。包腊的文章是发散性的，包含了各种寓意深刻而用词古雅的典故，游离于维多利亚时代作家所习惯的主流叙事方法；此外，还有各种当地百姓津津乐道的民间故事。例如，在谈到海南岛原住民时，他告诉我们：

> 他们的情况几乎无人知晓。没有几个汉人会不相信这些未开化的山民都长着一两寸长的尾巴，他们会手持尖头小棍，在地上戳洞，以便他们坐下时尾巴舒服些！[1]

但就在故事的结尾，包腊还是流露出他对汉族百姓的真实情感。文天祥被蒙军俘虏，在他拘囚期间，幼主被杀，太后自尽，其他忠臣在漂洋过海时失踪，只剩他一人。但这些年间，他不仅赢得脾气暴躁的伯颜的尊敬，还赢得了忽必烈大帝的敬重。如果他向忽必烈俯首称臣，大可获得高官厚禄。但他拒绝了，而只要他活着，就一定会对蒙古人的统治产生威胁，因此他被告知，摆在他面前的只有死路一条。

---

[1] 此处完全没有指责今天的中国人容易上当受骗的意思。在 1937～1945 年中日战争的高潮时期，一位年迈的将军向作者透露了他的秘密战略。"众所周知，"他说，"日本人没有膝关节，因此他们倒下后很难站立起来。我就让部队前排士兵手握长竿，用来捅敌人双腿，使他们失去平衡而摔倒，然后就能够很轻松地消灭他们。"另一方面，香港的冒险家曾到过新界的"六趾村"附近射猎鹬鸟，他们很少人会轻易怀疑中国人这种关于畸形人的传说。——原书注

文天祥说:"吾事已毕,心无作矣。"他面带笑容走向刑场,向着南方多次跪拜[1],然后从容就义。

他死后,忽必烈派了一位高官前去祭拜他,并在行刑处为他立碑建祠。祭祀仪式就在石碑前隆重举行,碑文讴歌了他的坚贞不屈,还在其家乡赐他一谥号。

但即便他死了,他的灵魂也不能接受蒙古人的赐封。一场暴风突起,将石碑卷入空中。祭祀官立刻下令篆刻另一块碑铭,纪念他为大宋臣民。忽必烈赐予的那个"遭天谴"的谥号被取消,愤怒的灵魂这才得到安抚,暴风也平息了。

我们往往讥笑中国人的爱国主义,但他们的历史记载表明⋯⋯国破家亡而忠贞不渝的事迹比比皆是,无一国家能出其右。

包腊对待枯燥无味的学术研究,与对待古代传说中的浪漫人物一样,都兴趣盎然。在他创作了"三大忠杰"作品的同一年,他为卢公明(Justus Doolittle)[2] 的《英华萃林韵府》(*Vocabulary of Chinese Language*)编撰了《植物学之中文和拉丁文译名索引》。植物学一直以来都是包腊的爱好,而薄乃德(Emil Bretschneider)[3] 在其作品《欧洲人在中国的植物发现史》(*History of European Botanical Discoveries in China*)中,尊敬地提到了包腊作出的 3 个贡献:他编著的《年度贸易报告》1868 年和 1869 年两期都把"植物产品,尤其是麻醉药品列为最值得关注的"宁波出口产品;他为南思大医官(**Dr.**

---

[1]　即指朝着崖山和大宋皇帝陵墓方向。——原书注

[2]　19 世纪美国公理会在中国福州的传教士,著名汉学家。

[3]　又名贝勒或勒士余得,1866～1883 年出任俄国驻京公使馆医官,著名汉学家。

　　　　　　　龙廷洋大臣:海关税务司包腊父子与近代中国(1863～1923)

Nance）取得了一些植物活标本，以制造当时流行的春药，后来植物被命名为"马兜铃属"（Aristolochia recurvilabra）；他还为大医官找到一个物种的植物活体，即土茯苓，早已为人们知晓的"中国根"。

在这段幸福美满的日子里，只有两朵阴云笼罩着这对年轻夫妻，就是他们的健康问题和包腊天生的莫名其妙的不满情绪。

媞莎开始感受到夏娃的诅咒。事实上，她的 3 个孩子已安然度过了整整 4 年，按维多利亚时代的标准来衡量，时间也不算短了。但她最后一次分娩时大出血，且血流不止，使得医生惊慌失措，而可怜的包腊则"从来没有这么害怕过"。广州的夏天也许是中国任何一地都少有的痛苦季节，打理一个经常受到官方客人打扰的大家庭也让她消耗了不少体力和精力。

如果有孩子生活在热带，他们的母亲一定会被她这时期写的家信所打动，并产生共鸣：

> 亲爱的包腊认为我有时对艾塞尔不够耐心，但他忘记了他每天和她见面不足两个小时；当温度达到华氏 100 度，而且晚上又不能入眠，感觉筋疲力尽的时候，每件事情都是那么折磨人，这时你就能够理解我为什么不耐烦，可她还在调皮捣蛋。这种天气真容易叫人上火。

包腊自身的痼疾更为严重。他的身体尽管内在没有问题，但一直不是很健硕，而他在工作或者玩乐时的动力和热情却无穷无尽。用航海的术语来说，他是"船体过宽而马力不足"。他抵达广州不久，便在白云山租借了一间废弃的寺庙来安顿家人，以度过炎炎夏日。他后来每周末都步行上下班，工作日偶尔也会到那儿过一夜，在大热天进行剧烈运动实在荒唐。他还迷上了体操，比如在寺庙的院子里玩吊环，他摆动上环，直角悬垂，与地面形成平行姿态。有一次，他在练此动作时不慎摔下来，跌得不省人事。

不管这是不是他不断抱怨的原因，可以肯定的是，不久之后，在他的书信和日记里开始说到了"身体不适"的情况。医官们拿捏不定，依次归咎于他的肠胃、肝脏和肾脏等问题，但就是没有人怀疑他可能是心力衰竭，而不祥的病征与日俱增。

他精神上的忧虑更难让人理解。1872 年 2 月，他收到公文，通知他正式升任副税务司一职。对此晋升，他不但没有感恩戴德，反而大吐苦水。他写了一封冗长而牢骚满篇的信函给总税务司，首先抱怨的是，他既然已担任代理税务司那么多年了，就应该直接任命为更高级别的职务；其次是，在海关比他级别低的人（但他们的年纪一点也不比他小）都已爬到他头上了。

他应该完全清楚赫德所处位置的微妙。作为一位名副其实的"国际官厅"大总管，赫德管理着来自 18 个国家的洋员，这些洋员相互间还勾心斗角。他也应该明白，晋升和任命都要从政治和外交角度来仔细斟酌，以免引发怨恨和猜忌。因此，他此时的行为举止是不可原谅的。

但幸运的是，他的顶头上司不愧是个宽宏大量的人物。在以后的 8 个月里，他并没有计较包腊的抱怨。不久后，赫德同时寄来两份公文，一是晋升他为正职的税务司，二是任命他为即将举办的维也纳世界博览会中国展的参展总负责。任命书的最后一段肯定会对包腊这种心理敏感的人产生安抚作用：

> 我十分高兴能在权限内认可你处理公务的卓越能力，也非常赞赏你具有的多种优秀品质。这些品质使你作出了宝贵的贡献。

第 14 章

赛奇会：出征维也纳博览会

　　1920 年夏的一天清晨，两个年轻人带着钢丝刷和美工刀，趁着曙光初现悄悄溜进了肯辛顿公园（Kensington Garden），爬上阿尔伯特纪念碑（Albert Memorial）的底座。雕像的大腿上很威严地摆着一本书，年轻人抹掉书表面厚厚的尘垢，发现封面雕刻的正是一幅水晶宫的部分正面画像，由此他们心满意足地证实了一个流传已久的说法：那本书是 1851 年"大博览会"的目录册。在那遥远的年代，形容词"维多利亚的"是一种含有奚落和蔑视意思的字眼，而当年还是大学生的我们，常常一大早耍着无数这样低劣而幼稚的把戏，然后回家吃早餐。

阿尔伯特亲王与"大博览会"

博览会历史悠久，源于亚哈随鲁王（King Ahasuerus）[1]登基第三年时举办的一次盛大宴会，以此"炫耀其王国的辉煌与富庶，并展现其英明统治时代的荣耀……"。筵席至少持续了 6 个月 [2]，取得了巨大的成功。这在某种程度上归因于当地制定的合理律例。我们可以读到这些内容："喝酒有例，不得勉强他人，国王吩咐宫里的一切臣宰，准各随己意。"[3]但后来由于发生了瓦实提王后（Queen Vashti）"女人违命"的事，导致社会秩序出现混乱，人民争吵不休，对威权造成威胁，似乎留下了后患。后来再也没听说过举办如此规模的盛会，一直持续到中世纪，才重新出现类似的盛会。但当时举办的展览会，也局限于主办国家的特色，只陈列艺术品、手工艺品和该国独有的产品。

"大博览会"最早成为名副其实的"国际"盛会完全归功于阿尔伯特亲王。他的这个创意是在"艺术学会"的一次会议上谨慎地提出来的。当时，他不管委员会是否同意，将想法提交到董事会，然后顶着顽固而激烈的反对意见，不声不响、不知疲倦地推动实施。保守派由上院的布鲁厄姆（Brougham）和下院的斯布索普上校（Colonel Sibthorpe）挑头，在《泰晤士报》上以令人难以容忍的倨傲腔调，抨击将博览会会址设于海德公园的设想：

> 无论你乘马车到哪里，无论你进入哪间会客厅，无论你在泰晤士河渡船上，还是在肯辛顿公共马车上，遇到

---

[1] 也称薛西斯一世，阿契美尼德王朝的第三代国王，公元前 485～前 465 年统治波斯帝国。

[2] 准确地说，是"一百八十天"。——原书注

[3] 引自《以斯帖记》第十章，第 3～8 页。——原书注

陌生人交谈时，你都会感觉到四周不断增长的怒气，因为有人试图污染我们美丽的公园。[1]

　　亲王以其尊严、坚毅和幽默容忍了这些攻击，只有一次是不得已而回击的，即普鲁士国王致信称，鉴于存在严重的危险，他已宣布严禁其王室成员参观博览会。对此，阿尔伯特亲王的回信是这样结尾的：

> 　　数学家估计水晶宫将被第一场大风吹倒；工程师认为画廊将会坍塌，砸死游客；政治经济学家预言，因大批游客涌入，伦敦将出现食物匮乏；医生说，如此多的民族聚在一起，十字军东征后发生的那场中世纪黑死病将重现；伦理学家声称，英国将遭受文明与野蛮世界带来的各种冲击；神学家扬言，这第二座巴比伦通天塔将因惹怒上帝而招致报复。
> 　　我不能保证这些危险不会发生，我也无法为可能会威胁到您皇亲国戚的生命安全承担任何责任。

　　这次首创的博览会最终在艺术、商业和外交方面都获得了公认的成功。为此，阿尔伯特得到了回报，他获得了"王夫"（Prince-Consort）的尊号，虽然这是6年后的事，但他当时确实树立了一个榜样，使其他所有国家都群起效尤，争办博览会，因而19世纪后半叶可谓"世博会的时代"。

　　在以后的几十年间，博览会分别在纽约、都柏林、墨尔本和慕尼

---

[1] 引自肯尼斯·乐克赫斯特（Kenneth Luckhurst）著的《博览会史话》（*The Story of Exhibitions*）。——原书注

黑举办。但第一个能够与"大博览会"相媲美，甚至在规模上超越它的，是 1867 年巴黎举办的世博会。对于那次世博会的准备情况，包腊仍记忆犹新。那天，他们实在是疲惫不堪。一行人拖着沉重的步伐，围绕尚未完工的建筑群走了一圈，在雷赛布先生的指点下查看整体规划图，这激起斌椿对巴黎人的反感。其实包腊心里从未责怪过斌大人，他还记得一位使团成员表示"大炮陈列过多"，后来发生的事情具有某种讽刺意义，正是这些作为克虏伯公司核心展品的重型武器在三年后击溃了巴黎，使之俯首称臣。

万国博览会

维也纳世博会进入包腊的视野是 1870 年，当时在奥匈帝国公使的请求下，中国政府下令，凡参加世博会的展品均可免除出口关税。包腊一直密切关注此事进展。当时，商人和厂家们对此都漠不关心，以至于政府要求海关总税务司来负责收集和处理展品一事，这也在他的预料之中。然而，对他的任命却完全出乎他的意料，令他满心欢喜。

包腊已经被准予在广州离职休假，以便在余下的冬季时间里集选展品。于是他像往常一样，全身心投入到这项任务中。他交代完工作后便向两广总督、粤海关监督和广州将军告辞，随后参加了俱乐部告别晚宴和一次有 83 位女士、先生参加的欢送野餐会，变卖了大部分藏书，然后同媞莎一道乘船前往香港和其他通商口岸。这些口岸现有 14 个，到 1 月初返回广州前，他已设法走访了 11 个。他行色匆匆，沿海岸北行到上海，然后沿长江逆流而上至汉口，再一个一个城市地原路返回，目的就是鉴定其早先走访的成果。

他一路上得到了最大程度的配合，唯有曾经任职的宁波港让他感到意外——在那里收集到的展品"很糟糕，且没有代表性"。他自作主张，增加了选送物品种类，如家具、珠宝、银器、瓷釉器皿和漆器，还有帽盒、宁波塔（义塔）模型，以及诸如动物脂油、虫蜡、靛青的原材料和"酷刑器具"——此类物品会让我们今天敏感的肠胃受不了。

他的人气使他得以从朋友处获得慷慨的帮助。他绕道位于美丽湖边的杭州城，受到上海胡道台（Hu Tao-tai）的款待。胡道台为他安排了以"阿拉伯之夜"（Arabian Nights）为主题的时装晚宴，将产自意大利的"富有奇异特色"的锡釉陶器借给他，还借给他代表"极具中国特色而西洋工匠一直梦寐以求的艺术"——景泰蓝产品。德高望重的副主教格雷（Archedeacon Gray）把他独一无二的古代瓷器收藏品托付给他。九江海关税务司的葛显礼先生（Henry C. J. Kopsche）[1] 交给他一整套产自江西的现代陶瓷收藏，其中包括一些特别引人注目的淑女头枕。郇和（Robert Swinhoe）[2] 也准许包腊带上他从海南岛搜集来的动物标本。镇压太平军的老兵库克上校则贡献了他从太平天国诸王宫里抢来的家具。当包腊再次踏足广州沙面时，他对这些收集来的选品深感满意。

欢送宴会现在又重新开始了，但主要是以演讲的形式举行，内班关员、外班关员、中国关员和广州洋人社区的代表纷纷发表讲话。内班官员送他一个银杯，上面刻有一行拉丁文字："谨以此友谊之象征献给杰出的著名人士包腊"，后面签有他们 6 个人的名字；外班关

---

[1]　葛显礼于 1862 年起在中国海关任职，1868 年后曾在镇江、台南、上海、牛庄、九江、北海、宁波、淡水等地担任过海关税务司，1891 ~ 1897 年间出任海关总税务司署造册处税务司。1896 年出任海关造册处税务司兼邮政总办，成为清朝首任邮政总办。

[2]　英国外交官，博物学家，1854 年进入英国外交部，被派往中国任驻厦门领事馆翻译，1860 年后先后出任英国驻厦门、宁波和烟台等地领事。他在任内调查了中国南方和台湾地区的自然生态，成为中国鸟类学研究的专家。

员由赫赫有名的总巡鲍朗（Thomas Marsh Brown）领衔，他跟海盗和走私犯搏斗的次数不胜枚举，身体上留下的子弹伤痕比骨头还多。洋人社区"欣然地赞赏你在诚实、积极、尽责地为中国政府服务的过程中，依然没有忘记你代表着一个更高层次的文明"。但愿这样的文字没有落到他那些中国朋友的手里。当地华员做了三十节的诗文称赞他，翻译几行足以见证：

> 山顶鹃花正当艳，
> 时轮在握乘势转。
> 岸边柳枝吐新绿，
> 相送之情诉不完。
> 高风亮节稀世宝，
> 智慧超群更比金。
> 秉公办事多随和，
> 公道自在人心中。
> ……
> 离别之苦难言表，
> 微不足道似枯草，
> 绵绵之语表寸心。

　　在香港还有最后一轮宴会。随后，他们在 2 月 20 日登上大英轮船公司的"澳大利亚"号（Australia）驶向苏伊士。包腊终于可以静下心来罗列展品清单，并根据四大类目进行分类：进口物品、出口物品、沿海贸易商品以及土特产。这是一项重大的任务，其重要程度可以根据《1873 年维也纳世界博览会之官方目录册》来衡量。在这部目录册里，最后有 16 页是专门介绍突尼斯、波斯、暹罗、中国、日本和夏威夷的展品，其中关于中国的部分就占了 8 页，其展品后来仅按三部分陈列，总共分为 62 组。

此次展览重点是要突出商业特色，而不是文化特色。因此，他的最终报告题为《适销于英国市场的中国产品》，题目确实简单明了，但在某种程度上容易让人误解，而每页的内容介绍也会使人对稀奇古怪的生活方式浮想联翩，例如：

第一部分：进口产品，不含欧美产品
第 2 组：农业、园艺及林业
子类（e）：原生态动物产品
印度牛黄[1]
象骨
象牙（碎块）
象牙（完整）
象皮
犀牛角
翠鸟羽毛
龟壳
日本木蜡

在出口产品的类目下，很有意思的是，"斑蝥"（Cantharides）[2]

---

[1] 根据《牛津英语大词典》，是指在反刍动物胃或肠道里的结石或浓缩物。——原书注
[2] 通常称"西班牙苍蝇"，是一种与犀牛角功效相似（见上面）的催情药，据说其功效非常神奇。——原书注

成为化工子类目的标题，包括了麝香、香烛、薄荷油、烟花炮竹、绿矾和五倍子。茶叶有十几种，其中红茶有功夫茶、小种茶、乌龙茶、橙香白毫、熏香珠兰茶以及包种茶；绿茶有雨茶、熙春茶、皮茶、屯溪茶、贡茶和绿珠茶。纸扇也分五等。显然，最后一个子类目"乐器"是包腊最不感兴趣的，可能是因为斌椿吹奏的笛声给他留下了痛苦的记忆，因此他只列入了一种物品——鼓。

在沿海贸易商品的类目下，他选入了共 26 种中国土药方，对此他相当乐观地形容说，这些药方将会"令科学观察家们心生好奇，充满兴趣"。以下是典型选方：

> 牛膝，内服，"据说可乌发，且对难产有功效，消痈疽恶疮"。
>
> 贝母，"用于清热散结，还治乳痈和化痰"。
>
> 蜈蚣，或称百足虫，"医师认为可以排毒治疮疡。焙干，与米酒调匀服下，据说有清肠虫之奇效"。
>
> 赤蛇，一种小蛇，多见于沿海省份。"医师认为，据其喜欢栖息在洞穴和石缝中的特性，与药配制，其功效可达多数脏腑。"

在土特产方面，他终于写到了美术类。鉴于这部分主要由 4 件借来的私人藏品组成，且均已编入目录，因此他没什么可写的。但他还是增加了第 5 件物品，即他自己收藏的木雕作品。前几年他就把它寄回家了，所以他写信给母亲，请她包装好后寄到维也纳。为表达对中国商人、厂家和工匠（而不是保守和愚昧的官僚阶层）应有的敬意，他特地插入这么一段话："他们具有敏锐的眼光，实事求是，只要是有利可图，他们一点都不反对变革。他们富于理性，不拘泥于阶层偏见，没有不能容忍的宗教偏好。"

漫长的海上旅程平安无事，但包腊的健康状况却每况愈下，连续几次心脏病发作。大英轮船上的医生像广州的医生一样，对此症状大惑不解。他们于3月26日抵达亚历山大港，4月4日到布林迪西（Brindisi），9日至的里雅斯特（Trieste），次日到达维也纳，只停留了一晚。拜见了世博会主办官员后，包腊便携家带口，继续前往英国。在后来的两周时间里，他安排3个孩子跟祖父母住一起，自己四处看房，准备休假。他的探亲假期将从世博会11月结束时开始。他与老朋友会面，以典型的爱德华七世时代的会友方式——在林肯律师学院（Lincoln's Inn）出席晚餐会，他的名字刚被列入林肯律师学院的名册里。26日，他返回维也纳，还有整整4天时间，可以为5月1日开幕式布置好"中国展馆"。

中国展馆首次亮相

1873年的维也纳世博会有一个雄心勃勃的计划，从其冠名"全球的"[1]而非人们熟悉的、谦逊一点的叫法"国际的"可见一斑，奥匈帝国立志要把这次世博会办得远胜于1851年伦敦世界博览会和1867年巴黎世博会。但其实它有另外一个更急切的动机，尽管这没什么人提及，也没有公开讨论过，那就是要恢复奥匈帝国及其首都已黯淡无光的声誉。维也纳历经多次厄运，遭受沉重打击：1859年和1866年的军事惨败、割让伦巴第和威尼西亚两地、奥地利被排除出德意志邦联，以及匈牙利恢复宪政。曾经荷包丰满、踏遍世界的寻欢者不再蜂拥聚集在大都市，而沦为居家过日子的平头百姓；当

---

[1] 德文原文是"1873年维也纳全球展览会"。——原书注

地许多贵族则闭门谢客，隐居于小一点的省会或他们的乡村庄园。维也纳的庄严、喜庆和辉煌在过去 14 年间逐渐式微，而世博会看来是扭转颓势的一种手段。

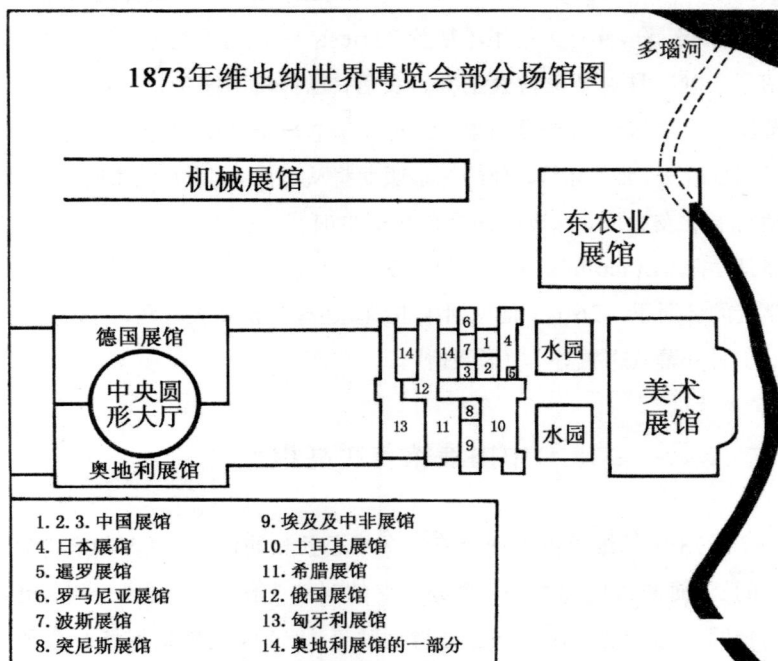

1873年维也纳世界博览会部分场馆图

多瑙河

机械展馆

东农业展馆

德国展馆

中央圆形大厅

奥地利展馆

水园

水园

美术展馆

6
7 1
3 2
14 14 4
5

12

13 11 8
9 10
9

1.2.3. 中国展馆　　9. 埃及及中非展馆
4. 日本展馆　　　　10. 土耳其展馆
5. 暹罗展馆　　　　11. 希腊展馆
6. 罗马尼亚展馆　　12. 俄国展馆
7. 波斯展馆　　　　13. 匈牙利展馆
8. 突尼斯展馆　　　14. 奥地利展馆的一部分

中央政府和地方当局都全力以赴，充分发挥他们的自然优势。就会址而言，他们选择了普拉特[1]，这里地处多瑙河和支流运河之间，两岸绿树成荫，风光迤逦。他们圈出 3 倍于巴黎世博会的场地，建筑面积几乎大 1 倍，开支预算高将近 2 倍。展会的重点特别强调维

---

[1] 更准确地说是"香肠游乐园"（Sausage Prater），是维也纳普罗大众喜爱的乐园。——原书注

也纳的世界级都市特色，及其在东西方之间的中心地位。因此，主建筑群被设计为一个巨大的圆形大厅，紧邻大厅的两侧分别是奥地利展馆和德国展馆，而其他国家则尽可能依照各自在默卡托[1]"世界投影图"中所处的地理位置来进行分组，故包腊在最东端找到了中国展区。这是一块特别的地盘，靠近多瑙河一条运河式的支流旁。一边是日本展馆和暹罗展馆，另一边是罗马尼亚展馆和波斯展馆，南边是土耳其展馆。

四位助手已在等候他，他们都是英国人[2]，单身汉，其中还包括那个过于成熟、严肃又沉静的原海军见习军官葛德立。他曾经是包腊在北京时的饭友。中国的皇帝觉得派任何一个臣民来代表其帝国均不妥，这或许可以归结为两个原因：要么是对包腊及其助手的完全信任，要么就是对这件事情根本不屑一顾，极可能是后面的原因。经过五天五夜的疯狂准备，等到了开幕式那天，中国展馆尽管并未完全就绪，但至少走在了几个邻国的展馆之前。

这次世博会多灾多难。这年的春季风雨比以往都多，当然平时也经常刮风下雨。维也纳的旅馆不足，旅馆老板和马车夫坐地起价，并且拒不降价，这实在令人遗憾。管理部门因各方的干扰而无法按时间表举行博览会，还多此一举地安排英国展馆和美国展馆共用一个出入口，并共享部分展区，由此引起两个英语大国间的争吵，闹得不可开交。结果，由于英国更胜一筹，因此开幕式那天，美国展品只展出了一张牙医用椅。最后，一种令人耳目一新的现代新花样出现了，那就是持续不断、令人头疼的罢展和罢赛。

---

[1] 神圣罗马帝国时代的地理学家和制图师，1569 年制作出最早的世界投影图。

[2] 他们分别是德璀琳（Gustav von Detring）、杜德维（Edward B. Drew）、汉南（Charles Hannen）、葛德立，均为中国海关口税务司，组成"帝国海关委员会"，全权办理参展事宜。此处作者信息有误，德璀琳是德国人，杜德维是美国人。

所有这一切都被《泰晤士报》充分地报道出来。他们以一种假装谦卑的论调在专栏中说，"我们渴望以尽可能开放的心态来祝贺展会，这倒不是因为博览会本身让我们产生热情……"这是典型的社论话语。4月29日，他们的特派记者从维也纳发回电报，称"开幕式将告失败，会令人失望"。

但世博会既没有失败，也没有令人失望。那天天气潮湿寒冷，混乱状况比想象的更加严重。不过威尔士亲王爱德华出席了盛会，德克亲王亚瑟（Prince Arthur of Teck）和德国皇储，还有欧洲小国的王室成员也悉数到场。不管博览会缺什么，五颜六色、款式多样的制服弥补了一切：

> 奥地利人身穿红白色制服；轻骑兵和枪骑士穿缀有金色条纹的制服；普鲁士人穿蓝色制服，戴尖顶皮帽；英国郡治安长官助理的服饰鲜红明亮，英国轻骑炮兵跟其他外国人一样穿自己的制服。
>
> 但最蔚为壮观的要数匈牙利上院议员，他们的打扮是那种中世纪半野蛮人的华贵模样——头戴毛皮帽，上插羽毛，固定在格拉夫钻石上；身穿黑色、淡紫色和紫罗兰色的披风，以厚皮毛褶边，从肩膀上甩于背后；上衣束腰，剪裁各式各样，色彩斑斓，从鲜艳的橙色和大红色到珠宝熠熠生辉的阴沉黑色。其中一人是一副年迈高卢人的装束，穿着斯图亚特格子裙，头戴饰有老鹰羽毛的软帽；我相信，他从苏格兰斯图亚特王朝那里追溯到了自己的祖先。

包腊穿戴朴素，头顶高礼帽，身穿晨礼服和条纹西裤，脸上长着浓密的棕色络腮胡，遮挡了硬翻领和领结。他看着这种有些滑稽

龙廷洋大臣：海关税务司包腊父子与近代中国（1863～1923）

的匈牙利人风采，心中充满敬意，因为他了解他们在战斗中的价值。也许，他的思绪又回到了14年前战火纷飞的卡普亚，就是这些贵族的卑贱同胞在炮攻要塞中从战马上摔下来，而他当时还是个白面少年，"身穿镶边和挂交叉皮带的笔挺军服"，努力指挥他们改变阵形，躲避炮火。但包腊通常想的都是手头上的工作。各项程序拉拉杂杂地持续着，人们相互道贺，发表演讲。在这个冗长的过程中，他很可能一直惦记着尚未竣工的中国展馆。也许他还会发现媞莎穿着新买的时尚服装，显得格外漂亮。

维也纳市长向奥匈皇帝致辞，开幕式达到高潮：

> 上帝保佑的、上帝守护的、上帝恩赐的皇帝陛下，
> 我们的弗兰茨·约瑟夫皇帝，
> 万岁！万岁！万岁！
> 然后——《泰晤士报》称——众人也高喊"万岁"！"万岁"！几乎像英国人欢呼时那样沸腾起来。

随后，他们继续布置中国展馆，又忙碌了一周，力求尽善尽美。即便如此，还是没能得到《泰晤士报》的好评。报刊的特派记者在对日本展馆进行一番夸耀之后写道："在对面的天朝大国，尽管包装箱上的装饰和彩色题字让人对未来的展览充满期待，但现在看来仍不明朗。"不过，包腊想的是另一桩更要紧的事。真正的盛会既然已经开始，他需要一处更适合他身份的住所。于是他考虑搬家，从维也纳的瓦灵格斯特劳斯区一间简陋的客房，搬到了绍腾镇内的奥地利大酒店套房。

维也纳人以其城市在节庆活动和良好品位方面的名声为傲。因此，它与其他欧洲国家之间激烈竞争，相互攀比，举办的娱乐活动也

越来越豪华,对于媞莎这个社交经验仅限于中国沿海通商口岸的妇女来说,参加这样奢华的社交活动,实在是难以应付。再者,包腊是唯一一位已婚的税务司,因此媞莎没有其他女性朋友可以求助。但她尽其所能,从容不迫,处之泰然。5 月 13 日,她写信给婆婆:

> 昨晚,我们在乔治男爵(Baron Georges)的官邸参加了喜庆的招待会,他是皇帝的枢密顾问。他的夫人和女儿们都十分亲切,我们被引荐给几位男爵、伯爵和伯爵夫人,不过我记不清他们的名字了。
>
> 我成为人们好奇的对象,首先因为我在中国住了 6 年,其次因为我有 3 个孩子。他们觉得我看起来很年轻。这真是太过奖了,您说是不是?
>
> 我们一起跳舞,而这里有个很奇怪的习俗,主持人会不时地宣布,请女士们选换舞伴。包腊发现,那些最年轻貌美的女孩总会挑选他,他非常得意。当然,那说明了她们很有眼光。

包腊对妻子宠爱有加,见妻子在社交场合中得心应手,光彩夺目,他心中自然也是乐滋滋的,所以他应该可以好好放松一回了。然而,他还是像被不安分的臭虫咬过一样,整日奔波忙碌。他抓紧时间赶回英国,比之前更加频繁地到林肯会馆聚餐,继续寻找度假住房。但他必须在一个月内返回维也纳,准备迎接波斯皇帝的到来。

与此同时,世博会中遇到的难题似乎解决无望。一个令人苦恼的原因就是入场券昂贵,星期一到星期六的票价被定为 2 先令,星期天半价——在当时来讲,价格实在不菲。结果是,维也纳人干脆对世博会置若罔闻,平均入场人次只有预计中的百分之一多一点。

他们反正可以在这个美丽的城市中漫步，或畅游周边怡人的青山绿水。5月初，一个维也纳股票经纪商破产，导致一系列曾经暴富的金融帝国接二连三地崩溃，股票交易所关闭48小时，随后一连十天，这些充斥着奥地利所有报纸头版头条的新闻将世博会挤了出去。7月，霍乱爆发，这种传染病在当时的中欧地区算不上很严重，但有一段时间每天都会死10个人，这就不由得令人提心吊胆起来。外国人纷纷外逃，甚至有人建议波斯皇帝取消访问。

1873年，媞莎与包腊在维也纳。

那位国君的到来为维也纳带来了些许安慰。在前3个月里，他访问了圣彼得堡、柏林、布鲁塞尔、伦敦、巴黎、都灵和热那亚，结果导致他得了一种严重的、可以称之为"斌椿症状"的病，即精神厌恶、情绪暴躁、身体疲乏的综合征。他显然只考虑自己的便利，拒绝宣布确切的到访时间，或者只在头一天同意次日的计划，这令奥地利当局总是提心吊胆，忐忑不安。

维也纳人我行我素，沉浸在自己的欢庆气氛中。结果，预期出现的欢迎人群并未出现。在波斯皇帝驱车前往世博会的路上，围观者寥寥无几，根本无法形成一列队伍。他在马车上困难地鞠着躬，"可能是钻石臂章的缘故，外套肯定被搞得如同胸铠一样坚硬"。他的大维齐尔（Grand Vizier）[1] 则危险地坐在车厢篷顶上，人们以哄笑声迎接他，但并无恶意。跟在马车之后步行的人议论纷纷，可以听到有的说"他们的样子比带来的猴子好看不到哪儿去"，也有的说"多么冷酷的一张脸啊，他肯定什么事都做得出来"。波斯皇帝大部分时间都在东区参观，两次返回日本展馆去观看日本展品，中国展馆显然没有给他留下印象。之后，可怜的包腊乘上了开往伦敦的火车，感到此次十天之行算是白折腾了一场。

他最终在东格林斯特德城（East Grinstead）[2]的一所小房子里安顿下来，过了一段优哉游哉的生活。他在这个临时住所里接待了来自远东的朋友，夏季来临之时，就到郊外打猎。他的健康状况让身边的人感到焦虑，也难倒了医生。8月底，他计划购买保险并最终被核准获得"一等人寿险"，这着实让他吃惊。

10月初，他和媞莎最后一次返回维也纳。17日，他引领德国皇帝参观中国展馆。这次参观完全不同于波斯皇帝那次的冷落景象。

---

[1] 波斯国的首相。

[2] 位于英国中苏塞克斯和西苏塞克斯交界处，距离伦敦43公里。

此时，人头攒动，熙熙攘攘。俾斯麦出现时，掌声雷动。人们非常清楚，正是由于他，使得 7 年前的维也纳避免了被普鲁士军事占领的命运；而今天，他又为他们带来盛况空前的一幕，堪称整个世博会动人之最。翌日晚，大剧院举行盛大演出。之后，中国的税务司们举办了一场音乐招待会，超过 1400 名宾客出席，包括：

> 所有奥匈帝国的皇室成员（除了皇帝本人，他要参加帝国国会的会议）、摩德纳大公、托斯卡纳大公、德克亲王、剑桥的玛丽公主、霍亨索伦公主、克拉姆－葛拉斯伯爵夫人、安德拉西伯爵夫人。外交使团成员包括俄国、法国、德国、意大利、西班牙、土耳其、希腊、保加利亚和其他国家的公使；奥匈帝国内阁大臣包括奥尔施佩格亲王、波尔特海姆男爵、普雷提斯·加诺多男爵和德查兰麦基爵士；本尼德克将军和加里拿将军；所有在维也纳的外国社会名流以及从奥地利上层社会 1 万人中挑选出来的贵宾。

看来招待会获得了巨大成功，因为：

> 奥匈帝国和皇室贵宾都坚持到终场，表现了他们对节目的欣赏；大公和玛丽公主，还有其他皇室成员都端坐其位，直到施特劳斯管弦乐队演奏完最后一首华尔兹的最后一个音符。这并非虚假的恭维，人们何尝不知道，维也纳社交活动通常都比较早开始，而这场表演直到 10 点才开始，而最后一首曲子是将近凌晨 1 点时才演奏的。
> 精选的音乐由大剧院乐队和著名的约翰·施特劳斯管弦乐队演奏，施特劳斯大师指挥上半场，帝国大剧院总监

赫尔贝克先生（Herr Herbeck）[1] 则指挥下半场。维也纳歌剧院所有明星都登台亮相，当地的报纸一致评价说，这是当年在这里听到过的最好的声乐和管乐表演。

1873 年，包腊与包媞莎，摄于维也纳。

鉴于整个招待会出自 5 个年轻人之手，而他们的整个成年阶段是在远东度过的，除包腊外，其他人都未经历过不同国家的上流社交活动，因此这次成功当然令人侧目。媞莎以那种一向高贵自信的方式接待宾客，迎来送往。她可能的确以其丈夫为荣，但她也是一个明白事理、脚踏实地的女性，所以，她也许会想到，无论他的事业前景多么光明，她都不太可能再主持这样规模盛大的聚会了。

---

[1] 全名纳翰·里特尔·冯·赫尔贝克（Johann Ritter von Herbeck，1831 ~ 1877），自学成才的奥地利音乐家，1865 年指挥首演了舒伯特的《未完成交响曲》（*One Ok Rock*），一举成名。

在此之后，无论是什么事情，其本质上都是在走下坡路了。中国展馆迎来了玛丽公主和英国大使的参观，汉诺威王储和德克亲王也光临展馆。公主非常赞赏媤莎收藏的中国纸扇，以致媤莎不得不把这些纸扇献给她，这真是一件可悲的事情。中国税务司们在英国大使馆受到宴请，而在 11 月 5 日，包腊从奥匈皇帝本人的手中接过了铁王冠荣誉勋章，他的伙伴们则从嘉理治男爵（Baron Calice）那里获得了弗兰茨·约瑟夫荣誉勋章。

　　11 月 3 日，世博会闭幕，《泰晤士报》刊登了一篇论调悲哀的长文予以庆贺。该文对省略告别仪式表示赞同，质问："除了个别国家外，所有和世博会有联系的国家什么都没感受到，只有失望，那又有什么理由可以相互道喜呢？"然而，就在前两天，一个颇具盛名的专栏用了半个篇幅来谈论中国展馆，专门探究中国同意参加世博会的重大意义，但没有描述任何展品，也没有提及包腊本人。他们花了三周时间，将那些珍贵的展品进行拆解、装箱和发送，工作枯燥而乏味。在整个监督过程中，包腊也许可以感觉到，虽然这次参展在总体上失败了，但他个人却获得了极大的成功。

第 15 章

1874 年：英年早逝的悲剧

18 个月的探亲假应该延续到 1875 年的春天，但对包腊来说，休假已经到头了。在过去 10 年里，除了海上往返的漫长旅程外，他一直开足马力、全身心投入工作，不带喘息。他也许曾经考虑过把生活过得轻松一些，但看来他还是闲不住。如今，他又立刻投入到一项为整个中国海关关员制定养老金计划的重大任务中。他再次毫无理由地担忧自己在海关的前程，担心被调往九江那个他特别不喜欢的港口城市。于是，他开始给赫德写信，满腹牢骚。那位脾气温和的总税务司逐渐被激怒了，送来的回复是出人意料的严厉斥责。

灾难性误诊

自己的身体健康不佳，一旦出问题家庭的未来该怎么办，这才是包腊如此焦虑的关键所在。更糟糕的是，他得知在中国攒下的大笔储蓄已经被挥霍了不少。这其中有投资失策的原因，但也有交友不慎的因素。他借款给两个损友，这两人一个后来破产了，另一个人间蒸发了。他再次四处求医，但全科医生和专科医生再次误诊，并最终造成灾难性的后果。他们确诊包腊患的是肝脏疾病，因此嘱咐这个精神高度紧张、体力过于充沛的好动病人要加强锻炼，而他又一丝不苟，谨遵医嘱。

包腊开始骑马猎狐，也参加围猎。他买了一辆轻快的四轮马车，带着媞莎兜风游玩。他还打草地网球，此项运动前一年才刚刚诞生，并且迅速得到大众青睐，可其名字"斯菲尔里斯特易奇"（Sphairistrike）[1] 却十分绕口，很不接地气。当英国天气不再适合户外活动时，他便改成打台球，或者在制定完海关养老金计划之后，着手写一篇关于鸦片问题的论文。这些活动已经不算少了，但他仍不满足。他开始畅游英格兰，走遍角角落落，还参加赛马会、音乐会、豪华化装舞会和家庭聚会，拜访他那些散布五湖四海的朋友，并远足至牛津、温切斯特和伍斯特，只为了游览观光。

一家人仍然跟以往一样，其乐融融。5 月初，他们的第 4 个孩子爱德华出生了，但他们忙忙碌碌的，直到 6 月底才去为新生儿注册。7 月，他们放弃了在东格林斯特德城的房子，搬到诺克霍特村（Knockholt）[2]，定居在一处大宅院里。大概 3 周后，他们的贴身仆人阿忠越来越思乡，于是启程返回中国，但幸好他的妻子对媞莎忠心耿耿，同意留下，继续做四个孩子的阿嬷。

光阴荏苒。包腊努力地遵照医嘱，更加积极地参加种种活动。

---

[1] 希腊语，意为"打球"，因其发音困难，不易记住，不招英国人喜欢。1927 年英国人开始用"草地网球"来取而代之。

[2] 英格兰肯特郡的一个村庄。

这种体力消耗在很大程度上导致了他最后的悲剧。8 月中旬，他在切斯特的一家旅馆里和朋友会面，并坚持要与朋友一起划船逆流而上，直到伊顿会所（Eaton Hall）[1]。几天后，他还去爬了斯诺登山（Snowdon），对于他这种健康状况的人来说，这运动量实在太大了。9 月，他的日记越来越呈现出不祥之兆，连续几天都有类似"懒散无力"的字眼，意味着日益虚弱的身体迫使他不得不休息了，尽管他很不愿意。他抱怨头痛和消化不良，更频繁地去看医生。

1874 年，包媞莎。

---

[1] 威斯敏斯特公爵的别墅，建于 17 世纪。

10月17日，应该是他的33岁生日，但在生日的前两天晚上，他静静地躺在床上，媞莎就在身边。他猛然坐了起来，大口喘着气说："我快喘不过气了！"随即颓然倒下，就此咽了气。原来是大动脉里的动脉瘤爆裂了，这才是他一直患病的原因。

小包罗印象中的父亲

小包罗的最早记忆，首先是对父亲的印象：他头戴高礼帽、身穿粉红外套、脚蹬长筒靴，风度翩翩，然后纵身骑上停在大门口前面那匹漂亮活泼的枣红马，赶赴约会；其次是对那位他们挚爱的广东阿嬷的记忆：入夜，她来哄他们入睡，脸上带着一种古怪的紧张笑容，这种笑容是中国人必须隐藏最深刻感情时才会显露出来的。她告诉他们："爸爸，他去世啦！"

包腊虽然在盛年去世，但早已功成名就。随斌椿使团出使和率领中国队伍出征维也纳世博会两件事使他声名鹊起，影响超出了中国海关界。此外，他具有一种维持忠贞而长久友谊的天赋，特别是在他的那个年代，人们崇尚朋友之间的情谊。他英年早逝的消息震惊了所有认识他的人，特别是赫德，后者感觉自己损失巨大，将近9个月后才缓过神来，写信给媞莎表示哀悼。此外，撰文赞赏他、颂扬他、哀悼他的人数不胜数，但为他作了最好总结的人，也许是在香港行政部门任职的李思达（Alfred Lister）：

> 他是一个才华出众的人，他对中华帝国的一切珍贵而高尚的东西，包括它的历史和文学，都怀有敬意和热爱；即使他对我们自己在世界上占据至高地位的文学和艺术充满了热爱，也不减他对这一切的钟爱。

他对中国的各种缺陷有着睿智的认知,但他也是极少能够谦卑地注意到我们自己也还有许多东西需要学习的人。由此,他能够以前瞻的眼光和耐心的态度,去等待姗姗来迟的未来,这样的未来不是给这个国家或那个国家带来独有的好处,而是给全人类都带来收获。

中国海关的德璀琳[1]也有一番异曲同工的评价。多年后,当年轻的包罗刚任职于津海关时,德璀琳告诉他:"你父亲不同于其他人的地方就是他更有头脑。"

---

[1]　德国人,1864 年入职中国海关,为四等帮办。1877 年后曾三度出任津海关税务司。

　　　　　　龙廷洋大臣:海关税务司包腊父子与近代中国 (1863～1923)

第 16 章

虎父无犬子：包罗效力大清海关

　　包腊一家将面临凄惨的日子。大凡人们遇到一些非常不幸的事，都会出现这样的情况，而随之发生的小灾小难累加在一起的话，则让情况变得更糟。幸运的是，媞莎以一贯的勇敢面对现实。但在维多利亚时代，像她这个阶层的妇女，大多"远离世界，以保持自身的洁白无瑕"，她也不例外。换言之，从小接受的教育让媞莎认为，无论发生什么样的大事，那都属于男人关注的范畴，妇道人家没必要知道。有一件事可以说明她的无知程度：在包腊去世前不久，他曾立下一份有利于她的遗嘱，但可悲的是，她竟然做了这份遗嘱的见证人，导致遗嘱无法生效。于是，根据相关法律，包腊名下的所有遗产（尽管数额微不足道）都被自动冻结，结果是最大程度地剥夺或阻碍了包腊家属的继承权。

　　幸好，朋友和亲人们都慷慨地支持他们。包腊悲伤的父母想方设法给了他们点现钱，那是从老包马提亚较为成功的发明创造专利费中挤出来的；而姑妈包婀娜则总会到家里帮他们解决家务方面的困难；鹭宾·赫德则打破自己制定的海关规则，另辟蹊径，为的是给媞莎提供一笔足够的收入，让她不至于过得太困苦。在各方帮助下，他们的日子逐渐得到了改善。包罗7岁上学时，家里甚至已经有能力将他送到布罗德斯泰斯镇上一所较好的寄宿学校。

包罗继承了父亲的聪明才智，而且青出于蓝。但与此同时，他也承袭了父亲的一种不太好的秉性，即虽然精力充沛，但工作起来不知疲倦，导致精神容易紧张不安。他一直让人觉得是个没前途的孩子，像他这样状况的男孩大多如此。

"我担心，包罗非常愚钝。"媞莎在他差不多两岁的时候写道，"他既讲英语也讲汉语，但都很不流利。而且他要人抱着，不愿意走路，只有脾气还算温顺乖巧。"

很快，媞莎就发现，为数不多的积蓄消耗殆尽了，于是大胆地搬到朋歌（Penge）[1] 的一所更大的房子里，专门收留那些父母都在远东、缺乏照顾的儿童做寄宿生，以赚取些微薄的补贴。正因此事，没过多久，她便再次嫁人了。对方是圣职校长乔治·马吉（George Mackie），脾气温和，但无一技之长，恰好就住在他们隔壁。看来，他被精明能干的媞莎控制得服服帖帖。媞莎又跟邻里教会和学府的那些显要人物争吵不休，这令马吉感到尴尬和难堪，因此不得已迁到了南肯辛顿，在博尔顿的圣玛丽亚大教堂里当了个助理牧师。包罗就这样成为圣保罗学校的走读生。

迄今为止，他在学校的日子，虽然算不上悲惨，但过得也挺艰苦的，最大的折磨就是吃不饱。当时的学校校长克扣学童的伙食费，以积攒自己的退休金。为了填饱肚子，学童们都必须从家里携带食盒。

---

[1] 伦敦郊外的一个小镇。

但包罗家里没有多余的现钱来准备这样的食盒，导致他每个学期结束返家时，都被发现患上了严重的营养不良症，假期第一周常常要在病床上度过，遭受神经痛的折磨，然后才慢慢地从现在所称的"维生素缺乏症"中恢复过来。

作为圣保罗学校的走读生，他的三餐改在家里吃了，这种痛苦才逐渐消失。他最终有机会施展自父亲处承袭而来的聪明才智，在最短的时间里考取了伦敦大学，达到"理科八级"的程度。原本包罗可以信心满满，成就一番学术事业的，但一个打击突如其来。对于一个年仅 16 岁的孩子来说，这种打击堪称是灾难性的。如果是个适应性差点的人，很可能就此一蹶不振了。原来，不知何故，媞莎突然决定让他辍学谋生。

赫德爵士的"关系户"

于是，1886 年 1 月，包罗的正规教育突然中止了。随后，他的第一个举动便是写信给鹭宾·赫德爵士 [1]，申请前往中国海关就职；第二个举动是去实地查看两份可以马上入职的工作，但最后发现都不对他的胃口。一份工作是在索尔兹伯里市（Salisbury）的一所天主教学校里任高中教师，另一份则是在"资产变现公司"（Assets Realization Company）当办公室低等文员。他选择了后者，但马上又后悔了。"因为我非常讨厌这个城市，讨厌办公室，讨厌那种工作，讨厌那里的人，讨厌整个环境。"（碰上这么一个聪明能干、雄心勃勃、能说会道，又怨怨不满的小伙子，上司一定很为难，真得同情他们一下。）幸好，这样的炼狱生活只持续了几个月。赫德回信了，同意推

---

[1]　赫德于 1882 年被授封为圣迈克尔和圣乔治十字勋位爵士。——原书注

荐他加入中国海关。7月，他在位于斯托里门区的中国海关驻伦敦办事处参加了资格考试。

自从李泰国特别批准包腊入职中国海关后，职员招聘程序已基本上制度化了。那次聘用包腊完全是在晚宴桌上敲定的，甚至没有经过面试环节。而如今，到了考试的那几天，包罗都是日复一日地回答试卷里精心设计的问题。然后，在每天中午，他会被带到威斯敏斯特宫酒店用餐，以检验他的交际能力和餐桌礼仪，其严格程度真是令人望而生畏。但必须要记住这样的事实：5个入职申请者都是赫德在中国的老朋友的亲戚或朋友，不是他们的儿子就是关系户，而且最后这5个人都进了海关；此外，尽管规定入职的年纪不得小于19岁，但包罗当时还不满17岁。身为总税务司、立法者、规则制定者的赫德，拥有至高的聪明才智，时刻准备规避自己制定的条例[1]。

9月，在包腊首次远东之行的23年后，包罗继承了他的衣钵，踏上了效力中国海关之路。航海旅行的条件没有太大的变化，但苏伊士运河已经通航，所以法兰西火轮船公司的"奥克苏斯"号轮船（s. s. Oxus）可以载着他一路直达上海。他的父亲对所有事物都很感兴趣，包罗却相反，一直抱怨"船上没有舞会，没有游戏，也没有娱乐"，形容整个航程"很无聊"。这一表述反映了他和四个新同事非常缺乏随机应变的能力。可一到香港，他们就得到了赫德的庇护，此后一路都享受着重要人物的待遇，因为眼下赫德算是在中国最有权势的洋人了。

对于赫德的权势和地位，这也许过于轻描淡写。比较稳妥的说法是，在这段时期，所有的在华洋人加起来的权力都不及他。当时，

---

[1]　赫德于1869年制定了《中国海关管理章程》。

中华帝国的最高权力被两人瓜分：一是直隶总督李鸿章，二便是赫德了，但后者还笼罩在慈禧太后的阴影下，这个女人在背后指手画脚，令赫德极其困扰。包腊过世后，赫德在法律地位上有了很大提升。他解决了大多数棘手的问题，战胜了势不两立的反对派。此外，他还公正妥善地处理了对他而言无可避免的非难，不管这些非难来源于故意刁难者，还是反对改革的清廷官员，抑或咄咄逼人的洋商，以及那些浮夸自大、官僚气十足的外交官，而且他总是以最终有利于中国作为行事的唯一指导方针。即便是列强索要"治外法权"[1]这种复杂而难以实现的权利，在他运用智慧和付出耐心之后，清廷最终也表现出妥协的迹象。就在前一年，他因在外交上取得了对法国的胜利而驰名中外[2]。当时，法国人采取了幼稚的政策，试图随意发动侵占行动，夺取从东京[3]到台湾和福州一带地区。后来英国政府有意让赫德出任驻京公使，但被他拒绝了。

　　包罗被派往京师进修汉语。刚抵达不久，那位大人物就召见了他。他对此次见面留下了极佳的印象，所以笔下的记录显示出他得意的心情，只可惜实际情况与他的印象相差甚远。不知出于什么原因，他选择骑马前往总税务司位于使馆区的官邸。那匹小马未经驯化，是他花了相当于 4 英镑的钱刚买回来的。

---

[1]　中国司法体制内部腐败无能，加上官府私设令人瞠目结舌的酷刑，使得洋人难以接受其司法审讯。因此，洋人都愿意在本国领事馆设立的法庭中接受审讯，这样一来，当地的律师和在当地犯法的洋人反而得到了不可言喻的好处。——原书注

[2]　指 1883～1885 年间由法国侵略越南和中国台湾和福建地区而引起的中法战争，最后在赫德出面调停下中法议和，签订《中法新约》。

[3]　指越南北部地区。

1893 年，鹭宾·赫德。

那家伙还相当狂野、桀骜不驯，骑着它沿哈德门[1]大街前行时，一路上左冲右撞，惊险万分，还撞翻了几个路边货摊。

还好，我有惊无险地骑到了目的地。赫德爵士看到我

---

[1] 即崇文门，又称海岱门，清朝时洋人称哈德门。

骑马而至非常惊讶，但还是很亲热地跟我打招呼，说他上一次见到我的时候，我还骑过他肩膀呢。

他是一个个头矮小而身材纤细的人，前额宽阔光亮，棕色络腮胡夹杂着一丝灰色。他的举止温文尔雅，甚至有点迟缓，给我一种说话从来不会冲动的印象。

一直以来，包罗都自我感觉良好。大约40年后，当包罗参与整理赫德的半官方信札时，他发现了这么一段话："我想，我比较喜欢艾瑞时（E. O. Reis），新来的学生中他是最好的一位；柯必达（P. J. Grevedon）呢，我觉得他性情温和；而包罗，总体来说，比较冷漠。"

包腊曾经制定出紧凑的日常工作计划，赢过越野赛马冠军，还为应对捻军的威胁，"参与了以西洋方式训练中国军队的任务"。从那以后，时间已经流逝二十多年，但在北京的洋人的生活却几乎没什么变化。外国公使馆还不到6个，公使馆的特使到此时为止仍然不被准许入宫谒见皇帝。清朝廷实行严格的隔离制度，皇宫、寺庙和皇家建筑均禁止洋人入内。老百姓经常公然仇视洋人，跟中国的文人学士也无法进行社交活动。但在严格限定的范围内，年轻的汉语进修生们却受到殷勤的款待，有午餐会、晚宴、舞会和野餐，有小马可供玩乐和用于交通，所以日子过得惬意而快活。

包腊曾经千方百计地维持进修生食堂成员间的和睦。如今的伙食团如同万国公会，有2名德意志人、2名法国人、1名意大利人和1名担任伙食团主席的爱尔兰人。这位爱尔兰人年纪稍长，因为爱唠叨而令人生厌，待人接物缺乏包腊那种和蔼可亲的态度和圆滑老练的手腕，所以经常造成同学间的冲突，有时还告到上司那里。但包罗很少卷入伙食团里的政治争斗，因为他像父亲那样勤奋好学，没时间多管闲事。除了严格规定的一天7小时用于读书外，他把大量业余时间都用在宿舍的图书室里。尽管汉语课程提前结束了，但他还是收获颇丰，他的成绩在同批学生中名列前茅。此时，他已踌躇满志，目标明确，只要身体健康，有一定经济条件，他会争取大干一番，完成父亲因英年早逝而未竟的事业。

中国面临的真正威胁

在这段时间里，包腊的声誉肯定为儿子带来了沉甸甸的压力。他在图书室阅览时发现，许多图书的扉页上都有父亲的名字，这些书均为赫德在包腊去世时收归海关。汉语课程之所以提早结束，一方面是因为九龙和拱北刚刚开关，另一方面是1885年7月订立的《禁烟公约》[1]要付诸实施，因此都需要增加内班关员。包罗研究海关史后得知，最初与香港和澳门方面就设立新关口一事进行的谈判，正是由包腊在1870～1872年间于广州开启的；而《禁烟公约》的条款也在很大程度上是受其父一篇论文的影响，这篇论文是包腊第一次也是最后一次放假回家探亲时写成的。最终，包罗作为全班最优秀的学生被委派到津海关任职，而津海关的税务司正好就是德璀琳，包腊的老朋友，也是非常钦佩包腊的人。

天津与北京尽管只相距70英里，但绝对无法相提并论。对洋人来说，北京的气氛几乎令人窒息，行动自由只局限在很小的范围内。身处其中，犹如瞪大眼睛的金鱼，在鱼缸里来回游动，自鸣得意，却与外部世界几乎没有什么交往。幼帝光绪是一个软弱无能、徒有虚名的国家首脑，实权都掌握在"老佛爷"慈禧太后手里，而后者一直隐身于紫禁城内，看不见，近不得。于是，宫廷内的政权斗争数十年

---

[1]　更确切地说，这是1876年《烟台公约》的附加条款。——原书注

来都为太监们所掌控，他们对那令人敬畏的老太太所施加的影响似乎牢不可破。

但天津就不一样了。这里商业繁荣，看来还大有加快扩张的趋势。太平天国运动那种可怕的日子已经成为遥远的历史，直隶省的大都市正蒸蒸日上，日新月异。自1870年事件之后，天津城区的太平光景已持续了15年。1870年事件由法国传教士的自命不凡和神秘莫测而引起，再加上法国领事[1]的盲目自大，结果引发了一场屠杀，对他们来说是咎由自取，当然屠杀还是非常骇人的[2]。德璀琳任董事长的英租界工部局现在正在改善和发展天津港口。这位八面玲珑的官员已和李鸿章建立了亲密的友谊，而后者最喜爱的府邸就在天津城内。

眼下，这位老斗士已年逾六旬，进入花甲之年。他的性情比早年温和多了，当年他背信弃义，出尔反尔，对太平天国那些已经投降的天王、将士大开杀戒，令戈登甚为震惊，以致差点想设计抓捕李鸿章，判其谋杀之罪。李鸿章除了肩负总督的职责外，还统揽了制定中国外交政策的大权。只要他还是慈禧太后的宠臣，地位就坚不可摧。当然，作为中国迄今为止最具远见的政治家，他心里十分明白，真正威胁这个国家的独立与完整的，不是夸夸其谈、尖酸刻薄的法国人，也非装模作样、手段粗暴，但总体上没有坏心眼的英国人，而是分别来自北方和东方的俄国人和日本人，这两者都觊觎朝鲜，并且正酝酿着进一步扩张领土的阴谋。为了应付这两方面的威胁，李鸿章制定了发展陆军和海军的计划，尤其是海军。为此，他已经从英国购

---

[1] 中国的地方官当时传话给他，提醒他注意即将发生的攻击行为，但他回复说，他决不跟一个官阶比他低的官员打交道。——原书注
[2] 指天津教案，当时天津民众攻击法国教会教堂而造成数十人被残酷杀害。

买了几艘吃水较浅、以沿海防御为主的炮舰[1]，军舰上只装配了一门前膛重炮，专为近海炮战而设计的[2]。英国皇家海军军官把炮舰开到了中国，其中一些人留下来当了教官。此时看来，建立一支英华联合舰队好像再次有了实现的可能。

当包罗抵达天津时，重整军备的问题在各方面都陷入了困境。这主要是因为其他各省督抚的欺诈、中国水师管带的妒忌，以及勾心斗角的军火商的贪婪。这些军火商云集天津，用包罗的话来说，他们"是来自世界各国的冒险家，随时准备掏出大笔钱，无论花多少，都要争取从中国当局那里拿到合同，以购买武器、船舰、铁路，还有各种各样的玩意"。他在熟悉日常工作和继续学习汉语之外的闲暇里，兴趣盎然地观察着这种热闹的场面。1888 年 1 月，他染上了轻度的伤寒症，心情十分沮丧；康复之后，他被调到芝罘（今烟台），当时这里是通商口岸中最有益于健康的一个港口。

但这里也是最小的通商口岸，如果不是夏天里上海的显贵和名流会蜂拥到此短暂度假的话，这里还是最萧条的港口。包罗待在芝罘的时候完全无所事事，但发生了税务司哲美森（Colin Jamieson）被杀事件，哲美森被误认为是其前任爱格尔（Edger），结果遭到攻击并溺毙。爱格尔曾经让办公室一名文案（Writer）"丢了脸"，那人后来自杀身亡，他的家族发誓要报仇雪恨，所以雇了杀手欲夺爱格尔性命，可悲的是他们找错了对象。从这一悲剧中，包罗明白了一个小小的道理：既然在我们眼里，中国人的容貌都差不多，那么在他们眼里，我们的样子其实也非常相似，除非我们有络腮胡、秃顶、留着八字胡等明显特征，或者戴眼镜，才可以分辨出来，否则我们的相貌

---

[1] 指 19 世纪中期开始投入使用的蚊子船，或称水炮台。
[2] 他的顾问就是包腊的老朋友及同事——原海军见习军官葛德立，他现在已升任中国海关总理汉文文案这一高级职位了。——原书注

龙廷洋大臣：海关税务司包腊父子与近代中国（1863～1923）

几乎是难以区分的。

1890 年 4 月，他被调往广州，这里是他父亲功成名就的地方。17 年前他父亲和母亲媞莎离开此地时，也算是小有名气。所以，他原本以为人们会热烈友好地迎接他，却发现自己陷入到一个相互仇视的可怕环境中，这样的仇视情绪在互不来往的小社区里肆虐，最后肯定会产生巨大的分裂。这主要是因为那位美籍税务司不随和、难相处，故此，粤海关、外国领事馆和各商会之间都意见不合。包罗的社交拜访没人领情，也没人热情地邀他做客。除了去日本休过一个月的假以外，其他时间他都没离开过办公室。

风雨飘摇的中国海关

不过，他第一次见识了充满敌意的中国暴民。码头上一个海关验货棚的巨大草棚屋顶，被一艘内河汽艇烟囱里冒出来的火星点燃了，结果烧毁、坍塌了。书籍和文件不得不经由蜿蜒曲折的狭窄小巷运到沙面的安全地带。一群人，起初面无表情，行动并无异样，但猛然间莫名其妙地爆发冲突，陷入打斗。包罗怀抱着一堆文件，结果被一名壮汉用扁担敲中脑袋，好在他头上有一顶结实的遮阳帽挡着，否则他的事业就得提前夭折了。

庆幸的是，他在广州的任职时间比较短。次年年初，他再次被调遣，这次是北调厦门。他感觉到鼓浪屿明显要比沙面好，对待洋人也更为友善。从中国茶叶贸易的大时代以来，厦门港在某种程度上已经走向衰败，但包罗仍然保持着高质量的生活水平，偶尔还会酗酒嗜茶，但也都在可以容忍的范围内。后来他回忆起这段时光，认为这是他在远东最开心的日子。1892 年，包罗重访日本。真可谓有其父必有其子，他不走平坦大道，偏偏要行崎岖小路，一直旅行到北海道毛茸茸的阿伊努人神出鬼没的地方。返回后，他依然精力充沛，开始动手翻译《厦门志》（即《老厦门编年史》）其中的一章。此章从溃逃的宋朝王室抵御蒙古征服军的历史讲起，而包腊的"末代汉人"一文曾经对此也有过描述。因此，不可避免地要对两者做一比较。坦诚地说，包罗的确充分继承了父亲的优点，学识渊博、善于引经据典、做事勤勉，但缺少具有独特魅力的文笔，也缺乏捕捉英雄事迹和奇闻的眼光。

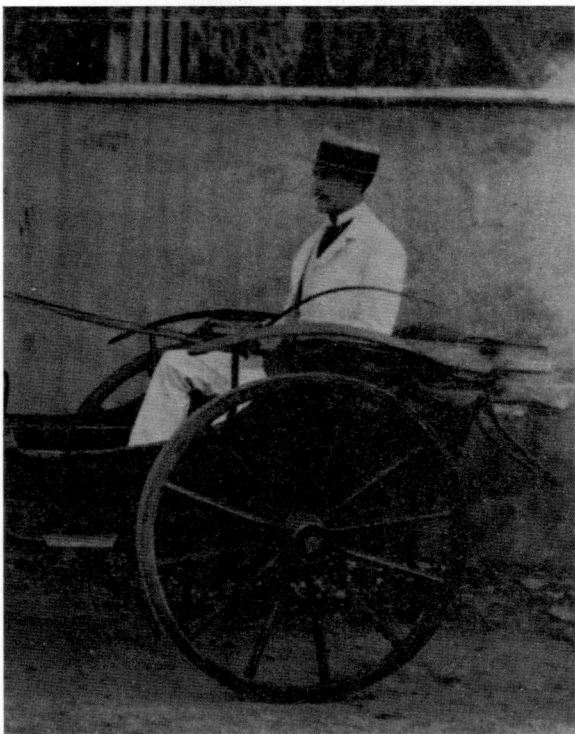

1891 年的包罗，摄于厦门。

龙廷洋大臣：海关税务司包腊父子与近代中国（1863～1923）

1892 年，厦门赛马会现场留影。

　　后来几年里，他两次外出探险，颇具冒险性。一次去了台湾，另一次则是经福建内地陆路，长途跋涉到福州。客观地说，第一次的探险，实在是鲁莽。他在怡和洋行一位年轻雇员的陪同下，穿越台湾岛，进入泰雅族领地，该民族是太平洋岛屿中最富经验、最固执的猎头者，他们的小茅屋被自诩为"头盖骨架子"，头盖骨是屋内主要的摆设，而他们的年轻人就睡在部落的头盖骨屋子里，以便激发他们对这种部落传统的热情。数百年来，清政府的总督一直小心谨慎地对待这些民族，放任他们自行其事。因此，眼下包罗要到那里去，根本就找不到一个汉人愿意陪他。但无论如何，最后他们还是去了：

　　　　乘着当地人的小舟逆流而上，河流湍急，大雨下个不停。（我们）冒险进入了一个野人村，买了他们自制的衣服和一些小饰品，比如用动物骨头和熊牙做的项链和臂环。

对比后来日本人的遭遇，包罗他们能顶着脑袋安然回到文明世界来，真是太幸运了。日本人为了征服整个中国曾经制定了长远的计划。作为计划的一部分，他们在 20 世纪 30 年代初招募了泰雅族人入伍，对他们进行严格的军事训练。到 1937 年秋，在他们发誓效忠日本天皇后，日本人给他们发放了武器。但就在当天晚上，这些部落的人悄悄溜出军营，把所有日本军官都杀掉，然后兴高采烈地回到了深山老林。

1894 年初春，包罗开始休两年的探亲假。他在国外待了 7 年半，所以回家时惊讶地发现，时间并未因为他不在家而停滞不前。坚强的媞莎把家里照顾得妥妥当当：他的姐姐艾塞尔已经嫁人，生了一个小男孩；弟弟爱德华已开始在一家保险公司上班，但岗位没什么前途，所以包罗很快为他找了一份更适合的工作，是在一家驻巴西的英国银行里的职位。随后，他注册加入了"内殿律师学院"（Inner Temple）[1]，开始常常出席在那举行的晚餐会；他还和罗威邦家族共同参与业余戏剧事业，罗氏家族可是伦敦富勒姆区一家富有的啤酒厂商。这么一个风度翩翩的年轻小伙子，有一些闲钱，又有大把的闲暇时光，他尽情地享受着一切可以享受的快乐。

秋天，他跟 18 岁的漂亮黑发姑娘艾塞尔·罗威邦（Ethel Lovibond）订了婚。他的求婚过程没有他父亲那种冲锋陷阵式的浪漫。用现代标准来看，他的订婚仪式无疑是一个较长的过程，但他们的婚姻同样也很幸福。即使过了 70 年，当一位老朋友回忆起他们时，写下了这么一些话："他们是我在中国见到的最般配的一对夫妻。"

---

[1]　伦敦四大古老律师会馆之一。

　　　　龙廷洋大臣：海关税务司包腊父子与近代中国（1863～1923）

由于增加了新的家庭责任，1895 年到来时，他以严肃认真的态度来迎接新的一年。他刻苦研读法学书籍，10 月便通过了他最后的一次律师资格考试。他心里越发不满足于在中国海关工作的前景，这一点跟他父亲一模一样，但也许他比包腊更有理由。当时银价暴跌，而他们的工资仍然以海关银结算。中日甲午战争就在他乘船回家后不久爆发了，战争将中国的内在弱点暴露无遗，一系列海陆战的惨败使中国陷入无助之中。签订了《马关条约》之后，日本不仅吞并了台湾、澎湖列岛和辽东半岛，而且强索两亿两白银赔款，这使得赫德根本不可能考虑给海关职员提薪。最终，出于某种原因，中国海军的战败都归罪到李鸿章头上，而他是鹭宾·赫德爵士的朋友与同盟，又是洋人最强有力的保护伞，因此有一段时间蒙受着极大的耻辱。

整个中国海关的未来看起来风雨飘摇。于是，包罗断定，他在律师行业方面发展会更有机会。这种想法一冒头，他就很冲动地写了一封信给赫德，要求延长休假，以便他完成律师会馆必要的晚餐会和面试事宜。但他的上司认为，两年的休假时间对于任何人来说都应该足够了，所以拒绝了他的申请，并且命令他按时返回工作岗位。（此时我们不妨想象一下这样的画面：那位总税务司派人拿来了包腊的个人档案，浏览一遍包腊提出的一连串请求和抱怨之后，悲伤地摇了摇头，喃喃自语："有其父必有其子。"）

这样，包罗和艾塞尔于 1896 年 1 月在他继父任职的教堂里完婚。但一个月前，艾塞尔的父亲去世了，此事给婚礼蒙上了一层悲伤的阴影。随后，在 3 月，他们乘船驶往中国。抵达香港时，他获悉自己已被调到芝罘。但当他们到达上海，又收到电报说这一调职被取消了，而指示他前往他父亲最厌恶的地方，即长江上基础设施最不健全的港口九江。庆幸的是，他没有及时收到这份电报，否则他肯定会换乘"大沽"号,这艘轮船次日就在吴淞口撞船倾覆,所有乘客都不幸遇难。

不久,夏天来临。九江离海岸的直线距离超过 300 英里,这时冰块或电风扇还没有流行开来。但让人感到安慰的是,高级帮办的平房住宅就位于江边,明亮、宽阔、舒适;牯岭的避暑山庄正在修建中,其建筑用地是包罗投资的第一块房地产。因此,他们还是很快乐地在这第一个家园里安顿下来了。10 月,他们的大儿子爱德华出生了。18 个月后,他的弟弟莫里斯也来到了这个世界。随着冬季的到来,包罗发现在当地狩猎是极佳的活动,可以猎鹿、打鸭鹅、射鹬,生活过得十分惬意;晚上他就翻译一本普及版的中国历史书籍的其中一章,是关于唐朝皇后武则天的,后来译文发表在《文汇西报》(*Shanghai Mercury*)上。

第二年,他被迫放弃这种学术爱好,因为海关接到了一项重大任务,即创立中国邮政。海关的职员们除了需要完成日常职责之外,还要多加一项重任,而且没有给他们增加薪水或提供补贴。物质刺激的缺乏导致他们普遍士气低落,银价的持续下跌更是雪上加霜,使得内班和外班里最低收入的关员沦落到贫困的边缘。看来这次赫德脱离了跟下属保持紧密接触、体察民情的一贯作风,未能体察到许多关员几乎已经面临绝境。总而言之,1897 年对于包罗来说是阴郁的,即便是女王登基六十周年的庆典活动也难以让他振作起来。

1898 年 7 月 1 日,财政上的乌云终于烟消云散。在 3 名英籍资深税务司的联名上书请求下,海关全体人员的工资终于翻了一番。与此同时,包罗被提升为二等帮办中班 [1],这两件事情加在一起,使

---

[1] 此职务 1891～1910 年称二等帮办中班,1911～1928 年称二等帮办后班,1928 年后称二级帮办。

他的月薪从 150 两海关银增加到了 350 两。但这纯粹是金钱上的慰藉。他此次获得晋升提拔，严格来说，不是因为他有什么突出表现，而只是因为他有资历。已经过了差不多 12 年，他才得到这一丁点晋升。冷静地回想一下，他父亲用了不到 9 年的时间就已达到税务司的职位。因此，包罗心里一直愤愤不平，后悔当初的抉择，如果那时能在离开英国前参加律师会面试的话，他肯定就辞掉这份工作，跑到上海的法庭里闯荡去了。

在接下来的 12 个多月里，他焦躁烦恼，喋喋不休地发牢骚。但是，时来运转，他参与修订了《重订长江通商各关通行章程》，此举得到了北京方面的赞赏，并由此引起了关注。眼下，赫德决定让他出任牛庄海关[1]的头等帮办前班，考验几个月后，再提升他为正职的税务司。1899 年是个很不祥的年份。6 月底，西南方向狂风骤起，沙尘暴翻滚而来，包罗的二儿子患上了喉气管炎，病情告急。正是在这种情况下，他来到了新海关。

---

[1] 牛庄海关是根据 1858 年《天津条约》设立的对外通商关口，原称山海关，后迁至营口，改称营口海关，位于辽河入海口。

第 17 章

三国干涉还辽：大清海关版联英抗俄

　　无论你如何想象，都不可能把当年的牛庄 [1] 看成一个重要的口岸，因为此口岸贸易总量仅相当于天津的一小部分。和天津一样，这个辽河入海口被一块险滩阻挡。每年从 11 月到次年的 4 月，河面总会结冰。相比之下，辽东湾外附近的几个港口则常年畅通无阻。事实上，这地方也许根本就无足轻重，只是"一个遥远的南满小港口"，长期以来一直由前任总税务司李泰国之胞弟李华达（Walter Thurloe Lay）掌管。此人性情怪癖，又十分无能。时势在改变，沙俄再次向外扩张了。

---

[1]　牛庄本身自 17 世纪以来一直十分繁华，但外国条约制定者却普遍认为距牛庄 20 英里的营口即为"牛庄"。

遭遇"向东挤压"的俄国

几个世纪以来，俄国人都奉行着一贯的"向东挤压"政策。他们看到了中日甲午战争的意外结局，也看到了战胜国日本崛起为现代军事强国，因而深感惊讶和担忧。但俄国的对策仍然是继续向前推进，不停步、不迟疑，更加强悍，更加咄咄逼人。《马关条约》签订后，俄国就联合法、德两国一起，强迫日本交出最重要的战利品——辽东半岛，连同旅大港。三年一过，俄国便夺取了这块领地，据为己有[1]。同时，俄国还大兴土木，建设铁路，而且特别热衷于修筑意义重大的支线铁路，这些支线一方面连接牛庄与京—奉铁路干线，另一方面在大石桥站连接南满铁路[2]。为此目的，货船满载建筑材料，驶抵牛庄港。船只甫一到达，便被李华达扣押，声称货船违反了中国海关的规定，其借口纯属技术问题。在华的每个洋人都有两个中文名：一个用于正式场合，根据他们原名的发音而取；另一个则是极富含义的绰号，通常有贬损之意，被身边人用于日常交谈[3]。于是，华尔特·特罗·李的中文名为"李华达"，绰号是"老吱吱嘎嘎"（意即"老是嘟嘟囔囔的牢骚鬼"）。他此时还不满 60 岁，但已老态龙钟，秃顶，身材干瘪，还瘸了一条腿。他是一位颇有名气的汉学大师，一举一动都透出东方人的行事风格，甚至连私生活都离经叛道，与众不同。他天生有胆识，有魄力，敢做敢为，同时又给人一种和蔼可亲的感觉。

---

[1] 这个交易被委婉地称作"二十五年租借"。——原书注

[2] 严格来说，该铁路也是中东铁路的支线。1904 ~ 1905 年日俄战争后，日本夺取了该线铁路，重新命名为南满铁路。——原书注

[3] 香港律师会仍然保存着一位法官富有感情的回忆录，他对汉语的认识仅止于初级水平。在回忆录中，他严厉斥责一名证人，因为后者对他不敬："你不能叫我'红毛鬼'，我是'笨拙的老水牛'。"——原书注

然而，他也常常争强好胜，率性而为，导致海关总税务司不得不撤换他。他被这样扫地出门，颜面尽失是在所难免的了。包罗查看那些"被扣押"的货船，发现船只都沿岸停泊，一字排开，从海关署一直延伸到牛家屯（也有人称之为"沙俄镇"），该地正是未来东方铁路支线的终点站。他意识到，全面考验其外交才能的时刻到了。

他接管牛庄关后的第一项正式任务，就是在前任的陪伴下，礼节性地拜访当地道台。他们乘坐"四人抬"轿子前行，一群成分复杂的仪仗人员前呼后拥，队伍蔚为壮观——有鸣锣开道的前导，有骑马的侍从，有各类小喽啰；还有 40 名海关警卫组成的护卫队，他们斜扛着步枪，排成四列，正步行进。这些人实为海关聘用的各式职员——船夫、泥瓦匠、木匠等，由一名曾为英国陆军中士的海关水上稽查员训练和指挥，他们给人留下了精干潇洒、训练有素的印象。包罗搜肠刮肚，试图向李华达表达他对护卫队之出色表现的赞赏，却被告知以后不再需要这些队员，因为北京已下令解散这支队伍。

拜访行程甚是无聊，只让人疲惫。此间，包罗一直冥思苦想。他认为，维持这么一支海关卫队其实花费不了多少银两，因为他们都是海关聘用的全职雇员，让他们参加海关卫队并不需要发给额外薪水，却可以给海关增添光彩，其意义毋庸置疑。况且，他们看来还乐此不疲呢！就在一年前，在沙面的海关关员还曾遭到突如其来的攻击，但事件的起因至今仍搞不清楚，这让包罗感到困惑不安。当然，他对京城的高层外交界还是充满信心的，相信中国人的排外暴乱不可能爆发。他本来也是个守本分、尽职责的海关下层官员，但这次他决定不遵从撤销海关卫队的命令。

过了不到一个月，有一天午夜，包罗被英美领事从床上叫起来，要求他召集这支海关小部队，出发前往老城区，去营救一名美籍海关水上稽查员，后者在剧院里遭到观众袭击，被殴打致昏迷。

7月初,李华达前往福州的新港口赴任。包罗终于得以施展拳脚,来实现"体面的和平"。他完全明白自己所处的位置有多么复杂和难以作为:

关于修筑纵贯满洲的铁路,中国方面已作出了让步,一方面是因为它受到了威胁,但另一方面,普遍认为是因为俄国对李鸿章施行了诱骗和贿赂[1]。因此,俄国人自以为成了满洲的新主人,对中国海关的条例规定不屑一顾。

中俄之间的铁路协定规定,来自俄国的所有建筑材料均无须交纳关税,但俄国人将其意理解为可以漠视牛庄的中国海关。

显然,让中国强制要求俄国遵守海关规定是不可能的。中国签订的铁路协定在各方面都已作出了让步,就是为了在当时的情况下,尽可能地维护那点主权的面子。铁路建材免交关税,这对我们海关毫无特殊意义,但重要的是:不能允许以此作为幌子,来获得其他应征关税货物的豁免权,要保证我们对港口和船运的掌控权,要向我们及时提交铁路货物详细报告,以便我们统计港口货运量。

作为中国海关关员,我很难从中国方面寻得靠山,因为俄国人公然藐视中国政府。这样一来,支持我的力量主要来自我的英国人身份,来自英国政府的后盾,它应该会

---

[1] 此说法并不公平。在马关议和中,尽管这位坚不可摧的老政治家蒙受了耻辱,但他代表了他的国家,尽可能地争取到了最佳条款,为此还被枪手击中面部,险遭不测。后来,他又参加了沙皇的加冕典礼,并在随后签订《喀西尼协定》时,在情况对中国非常不利的背景下,再次争取到最好的结果,使得中国无需立即割让领土。——原书注

对由英国人担任主要职务的中国海关予以支持。

　　俄国人不确定英国会在多大程度上容忍他们。更不妙的是，在这种背景下，他们不清楚日本可能会采取怎样的态度。英日两个大国得到了美国某种程度的支持，因而对俄国多少造成些制约。目前，三国的政策都模糊不定，也还没有正式对外公布。但正是它们各自政策的不确定性抑制了俄国人的侵略行动，就牛庄通商口岸的情况而言，大概就是这么回事。

　　在这一关键时刻，包罗真是鸿运当头。在此之前，俄国在当地最高级别的官员是总工程师提托夫（Titoff），此人是一个"故事里描述的那种典型的斯拉夫人，腐败、酗酒、狡猾，又好色、多愁善感、心慈面软，甚至是慷慨大方到愚蠢的地步，但他也是世界上最后一个可以与之认真探讨问题的斯拉夫人了"。现在要登场的是新上任的领事奥斯特洛维科夫（Ostrovherkhov），他是另外一种类型的人物。"他属于外交型人物，愤世嫉俗，高深莫测，但缺少了俄国人通常具有的魅力。他是一个有才干的语言学家，不管讨论什么问题，都能采取灵活、理智的态度。但在面临突发的义和团事件时，他也暴露出了毫无胆识的一面，这真是不可思议。"

　　然而，正是他具有的那些突出优点，使得后来的谈判取得成功。对此，包罗充分肯定了他的贡献：

　　　　他的走马上任对我很有好处，使我能够跟一个既能迎合我，又可一起制定临时协定的当权者打交道。有了他的参与，我可以同那些铁路局的家伙们讨价还价，以达成满意的协议。这样他们才会尊重我们的权威，才会向我们提交他们船载货物的有效证明，告诉我们那些进口商品的数量和价值。作为交换，我们可以为他们的船只出入港口提供便利，允许他们在港口外卸载货物。

这是我们可以期望得到的最好结果，也的确是能达成的最基本的结果。我向北京汇报这样的协议时，那些当权者显然都很满意。这种感觉是我从半官方和私人通信中得到的，况且，我也从没有收到过官方表示不赞成的公文……

说到这里，他开始滔滔不绝，长篇大论了。这是典型的包罗风格，喜欢在没有获得上司的支持和首肯情况下随意发表言论，这真令人瞠目结舌。包罗接了一个烫手山芋，又没有任何靠山给他做后盾，但最后他竟设法拯救了处于不利地位的牛庄关，同时也尽力保全了各方重视的"面子"，这对未来与中俄双方打交道都同样重要。事实上，他已取得了外交上的辉煌成就，但关于此事，他在日记叙述中只留下寥寥数语，用词也十分谦逊，这更让人心生好感。但接下来，他又开始大发牢骚了，用语极其平庸，就像那些关于两次世界大战的军事回忆录里的言辞。中国海关，其实也就是中国本身，能够有像包腊和包罗这样一些忠心耿耿的人员担任公职，可以说是一种幸运。当然，包氏父子也很幸运，因为他们遇到了一个像鹭宾·赫德这样的上司，后者对于出类拔萃的手下，能够知其深浅，大胆任用。

俄国场子中的"交际花"

鼠疫骤然爆发之后，包罗开始长期担任地方卫生局主席的职务。他的这一任职，加上之前一手化解海关铁路纠纷的斐然成就，使赫德毫不犹豫地延长了对他的临时任命。他让包罗无论如何留任到次年春天，因此包罗搬进了税务司官邸。随着冬季的到来，港口河面结冰，牛庄与外部世界隔绝了，但俄国的两条铁路支线仍在修筑当中。他将要面临一个棘手的问题：如何和俄国人真正和睦相处。

从这时期拍摄的照片可以看出，包罗置身于一群中国海关关员之中。他的坐姿笔直（旁边的人姿态却十分放松），两肘搭在椅把上，双手都带了手套，交叉叠放在手杖把柄上。他的靴子擦得发亮，裤子烫得笔直，双排扣大衣一直系到领口，白色衣领高高竖起，紧束着脖子，微抵着下巴，用"服帖"一词来形容肯定不对。他头上戴着浅灰色高挺的小礼帽，脸上流露出高傲的表情，整体给人一种"他是一个严厉、坚定、正气的官员"的感觉。

他的声誉与堂堂仪表相符。他的上司对他充满信任，他的同辈赞赏他工作勤勉，干劲十足，头脑聪颖，又有些过于认真执着。而他的下属，坦白地说，对他存有敬畏之心。但跟他推心置腹的几个朋友都知道他待人友善，真心实意，但即便如此，也很少有人可以从他那冷漠、不近人情的外表，看到他那精神紧张、极度敏感的灵魂深处。他骑术精湛，爱好运动，又具备社交才能，但他做不到热情洋溢，也做不到对任何人都和蔼可亲，不然他就可以轻而易举地进入俄国人的圈子并大受欢迎了。不过，他也非常清楚自己的缺陷：

> 革命前的俄国人都是些爱闹腾的家伙，如果按他们的意愿行事，那么，整个冬季，他们都会在牛庄无休止地寻欢作乐，为所欲为。我们有些人已经忙得不可开交了，而那一大群俄国海陆军官和行政官员还总是找各种借口，接连不断地到访这个港口，纯粹是为了来此娱乐一番。他们一轮接一轮地跳舞、饮酒、赌博、调情和吵闹，肆意地放纵，真是典型的斯拉夫人。
>
> 有些高层人物还相对有教养，可以适应各种环境，也

能入乡随俗；但有些却不怎么喜欢英国式的"规矩生活"，讨厌循规蹈矩。大多数军官都已婚，妻子都远在俄国或西伯利亚，但这不妨碍他们向年轻姑娘或有夫之妇大献殷勤。而女人们也不以为然，乐意接受。在我们这个小社区的底层里，乌七八糟的事情时有发生……等等，不一而足。

在包罗看来，这是一种另类的生活氛围，他在其中显得格格不入。外面世界发生的两起事件，使境况变得更加恶劣。我们总算初步摆脱了布尔战争失败的悲惨结局，但有关"英国必败，必将面临灾难性后果"的流言蜚语一直在流传。俄国人非常嫉妒英国的国力和声誉，也嫉妒英国人处变不惊的性格——这恰恰是他们所缺乏的，因此挑衅性地站在布尔人一边，处处与英国唱反调。后来，皮埃特·克龙耶（Cronje）[1] 被俘获，几天后莱迪史密斯城（Ladysmith）获得解放，战争态势便发生了逆转。俄国人遭到沉重的打击，这才一度沉默寡言。英国领事谢立山（Alexander Hosie）性格沉稳、精力充沛，是包罗的挚友和同盟，他被一个富尔福德人（Fulford）、前驻京英使馆的"汉文正使"解职了。这人是一个典型的"总部大员"，患有神经衰弱和忧郁症，平常不与同行往来。他不听各方警告，拒不承认即将爆发的义和团运动将带来的严重危害，是公使团中最主要的否认者之一，后来更因此而臭名昭著。

在最需要同伴的支持时，包罗发现自己势单力薄。于是，他打定主意，全力投入到社交活动中。不出几周，俄国人已把他当成自

---

[1] 全名皮埃特·克龙耶，是布尔战争期间南非共和国（德兰士瓦共和国）军队总司令，被认为是布尔人最凶猛的"黑将军"。1900年2月在帕得伯格战役失利后无条件投降，被关押在圣赫勒拿岛，直到1902年战争结束时获释。

己人了。年轻人敬重他，认为他是可以通宵共饮、肝胆相照的好友（在这里必须要承认，包罗使用了秘密武器。他的贴身仆人每次陪同他参加聚会，都会在白长袍内藏一瓶白开水，席间偷偷用白开水换掉包罗杯子里的伏特加酒）。年长者则认为他是一个富有同情心、善于倾听的人，轮到他发言时他会给他们讲一些感人的故事。在俄国人圈子中，很少有姑娘不喜欢包罗的，因为他英俊潇洒，温文尔雅，又保持着老式的英伦风度。他还会不时地奉上甜言蜜语，很难让这些姑娘们不心生喜爱。

由此，他成功地跟俄国人结成了"协约联盟"，这种情谊在次年夏天发生恐怖事件期间显得尤其宝贵。不仅如此，这还改变了他未来的事业，也为其未来事业增色不少。4月，当包罗收到鹭宾·赫德爵士发给他的公函时，他的不满情绪烟消云散了。公函首先夸奖了他编写的《年度贸易报告》，然后在信的末尾夸赞他："你在牛庄的工作一直都非常出色。"

第18章

义和团之乱：守卫牛庄港

1900 年的义和团起义，直接原因可以说源于 1898 年的改革运动，而这一改革运动的根源，又在于年轻一代的中国知识分子因不久前甲午战争的惨败及国难加重而产生的耻辱感。越来越多的中国知识分子对西方的书籍和知识产生兴趣，这也必然导致他们要求改革整个政治体制。年轻的光绪帝表面上不用听命于慈禧太后，此时亦赢得大多数人的支持，积极采纳新思想，并大力推动这些新思想的实行。"几个月内，朱笔御批了一系列法令。假如这些法令得以贯彻实施的话，必将带来一场意义深远的变革，如同 30 年前日本所发生的那样。"[1]

然而，老佛爷痛恨变革或任何形式的改良，她隐身幕后，深居颐和园。但实际上，她并没有偃旗息鼓，反而在那里兴风作浪，竭力散

---

[1]　引自《不列颠百科全书》，第 11 版。——原书注

布谣言，声称光绪帝在设计逮捕和放逐她，以博得保守派军政大臣对她的同情和支持。接着，在太监和谄媚者的簇拥下，慈禧太后伺机而动。9月，她发布一道谕旨，宣称皇帝将在天津检阅洋人训练的部队。但阅操尚未举行，京城的驻军便动手了。他们占领皇宫，强迫光绪帝颁布诏书，宣布那恐怖的老太婆重新临朝"训政"。随后，光绪帝基本上被监禁起来，而那些未来得及逃亡的维新变法的主要人物全部被斩首。为发泄对他们的极端仇恨，其首级并未像往常一样，被斩后会缝回到躯干上，而是分别掩埋，使他们落得个身首异处的下场。就这样，极端保守派东山再起。

"扶清灭洋"

与此同时，中国国内一直都隐藏着的极度仇外情绪，此次以一种有点让人意外的新形式爆发了。义和拳，意为"公义和谐的拳会"。像其他所有叛乱社团一样，暴动开始时都是一种反对统治王朝的革命运动，从太平天国到三合会皆莫过于此。但慈禧太后及其幕僚们玩弄政治权术，力图把义和团的造反锋芒转移到专门反对洋人的方向。在长江流域及以南地区，像李鸿章（他目前正控制着骚动的两广地区）一类的大督抚们牢牢防控着这些所谓的"拳民"，但拳民的教义却像野火一样在北方迅速蔓延开来，尤其是山东和直隶两省，还有满洲的南部地区。1899年年底，开始发生屠杀传教士和基督教教徒事件。次年5月，形势发展到不可收拾的地步。6月初，义和团截断京津铁路线，烧毁火车站。但此事发生前，即6月1日，由多国部队组成、超过400人兵力的海军特别陆战队已经抵达使馆区。

他们来得正是时候，因为德国公使在6月14日前往总理衙门的路途中被杀。清军首先发起进攻，并进行围攻，持续了8周之久。

　　　　龙廷洋大臣：海关税务司包腊父子与近代中国（1863～1923）

皇家海军上将西摩尔（Edward H. Seymour）带领救援远征军击退了围攻，但伤亡惨重。使馆最终得到解救，但已经弹尽粮绝，守军死伤过半。这些情景现在都成了老生常谈，最近还经过夸张的润色被搬上了银幕，但在当时真是令人惊心动魄。那段时间里，虽然牛庄很少见诸报刊的头版头条，但包罗完全能够理解那种兴奋和焦虑，部分原因是他也感受到义和团对洋人的威胁，但更重要的原因是俄国人动机不明，不负责任。起初，他尚能冷静地看待时局：

> 直到 6 月初，我们骑车或步行经过内城[1]时才注意到中国人已开始结社集会。他们束腰带，扎头巾，衣服上贴满黄色神符，操练着一种奇怪的拳术，据说那是一套与咒语相结合的手势。我们随意穿行于这些人群中，但并没有人试图伤害我们。我们还听说，这些人属于一个刚从山东来的秘密宗教，自称"义和拳"。
>
> 起初，还没察觉到中国人有明显的排外情绪，但过了不久，内城里开始出现煽风点火的揭帖。很明显，有幕后势力在千方百计地利用一部分中国人民的伪宗教狂热，引导他们反对洋人。
>
> 东部地区的人民尤其容易爆发类似运动。这些突发事件，可能是因为他们长期以来生活困苦卑贱，堆积了许多怨气，因此竭自身之力进行抗争。从国家的角度来看，也不能说此次抗争是过度的、非正义的。在过去多年里，欧洲列强，特别是俄国和德国，一直对中国虎视眈眈，意欲

[1] 即当地一个小镇，在营口港旁边发展起来，距外国租界一两英里远。请勿与东北方向 20 英里远的牛庄城中心的老城区混淆。——原书注

吞并中国的领土，如今的义和团运动就是他们的报应。

到 6 月中旬，包罗放弃了不偏不倚的态度。内城出现了新一轮不分青红皂白的排外言论，在南城门附近可以看到大批拳民在操练。领事团聚集商议，随后致信道台，要求迅速镇压。但中国官员无动于衷，部分在于他们要服从朝廷的密令，另一方面则在于，他们本身从心底里相信那些拳民的吹嘘，即拥有神力、刀枪不入、战无不胜等。

暴乱在整个满洲地区蔓延开来，难民开始涌入牛庄，大多是传教士和铁路工程师。他们惊魂未定，并口口相传，声称那些未逃出来的人已经被屠杀。牛庄港南北两个方向的南满铁路，以及通往天津的铁路线都已被截断。旅顺口驻军的所有将士都已被调往北京，去救援公使馆，仅勉强同意"奥特瓦津"号（Otvajny）炮舰停留在牛庄港。但这艘炮舰却从"沙俄镇"顺河而下，停泊在码头，只在晚上派遣武装部队上岸，在外国租界巡逻。义和团得知清政府暗地支持自己后，在内城的活动变得愈发活跃。他们大肆抢劫，恐吓平民百姓，咒骂外国和当地的基督徒，明目张胆地进行威胁。

志愿防卫队

在危难中，小社区展现了最好的一面。人们忘却了内斗，以一年前面对鼠疫肆虐的勇气，共同应对义和团的威胁。租界的洋人和难民于 6 月 21 日联合召开了一次会议，决定组成一支志愿防卫队，并推选了一个名叫詹姆斯·埃德加（James Edgar）的小酒吧老板担任指挥官，他自称有一定的作战经验。他们凑集了 72 名身强力壮的男子，加上"奥特瓦津"号不太靠得住的支援，承担起保护 65 名妇女和儿童的重任。他们制定了防卫计划。根据计划，妇女儿童将撤退到码头附近的税务司官邸,再由此经海路撤离。这一计划很快得到了检验。

6月23日午夜前,四面八方传来枪声,内城响起巨大的喧嚣声,可以看到辽河对岸的村庄火光冲天。接着,俄国领事馆发出了警报,措辞明确地说,他们得到可靠消息,义和团马上要进攻了。于是,防卫队立即行动起来,志愿队员挨家挨户地通知租界洋人,并护送妇女儿童撤退到包罗的官邸。包罗的房子很快挤满了人,每张桌椅和沙发上都睡着孩子,而地板上则睡满了他们的母亲和阿嬷。

包罗检阅了手持武器的海关卫队,并流利地用有点"老套"的中文向他们发表讲话:"我们已获悉义和团今晚要来袭击,如果确有此事,我们决心战斗,保卫自己。啊,汉子[1]们,你们要和我们站在一起吗?还是愿意卸甲归田?如果你们想走,不必觉得是什么丢脸的事情。"

一片寂静。曾经训练这支队伍的原陆军中士亨特焦虑地扫视了那一排神色冷漠、毫无表情的面容。须臾,一位叫王玉霖(音译)的老下士,稍稍整理行装,向前迈了一步,敬礼道:"这么多年,我们吃的都是海关的关饷。如果大人要打仗,那我们就跟随大人。"

如此,包罗为防卫队增添了足足一半的力量。尽管俄国人一直要求解散这支队伍,认为他们是义和团的同情者,随时会从背后打冷枪,但直到暴乱结束,这支卫队始终忠心耿耿,坚定可靠。他们白天协防,夜间替志愿防卫队换岗。

夜晚特别漫长。志愿防卫队在海关大院外巡逻,狗吠声不断,零

---

[1] Son of Han,指曾在公元前两百多年间进行过统治的一个帝国王朝。称呼一个中国人特别是北方人为"汉子",那是激励他在自己民族史上所具有的英雄气概。——原书注

星的枪声不时传来，远处燃着熊熊大火。而税务司官邸这边则鸦雀无声：年长一些的难民们虽然来自不同国家，但都对局势泰然处之；儿童们显然把骚乱看成是将他们召集起来玩耍的特殊游戏；有一两个较脆弱的嬷嬷，经过包罗之妻的一番安抚，情绪已经平复下来；而包罗，此刻正手握步枪，注视着大海方向渐露的曙光。他心里猜疑，不知道俄国人发出的警告是否真实，会不会是奥斯特洛维科夫胡思乱想的结果，甚至会不会是俄国人故意虚张声势，想让英国人惊慌失措后丢弃牛庄港。

如果俄国人的确有此打算的话，那他们彻底打错了算盘，因为那天包罗又召开了一次社区会议，决定用"仙台丸"号（Sendai Maru）小轮船把尽可能多的妇女儿童送到日本，一旦解决这个后顾之忧，男人们便可专心致志地守卫牛庄港了。

浑水摸鱼的俄国人

各种消息从四处传来，但通常都是过时的，而且一律都是坏消息。30 日，他们听说，奉天的罗马天主教堂被焚毁，主教、教士和修女都被投进火海。他们还听说，那里的满族将军宣布支持义和团，此时正集结部队，准备开赴牛庄。华人商会的几个首领惊恐不安，前来拜访税务司，并告诉包罗，他们已筹集了一大笔银两，准备买通那位将军。包罗看准了机会，也把握住时机。陪同游说团的人中有一名包罗的海关卫队员——他是一个勇敢而忠诚的人，甘愿冒着生命危险去完成使命。他设法偷偷面见了满族将军，首先详细并如实地禀告了牛庄洋人防卫队的具体情况，随后告诉他驻扎牛庄的俄国军舰威力巨大，士兵和火炮不计其数，还说一支由装备精良的骑兵和炮兵组成的部队已经从旅顺口出发，前来解救牛庄港。那位将军

龙廷洋大臣：海关税务司包腊父子与近代中国（1863～1923）

无意同洋人部队较量，因而无限期地推迟了其征讨行动。

7月5日，发生了一幕滑稽且有可能演变成悲剧的事件，此事似乎与斯拉夫人的行为方式颇有牵连。当时，一些谣言传到牛庄，说有4个丹麦传教士被扣押在岫岩，该地位于牛庄以东约60英里处，离朝鲜边境也大约同等距离。这一消息既含糊不清，也早已过时，而且尚不确定传教士人质目前是死是活。但俄军上尉亚历山德罗夫斯基（Captain Alexandrovsky）宣称，军人尊严不允许他抛弃传教士，任由义和团宰割，因而组织了一支志愿救援队。这是一次冒险的出征，他们对情况一无所知，既不了解周边府县的状况，也不知"义和拳匪"身在何处。而亚历山德罗夫斯基，这位具有堂吉诃德性格的侠义军官，全然不顾后勤保障，让救援队员每人只佩戴一支步枪，所携带的物品要么塞进衣服口袋里，要么搭在马鞍上，一队人就这样跨上战马出发了。抵达岫岩后，他们发现那些传教士早已设法逃脱。随后，他们并未遭到袭扰，安然返回牛庄，这实在是侥幸。即便是最业余的军人也能看出，这次的行动十分冒险，简直可说是愚蠢到了极点。眼下，激烈的战斗即将来临，包罗忧心忡忡。他怀疑俄国的司令官究竟有多少作战经验，能指望从他们那里得到多少指导和帮助。

一周内，传来的消息愈加不妙。牛庄内城的罗马天主教堂被烧毁，和善好心的道台也送来可靠的预警通报。满族将军虽然没计划亲自出马进攻牛庄港，但他准备派遣2000名远征军前来。如果这支部队铁了心要进攻的话，那么其力量足以压倒70多人的志愿队、40人的海关卫队，外加"奥特瓦津"号军舰派遣的一小股陆战部队。小社区再次召开会议商量对策，并采取了行动。他们在码头两端入口设置防护栅，以防进攻者可能从海上登陆，在税务司官邸周围筑起护墙，作为最内层的防线。

下一步就是，通过可以被称为"有控制的兵变"来免除那个不久前推举出来的志愿防卫队指挥官的职务。因为他对任何事情都不关心，只知道待在他的小酒吧里不断捞钱，对目前的危急情况毫无帮助。这事办完后，他们面临着挑选继任者的问题。不过，答案只有一个——包罗成了不二人选。因此，这位卫生局主席又增添了一个头衔——"混合防卫部队指挥官"，他的官衔越来越多了。他随即提名原陆军中士亨特担任其副官，着手对部队进行紧张的训练。

局势逐渐得到缓解。7月8日，日本炮舰"龙田"号（Tatsuta）前来增援，受到社区的热烈欢迎。14日传来消息，驻京公使团仍在坚持抵抗。同日，英国皇家海军舰艇"名望"号（舰长是罗杰·凯斯）开进港口，奉命在必要时撤离英国侨民，但此时人们士气高涨，摩拳擦掌，没人愿意离开。次日，情况又急转直下：

> 7月15日是艰难的一天。早上，我和道台进行了一次会谈。他认为目前形势几乎失控。我担心他随时会逃离山海关的官府，因此，我让他牢记三点：第一，维持好秩序；第二，别动用清军；第三，不要逃之夭夭！
>
> 此次交谈使我感觉有点沮丧。随后，我还得应付一个志愿队员发疯的事。这个平时行为正常的人此时突然精神崩溃。最后，我不得不把他关押起来，以防他伤人。为这事，我后来向领事作了汇报，解释我为什么关押了一个英国臣民。
>
> 一波未平一波又起。俄国领事又醉酒闹事，他质问我为什么让道台进入我们的租界，并警告我，如果再发生此类事情，他会开枪打死道台。奥斯特洛维科夫此时真是个差劲的人，他每晚在"奥特瓦津"号军舰上酣然大睡，还欺负和激怒中国人，同时在洋人圈里挑拨是非。

龙廷洋大臣：海关税务司包腊父子与近代中国（1863～1923）

7月19日，俄国人散布谣言，声称使馆区已经沦陷，所有外国人都被屠杀了，鹭宾·赫德爵士也已自杀身亡。但同一天，津海关的税务司发来信件，其内容正好戳破谣言。信里讲述了联军攻打天津城的过程。激烈的战斗持续了24小时，虽然联军伤亡惨重，但彻底摧毁了内城。这产生的直接作用是，俄军得以抽身开赴其他地方开展行动。旅顺口的部队出动，占领了南满铁路线。23日，大石桥站方向响起密集的枪声。3天后，他们推进到牛庄，把中国驻防部队从城外和入海港口的几个古老要塞中赶了出去。从7月30日至8月2日，俄国运输线运来了超过2000人的兵力，其中180人部署在医院，专门保护洋人社区。外国租界现在已经安全，除非义和团和清军联手，相互配合发动进攻。

义和团和清军联手

但仅仅过了2天，也就是在8月4日上午，果真就发生了这样的情况。大约7点20分，数百名义和团拳民手持大刀、长矛、抬枪和土枪，佩戴着他们的古怪标志，从内城的大街小巷涌出来，直奔码头东口，高喊"打！打！杀！杀！"，然后朝防护栅这边冲杀过来。

守兵们大喊："退回去，不然开枪了！"但义和团拳民无所畏惧，勇猛向前，一直冲到了相当近的距离。一时间，枪声大作，子弹齐发。此时义和团大部分人四处奔逃，但有一小股人，在一名身强力壮的大汉的率领下继续向前。这人全身覆盖着神符，腰束黄带，头扎红巾，两手舞着一把巨大的砍刀。

此刻，包罗已经巡逻了一个晚上。警报响起时，他正在洗澡。他赶紧穿好衣服，跳上自行车，向码头疯狂骑过来。刚到达防护栅处，便看见领头的义和团拳民已爬上了防护栅。

"别开枪！抓住他！"包罗大喊。他想留个活口，以获取军事情报。一个叫詹姆斯·卡尔森（James Carson）的传教士通晓当地方言，前来担任翻译。

但那刚刚还无所畏惧的汉子，现在瑟缩成一团，跪在地上不断叫着："放生！放生！"[1]

包罗机敏、好奇的性格让他立刻自然而然地从一名战士还原为一名汉学家。他很疑惑，这个不幸的家伙是在乞求他们饶他不死呢，还是让他们杀了他，让他的灵魂得以解脱。但"奥特瓦津"号陆战部队的上校直截了当地解决了这个语义上的猜想。他召集水兵部下，组成了一个行刑队，然后将俘虏绑在石柱上，当即开枪击毙。

还没等那义和团拳民的尸首重重倒在石柱上，背后便枪炮声大作，一名信使匆匆跑来报告说，清军从南边围攻我们的租界，医院那里的俄国驻军要求紧急支援。包罗抽调了守护防护栅的一部分人，并亲自指挥这些骁勇善战的勇士。他们掉转头，沿着码头相反的方向行进，然后到达靠内陆的地方，即俄国人与新对手交火之处。这里的围攻并不激烈，事实上中国人打到南城的土围墙之后，离海岸已经不远，因此他们就没打算继续往前推进了。

他们占领的据点具有非常大的威胁性，因此必须将之夺回。包罗命令部队疏散队形，增援俄国人，并随即展开反攻。大量的坟墓、土墙和壕沟成了他们的掩体。清军的火力十分猛烈，但没有一发子弹击中志愿队员，只有几个俄国人受了伤。当他们推进到 100 码开外时，中国人终于放弃了土墙据点，退守到一个要塞里。在此之后，

---

[1] 字面意思为"释放生灵"，是虔诚的佛教徒在购买小鸟后释放的祈福仪式上所说的话。奇怪的是，缅甸刽子手行刑前，在监狱长面前也说同样意思的话。他们相信，只有这最后的请求得到恩准，他们的灵魂才不会永远游荡在监狱周围。——原书注

对方的攻势变缓，稀稀拉拉地一直持续到下午。

下午 3 点，俄国军舰开火，炮击毫无抵抗力的内城，居民们不得不逃散到城后的平原地带。同时，俄国骑兵和步兵由东边和南边一同涌出，并大开杀戒，与义和团拳民毫无二致。他们围成一个牢不可破的半圆形，稳步推进，把可怜的难民们围困到海边，然后不分男女老少，一律残杀。随后，他们闯进每一个小村庄，每一座小土房，将所有村民赶到屋外，然后用军刀砍杀或刺刀捅死。只有德高望重、颇受人们尊敬的海关文案主任及其家人幸免于难，包罗的高级帮办式美第（Schmidt）带领一队人马救了他一家。

看着老人的妻子和几个孩子的身上被刺刀捅过，伤口还流着鲜血，这位心肠柔软、容易伤感的英国人内心一直难以平复。而那个名叫弗莱舍（Fleischer）[1] 的俄国将军还在兴高采烈地庆贺，他继续站在税务司府邸的房顶上手舞足蹈，指挥着大屠杀，这让包罗感到厌恶和愤怒。黄昏时分，目之所及，尸横遍野。他这才走下高台，命令内城正式投降，并交出所有武器弹药。但此地的道台及其他官员早就在当天渡过辽河，逃之夭夭了。他们乘坐火车躲到山海关去了，只留下一个官职卑微的小吏。但不久后，这名小吏也因脸面丢尽，无地自容而"气"死了。因此，再也没有什么政府官员可办理投降事宜。

于是，英国人再次伸出援手。有两人钻进还在冒烟的废墟，把几个还剩一口气的义和团首领拖了出来。这些人交出的正好是一批很不寻常的旧武器，其中有些很可能是太平天国时代使用过的。华俄道胜银行（Russo-Chinese Bank）经理请求包罗为他们翻译，但当他抵达俄国领事馆时，弗莱舍却拒绝让一个英国人参与，因此那可

---

[1] 德语意为"屠夫"。

悲的受降仪式是由一个欧亚混血帮办从中协助完成的。

包罗身心疲惫地返回自己家，心中充满厌恶和鄙夷，却发现自家的花园和走廊都被俄国人占据了。他们声称是来保护他的，但更可能是来掠夺财物的。包罗把他们赶了出去，然后锁上门，并用沙包堵住院子的大门，将塞满铁屑的锡弹推进两枝老式步枪的枪膛，准备以此吓退随时来犯的人。稍微感到安全一点后，他躺倒在走廊的长椅上，身上还穿着沾满泥土的卡其布军装。他深深地陷入了沮丧的沉思中。那个交往至今的奥斯特洛维科夫，或许酗酒，放荡不羁，不讲信义，胆小懦弱，但当摆脱恐惧、冷静下来之后，还算是一个有教养、明事理的人，能与之理性地打交道。而如今这个掌握着最高权力的弗莱舍，显然是个嗜杀成性的野蛮人，而且极度反英。有他在，不论是牛庄关，还是中国的老百姓，前景都十分黯淡。包罗还是以保护中国百姓为己任的。

拂晓前，精疲力竭的他终于睡去。但不久，一阵"砰砰"的拍门声又把他惊醒了。那是面向码头的大门，一个声音高喊：

"包先生，包先生！"

"是谁？"

"是我。你的朋友，科洛斯托维奇，司令官的外务秘书。请开开门，让我进去。有要事相告！"

第 19 章

俄军占领牛庄港：争夺海关权

　　科洛斯托维奇确实算得上是朋友，包罗对他颇为熟悉。他曾经
在牛庄的领事机构与旅顺口驻军之间充当联络官，是一名机智、可
靠、性情随和的人。于是，包罗不再多言，打开门闩，带他进了书房，
并让仆人取来咖啡、白兰地和雪茄。这位外交事务秘书呷着美酒，抽
着雪茄，向包罗传递了口信。总司令阿列克塞耶夫上将此时已乘"扎
比亚卡"号（Zabiaka）游艇进入旅顺口，他希望马上见税务司一面。
俄国部队已占领牛庄，而在牛庄港未归还中国之前，海关也将被他
们控制。（此时此刻，在黎明曙光的照耀下，他大模大样地示意海关
旗手降下中国五爪吞日龙图案的黄龙旗 [1]，换上沙皇海军圣安德鲁十
字图案的蓝旗。）然而，对牛庄的占领仅仅是军事上的，俄国人并没

---

[1]　更准确地说，黄龙旗上的图案是：左上角为一个小红日，一条大黑龙张牙舞爪，居
　　大部分位置；大龙口吐火焰，其状如同准备吞噬红日。——原书注

打算更换那些仍在岗位上的中国官吏。海军上将只想知道税务司是否同意留任，并在俄国的管辖下继续征收关税，直到中国与列强联军达成最终协议为止。

俄国强势接管牛庄关

包罗的第一个反应是松了一口气，再也不用跟那个野蛮残忍的弗莱舍打交道了。他不在意海军上将那有点强制性的传唤，只表示：事关诸多复杂事宜，须假以时日，认真考虑。送走科洛斯托维奇之后，他脱掉衣服（这么多天以来的第一次），洗了个澡，然后倒头大睡，直到天黑才醒过来。包罗一辈子都在抱怨自己"神经紧张"，但在紧要关头，他的神经对他还是挺好的，起码能够正常放松。

醒过来后的包罗头脑清晰，心中已经打定主意。他的首要职责就是为中国守住关口，现在如果拒绝为俄国人服务，他们肯定会找自己的人来接替，牛庄关将就此丢掉，而且还可能是永久性的。因此，他只能接受对方的条件，但要尽量保住尊严，并坚持让对方作出某些让步，这是最起码的条件。他必须对其下属和所有内部事务拥有绝对的、不可挑战的控制权。除此之外，所有征收的关税必须直接存入华俄道胜银行，由银行掌管，直到关税分配协议最终达成为止。海关大楼及房产的所有权必须得到确认。最后一点是，不管征收关税是否足够，华俄道胜银行必须保证定期提供海关的日常办公经费，及时支付海关职员薪酬及劳务费。对于最后一点，他认为需要讨价还价，而且难度还比较大。

包罗花了一整晚时间，把自己的条件一五一十地写在纸上。第二天早上6点，包罗登上"扎比亚卡"号，那位海军上将正走上后甲板迎接他。此人看上去大腹便便，白色束腰军服上挂满了各种饰物。

头上戴着一顶大盖帽,帽沿压得很低,几乎遮住了一只眼睛。下颚的胡须修剪成方形,上面则是浓密的腮须和髭须,一副爽快、活泼的样子。于是,包罗很快判断出,眼前这个跟自己打交道的人精明强干,一点都不含糊。

叶夫根尼·伊万诺维奇·阿列克塞耶夫上将时年 57 岁,大脑正处于最好使的时期。大家普遍认为他是沙皇亚历山大二世(Czar Alexander II)[1] 的私生子,因而在事业生涯里,他理所当然地享受到了皇家的特殊照顾。1891 年,他陪伴沙皇太子游历远东;随后,他担任太平洋舰队指挥;最近,他又被任命为远东陆军和海军总司令。阿列克塞耶夫声名在外,爱搞阴谋诡计,他与极端保守的内务大臣普列维和御前大臣别佐勃拉佐夫关系密切,后者是极力主张对华对日采取进攻政策的主要人物。人们都在传,阿列克塞耶夫必须在政治和军事上取得辉煌成就,否则宫廷里的对手将很快整垮他。

他殷勤地接待了包罗,并把他带到自己的船舱中,递给他一封英文信件,信件内容与 24 小时前科洛斯托维奇口头传达的信息一模一样。包罗早已拟好答复信函,就放在口袋里,但他却说,自己需要更多的时间考虑,第二天才能给出正式答复。

永生不死的传说

与此同时,义和团的神奇传说再次浮现,这次是以一种令人毛骨悚然的方式。他们的头领,当时被"奥特瓦津"号陆战部队的上校莽撞处死,尸首一直被绑在石柱上。几百名在詹姆斯·卡尔森院子

---

[1] 沙皇时代的历史学家和布尔什维克时代的历史学家对此有分歧,但证据表明他出身高贵。——原书注

里避难的当地基督教徒被领着，列队经过那阴森可怕的现场，目的只是让他们看明白，所谓"义和团刀枪不入"，只是个神话而已。当时，包罗站得很近，便留心倾听他们的议论。有人低声自语："是神拳啊，死不了的。"包罗对此将信将疑。

俄国水兵砍断绳索，把尸首放下来，再捆上巨石，抛进河里。"哎呀！"当地基督教徒喊起来，"他没死，他还会回来的。"

过了3天，包罗从家往外看，发现码头那边聚集了一大群人，于是便去看个究竟。那群人告诉他："看啊！就是他。义和团的首领又回来了，在袭击那艘俄国炮舰呢！"

可不是吗！正是之前的那具尸体，扎着腰带，系着头巾。它借着涨潮，逆流漂上来，缠住了"奥特瓦津"号的浮标，此刻正横挂在浮标上，双臂张开，好像要挣扎着攀住缆绳爬上那艘船。

对西洋人来说，这只是一起怵目惊心的巧合事件而已。宽阔的辽河中，那尸体不是撞到这里就是撞到那里。但对中国人来说，这恰好证明了义和团不可战胜、永生不死的传说。而对于俄国人来说，此事不仅令人不安，还是一个不祥之兆。见到有很多人在默默祈祷，一些迷信的水手只好放下一条小船，让人划过去，把尸体松开，捆在一块更大更重的石头上，再次沉到河里。

牛庄不久就恢复了正常。包罗提出的条件没遇到太多阻碍，很快就被完全接受了。协议是在"扎比亚卡"号游艇上签订的，随后还举行了正式的庆祝晚宴。席间，阿列克塞耶夫上将向包罗表达了极大的善意。牛庄关很快重新运作起来，情况跟以往差不多，但税务司现在的工作量增加了一倍，这是因为俄国人还接管了向小货船、小舢板征收厘金的权力，而这种常关税收过去一直是由当地道台掌管的。[1] 的确，俄国人任命了一位名叫普罗塔西耶夫（Protassieff）的"副税务司"，还任命了一位名叫马尔特钦科（Maltchenko）的署理常关帮办。普罗塔西耶夫喜欢一直待在旅顺口，而马尔特钦科则成天沉溺于寻花问柳，好色行径尽人皆知，且全然不计后果。

8月20日，传来消息，公使团已在一周前获得解救。海关总税务司的人员暂时从北京迁移到上海。包罗又同他的上司取得了联系，但此时他们当然还无权给他任何具体指示。9月中旬，包罗的妻子艾塞尔带着他们的孩子回来了。包罗写道："数月的户外活动，我的皮肤晒黑了，身体变得结实、健康；而她，由于疲倦和焦虑，吃的又是粗茶淡饭，还整日颠沛流离，因此变得憔悴不堪。"许多做丈夫的，在"二战"后都平安地从海外战场回到英国妻子身边，当时也有此番感慨，包罗道出了他们的心里话。

内城的状况仍然动荡不安，成群结队的暴徒在街上游荡，经常闯入外国租界打家劫舍。整个冬天，包罗在入睡前都将步枪子弹上膛，挂在墙壁托架上，以便他从床上一跃而起时可以随手拿到枪。乡村地区的情况却相反，很快就安定下来了。英国人又重新欢欢喜喜地开展他们喜爱的赛马活动，组织了一系列的小马越野追逐赛，还和一些热爱运动的俄国军官一起，在周边开阔的平原上遛马，日子过得逍遥自在。

在稍远点的地方，日本关东[2]军将其控制范围扩大至整个满洲。在牛庄这里，奥斯特洛维科夫现在升任为民事行政官，他改组了当地政府，企图永远占领此地。12月19日，俄国人为庆祝沙皇的命

---

[1]　这仅仅是一起重大事件的开端。后来中国和西方列强签订了和平协定，海关接管了所有通商口岸征收厘金的任务，极大地加强了海关的权力和重要性。——原书注

[2]　指辽东半岛的南端，包括大连和旅顺。请勿与南方大省广东混淆。——原书注

名日举行了盛大的舞会。舞会上，哥萨克军官穿着亮丽的军装，跳起了玛祖卡舞。圣诞节和新年除夕又是一番庆祝，举办了各种宴会和舞会。在经历了那么多屠杀事件，经受了那么多的艰难困苦之后，1900年终于在人们的一片欢声笑语中结束了。

1901年伊始，英国人社区便被笼罩在年迈女王[1]去世的阴影中。俄国人借此机会，全力以赴地改善俄英关系。2月中旬，阿列克塞耶夫上将从旅顺口乘坐火车抵达牛庄，并带来了一大群随从。在两天后举办的招待会上，他与包罗密谈了许久，由此引起人们的疯狂猜测。4月，两名英军军官到访牛庄港。包罗有着喜欢军事冒险的遗传基因，于是陪伴其中一名军官，参加了由俄国驻军发起的清剿土匪行动。

俄英抢夺税务司职位

如今，牛庄越发变得引人注目了。整个夏天，观察家和好奇者，如海军人员、外交官以及记者等纷至沓来，络绎不绝，就连鼎鼎大名的《泰晤士报》记者莫理循博士（Dr. Morrison）[2]也在其中。虽然包罗的职位日益重要，他也充满兴致，而且此地气候宜人，但他还是日渐焦躁起来。严格来说，5年的任职期已满，因此他致信鹭宾·赫德爵士，请求于次年春天休假。此时，俄国人正拼命向赫德施加压力，要求任命俄国人为税务司。这一点，想必包罗早已猜到；假如他在

---

[1] 对圣明的维多利亚女王和"老佛爷"两人的生平、性格以及对重大事件的影响可进行批判性对比，有待杰出的历史学家留下笔墨。——原书注
[2] 全名乔治·莫理循，又被称为"中国的莫理循"或"北京的莫理循"，澳大利亚籍的英国医学博士。义和团起义期间是《泰晤士报》驻北京记者，1912年曾任袁世凯的政治顾问。

这个节骨眼上离开，那么赫德将难以继续拒绝俄国人的要求。所以他被告知，休假之事必须无限期地延后。

9 月，新上任的俄国驻京公使路经牛庄港。他从圣彼得堡乘火车抵达中国，只用了短短的 20 天，真是不可思议。他的到达，表明慈禧太后在流亡西安后已返回北京，也表明中国的对外关系将很快恢复正常。11 月，李鸿章去世的消息传来。之前，他从广州调回北京，主持和约谈判。在谈判中，他再次施展惯常手段，但仍然无力回天。如今，随着他的去世，清朝王朝苟延残喘的最后希望也灰飞烟灭了。

1903 年初，阴云又开始密布。包罗在前往天津途中接到赫德发出的警告通知，而原本他们打算接着前往北京。赫德电告包罗中止行程，并且写信向他解释说，千万不要跟他本人联系，否则会引起怀疑，而且会惹得俄国人再次鼓动撤换他的事。此时，性格随和的埃伯哈德上尉（Captain Eberhard，接替了奥斯特洛维科夫的职务）被解职了。虽然他被提升为阿列克塞耶夫上将的海军总参谋长，但很明显，被解职的原因是他对英国人过于友好。他的继任者是一名领事官员，名叫格罗思（Grosse）。他显然接到上头的指令，从一到任就开始采取咄咄逼人的政策，而且没过多久，就挑起了一起冲突事件。关于此事的经过，可以由包罗自己来叙述：

> 随着格罗思的到来，气氛变得紧张起来。我很快意识到，他的目的就是要找借口与我吵架，并乘机归罪于我。但他很难找到机会，直到有一天，他来到码头，正好看到我们的旗手在下半旗[1]。
>
> 他询问缘由，得知是应日本领事的要求下半旗，以悼

---

[1]　此时此地，海关旗帜是俄国海军军旗。——原书注

念日本皇子去世。于是，他打了旗手，并从他手中夺过旗绳，重新将旗帜升了上去。

我一直希望保持和睦共处，但此举实在令人愤慨，他这样做直接干涉了我下属的工作，违背了我和阿列克塞耶夫上将之间达成的协议，所以我要求格罗思赔礼道歉。

然而，他大发雷霆，言辞激烈。对此，我处之泰然，尽量心平气和。他很快就发现我不打算发脾气，而且也知道是自己理亏。此事如果告到海军上将那里，他的行为肯定得不到支持。

于是他败下阵来，言不由衷地说他为自己鲁莽的行为感到抱歉，事件也就这样了结了。

在天空高处，乌云也在密布。阿列克塞耶夫上蹿下跳，大搞阴谋诡计，设法让上面任命他为总督，继而全面掌控远东政策。此外，他还得到了只向沙皇一人报告的权力。他的卑劣行径堪比英国白厅最差劲的战时军部。可悲的是，沙皇对远东的事务将信将疑，而他一手扶植的亲信别佐勃拉佐夫（Bezobrazoff）在处理远东事务时则两面三刀，这也带来了灾难性的后果，因为阿列克塞耶夫从此取代了库罗帕特金将军（General Aleksei Kuropatkin）。这位将军曾经参加过土耳其战争，在传奇人物斯科别列夫（Mikhail Skobelev）[1]的指导下学会了攻守谋略，赢得了陆军的全力支持。尽管他同样致力于远东的扩张政策，但他对竞争对手日本的勇猛作战精神十分敬佩。相比之下，阿列克塞耶夫则毫不掩饰他对日本的蔑视。于是，俄国从此走向灾难。

---

[1] 俄国军事家，步兵上将，中亚征服者。

包罗顶着俄国当局的压力，一直在牛庄关支撑了 3 年，现在他的任期不能再拖下去了。因此，鹭宾·赫德爵士决定让一个名叫葛诺发（Konovaloff）的俄国年轻人来接任。此人曾经在北京担任过赫德的私人秘书，值得信赖。他在信里写道："你现在可以正式申请休长假了。我很高兴你能坚守岗位那么久，而且我对你工作的优异表现甚感满意。"随后，好事不期而至。

阿列克塞耶夫上将同包罗会晤和通信过许多次，这个玩世不恭的野心家对包罗颇为赞赏。一个绝对正直诚实的人多少也会感化一个毫无正直诚信可言的人。他听说税务司即将离任，便致信总税务司，盛赞包罗头脑机智、意志坚定、判断力强。他的信函产生了巨大的作用。

包罗确实工作出色，甚至可以说是非常优异，本以为会很快被提升到副税务司这样的重要职位，那也已经非常不错了。但没想到，他跳过了层层提拔，直接晋级为正职的税务司，这在海关的历史上前所未有。不仅如此，两周后，他还收到一封"绝密"信函，信中称：等他休假结束返回海关之时，将会为他提供一个汉城的职位——"顶替柏卓安的工作"，在适当时候接任他的职务，即出任负责朝鲜全境通商口岸海关的"朝鲜关总税务司"。

包罗很可能会这样说："我有充分的理由感到欢欣鼓舞，命运之神对我如此眷顾。"

第 20 章

逍遥岁月：蓄势待发

　　许多已在远东地区安家落户的人，回到老家会发现那里的一切都已不再令人向往，甚至大失所望。家乡的亲朋好友大多早已各奔东西，或是成家立业，或至少明显衰老。而他们自己的远游经历也不如过去那样新奇动人。此外，老家的气候似乎也比以前任何时候都要恶劣。于是，这些人很快就期待着重返东方。但包罗并不在此列，相反，他的归家探亲旅程充满了快乐。一路上，他在美国多个地方作短暂停留，频繁拜访朋友。随后，他们一家与一群纽约女子精修学校的学生乘同一艘船抵达英国，这群毕业生正被带领前往欧洲旅行。在横跨大西洋的旅途上，包罗一家充分利用了这样的机会，让两个小男孩享受到无微不至的关照。

　　1903 年的夏天是"有史以来最多雨、最潮湿的一个夏季"（其实差不多年年如此）。艾塞尔膝盖骨曾经脱臼，因此常常感到膝盖疼痛不止，但这并不影响他们一家欢聚一堂，也不妨碍他们享受在伦敦的舒适生活。包罗重新出席"内殿律师学院"的晚餐会。此外,他还和艾塞尔开始学习法语,因为他们注意到,有教养的俄国人都讲法语。在迪纳尔(Dinard)[1] 小住一段时间后,他们举家迁往诺克霍尔特村,在那租下一栋带家具的房子。包罗还买了一辆自行车,整个假期一有空就骑车周游,一直没停过。

1904 年的 6 月,那是一个多事之月。15 日,包罗参加了律师会的面试。30 日,他们的女儿诺拉出生。8 月,他们去了爱尔兰旅行;12 月,他们搬回伦敦居住,开始面临与两个儿子分离的现实,因为他们现在已到了上学前班的年纪。对所有侨居外国的父母来说,这都是迟早要过的一关。而那个时代,没有飞机、没有长途电话,处境就更是艰难。包罗夫妻比其他人要幸运些,因为小包爱德华和弟弟莫里斯可以由奶奶媞莎来照料,还有个小姑姑马蓓尔时常会来帮忙。

日俄战争

1904 年 2 月,日俄战争爆发。在这一年里,战争局势逐渐演变成一边倒的态势。日本人用鱼雷快艇成功地突袭了停泊在旅顺口的俄国军舰,并展开一连串持续的攻击,使得俄国人难以扭转局势。最终,俄国人于 1905 年 1 月投降,放弃了那个要塞。

包罗和艾塞尔乘坐豪华的"摩尔达维亚"号(Moldavia)邮轮返回中国。起先,船上"挤满了要到埃及过冬的上流社会人物,他们不分昼夜地在船上的酒吧厅里打桥牌、寻开心"。此时,波罗的海舰队在罗日杰斯特文斯基(Rozhdestvensky)海军中将的指挥下,正开往

---

[1] 法国的海滨浴场,位于法国西北部朗斯河入海口处,沙滩优美、气候宜人,19 世纪中期以后成为英国贵族避暑度假的胜地。

对马海峡，走向其不可避免的覆灭 [1]。文明世界大多倒向日本一边，尤其是英国，因为我们的拖网渔船曾在多格滩（Dogger Bank）遭到这支俄国舰队的恐怖袭击，所以愈发的义愤填膺。这样一来，日本的士兵往往被描述为勇敢侠义的小十字军战士。然而，包罗在下关（Shimonoseki） [2] 遭遇的一件事让他意识到，日本人也许还有好战的一面。当时，他在下关等候换船到济物浦（Chemulpo，即仁川），然后经济物浦前往汉城：

> 艾塞尔和我爬上下关城后面的小山坡，参观那里的名园古刹。我们在路边的一条板凳上坐了下来，观望风景。突然，路上跑来一名喝得酩酊大醉的日本士兵，手里还挥舞着军刀。
>
> 他看见有两个外国人坐在这里，便冲了过来。快接近我们的时候，他做出了刺杀的动作，好像要把我捅死。最后，他把刀一横，好像要在我的喉咙上抹一刀。我手无寸铁，没有手杖，也没有雨伞，根本无以自卫。我只能小声地告诉艾塞尔别理睬他，并不声不响地看着他，装作对他的举动毫不在意。当时如果稍有抗拒之意，肯定就没命了。
>
> 那种感觉很不好受。那家伙见我们无动于衷，一副无所畏惧的样子，于是就像刚才突然冲过来一样，突然走开了。他一边走下山去，一边大喊大叫。后来，我们听说他闯进了两三家商店，干了不少坏事，最后才被制服。

---

[1] 1904 年 2 月日本突袭旅顺口后，罗日杰斯特文斯基受沙皇尼古拉二世之命，率领波罗的海舰队 4 艘崭新的法制主力战舰赴远东增援，在日俄战争中参加了对马大海战。结果，3 艘战舰被击沉，1 艘被缴获，罗日杰斯特文斯基也受伤被俘，全军覆没。

[2] 原名马关，1902 年改名为下关。

在汉城，包罗经受了一系列挫折。赫德的计划一般都是在数年前就制定好的，但由于柏卓安（McLeavy Broun）拒绝调任，这个计划被完全打乱了。因为没有更好的职位，赫德对包罗感到内疚，只能派他暂时到苏州任职。苏州是包罗的父亲曾经跟随戈登拼杀过的地方，中国有句俗话："上有天堂，下有苏杭"，就是在盛赞江浙这两座城市的优美风景。另外，苏州产美女，而杭州出棺材[1]。然而，苏州的生活习惯很不健康，这也是尽人皆知。包罗夫妇在那里待了一段日子，感觉就像是在受罪。后来，包罗发生了严重的食物中毒事故；艾塞尔则患上了严重的疟疾；而他们的英国女仆则不时痉挛，大家开始还以为她身患癫痫，后来才知道是吃了过量的奎宁。只有小婴儿诺拉的身体安然无恙，可能是因为得到了家里园丁的悉心呵护。这位园丁对包罗忠心耿耿，而包罗也经常将他视作中国佣人的榜样。

10月，他被调到厦门，那简直算得上是解脱了。但当他们离开苏州时，还是有点依依不舍的：

> 玛丽，我们都这么称呼她，是"税务司专用舢板"的一位女船工。"税务司专用舢板"很有地方工艺特色，是用于苏州水域的贡多拉式摇橹船。玛丽是位漂亮的姑娘，她站在船尾摇橹，而她的小婴孩一副菩萨似的脸蛋，小巧可爱，就坐在她脚边。我们的舢板就沿着大运河漫游，构成了一幅迷人的画面。

---

[1] 此说法有误。杭州不出棺材，广西柳州才是棺材名满天下之地。中国民间说法是："食在广州，穿在苏州，玩在杭州，死在柳州"。

1906 年的包艾塞尔（娘家姓罗威邦），摄于厦门。

　　厦门是他曾经心满意足地度过 3 年的地方，但也是个非常闭塞的城市，堪称亚热带地区的一潭死水。好在事业有奔头，包罗还是备感欢欣。而且此次又是临危受命，前来解决此地纠纷的。原来，一个名叫阿理嗣（Van Aalst）的税务司企图收足厘金税，加上他的继任者嘉兰贝（De Galembert）又极度吝啬，结果两人的行为引发了地方暴乱，海关大楼遭到当地民众的纵火和破坏，海关人员只有开枪才得以击退来犯者。很明显，处理此事的人既要镇定自如，又要有坚定不移的决心。而这些特点，包罗正好都兼备。

新厦门海关于 1907 年开关。包罗到达时，原有建筑受到攻击，被烧毁。

厦门环境也非常适合他：

我在东方任职期间，居住过的地方中没有一个比这里更让人陶醉。房屋犹如城堡，矗立在一块海角高地上。这块高地宽阔，伸向蓝色大海。这里就是鼓浪屿小岛，岛上有小石山、花岗岩和色彩缤纷的漂亮花园，总是让我对大海浮想联翩。

在这优美的环境中，我们的海关是一个很显赫、很体面的机构。我们雇佣的杂役包括园丁、看门等，总计 20余人。每当我要到对岸上班时，"四抬大轿"会把我抬到小码头，那里有"税务司专用舢板"在等候，6个船夫划桨，把我迅速送到对岸。我们还有一艘小汽船供远游度假，一艘船屋作行驶内河到内地之用。而每天上班的间歇，我们还可以骑车、打球和骑马等。

　　他很快就加入了各种与海关事务不相干的活动。首先，他被推举进鼓浪屿工部局，负责外国租界巡捕房（巡捕多为锡克人）的警务事宜，并与美国领事共同担任同文馆英文培训主任。其次，他还肩负着一项海关职责：巡查和维护从福州到汕头航线上的所有灯塔——这是一项他特别喜欢的任务。此外，他还为一个名叫波特尔豪（Botelho）的葡萄牙籍资深灯塔值事员请功，使后者获得了一枚低等级的双龙宝星勋章。对于此事，他尤其得意。不过，那老头嫌勋章太小，戴着不够显眼，因此找人制作了一个汤盘那么大的勋章复制品，专门在庆祝典礼上佩戴。

　　但这些副业几乎无法消耗什么能量。于是，他还玩起了赛马。鉴于他有识马的慧眼，又鸿星高照，不久就成了一名相当有成就的马主。在中国沿海地区赛马，运气十分重要。那些未驯服的小野马又称"格里芬怪兽"，都是以固定价格批量购买而来。货到之后，买主抽签，成批取货。此外，由于这些小野马成群结队地跟随母马在蒙古高原四处狂奔，因此买主对它们的繁育情况无从了解，他们甚至连小马的年龄也不知道。本来可以从马牙来判断它们的年龄，但由于这些野马经常在沙土荒漠里啃草，牙齿早就被磨坏了。不过，包罗就是运气好。在第三和第四季度的赛马会上，他的小马赢得了多个奖杯，包括"阿瓦杯""乐透杯""友谊杯""交流杯""鼓浪屿杯""财务杯""淑女包杯"以及"道台杯"。

然而，生活就是那么奇怪，充满了讽刺意味。我们到这儿已经好几个月了，我开始觉得生活是不是缺少了什么。一晃已经过去 25 年，现在回想起来，在我整个东方任职期间，在厦门当税务司的这段日子，虽说在很多方面都逍遥自在，但也可以说是最吊儿郎当、最没意义的时候。

1908 年 3 月，德国舰艇到访厦门，后排戴圆顶礼帽者为包罗。

1908 年 1 月，厦门赛马会现场。

1908 年的包罗、诺拉、艾塞尔，摄于厦门。

龙廷洋大臣：海关税务司包腊父子与近代中国（1863～1923）

1908 年的包诺拉，摄于厦门。

　　1908 年，外部世界又发生大事了。德国正想方设法夺取厦门港，企图把这里当作海军基地。而且，虽然它最终躲过了因兼并这一通商口岸而导致的复杂国际矛盾，但德国军舰还是经常出没于厦门港。鹭宾·赫德爵士时年 73 岁，已经进入古稀之年，身体状况每况愈下。4 月，他回国休长假，但由谁继任其位仍然是个悬而未决的问题。裴式楷爵士（Sir Robert Bredon）担任赫德的副手已经十几年，但英国政府显然对他很不满意，一直都反对他正式出任总税务司一职。11 月，慈禧太后病逝。人们普遍认为，她在临死前找人用浸透了天花病毒的热毛巾，害死了那位倒霉的年轻皇帝光绪。皇位由一个差不

多同样运气不佳的溥仪（年仅 3 岁）继承，其年轻、开明的父亲醇亲
王出任摄政王。

退休前不久的鹭宾·赫德爵士（居中者，73 岁）。

官至二品大员

在这些大事接二连三发生的过程中，包罗被调到了奉天。他抵
达时正值隆冬季节，那里的生活条件十分原始，恶劣的天气令人难
以忍受。他被任命为满洲资深税务司及总督顾问，掌握着中国海关
机构的部分权力，特别是在当时瞬息万变的形势下，让他出任这一

　　　　龙廷洋大臣：海关税务司包腊父子与近代中国（1863～1923）

职位等同于一次重大的提拔。除了难以适应气候之外，家中佣人还接连不断地惹出事端。一个来自上海的仆人被北方人陷害，声称他偷了别人的戒指。最严重的麻烦事是厨师被告谋害了一名挑夫，最后厨师被判刑服劳役，与筑路犯人一起修路。对于包罗和艾塞尔来说，他们一直以来都希望把家佣培养成心甘情愿的奴仆，同时也是忠心耿耿的朋友。出了这些事，真让他们一筹莫展，十分苦恼。

在厦门，中国人很早就知道西洋人，因而对西洋人见怪不怪。而奉天才刚刚开放口岸，1906 年日俄战争之后才开始有西洋人居住。

多年以来，一些英法传教士只要一踏出院子就会遭到围攻，因此很少有人敢冒险迈出院门。在他们到来之前，当地人所知道的洋人就是俄国人和日本人。这两国轮流占领这座城市，因此也被这座城市的人民所憎恨。

每次当我们走进一家商店，都会发现，店家看着我们的眼神充满怀疑。我们总被盯着，看是否会拿了东西不付钱。只要我们拿起一样物品仔细端详，就立刻有人把物品从我们手中夺走。但这种情况没持续多久，中国人的观察能力很强，当他们发觉我们无意抢夺东西或亏待他们时，态度很快变得友善起来。

阿列克塞耶夫上将早已被召回国，可以说，无论是多大的耻辱，他都紧跟俄国宫廷核心集团内的一名大人物。但葛诺发仍然留在哈尔滨担任税务司。中国东三省总督徐世昌是一位私塾出身的传统文人，颇具儒雅魅力，他在几年后将成为民国的总统。他的次官奉天省巡抚由一个名叫梁孟亭[1]的留美广府人担任,此人已将一些先进思想付诸实施,因而包罗满心欢喜,期待未来会收获和平、变革和改良的成果。

然而,不到 3 个月,执政的巡抚被替换下来。包罗认为,新执政者是个"有点怪癖的人",他带来了 37 名本家族的旗人[2]。这位巡抚第一次公开露面时,就扇了一名当地官员的耳光,并威胁另一个官员,要立即将他斩首。随后,他宣布把所有人,包括他自己的薪俸都削减 90%。然而,这只是说得好听而已,实际效果寥寥,因为大多数官员的收入主要来自于"压榨",而非薪俸,他们总有办法为自己榨取更多的钱财。最后,新巡抚还禁止官员穿丝质衣物,因为他觉得棉质衣服已经足够好了;他也禁止官员乘坐任何式样的马车,以后出行之前恐怕要备足轿椅。在此之后,他故态复萌,又恢复了清廷官僚那种习惯性的懒散状态。梁孟亭(应为唐绍仪)"申请度假出游",换言之,他甩手不干了,包罗的改革计划也就此胎死腹中。

因为整日无所事事,包罗便骑马到郊外探险,对日俄之间的奉天战役进行详细的实地考察。这一战役对最近发生的满洲争端具有决定性作用。在获得驻京的裴式楷爵士准许后,他对南满各港口进行了一次正式的视察。他还将艾塞尔送回家,让她去接爱德华和莫里斯来中国探亲。他们现在正好是从私立学校到公学的转学期,这种机会非常难得。9 月,两个儿子前脚刚到,喀土穆的基钦纳勋爵

---

[1] 此处有误。奉天省巡抚应为唐绍仪,他曾是清政府于 1874 年派送的第三批留美幼童,在 1907 年 4 月至 1908 年 7 月间出任奉天省巡抚,之后专使美国。梁孟亭原名湉昭,字如浩,与唐绍仪同乡,且同批前往美国留学,1908 年任外务部右参议,后再迁升外务部右丞兼署奉天左参赞。

[2] 是较低等的清廷贵族。——原书注

（Lord Kitchener of Khartoum）[1] 后脚就来了，此人给人留下了一种深刻而难以琢磨的印象：

> 他性格相当强势，但又不乏一些可爱的特质。我们谈论的唯一话题就是瓷器，他对此颇有研究。他人高马大，红光满面，留着两撇黑色胡子，从不屑于跟人和睦相处。因此，我们那位年近花甲的总督这样惟妙惟肖地形容他："哎哟"，他惊叫一声，"好一位战神啊！"在场的每个人脑海里立刻浮现出一个威风凛凛的红脸武士，挥舞着长剑，犹如兵部衙门和兵营门上的传统门神一样。

第二天，不愉快的事情发生了。基钦纳被带往奉天行宫，参观独一无二的瓷器珍藏。宫内光线昏暗，于是他要求把一些最好的瓷器摆到室外展览。然后他拿出一封恩准他挑选任何一件瓷器的天朝皇帝谕令，指着一对闻名遐迩的瓷花瓶，声称就挑中它们了。这对花瓶是无价之宝，举世无双。那个展览馆馆长提出异议，他便执意要见总督，总督仔细验看皇帝谕令后，说道："馆长说得对，谕令是说只可以取走一件。但阁下是中国贵宾，我们拥有的所有东西都任由您处置，您想要什么就拿什么。"

> 大多数伟人 [包罗说]，当你近距离接触他们时，多少都会让你略为失望。基钦纳强行索要瓷花瓶的行为给人

---

[1]　全名霍雷肖·赫伯特·基钦纳（Horatio Herbert Kitchener，1850～1916），爱尔兰人，英国陆军元帅。他在 1898 年争夺苏丹的恩图曼战役中建立战功，荣膺"喀土穆的基钦纳勋爵"称号。

留下了专横跋扈的印象，即使他在其他方面功绩显赫，也
不能成为他如此强索的借口。

　　1910 年 2 月，总督通知包罗，皇帝赐予他二品官衔，即亮红顶
珠[1]，这意味着他进入了清官"九品十八级"的高官阶层，相当于一个
行省的巡抚。然而，由于在中国政府管理制度中推行开明政策无望，
他觉得获此官职也只是徒有虚名而已。不久，他觉得越发无聊和焦
虑，便干脆申请了 3 个月的探亲假，亲自把两个孩子送回英国，让他
们开始到施登汉学院（Cheltenham College）[2] 上学。
　　一到伦敦，他就听说了安格联（Francis Aglen）被任命为代理总
税务司的消息，还听说裴式楷爵士被降职，调到中国海关一个勉强
能保住面子的职位。次日，他收到安格联的电报，任命他为北京海
关总税务司署总理文案。

---

[1]　此处有误，一品官员的顶珠才是亮红（即红宝石），而二品官员的冠顶应是涅红（即
　　珊瑚）。
[2]　1841 年开办的一所英格兰独立中学，维多利亚时代最早开办的主要公学之一，学校
　　在 20 世纪 70 年代之前都只招收男生，学生多寄宿。

第 21 章

总理文案：见证 40 年中国革命岁月

在不同的通商口岸任职 23 年后，包罗终于可以重返北京，还担任了他向往已久的重要职务。裴式楷被降职，致使副总税务司一职空缺。因此，包罗不仅位居"人事总管"，负责总司署行政以及一切往来公函的签字[1]，而且担任了安格联的襄办，凡总税务司出门在外，他将代行其部分职责。如此一来，包罗那永无止境的工作欲望总算可以稍稍满足了。

赫德在中国任职的最后几年，海关工作混乱不堪。他年事已高，难以全盘操控，但又不愿意放权，结果导致许

---

[1] 鹭宾·赫德爵士一直以来都充分利用私人往来书信作为"半官方"公文，信中抬头都标明税务司的名字，最后署上自己的名字。这一传统习惯被其后任延续下来。——原书注

多需要处理的事务被搁置下来，留给了尚未确认的继任者来解决。裴式楷代理职务后，因其任职前景不明而无所适从，难有作为。况且，赫德传统作风的弊端已经根深蒂固，到了非改革不可的地步。

于是，安格联一上任，便面临改革整个海关组织制度的重任。他对这项工作倾注了热忱和勇气，从不逃避任何艰难险阻。我们两人同龄，少年时代一起长大。对于改革问题，我们所见略同，因此我们大刀阔斧地开展了改革计划，涉及海关总司署各个部门。

等他终于可以从工作中抽身出来，有时间到四处看看时，才发现北京变了很多，多到他已经认不出来了，跟他当年进修汉语时所认识的北京完全不同了。数百年来，北京一直是死气沉沉、停滞不前的，但最近十多年里，以中国人的标准来看，堪称是突飞猛进。街道挖了排水沟，铺上了石子路面，骡马再也不会陷入坑洼泥泞的道路中。往年每到雨季，这样的情况经常发生。如今，电灯、自来水、效率颇高的邮局，一应俱全。还出现了一家豪华酒店——"六国饭店"[1]，里面有俄国乐队演奏，并设有夜场舞会。慈禧太后从西安返京后，曾为公使团的夫人们开设了宫廷茶会，现在虽然她去世了，但宫廷茶会一直延续下来。清朝皇族的格格们开始现身于使馆区的娱乐场所。天坛和颐和园过去长期严禁外人入内，如今也对参观者开放了，前来北京观光的各国游客络绎不绝。

---

[1]　大饭店位于北京外国使馆区（现东交民巷）内，最早建于 1900 ～ 1901 年，是一个专做火车卧铺车厢生意的比利时人在北京御河东侧投资建造的西式宾馆，名为"卧铺车大饭店"。1905 年，大饭店由英国人重建，因资金来源于英、法、美、德、日、俄六国，故又名"六国饭店"。

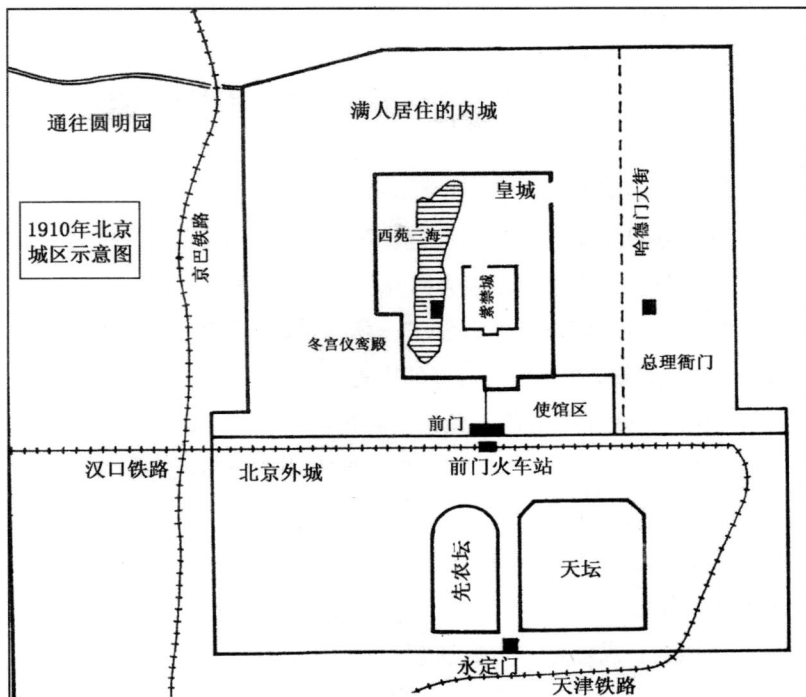

1910年北京城区示意图

通往圆明园

满人居住的内城

京巴铁路

皇城

西苑三海

哈德门大街

冬宫仪鸾殿

紫禁城

总理衙门

前门

使馆区

汉口铁路

北京外城

前门火车站

先农坛

天坛

永定门

天津铁路

赫德之死

　　只有那些外交官们一成不变。他们继续纠缠于外交礼仪中一些无关紧要的细节和优先权等问题，或者专注于耸人听闻的婚外情，而对于再次遍及"中央王国"的各种思潮和运动无动于衷，置若罔闻。

　　在海关中，当大国的代表们都在为翻天覆地的变革而忙得焦头烂额时，小国的代表则处心积虑，试图为本国公民在海关里谋一份好差事。其中就有这么一个性格强悍、意志坚定的女人，一心想让一位年轻的帮办在北京就职。这位帮办拉小提琴的技艺高超，她需要他为自己的社交音乐会锦上添花。因此，她每天怂恿丈夫拜访包罗，苦苦相求。最后，包罗再也忍无可忍了。

他假装糊涂地问："你知道哪国人在海关里混得最好吗？"

"不知道。哪国的？"

"嗯，都说是挪威人。"

"确实如此。可那是为什么呢？"

"不知道，但有人说是因为挪威在这里没有外交官。"

1911 年初，满洲地区爆发了一场肺鼠疫，病菌极其致命，一旦感染，必死无疑，根本没有可靠的康复案例。外交官们惊慌失措，北京刚刚出现一起单独病例，使馆区就被隔离开来。这可把包罗一家关在了城外，当时他们恰好在莫理循博士位于赛马场附近的别墅里度假。除了这个小意外之外，包罗一家的收获还是颇大的，甚至可说是丰收。包罗重操旧业，又开始赛马活动。尽管作为马主，其成就并不那么显著，但这次他担任了赛马会的主管及骑手体重测量官，这让他感到心满意足。艾塞尔生下了他们最小的女儿艾塞尔·弗朗西斯卡（Ethel Francesca），而在施登汉学院上学的莫里斯也获得了一份奖学金。

海关事业同样蒸蒸日上。5 月底，赫德一手创建的、已颇具规模的邮政从海关分离出去，移交给清政府，从而免除了海关总税务司署和各个海关税务司的大量额外工作。内班关员重新改组，为改善和扩展养老金计划奠定了基础。海关设置了一个全新的职位，即总署园艺师（Inspectorate Gardener），专门负责监管全国各地税务司宅邸花园的设计和修建。

总税务司署与中国海关税务处已经建立了坚实、友好的关系，这标志着赫德的事业功德圆满，完美收官。中国海关税务处于 1906 年设立，之前没有咨询过赫德的意见，也没有知会过他。这显然是故意让他难堪，并彻底动摇他的权力和声誉。然而，赫德不但没有如人们预料的那样立即辞职，反而举双手欢迎新机构的建立，甚至表示愿意支付税务处的运作费用及职员的薪酬。大清政府巴不得有人分担其财务支出，因而欣然接受了他的提议，而赫德在牢牢掌握了财政大权后，悄无声息地按照自己的意图来塑造这一新机构，与他影响其他中国政府部门的手法如出一辙。

1911 年 9 月 20 日，赫德溘然长逝。他担任总税务司将近半个世纪，是中国海关的灵魂。在那些岁月里，他对于中国的赤胆忠诚从未动摇过，并且为中国的福祉倾注了全部心血。在任职的最后几年，他不断地遭到激烈的人身攻击，攻击者通常都是出于嫉妒。他死后，一些人对他的敌意及诋毁仍持续很长一段时间，有时表现出来的形式甚至让人觉得不可思议。1942 年，日军推倒并砸毁了他在上海外滩的塑像；1959 年，傅勒铭（Peter Fleming）的作品《北京围困记》（*The Siege at Peking*）广受好评，但却在第 1 章的第 1 页中把赫德描述为"一名爱尔兰老光棍"。不过，向来比较可靠的《人物百科全书》（*Who's Who*）则记载，赫德之子继承了其男爵爵位。

对他的指责包括以下内容：独断专行，任人唯亲，虚荣自大，自我中心，缺乏人情味。前两项指责正好道出他建立了一所不可磨灭的丰碑——中国海关，其他指责则毫无道理。如果他不知谦逊、没有幽默感、缺乏人情味的话，他就不会在其事业行将终结时写下这样的文字：

> 我们帮助中国保持了国泰民安，让大清王朝根基稳固，这些应该足以让我聊以自慰了。若非如此，我会觉得对不起我付出的那些劳苦和心思。这些都是愿景带来行动，行动化作成果，心想事成罢了！

我们走过的 40 年只是历史长河中的短暂片刻,现在已成过眼烟云;我们所成就的一切也已交织在世间万物中,化作飘渺。我想,说到底,唱《塔拉拉,真糟糕!》(*Ta-ra-ra-boom-de-ay*)的那位洛蒂·柯林斯(Lottie Collins)[1]姑娘,再红再火,最终也不过如此。

大革命时代

历史就是这么凑巧。赫德去世不到 3 周就爆发了武装起义,起义迅速导致清廷崩溃,王朝瓦解。一直以来,清朝贵族颓废、腐败、残暴,极其无能。但在过去近 3 个世纪里,他们至少成功地在这个摇摇欲坠的帝国里维持着某种秩序。在以后的 40 年里,中国陷入动荡不安、内战频仍的境地,直到 1949 年中国共产党取得政权,才重新恢复秩序和大一统的局面。

起义最初起于长江流域地区,但这股浪潮很快就被广东的革命党人利用了。袁世凯是一位赫赫有名的行省总督,也是李鸿章式的重臣,但缺乏自己的独立判断。他曾经有几年失宠,现在被召回朝廷,被任命为军机大臣。毫无疑问,他尽了最大的努力来挽救大清王朝,但国民党[2]宣布中华民国成立,并建立起南京临时政府。圣诞节前夕,国民党的领导人孙中山自英国抵达南京,随后被推举为临时大总统,并在 1912 年元旦宣誓就职。2 月 12 日,清帝逊位。2 月 14 日,大

---

[1] 英国音乐剧院的表演艺术家,以歌舞杂耍表演为主要特色。1892 年,她以独特风格演唱一曲《塔拉拉,真糟糕!》而一举成名。

[2] 字面意义是"全国人民的政党"(National People's Party),是一个左翼组织,它很快取得了国家最高权力。——原书注

公无私的孙中山出于政治的动机，把大总统的职位让与袁世凯，暂时隐退，但此举令其抱憾终生。4月2日，临时政府从南京迁往北京，辛亥革命结束。

包罗一直用敏锐而嘲讽的眼光审视着这些事件的演变。他很快注意到一个奇怪的现象，这些革命的过程中居然没有表现出一点排外性质。因此，他也就没必要担心这场革命会对海关产生什么影响，只是增添了些许茶余饭后的谈资。1910年节礼日（Boxing Day）[1]，他参加了新成立的资政院的一次会议，但席间听到的尽是议员们在讨论自己的薪水、补助金和临时津贴等问题。一年过去了，他们仍在为同样的话题争吵不休，而袁世凯则干脆打断了他们的商议，直接解散国会，理由是国会没起什么作用，而且非常危险。

尽管大革命很少出现真正的战斗场面，但也不是完全没有流血事件，但遭殃的都是些小商小贩，而且向来如此。2月的最后一天夜晚，袁世凯驻扎在京城的部队发生了兵变：

> 兵变的原因众说纷纭：有人说是因为士兵没拿到军饷，还有人说是因为剪辫子[2]引起的。此事至今仍然是个谜。但暴动的士兵主要是满族人，所以此事件很可能就是为自己争取利益，趁着自家主子尚未倒台，尽量多捞一把。
>
> 那些士兵从兵营里冲到街上，开始大肆抢劫主要街道上的商铺，开枪打死那些妨碍他们抢劫的倒霉汉人商贩。枪声不断，炮声隆隆。

---

[1] 即为每年的12月26日，圣诞节次日或是圣诞节后的第一个星期日，是在英联邦部分地区庆祝的节日，一些欧洲国家也将其定为节日，称为"圣士提反日"。

[2] 最初是满清征服者强迫被征服的汉人扎辫子，之后随着时间流逝，辫子成为民族自豪感的象征，而且关系到男子汉气概。——原书注

安格联和我跑到大街上，从 9 点到 12 点 30 分，一直穿行奔走于那些抢劫者中。他们对洋人还算客气，但不愿听我们的劝阻，继续抢掠。

3 月 2 日，安格联和我再度骑马出门，发现西城和北城遭受的破坏很严重。大街的柱子上挂着那些所谓的抢掠者人头，但他们更可能是一些穷光蛋、乞丐之类的人。他们是在士兵离开之后来捡便宜的，而真正的抢掠者早就溜掉了。

海关总税务司及总理文案自认为有责任维持北京城街道的秩序，或者说有责任保护城中商贩及其财产不受侵害和抢劫，事实上这样的责任对他们来说是八竿子打不着，没有必要。他们如此甘冒生命危险，其动机只能解释为他们对中国人民充满了爱护之情，尽管他们自己都不愿意承认这点。

4 月中旬，包罗申请探亲假。这次休假要比往常短些，因为他在 1910 年已休了 3 个月的假。为了节省往返时间，他来回走的都是西伯利亚铁路线。这次探亲是一段特别幸福美满的日子。爱维 [1] 从巴西回家了，媞莎总算看到所有儿女都回到家中，欢聚一堂。爱德华在施登汉学院表现不错，莫里斯也成绩优异。假期中，包罗还多次到学校参观。他描述了其中一次的场景：

格鲁伯将军（General Glubb）[2] 正在主持军官训练队的

---

[1] 包罗之胞弟爱德华的昵称。

[2] 格鲁伯（1897～1986），英国陆军中将，毕业于施登汉学院，"一战"期间负责指挥皇家工程兵，战后被派往中东地区，"二战"期间负责指挥英国皇家陆军的阿拉伯军团。

检阅。之后，他在体育馆向男生们发表了讲话，讲话的主旨是，战争日益迫近，我们必须做好准备。但当时没有人认真对待这一警告……[1]

包罗还购买了他的第一辆汽车。"是件便宜货，从法国成批运来的那种。我后来发现，那其实是件破烂。"转眼的工夫，他的年假就休完了。4月7日，他在莫斯科搭上火车，19日便抵达了北京。7月1日，安格联休假，他顺理成章地代理了总税务司的职权。此时：

1912年圣诞节，包家男人留影。

---

[1] 这种说法过于轻描淡写了。当时的社会主义者、费边主义者以及左翼人士都异常激动，一旦有人警告政府战争危险将至，他们就群起而攻之。他们提出的议案之一是，剥夺陆军元帅罗伯兹勋爵的养老金，以便让他闭嘴。——原书注

我立即投入到繁重的事务中。不仅要掌管总署的行政事务,继续扩大海关的影响,还要处理所有中国财政借贷问题。由于最近大革命发生之后,有些事情作了重新安排,因此,海关除了征收海关税外,还在很大程度上掌握了关税处置权。贷款业务,以及为中国无休止地借贷寻求合适的担保等事务都由我们负责。这样一来,我的大部分时间都用来与中外银行家见面洽谈。

安抚暴动海军

1910 至 1911 年间的改革进展顺利。海关总体上运作正常,邮政业务的移交让他们轻松了许多,但很快又增加了新的重任。包罗担任了税务学堂的洋总办,这是他特别感兴趣的工作。不久,他又一心一意投入到开设盐务稽核所的事务中。盐务稽核所是由洋人管理的征收盐税机构,是为刚刚谈判达成的"善后大借款"提供担保而设置的,理论上完全独立于海关。但鉴于包罗在此类事务上经验丰富,他被不断地召去帮忙,提供咨询。另外,包罗还有个颇为棘手的难题,即是否要分出海关的人手,配备到这个新机构中,他对此举棋不定。

两周以来,这位代理总税务司一直为动荡不安的局势所困扰。当时江西爆发了起义,浪潮迅速蔓延到长江流域,并继续向南扩展至上海、宁波和广州这些沿海城市。中国海军大部分驻扎于黄浦江口的吴淞要塞,水兵们已多月没有领到军饷,他们很有可能加入起义军行列,并炮轰外国租界以表达他们的不满,因而形势非常严峻。

幸好可以动用一些资金来支付这些水兵的军饷。这笔资金是由国际银行团掌控的储备金，是用于抵偿中国债务的。但眼下的问题是，如何将这些钱款安全地交付给水兵，因为钱一旦落到中国官吏手中，水兵们可能一分钱也拿不到。于是，海关出手了。上海的巡工司戴理尔（W. F. Tyler）[1] 被任命为"临时总出纳"，前往海军舰队。包罗深知这位巡工司的新职责有多么危险，因而为他买了2万英镑的人身保险，一旦他意外身故，保险金将支付给他的家属。由于当时没有一个商业保险公司愿意承担这样的风险，他只好强制要求财政部承担这个责任。

不过，戴理尔胆大心细，足智多谋，最终保证海军舰队按时拿到了钱款。舰队立即调转炮口，轰击吴淞要塞，以示感激。吴淞要塞起义军最终投降，并交出了几个躲在那里的起义军领导人作为人质。于是，起义很快就被镇压了。但在这之前的一天半夜3点，包罗被民国大总统特使的敲门声惊醒。特使通知他，一艘怡和公司的邮轮已驶离广州，上面搭载着800名全副武装的起义军，并说海关必须阻止此船，检查并逮捕船上人员。此事非同小可，即便是对于中国海关来讲，也有点太为难了。于是，他把这个难题转交给英国皇家海军。

9月底，安格联探亲结束回到海关。他在英国短暂居住的一段时间里，成功地跟外交部的爱德华·格雷爵士（Sir Edward Grey）建立起密切关系。这一关系马上派上了用场。法国公使康德（Alexandre Maurice Robert de County）一直都咄咄逼人，竭力要求海关任命或提拔法国人，这也引起小国使节的极大反感，主要是比利时人。出于某种原因，他们认为法国公使总是抢在他们前头，占得先机。于

---

[1] 戴理尔于1889年跟随英国皇家海军舰队来华，长期任职于中国海军和中国海关，旅居中国长达30多年。

是，一份措辞强硬、半官方的抗议书经英国驻巴黎大使伯蒂（Francis Bertie）之手转交给法国，康德蛮横强势的行为这才得到制止。很快，他便如同江西起义军一样无声无息地消失了。

暗杀袁世凯事件

10月10日，包罗无意中目睹了一次大胆而策划周全的暗杀未遂事件。这次暗杀不仅差点就要了袁世凯的命，还几乎殃及他所有的部长及整个公使团。事件发生在大总统的就职典礼上。举行典礼的地方是太和殿，即"最和谐的御座大厅"，是故宫的主要殿堂。那场面最突出的人物是袁世凯的贴身保镖，站列在皇帝的宝座后面。他们个个身材魁梧，足有7英尺高。袁世凯久久不露面，大家就一直等着，情况似乎很不正常。突然，那些高大保镖中发生了一阵扭打，其中一人被制服，拉了出去。典礼继续举行。后来才得知，暗杀者在他宽松的制服里藏了一颗炸弹，而炸弹的威力足以摧毁那些支撑厚重房顶、涂着亮漆的细长梁柱，进而导致房屋垮塌，砸死里面的所有达官贵人。

只有一个微不足道的人没有出席典礼，那就是时任意大利使馆一等秘书的华蕾（Daniele Varé），此人诙谐风趣。事后他还大声哀叹，为何暗杀未遂。他声称，如果暗杀成功，那么公使团就剩下他一个元老了，彼时他将全权负责中国的外交和各国在华利益；不仅如此，爆炸如果一锅端掉了所有中国官僚，他实际上就是全权负责中国的皇帝了。此话倒也有几分在理。

此后不到一年的时间里，"中央王国"在一定程度上保持了稳定、安宁和繁荣。海关与盐务稽核所提供了充足的税款来偿还债务，支付行政机构的运作费用，甚至可以承担其他新设机构的费用。军队不再暴动，盗窃和走私得到控制，雇工、农民、手艺人和商人都在相对和谐的环境中安居乐业。

　　在我们驻京的小小洋人圈里，平静也有所体现。成千上万的游客接踵而至，社区的居民人数成倍增长。其中大部分是退休外交官，还有些人在此安家落户是因为感觉中国京城的生活无比惬意。

　　北京的厨子和跑堂的也许是世界上最好的服务人员，但他们的薪酬却很少，这极不合理。这里课税低微，食品和家用煤炭特别便宜，免税的葡萄酒和烟草也价格低廉。

　　四海为家的洋人们在这种舒适宜人的环境里过得休闲惬意。他们在中国金字塔式的社会中处于受保护和享有特权的地位，而中国人的生活却相当于 12 世纪的水平。

　　许多洋人年纪并不大，但他们能够、也非常急切地，充分享受了好运带给他们的欢乐时光。他们一点都不想放弃自己所处的虚假的尊贵地位，更不会想象有朝一日这种梦幻世界会改变。

　　包罗勤奋工作，也纵情享乐，那些日子的惬意充分体现在他风流倜傥的外表上。常礼帽已经取代呢帽，戴在头上时略微后倾，显得潇洒而时尚；衣领很高，但领带细窄，饰有别针，十分时髦；扣眼里甚至还插有一朵花；他的小胡子向上翘起，颇有近卫步兵的风范；他的眼里微微流露出嘲弄、挖苦的神情，其同辈依然记得，那是一双尖锐的碧蓝色眼睛。即使算不上北京的"礼仪鉴赏官"（arbiter elegantiarum），起码也是八九不离十的。

　　但好景不长。7 月 7 日，他在日记里这样写道："去了圣米歇尔教堂，参加弗朗茨·斐迪南大公（Archduke Franz Ferdinand）及夫人的葬礼，他们一周前在萨拉热窝遇刺。"

第 22 章

"一战"时期的中国：轮番上演复辟闹剧

大战日益逼近，但包罗并未表现出特别的预见性或政治家的敏锐直觉。他曾经忧虑过，后来变得释然，最后又开始担忧。驻京德国社区的气氛变得咄咄逼人，他对此感到惊讶，然而更让他震惊的是，他敬佩的朋友、德华银行（Deutsche-Asiatische Bank）经理柯达士先生（Herr Cordes）称："我告诉你，即使德皇不想打仗，德国的老百姓也会逼着他打！"

"二十一条"

无论如何，那一年还是在欢快的气氛中度过。圣诞节时，包罗听说小爱德华已顺利转学到伍利奇，而且在 111 名录取者中，他名列第八。随后，1915 年伊始，日本开战了。

从此之后，日本的举止行为不再像英国所期望的那种忠实盟友。

尽管东京和柏林的军界情投意合，日本还是在 1914 年 8 月中旬向德国发出了最后通牒。通牒一到期，日本便发动进攻，包围了青岛，并且不费吹灰之力将其占领。随后，日本宣布，青岛海关的全部洋员将由日本人替代。这不无理由，因为过去青岛海关的洋员全都是德国人。但是，日本得寸进尺，要求所有海关，一旦出现洋员因"参军"而职位空缺，都应由日本人填补。由于欧洲战场正在殊死搏斗，此时保持英日友好关系非常必要，因此，安格联的地位受到了削弱，但他还在顽强地抵抗。突然之间，在没有任何预兆的情况下，所有压力都从海关转移到了中国政府身上。

1915 年 1 月 18 日，日本提出了臭名昭著的"二十一条"，这份文件起初是绝对保密的，后来以外交辞令制造烟幕来掩盖。如果中国政府完全接受这些要求，那将意味着给予日本对中国的实际支配权。袁世凯顺势迎合，拟作出妥协，英美则一再劝诫，因而此事一拖再拖。直到 5 月，日本再次发出最后通牒。在 48 小时里，日本看来真要动武占领北京了，而且可能要抛弃盟友，投奔德国。但是，出人意料的是，日本随即修改了要求，中日达成协议，从而获得对山东和南满地区的实际控制权。危机暂时就此结束。

对于包罗来说，这些嘈杂和愤怒的最终结果，是为他提供了一次美妙的日本之旅，还有艾塞尔的陪伴。他此次赴日的目的是监督海关竞聘考试，海关的内班关员空缺职位现在不得已向日本申请者开放了。日方为了给他留下好印象，为他提供了"全程关照"。他几乎不用承担什么职责，而且娱乐节目极其丰富多彩。他一生中第一次，也是唯一一次，有一名贴身秘书同行，该秘书负责所有路费，支付所有花销，安排所有活动。"你只需点点头，笑一笑，需要的时候露一下脸。"他进餐时，"每一道菜式都是一首诗，每一盘食物都是一个梦"。他接受了"旭日勋章"，还与日本首相大隈伯爵（Count

Okuma）[1] 进行了会晤长谈。这名首相逃过了日本政治家在所难免的职业风险，只是在多年前的一次炸弹恐怖袭击中不幸丢了一条腿。

> 他坦诚地谈到德国与战争的问题，强调一定会不遗余力地帮助英国，甚至可能派遣日本军队远赴欧洲。但他与我谈话时，完全是针对我的英国身份，好像忘记了我实际上是一名中国官员，是代表中国来到东京的。

袁世凯之死

回到北京，包罗发现京城又陷入了新的政治危机中。这次危机是袁世凯引发的，暴露了其称帝的野心。他不听英国、俄国和日本的规劝，一意孤行，在 12 月中旬自立为帝。一周之内，西南地区的云南省公开起义。不过，由于云南距离京城较远，事态尚未发展到不可收拾的地步，因而整个冬季，包罗都在思考家里的事。爱德华去了法国，莫里斯赢得了新学院（New College）[2] 的奖学金。由于他要等到秋季才能入学，因此艾塞尔决定返回英国一趟，作短暂探亲并带莫里斯来中国。这可是一件需要勇气来完成的大事，因为途中要经过彼得格勒、芬兰和北海，后来证实此行的确险象环生。

艾塞尔回来时正好遇上倒袁运动。袁世凯自以为是，完全高估了国民对他的政治忠诚。那些在前段时间还投票一致拥护他登基称

---

[1] 大隈重信，1914 ~ 1916 年出任日本首相兼外相，也是早稻田大学的创始人，深信"日本优越论"和日本负有领导亚洲的使命。

[2] 新学院是牛津大学中规模最大、历史最悠久、资金最充沛的学院之一，拥有最漂亮的古老建筑群。

帝的省，如今全都翻脸，一致起来讨伐他。1916年3月下旬，他颁布了一条总统令，正式废除了他觊觎已久的帝制。此事让他颜面尽失，包罗估计他肯定活不长了。果真，6月初，袁世凯就与世长辞了。

　　我们的家庭医生贝熙业先生（M. Bussière）[1]，被请去出诊，诊断出他患了肾炎。他妻妾成群，各色女人簇拥左右，所以他的病很可能是她们伺候过度、喂食过多的结果。毫无疑问，他有寻死的想法，并发现比较保险的死法就是，不停地喝人参汤、药酒和其他中药补品，而其身边人也有意识地用这些药喂他。除了对他如此照顾外，其家人亲戚，老少数代还成群结队、日日夜夜地在他床边痛哭哀号，这样一来，他不死才怪！

　　他病入膏肓，最后呜呼哀哉。于是，副总统黎元洪继任总统，上台执政。袁世凯在世时，他如同囚犯，闭门不出。

　　这期间的几个月，包罗的日子过得十分快活，他带着莫里斯在北京城四处游览，还观看了袁世凯的出殡仪式。他常常讲一些独特的观点和看法，莫里斯则洗耳恭听：

　　带莫里斯去参观了颐和园，在漂亮的楼阁、画廊、凉亭和各处优美之地流连徜徉。我好奇地想，如果当年慈禧太后没有把建设中国海军的经费用于修建这个行宫的话，那么在1894年鸭绿江口海战[2]中，中国的海军舰队就会得

---

[1] 贝熙业（1872～1960），法国博尔都大学医学博士毕业；民国初年来华，任法国驻华使馆医官；中国抗日战争时期，他还给予过中国人无私的帮助。

[2] 即黄海海战。

到充足的枪炮弹药补给，而实则处于劣势的日本舰队就会被歼灭，整个远东的历史可能要改写了。

9月初，莫里斯启程返回英国，就读于新学院，并成为一名见习军官营的学员。那年，包罗在忧心忡忡之中度过。

1917年年初发生的事显得较为吉祥。传来消息说，小爱德华在战报上受到了嘉奖，而包罗也找到了一件得心应手的事情来做，那就是写文章。他对中国海关某些方面的想法颇有见地，所以写了一篇文章，还被收录在《中国百科全书》(*Encyclopaedia Sinica*) [1] 里。白银价格急剧上涨，带动上海银两价值大增，洋人社区开始显得浮华奢侈。美国迟疑不决，最终决定参战，战争的结局日趋明朗。中国在一个多月前加入了协约国，这迫使包罗做了整个任职期间最不愿意做的事，那就是解聘所有在海关工作的德、奥国民，其中包括艾瑞时这样有30年交情的好朋友。这些人现在突然没了差事，生活一落千丈，几乎一贫如洗。

包罗曾为自己被禁止入伍参战而深感遗憾，如今战争向他走来了，因而多多少少获得了一些满足和宽慰。随后，他再次经历了北京大街上发生的枪战。此次战事的爆发出人意料，是一场企图复辟帝制的政变，可以肯定的是，德国为此提供了慷慨的资助，作为争取中国保持中立的最后一搏。1916年6月，一个名叫张勋的保守派将军调兵遣将，率领只有4000人马的师团，开到北京。包罗言简意赅地把他形容为"一个酗酒成性、目不识丁、马夫出身的人 [2]；他的士兵

---

[1]　指英国传教士库寿龄（Samuel Couling）主编、上海别发书局于1917年出版的英文版《中国百科全书》，作者声称此书以帮助外国读者了解中国为目的。

[2]　此话与事实有出入。张勋少年时当过放牛的牧童，后来当书童时又曾读书练字，因此他能大段诵读经史，写得一手颜体字。

仍留着长辫，手持纸扇和雨伞，衣服上画有老虎图案，扮着鬼脸，发出巨大吼声，以此震慑敌人"。

然而，他具有东方人忍耐的特性，一直按兵不动，在北京蛰伏了一年。1917年7月1日，他率兵占领了皇宫，赶走黎元洪总统，宣布拥立幼帝宣统复位。尽管北京的精兵强将在人数上远胜于他，但直到7日，北京驻军才开始反击。一架孤零零的飞机在紫禁城扔下了几枚小炸弹，但没有产生明显效果。

1917年的小爱德华和莫里斯。

就像在1911年时那样，包罗和他的上司挺身而出，走到了冲突的前沿，并不因为什么特别的理由。在空袭的那天下午：

龙廷洋大臣：海关税务司包腊父子与近代中国（1863～1923）

安格联和我冒着酷暑，骑马冲出永定门，奔向丰台，然后从赛马场绕回来。我们发现曹锟[1]的部队已占领这块地盘，而张勋的分遣队在早上已退守城内。士兵们告诉我们，他们将在一小时后发起进攻。我们猛然醒悟过来，如果真打起来，我们不仅会陷入双方的交叉火力中，而且城门一定会关闭，被关在门外的我们将孤立无援，遭遇双方最猛烈的攻击。

显然，我们必须尽快返回城中。于是我们策马飞奔。一路上气温灼热，而安格联身宽体重，离城门还有一英里时，他连人带马摔倒在地。好不容易浑身颤抖着爬起来，却发现那可怜的畜生已筋疲力尽，一步也走不了了。我们的处境非常危险，但幸好，此时一辆丹麦人的汽车开了过来，同样在往城里飞驰。我们上了汽车，被送到了安全的地方。

接下来的5天都风平浪静。随后，12日，曹锟部队终于发动进攻。一阵短暂、勉强的抵抗之后，"清廷复辟"寿终正寝。这一事件使得安格联一蹶不振，包罗却仍和往常一样，精神抖擞，斗志昂扬：

攻击行动在凌晨4点15分开始。我被枪声吵醒，起身走到外面，爬上前门城墙观望。此时枪声大作，子弹横飞。我刚上城墙就看到两三个洋人因冒冒失失而被子弹击中，正被担架抬下来。很快，我们便转移到英国使馆，

---

[1] 曹锟是一位拥有雄厚资金的护国军将领。他曾买通北京丐帮，让他们在总统府外示威抗议，强迫总统让位，后来他自己当上了中华民国大总统。——原书注

喝了点咖啡，但此处情况也好不到哪里去，一串子弹射进了院子里。

我起身前往使馆区的北门。在这里，我先看到了张勋家人，然后是张勋将军本人，他们插上门闩，正躲在里面避险。闹剧即将结束，张勋自己藏身逃命，而让士兵继续战斗，只要他们还愿意打的话。

曹锟的部队感到战斗即将接近尾声，于是向前推进到紫禁城墙边，用铁镐凿洞。我们穿过街道，想去看个究竟，这是一个非常鲁莽的举动，因为当时机关枪正向街上扫射。幸好，我们安然无恙地穿过了街道，随后就看到护国军从挖开的墙洞中冲了进去。

张勋的人马没有作过多的抵抗就束手就擒了。随后，他们被押解出来，送回到他们位于天坛的军营里。傍晚，我策马来到军营，跟他们亲切交谈。他们依然士气高涨，伤亡不大。虽然他们的司令临阵脱逃，但他们佯装坚持战斗，算是保住了面子。一切安好，现在他们可以安安稳稳地享用晚饭了。

这弥漫片刻的硝烟对包罗来说却是一剂补药。在下半年里，虽然俄德在 12 月达成了停战协定，他的两个儿子也在前线作战，包罗不无焦虑，但总体而言算是精神饱满。莫里斯现在随英国皇家海军辅助舰队到了法国。

磨难未了

第一次世界大战的最后一年为许多人带来了慰藉、乐观和一定

龙廷洋大臣：海关税务司包腊父子与近代中国（1863～1923）

程度的快乐，但对于包罗来说，却仍然是一段磨难未了的时光。最终，他病倒了。给他看病的远东医生们没有把他严重的身心失调症状与由于牙齿大面积感染造成的毒素扩散联系起来。他的弟弟爱维在巴西因伤寒症病逝了。生性坚强的媞莎得知消息后中风倒地，从此再没醒过来。此时包罗两个儿子所在的第 5 军正承受着德军的最后一击。两个月之后，他们忧心忡忡的父母才终于知道，在伤亡惨重的第一轮进攻后，他们还活着。当时，爱德华正好在休假，而莫里斯正躲在为数不多的炮兵掩体里，为了节省弹药而任由敌方炮火攻击。

对包罗来说，最后就连一向应对从容的海关行政事务也变得出奇的麻烦，有时甚至发生可悲的事故。9 月，安格联去了加拿大。包罗再度代理总税务司一职，但很快便卷入了一桩邪门的东方神秘事件中。这种灵异事件时常会在吸烟室里悄然流传开来，但很少有人会听到亲历者的讲述。

葡属殖民地澳门实际上是一个小半岛，长不到 3 英里，宽 1 英里，上面盖满了房屋，因此要想从中挑选一块适合建税务司官邸的地皮，还真是一个难以解决的难题。终于，"邦热苏斯修道院"（Bom Jesus）的房地产（今澳门山水园巷）上市销售了。这块地皮位置极佳，且只需负担修道院几处零星废墟的产权。修道院长期荒废，年久失修，破烂不堪，但价格相当合理。总工程师狄克便派了年轻的建筑师阿诺德，在一名总巡的陪同下前往澳门，作了一番考察。到了澳门，税务司甘博（Smollett Campbell）是一个精力充沛的"中国通"，也随同他们一起考察。

实地勘察工作完全是由那 3 名英国人完成的，没有一个中国人或葡萄牙人参与，不管他们是不是海关职员，都从来没靠近过那地方。当地有个完全没有根据的传说：几百年前，有个主教在修道院里被杀害了，于是上天诅咒了那个地方，牵扯上的人都不会有好下场。甘博对这种迷信传说一笑置之，甚至嗤之以鼻。后来不出几周，他得了伤寒症，被送进香港医院后不治身亡。他已年过六十，是最不可能染上这种疾病的，而且之前他在远东度过了40年。

没过多久，那位总巡也突然暴毙了。因此，包罗暂时推迟了购置"邦热苏斯修道院"的计划。真不知应该感谢哪位神灵，阿诺德总算离开中国休长假去了，估计会平安无事。然而，没多久便传来消息说这位年轻的建筑师在回家的路上感染了流感（也许是致命的"西班牙流感"的早期病例，这种传染病在战后横扫世界各地），最后死在三藩市。至此，被冒犯了的神灵仍未满足。下一个，也是最后一个倒霉的，就是总工程师本人了。

几个月内连续出了4条人命，比起1918年的大屠杀，似乎并不算什么，但他们毕竟都是包罗熟悉的人，甚至可说是他的下属。鉴于他的内心过于柔软，他认为当初这些人去冒犯超自然的神灵，他应负有一定的责任。在东方，人们一直都很相信这些神灵的存在。

最终，停战协定达成了：

> 我们在身体上和精神上都已疲惫不堪，因而根本没有兴致庆祝战争结束。战争使得人们神经紧绷，现在压力解除了，但内伤已然造成。艾塞尔和我的体力都已消耗殆尽，感到极度的疲乏和衰竭。战争已经过去，一切逐渐恢复常态。但与此同时，无论做什么，都很难让人欢欣鼓舞，剩下的只有一种对休息的强烈渴望。

第 23 章

北洋乱局：仅剩一个地理概念的"中国"

　　包罗意志消沉，甚至动了提早退休的念头。只是安格联多次紧急劝解他，才让他打消了这种念头，没有迈出这损失惨重的一步。安格联已从加拿大休假归来，身体完全康复，精神抖擞。包罗的休假期也早已到了，现在的他非常需要休息一段时间。因此，移交完工作，他便立即启程返回英国，途经日本和温哥华。这是他最后一次休假探亲，从许多方面来看，也是最令他满意的一次，而且接下来好事连连，其中最可喜的当属挪威为他颁授"一等圣奥拉夫勋章骑士爵位"。他暗自揣摩，这一奖赏可能只是一种官方表态，以表示当局不赞同韩森（Hanson）[1] 对他的恶意诽谤和攻击，但也有可能真是对他以往工作的嘉许。

　　返回祖国后，包罗却发现，战后伦敦的状况令他极度沮丧：

---

[1]　韩森，挪威人，与包罗同时期就职于中国海关。

6月的天气晴朗，炎热而干燥，但美妙的气候更突显出这座大都市饱经战争创伤、破败凋零的景象。到处都需要重新粉刷，街道因无人打扫而脏乱不堪，临时建筑毁掉了公园和空地。各种公共交通工具严重拥挤，出租车稀少，半天都不见一辆。

每辆公交车、有轨电车和火车都挤满了轻佻女郎[1]。这些人粗俗无礼，推搡着老年妇女，抢先挤上车。城里偷窃成风，我们随意放在酒店的物品，例如靴子或衣服，都会瞬间被女佣顺手牵羊；小轿车只要停放一会儿，如果不锁门，又没人看管，那么车上所有能拿走的东西都会不翼而飞。

人民的生活困难。煤炭是配给的，白糖、奶油、果酱和威士忌酒都很难买到。物价飞涨，以战前的价值来计算的话，现在1英镑只能买到价值9先令的物品[2]。别有用心的煽动家们在劳动阶层中挑唆抗法和骚乱的情绪，随着生活成本的上涨，工人的工资已无法维持原有水平。不了解情况的雇主们对此置之不顾，致使情况更加恶化。

妇女们已经独立自主，在很大程度上抛弃了她们过去的工作，蜂拥进入曾被男人们垄断的职业里。

现在的英国已不是我们1913年时所认识的英国了。当然，在混乱的外表下，我们依然还能感受到老根基的存在，所有一切都会慢慢好起来的。

---

[1] 这是"一战"后的现象，但这些女人既不完全是性感女郎，也不全是堕落女性。——原书注

[2] 1英镑等于20先令。

对包罗而言，情况还算好。莫里斯从新学院回家看望他们，爱德华也从科隆回来了，一家人再次团聚。他们立即四处寻找房子，很快便找到一处梦寐以求的住所——位于艾特姆（Ightham）的鲍尔公寓。然而，房主非常执拗。包罗花了很长时间讨价还价才买下那栋房子，虽然价钱不菲，但他们还支付得起。之后，他再次病倒，只好把自己交给医生处置。哈利街（HarleyStreet）[1]的专科医生一再坚持，要拔掉他所有的牙齿。手术非常可怕，但效果却很神奇。"我摆脱了虚弱和疲惫，重新变得生龙活虎。到初秋时节，我的身体变得棒极了，从事任何强体力和脑力劳动都不成问题。"这确实十分幸运，因为他的精力和活力马上就要经受考验了。

军阀混战时代

次年入春，上司安格联的健康再度恶化，包罗幸福的假期只得缩短。他抵达北京时，安格联已经卧床不起，其体力显然已到极限。在一个愈发变幻莫测的时期，或者说乱世时期，掌管海关事务对他而言，实在是力不从心。一方面，海关经过 7 年的逐步发展，已达到权力和影响的巅峰；另一方面，"中央王国"自 1911 年龙廷崩溃以来，国内分崩离析，"中国"沦落到只剩下一个地理概念的地步。各种自封的将领，不管是大将军还是小将军，相互混战，争夺最高权力。军阀时代已经来临。随之到来的，还有那些欧洲的杂牌军人，例如"独臂萨顿"、"双枪马坤"和沃尔特·斯坦纳斯（Walther Stennes）[2]等，

---

[1] 伦敦哈利街自 19 世纪以来就是私人专科诊所一条街，以内外科医生汇聚而闻名。

[2] 沃尔特·斯坦纳斯，1930 年担任德国纳粹党柏林冲锋队队长，后与希特勒闹翻，被开除出纳粹党。1933 年抵达中国，成为蒋介石的德国军事顾问团顾问之一，还担任蒋介石的卫队长，负责情报工作。

他们都对自己的主子忠心耿耿，以各自的方式为中国效劳，但路径却与包罗大相径庭。

海关的势力不断扩展，由开始时只负责征收关税，到后来保管关税，最后掌控了关税的支配权。总税务司被赋予如此重大的权力，使他在所有财政问题上都拥有了决定权。当时的所谓中央政府不但指望他偿还国内外债务，而且还希望他支付经常性开支，这当然包括频繁内战所需的花费，以及其他官僚走歪门邪道时需要的其他开销。

总税务司的权力并不局限于京城。海关行使职权的范围包括沿海地区和各大江河流域的所有主要港口、一些内陆的市场及边界地带的战略要地。各海关的税务司都能讲一口流利的中文，通晓中国事务，与当地省府高官来往密切。即便如此，多数税务司仍然保持某种独立性。他们代表着中央政府，但也有着外国人的身份，享有治外法权，在中国国内纷争中保持中立立场。因此，他们能够施展广泛的政治影响力。

包罗本身的处境更是奇特，也许是其他英国公民在世界上任何地方都不会遇到的、最奇特复杂的处境了。过去，总税务司只要跟一个中央政府打交道即可，不管这个政府如何腐败低效，但现在中国分裂成三大政权，它们相互敌视，经常交战。在北部，从满洲和热河省，一直延伸到长城，这大片地区都由张作霖牢牢掌控。他手中拥有30万人的军队，除了蒙古地区发生的暴乱曾经制造过短暂麻烦之外，他的势力比其他对手都更稳固。在南部，"中国的爱尔兰人"——广东人说着一口完全不同于官方的语言，头脑灵活，充满活力，有时还勇气十足，他们相互争吵斗殴，只有在对付外省时才同仇敌忾，团结一致。广东和广西两省是他们真正的家园，加上周边省，他们总人数大约有1.2亿之众。

在北京，中央政府虽然还得到外国法理上的承认，但其有效控制范围向南不超出长江流域。如今，政权掌握在安福系[1]手里，该派系由段祺瑞领导，偷偷投靠了日本，是有史以来最狡猾奸诈的一个派系。在包罗返回中国几周后，张作霖和吴佩孚的部队向京城进军了。吴佩孚为人和蔼，喜欢热闹，但又深谋远虑，野心勃勃。此时，他们的军队准备攻打京城，城里再次陷入恐慌。富人们纷纷把金银细软存入外国的银行保险箱，然后躲进洋人开办的酒店。政府的部长们则逃到日本使馆里避难，只有一个部长是拖家带口到包罗那寻求庇护的。他带着成群的妻妾和众多的年幼儿女及奶娘，在总税务司署的客房里安顿下来。

10天后，京城真的爆发了几场战斗。包罗像以往那样，策马出城，想跟攻打京城的将军和谈，但他发现自己再次落入危险境地——被关在了城门之外，而战斗即将打响。不过，那位友善的司令官允许他打电话给意大利使馆，随后城门打开了。比起曾是盟友的吴佩孚，张作霖更加老奸巨猾。不久，他捷足先登，成功进军京城，并试图跟总税务司快速达成协议。他宣称要将全部征收自满洲的关税收归己有。对此要求，包罗威胁要关闭所有满洲关口。公使团支持他的立场。在这次交锋中，他态度坚定不移，因此声名大振。此后，再也没有其他权贵敢冒这个险，因为结局必是被断然拒绝，"颜面尽失"。

12月，安格联回来了。两人很快便开始共商未来大计，这对海关整个高层决策部门都产生了深远影响。包罗比上司年长一些，所以一直都很清楚，自己是不可能接替安格联出任总税务司的，因此，他只关注挑选和培养最适合的继任人选问题。安格联则因为健康情况，需要经常休长假。1923年，他又要回家一趟，因此，他力劝包罗

---

[1] 安福系是中国北洋军阀时期依附于皖系军阀的官僚政客集团，因其成立及活动地点在北京宣武门内安福胡同，故名安福系。

坚守岗位到当年年底，之后便可以把他调到伦敦办事处，任职两年后再退休。

1921 年夏，艾塞尔带两个女儿来看望包罗。这给他带来了无限的欢乐，不仅因为他是个重视家庭的人，而且因为北京的社会环境已经不如过去那样惬意，他渐渐偏爱于家庭的宁静生活。与他的简朴生活相反，使馆区却再度掀起寻欢作乐的风气。与战前相比，这股风气更显迷乱、狂躁，且不健康。一直以来，"娱乐和游戏"在"迪普们"（the dips）[1] 中从未间断过，但通常都是偷偷摸摸进行的，社交圈中并未闹出完全出格的事，但如今时过境迁。在伦敦，"咆哮的二十年代"[2] 反传统的风气大行其道；而在北京的洋人社区，主要是讲英语的洋人亦步亦趋，照搬伦敦的生活方式。他们盛行私通，即使用"风流韵事"来形容也无法让他们显得体面一些。他们的行为明目张胆，而且方式极度危险和卑鄙，连基本的体统都不顾了，真是名誉扫地。于是，不久之后便接二连三地爆出了各种乱七八糟的丑闻。

第一桩丑闻是在艾塞尔抵京 10 天后发生的。意大利公使的太太杜腊酢侯爵夫人（Marchesa Durazzo）在"六国饭店"前厅公然袭击另外一位刚从意大利来的女士，她使用大而重的刻花玻璃水瓶击打那位女士的头部，差点要了对方的命。后来得知，她们是为了商务参赞助理佩特里先生（Signor Pietri）而争风吃醋。丑闻传出来之后，这位助理当即自杀。包罗评论说："他是一个乏味无趣的人，一辈子碌碌无为；而那两个女人，一个妖媚动人，很有几分姿色，另一

---

[1] dip 是外交官 diplomats 的简称，有蔑视、讽刺意味。

[2] "咆哮的二十年代"指的是 20 世纪 20 年代消费旺盛期，始于北美，又受"一战"结束影响传至欧洲。这一时期内出现无数具有深远影响的发明创造，前所未有的工业化浪潮，民众旺盛的消费需求与消费欲望，以及生活方式发生翻天覆地的变化。

个已经有了善良的丈夫和几个可爱的孩子，真不明白她们为何为这样一个男人争风吃醋，这是藏在拉丁女性内心深处的一个谜。"

包罗应该算得上是世界上最宽宏大度的人了，但当他觉得有责任去谴责这种不良风气时，他便会毫不含糊，有时甚至会严厉告诫。然而，颓废之势终究难以阻挡，淫逸之风四处蔓延，以至于几年后出现了类似于黑弥撒[1]的邪恶活动——一个清白无辜的洋人姑娘被残忍地肢解躯体。

卷款逃跑的财政总长？

一年又过去了，除了南方和长江上游地区依然局势动荡之外，其他地方相对太平。在广州，孙中山通过政变重新掌握了政权，但又立刻面临严重的内讧——下属将领两面夹攻。他的洋保镖"双枪马坤"至少三次挫败了几乎夺其性命的刺杀行动。在重庆，"独臂萨顿"也陷入三角混战。他在守护兵工厂时，面临着马将军的进攻。在只有十分之一的胜算时，仍然在最后一场对决中把马将军除掉了[2]。但北京却笼罩在一片沉寂中，直到1922年，这座古老的城市才再度响起隆隆炮声。

吴佩孚对张作霖算计他一事耿耿于怀。他招兵买马，并暗中寻求盟友，待时机一到，便全力出击，并最终取得了彻底的胜利。其中功劳，有一半要归于"基督将军"冯玉祥，另一半则要归于澳大利亚

---

[1] 一种向魔鬼撒旦献祭的宗教活动。

[2] 此故事源自西方关于"独臂萨顿"的传奇。传说"独臂萨顿"在1920～1921年川军军阀大混战期间为四川军阀杨森效劳，曾勇闯第3军司令马将军军营，并枪杀马将军，后逃逸。但此传奇似与史实不符，当时川军第3军军长为刘成勋，查其他各路军阀并无马将军这个人。

记者端纳（W. H. Donald）[1]。冯玉祥曾答应支持张作霖,却在张作霖
胜利在望之时倒戈相向,朝张作霖部队无设防的左翼猛攻。而端纳
当时正好在收集新闻素材,准备为《泰晤士报》撰写一篇报道。他策
马驰骋于战场,马蹄突然被战地电话线绞住了,于是他跳下马来,剪
掉了那100英尺长的电话线,留作自用。端纳根本不知道,这电话
线正是张作霖与前线部队通信联络的唯一渠道。他的这一剪,阻止
了张作霖部队的撤退,很可能导致一场大溃败。

包罗此时也在城外,但这次是在他周末度假的小别墅里。他不
慌不忙地收拾行李,然后召集周围的洋人,把他们送到安全的地方。
但其他人就没这么幸运了。安格联骑马外出,被盘旋在空中的飞机
发现。扔下来的一枚炸弹落在离他不到20码的地方,几乎要了他的
命。一名英国使馆的汉语进修生被子弹击中,身负重伤,后来一直
没法彻底痊愈。

1923年是包罗在中国的最后一年。从很多方面来说,这也是他
最快活的一年,就跟他最后一次休假一样。安格联又回了英国,走
之前曾冷静地提醒他,可能很快就会有麻烦事发生。果然,在安格
联离开不到一个月,对包罗的第一次考验来临了。此时他刚刚病愈,
不久前被支气管肺炎折腾得大伤元气。如今,中国财政资源枯竭,
每个部长都来向他要钱,要么是用于可疑的所谓合法目的,要么是
为自己和家人逃命而准备盘缠。

对我而言,5月3日真是痛苦的一天,因为我要强己

---

[1] 澳大利亚人,1903年受聘担任《德臣西报》副主编,后来先后任《纽约先驱报》和《泰
晤士报》驻华记者。

所难，孤注一掷。财政总长刘恩源[1]派人送来口信，说他希望上门拜见。尽管我答复说有病在身，无法见客，但他还是闯进来了。

陪同他一起来的，是海军上将蔡廷干[2]和中国海关税务处的陈銮[3]。他一开口就让我无论如何必须从关税基金中提取 100 万两白银给他，以作行政运营费。我知道他是打算用那些银两来收买满洲军队的，因为他们又来威胁京城了。

我必须立场坚定地拒绝他。如果我取出部分银两给他，中国必将无钱偿还内债，金融大恐慌将随之而来。我大病之后身体还非常虚弱，几乎说不出话来。他们开始时还是花言巧语，后来变成了气势汹汹的威逼恐吓。对此，我只能反复强调，办不到。

财政总长开始大发雷霆，威胁称我如果不立即拿钱给那支部队，说不定我的倒霉衙门会遭到炮弹轰炸。海关就位于使馆区内，所以我并不害怕，只是一笑置之。他越是蛮横无礼，我的立场就越发坚定。这些不速之客的情绪变得很激动，而我已经没有精力跟他们争个面红耳赤了，因而只是静静地坐着，心平气和地坚持我的反对立场。

终于，财政总长觉得闹剧该收场了，于是继续出言恐

---

[1] 1923 年 1 月担任财政总长，但因无法支付军费，5 月便辞职。

[2] 蔡廷干参加过甲午中日海战；从 1913 年起担任北洋政府税务处会办，积极争取中国关税自主；1923 年被任命为"整理国内外债务委员会"成员，1924 年升为督办，1927 年因罢免安格联事件而被解职。

[3] 陈銮，海关华员出身，1908 年税务学堂成立时，被任命为华人总办（即校长），后担任税务处帮办提调。

吓，让我小心飞来横祸，之后便悻然离开。当天晚上，他低头认输了，乘火车逃到了天津。假如我当时退让，说不定他就卷款潜逃了，事态将有可能变得更糟糕。

那年夏天，政局动荡，异乎寻常，类似的小插曲不断上演。各路部队进军京城，又离开京城，有时还围困京城。多个内阁相继成立，接着又被解散。总统和部长一个一个上台，又一个一个倒台，然后逃到外国租界避难。在这一系列事件中，唯一值得关注的人物是黎元洪总统（他曾被天津当地督军逮捕并关押），他离开天津前把政府大印交给了他的众多小妾中的一位，而这个女人带着官印避入了法国医院。

流水的内阁，铁打的海关

在这些千变万化中，只有一种情况是经久不变的，那就是包罗的衙门总是门庭若市，来索取财政资金的各式人等络绎不绝。这些求见者中还新增加了许多外国使馆的代表，他们手上也都有着偿还无望的债务。包罗沉着冷静、彬彬有礼地对待每一个访客，立场却坚定不移。除了提供用于真正合法目的的资金外，关税仍然牢牢地掌握在海关手里。

清廷官员的继承者们看过从父辈那里借来的《笨拙》，仍然喜欢开玩笑，于是官场上演了最后一次喜剧。9 月，包罗被授予"二等文虎勋章"，文虎即"条纹老虎"之意，是奖赏给军人的至高无上的荣誉勋章，很少授予洋人，更不会授予文官。只有极少的状况例外，那就是被授予者彰显了"坚强不屈之抵抗精神"。

然而，包罗的反应却一点都不好笑。岁月流逝，他对中国人的感情与日俱增。对于他们的各种陋习，他可以用最敏锐、最冷静的眼光来看待；而对于他们那无限的魅力，他跟父亲一样，也能够充分感知。为了他们的福祉，他任劳任怨，尽忠职守。看到他们沦落到如此危险的境地，而且未来危机重重，他感到悲伤：

　　每个中国人，不管他是官员，还是军事冒险家、商人、店主，或是农民，总是生活在灾难的边缘。生活在西方国家的人也许会经常觉得自己所处的根基一点都不牢固，但在中国，人的生命和财产实际上连安全的根基都没有。瘟疫、水灾、饥荒、抢劫、屠杀、欺压、虐待以及不公平待遇，一直伴随着中国人。不夸张地说，他们永远不知道，下一刻又会遭遇什么厄运。

　　在漫长的中国历史进程中，他们逐渐发展出一种宿命的哲学观和对死亡的无惧，这使他们能够以不屈不挠，甚至是愉快的心情来承受恐惧，而这些恐惧对于其他脆弱的民族来说简直是不可忍耐的。逆来顺受的精神虽然并非一无是处，但也贻害无穷。如果能对这种不公平的苦难持有强烈怨恨，加上具有坚定的反抗意志，那么对于一个民族来说反而会更有好处。

　　中国人把这种认命的观点与他们对生活中美好事物的热爱结合起来，因此得到一个很自然的结果：一部分能够积聚财富的人，对感官快乐充满了渴望，追求今朝有酒今朝醉。

　　在中国，迂腐的文人学士大多已寿终正寝。如今政坛混乱，饱读诗书已无法求得功名利禄。眼下上台掌权者一般都是军界人物，往往比强盗土匪好不到哪里去。对他们来说，所谓快乐就是古已有之的东方式及时行乐——金钱、女人、鸦片、美酒、盛宴、佣人、汽车；而权力就是法律，它可以漠视政府，可以牟取家族利益，可以为亲朋戚友谋到差事，还可以消灭敌人。

这些都是人们梦寐以求的东西，他们深知，过不了几个月、几个星期，甚至几天，这样的东西就会被对手夺去，因此他们会越发急切地攥紧这些东西。

各种荣誉铺天盖地地落在包罗身上。目前，他已获得了以下中国勋章（海关职员只授予较低等级的勋章，即使被授予较高等级的勋章，其实际殊荣也要比同等级别低一等）：

二等和三等文职类勋章有：三等嘉禾[1]章，二等嘉禾章，二等大绶嘉禾章，二等大绶宝光嘉禾章，双龙三等第一宝星勋章，二等文虎勋章。

法国颁发他"四等柬埔寨皇室军官勋章"，挪威授予他"一等圣奥拉夫勋章骑士爵位"，日本向他颁授了"三等帝国旭日勋章"。鉴于他过去多年作出的巨大贡献，提高了英国在远东的声望，英国政府慷慨地恩准他佩戴"1900 年远征中国奖章"。但请不要忘记，莫恩迪·格雷戈里（Maundy Gregory）先生[2]的时代即将到来，况且，包罗尚有别的心愿未了。

---

[1] 较准确的译法可能是"金穗"。——原书注
[2] 英国的剧院制作人、政治中介人，也是英国间谍，1918 年曾为英国自由党政府卖官鬻爵，以筹集政治资金。

随着他离职的日子临近，惯例的告别宴会日益增多，规模也越来越大。一些中国官员都不遗余力地挽留他，希望他最终可以接任安格联的职位，之前也正是这些官员提出的财务计划曾经屡遭包罗反对和阻挠。但回到肯特郡的故乡与心爱的妻子和四个事业有成的儿女团聚，显然更具诱惑力。11 月底，就在他父亲离家前往上海的60 多年后，包罗启程返回英国。

他回英国时可谓荣归故里，衣锦还乡。他收到的赠别礼物数量之多，堪称史无前例。人们涌向火车站为他送行，为他祝福，堪称盛况空前。此外，在他前面，还有在伦敦办事处的两年舒心工作在等着他。但当他乘坐的火车在一望无际的平原上奔驰，当北京的城墙逐渐消失在远处时，他脑海里只有一个念头：包氏父子为中国效力的日子从此结束了。

致谢

　　非常感谢官佐勋章（Officer）获得者 [1] 爱德华·包腊准将，以及牛津大学瓦德汉学院学监莫里斯·包腊爵士允许我使用其家族档案。感谢退休的资深税务司安斯迩（E. N. Ensor）先生为我提供取之不尽的有关中国海关史的宝贵资料。员佐勋章（Member） [2] 获得者王树德牧师（Rev. W. H. Hudspeth），语言知识渊博，一直在帮我翻译各种高深难懂的词汇和语句。同时，与包罗先生在中国共事过的郝乐（B. Foster Hall）先生、韦瑟罗尔（M. E. Weatherall）先生以及富乐嘉（H. G. Fletcher）先生也为我了解其性格提供了大量帮助。

　　《康希尔杂志》的奥西斯·利顿夫人（Mrs. Osyth Leeston）和弗吉尼亚·杜伊小姐（Miss Virginia Doey）也提供了宝贵的帮助，让我

---

[1]　大英帝国勋章的第 4 级，Order of the British Empire，简称"OBE"。
[2]　大英帝国勋章的第 5 级，Member of the British Empire，简称"MBE"。

揭开了有关包腊与加里波第一起战斗的争议谜团。

博德莱安图书馆（Bodleian Library）的迈克尔·特纳先生（Mr. Michael Turner）、陆军部图书馆（War Office Library）的 C. A. 波茨先生（Mr. C. A. Potts）、皇家工程图书馆（Royal Engineers Library）的 E. N. 桑德曼上校（Colonel E. N. Sandeman）、维多利亚和阿尔伯特博物馆图书馆（Victoria and Albert Museum Library）的馆员们，尤其是肯辛顿区议会中心图书馆（Kensington Borough Council Central Library）那些长期受我叨扰、无比耐心的馆员们，都给予我慷慨无私的帮助。

同时，我还要感谢国家橡胶局（Natural Rubber Bureau）的帕里斯先生（Mr. R. W. Parris）、查尔斯·麦金托什公司（Chas. Macintosh & Co.）的罗斯柴尔德小姐（Miss J. L. Rothschild）、皇家专利局（H. M. Patent Office）的珀儿·奥尔斯顿小姐（Miss Pearl Alston）、《集邮杂志》（*Philatelic Magazine*）编辑汤姆·摩根先生（Mr. Tom Morgan）、宝顺洋行的巴克尼先生（D. P. Burkney）、联合军官俱乐部（United Service Club）助理秘书巴克先生（Mr. A. Buck）、司令勋章（C. B. E.）获得者，皇家工兵学院（Institute of Royal Engineers）J. H. S. 雷西（J. H. S. Lacey）准将，以及皇家中亚学会（Royal Central Society）的玛格丽特·马什小姐（Miss Margaret Marsh）。感谢杰弗里·德雷格先生（Mr. Geoffrey Drage）孜孜不倦地梳理伍德沃德（Woodward）家族的家谱。感谢查尔斯·德雷格博士（Dr. Charles Drage）将俄文参考资料翻译过来。感谢玛格丽特·德雷格小姐（Miss Margaret Drage）不知疲倦地破译包媞莎的维多利亚体书稿。

关于加里波第战斗的日记

　　本书第 3 章和第 5 章中出现的日记摘抄刊登于 1929 年 9 月的
《康希尔杂志》(Cornhill Magazine)，由著名的奥基教授(Professor
Okey)[1] 进行了简单的编辑。之后不久，戴先生(H. L. A. Day)对日
记的真实性提出严重质疑，甚至怀疑包腊是否真的与加里波第一起
行过军打过仗。他指出，日记中记载加里波第与维克多·伊曼纽尔
历史性会师的日期为 9 月 19 日，而非 10 月 26 日。更为恶劣的是，
沃尔图诺战役一章结尾部分长达 42 行(《康希尔杂志》刊印的)描述匈
牙利骠骑兵冲锋陷阵的段落，完全抄袭了 1858 年出版的怀特 - 梅尔
维尔(Whyter-Melville)[2] 的小说《翻译官》(Interpreter)的第 151 和
第 152 页内容。

---

[1]　即托马斯·奥基(Thomas Okey, 1852 ~ 1935)，英国剑桥大学教授，专门研究意
　　　大利社会和文化的学者。
[2]　怀特 - 梅尔维尔(1821 ~ 1878)，苏格兰小说家及诗人。

面对这种严厉指责，当时年事已高且体弱多病的奥基教授只给出了软弱无力而且自相矛盾的辩解。他指出，首先，包腊具有详尽精准的记忆力，一定是在不知不觉的情况下，下意识地引用了怀特－梅尔维尔的文字；其次，这些所谓日记只不过是当初他给宁波读书会（Ningpo Book Club）做讲座时用的讲稿，而且是事情过去8年后编写的。因此，具体日期是很容易混淆甚至忘记的。包腊的儿子包罗，显然对此番有关其父记忆力的诽谤深感愤怒。这些日记现在已无从查找，很可能是被他毁掉了。此事就此告一段落，戴先生恐怕应该是此次较量的赢家。

进一步的研究一开始似乎为这种质疑提供了更多证据。人们很快发现，包腊记载之事大部分日期都是错误的，有时甚至相差两个星期。不仅如此，包腊对与加里波第从法瓦齐纳至科森扎行军历程的描述与《泰晤士报》特派记者的措辞极为相近。记者当时也在这支队伍中。

但是，如果仔细分析日记的内容和对具体战斗细节的熟悉程度，人们会觉得日记相当可靠。虽然日期混乱，但包腊描述的每个段落都可以从旁找到佐证，有 G. M. 特里维廉的熟练叙述，还有其他众多资料。日期也可以稍作调整，例如，他最初到达的日期当然不是日记中提到的8月17日，但一定是在米拉佐战斗（7月20日）之后不久，那样就符合日记中提到的"星期一的大事"了。而且，一定是在米索里出发、去执行危险任务之前的一段时间里。那样，包腊这个刚到意大利、只会说一两句意大利语的人才能听到此事，并自愿参战。这样算来，8月1日左右是比较可靠的真实日期。

打开日记之谜的钥匙大概可以从包腊之姐包婀娜写于1919年的家庭笔记中找到。从这些笔记中，我们可以看到，包腊在中国时，日记是交给姐姐保管的。1867年，当有人请他做宁波读书会讲座时，他写信回家，让她把笔记寄来。但包婀娜并未寄出原件，而是"让几个朋友匆匆抄写"，然后将抄写件寄给包腊[1]。这句话已明白无误地说明了问题：包婀娜和她的朋友很可能是分别抄写不同的部分，而且，为了节省空间，潦草的维多利亚体文字密密麻麻，挤出了每一行。这样抢时间、赶进度，难免会牺牲准确度和清晰度。接下来，他们还必须把写满字的纸张归拢到一起，再把乱糟糟的手稿捆好，塞进信封，去赶新开辟的、每两周一班的邮轮。

　　而这时的包腊，不论是在广州活跃于各种社交场合、文体活动中，还是在宁波初次担任税务司并专心陪伴娇妻爱子，当他拿到文稿时，肯定不可能用挑剔的眼光去对待，也不可能抽出时间校验文稿准确与否，然后再拿去做讲座。当他发现关于骑兵冲锋陷阵那段描述单薄欠缺时（他在日记原稿中提到"我几乎无法为我的记忆标注年代，就像那些地方一样，一片混沌，如同水汽蒸发了一样"），很可能就从怀特－梅尔维尔的书中摘取了一段，加进自己的讲稿，毕竟只是为了口头讲述而已，讲座结束后就不再想它了。

　　至于那段未作说明而引用的《泰晤士报》的文字，不妨想象一下，在沿着意大利海岸奔跑的 10 天里，包腊不可能每天晚上记日记。同样，在尼诺·毕克休手下紧张工作的日子里，以及在沃尔图诺战役之前两周激烈的围困战期间，他也不会有机会记日记。事实上，他第一次真正有空闲时间是在他受外伤后，在医院里进行恢复的 7 ~ 10 天里。那时，所说的事情已经发生一个月了，《泰晤士报》的文章想必已经可以看到。包腊喜欢文章的措辞，并大量借用，也就不足为奇了。

　　对此处加以说明致谢后，日记的真实性不应再受到质疑。能证

---

[1]　包媞莎曾告知在广州收到装有包腊日记的信件，日期是 1867 年 2 月 12 日。而实际上，他于 7 月 23 日，在广州港第一次做关于加里波第的讲座。——原书注

明其真实性的，不仅有佩德本人签名的部队电讯稿，还有日记的风格和内容——尤其是其中提到的毕克休、塔尔、"卡尔达尔"、西摩尔、温德姆、道林以及其他人的个人细节，这些都是确凿无误的真实记录。

参考文献

引言

《赫德与中国海关》，魏尔特

《泰晤士报》档案

《不列颠百科全书》

第 2 章

皇家专利局档案

《十九世纪英国橡胶工业的兴起》，威廉·伍德拉夫

《橡胶工业史》，P. 史多维茨，T. R. 道森

《乔治·麦金托什自传回忆录》，乔治·麦金托什

第 3 ~ 5 章

《加里波第与意大利的诞生》，G. M. 特里维廉

《康希尔杂志》，1903 年 8 月，1908 年 6 月，1929 年 9 月及 1930 年 1 月刊

《红衫军》，罗贝托·马里奥

《皇家海军汉尼拔号在巴勒莫和那不勒斯，1859～1861》，海军少将芒迪

《往事并不如烟》，乔治·雅各布·侯里欧克

《西摩家族编年史》，圣茅尔

《为何西摩爵士被称为英国上议院？》，C. A. 斯科特

《圣茅尔伯爵及爱德华·圣茅尔爵士书信集》，他们的母亲

《已故圣茅尔伯爵案例》，C. J. B. 威廉姆斯医学博士

第 6～8 章

《中国总论》，卫三畏

《巴夏礼爵士在中国》，斯坦利·莱恩－普尔

第 9 章

《戈登在中国》，伯纳德·W. 艾伦

《常胜军》，W. 威尔森

《中国的太平天国起义》，L. 布莱恩司令

《中国戈登的故事》（第 1 卷），艾格蒙特·哈克

《维多利亚时代名人传》，林顿·斯特来彻

《"亚拉巴马"号来了》，埃德纳和法兰克·布拉德罗

《桑德赫斯特的陆军军官学校》，约翰·史密斯准将

第 11 章

《康希尔杂志》，1870 年 5 月刊

《中华帝国对外关系史》，马士

第 12 章

《印度总督》，默西子爵

第 14 章

《博览会史话》，肯尼斯·乐克赫斯特

《1873 年维也纳全球展览会报告书》，皇家出版局

《1873 年维也纳全球展览会之官方目录册》

第 16 章

《日本和福摩萨：浮光掠影》，哈利·弗兰克

第 17 ~ 19 章

《俄国事务》，杰弗里·德雷格

《俄日战争史》，卡塞尔

《慈禧外纪 / 慈禧统治下的大清》，濮兰德和白克浩司

《俄罗斯新百科辞典》（第 2 卷）

《苏联大百科全书》（第 2 卷）

第 20 章

《旅华回忆录》，戴理尔

第 21 ~ 22 章

《紫禁城的黄昏》，庄士敦

译名对照表

A

Aalst, van（CMC） 阿理嗣（中国海关）

Anglen, Sir Francis（CMC） 安格联（中国海关）

Alabama "亚拉巴马"号

Albert Memorial 阿尔伯特纪念碑

Ahasuerus, King 亚哈随鲁王

Alcock, Sir Rutherford 阿礼国爵士

Alexander II, Czar 沙皇亚历山大二世

Alexandrovsky, Captain 亚历山德罗夫斯基上尉

Alexeieff, Admiral 阿列克塞耶夫海军上将

Alexis, Grand Duck 阿里克谢大公

Amoy, ex-H.M.S "厦门"号，原英国皇家海军舰艇

Anfu Clique 安福系

Antrobus, Shanghai merchant 安特罗伯斯，上海富商

Aphrodisiacs 春药

Arnott, architect 阿诺德，建筑师

Asset Realization Company 资产变现公司

Australia "澳大利亚"号

B

Bailey 贝利

Baker, Lieu., R. N. 贝克，皇家海军中尉

Balzac 巴尔扎克

Batchelor 贝切拉

Bayan, Mongol general 伯颜，蒙古将军

Beeton, Mrs. Isabella 伊莎贝拉·比顿夫人

Bertie, Lord, ambassador 伯蒂勋爵，大使

Bezobrazoff 别佐勃拉佐夫

Big Ben 大笨钟

Bigelow, American ambassador 比格罗，美国大使

Birmingham Post 《伯明翰邮报》

Bismark, Prince 俾斯麦亲王

Biter 骗子

Bixio, General Nino 尼诺·毕克休将军

"Blackbirding" 掠卖华工

Black Mass 黑弥撒

Bligh, Edmund 埃德蒙·布莱

"The Immortal Blondin" "神人布朗丹"

Bluebell, H. M. S "风铃草"号，英国皇家海军舰艇

Board of Punishment 刑部

Boer War 布尔战争

Bom Jesus property in Macao 澳门"邦热苏斯修道院"房地产

Boroon, a stallion 布龙，种马

Botelho, senior lightkeeper（CMC） 波特尔豪 资深灯塔看守人（中国海关）

Bowra, Annabella 包婀娜

Bowra, Cecil（CMC） 包罗（中国海关）

Bowra&Co. , Ship Chandlers 包腊船用杂货及帆具修理店

Bowra, Brigadier Edward 小包爱德华准将

Bowra, Edward（CMC） 包腊（中国海关）

Bowra, Edwy 包爱维

Bowra, Ethel 包艾塞尔

Bowra, Ethel（née Lovibond） 包埃塞尔（娘家姓罗威邦）

Bowra, Ethel Francesca 小包埃塞尔·弗朗西斯卡

Bowra, John 小包约翰

Bowra, Mabel 包马蓓尔

Bowra, Matthias 老包马提亚

Bowra, Sir Maurice 小包莫里斯爵士

Bowra, Norah 小包诺拉

Bowra, Thirza（née Woodward） 包媞莎（娘家姓伍德沃德）

Bowra, Rev. , William 包威廉牧师

Boxer Rebellion 义和团起义

Bredon, Sir Robert（CMC） 裴式楷（中国海关）

British Legion 英国军团

Brougham, Lord 布鲁厄姆勋爵

Brown, Admiral, Argentine Navy 布朗，阿根廷海军上将

Brown, General 伯朗将军

Brown, Thomas Marsh, Tide-surveyor（CMC） 鲍朗，总巡（中国海关）

Bruce, Sir Robert 卜鲁斯爵士

Burgevine 白齐文

Burgh, Adjutan General de 德巴勒，副官长

Burgoyne, VC, RN, Captain 博格因，皇家海军上校，维多利亚十字勋章获得者

Burlingame, Anson 蒲安臣

Buttons, Mandarin's 清朝官员的顶珠

C

CMC "中国海关"的缩写

Calabria "卡拉布里亚"号

Caldarelli（"Caldarell"）, General 卡尔达雷利（"卡尔达尔"）将军

Caledonian Ball 苏格兰舞厅

Cambodge "康拔直"号

Campbell, Sir Colin 科林·坎贝尔爵士

Campbell, J. D.（CMC） 金登干（中国海关）

Captain, H. M. S "船长"号，英国皇家海军舰艇

Carson, James, Missionary 詹姆斯·卡尔森，传教士

Cartwright, ex-midshipman（CMC） 葛德立，原海军见习军官（中国海关）

Census of 1861 1861 年的人口普查

Champ, M. de（CMC） 德善先生（中国海关）

Chang Hsun, General 张勋将军

Chang Tso-lin, Marshal 张作霖元帅

Charles Albert, King of Piedmond 查尔斯·艾伯特，皮埃蒙特国王

China, ex-H. M. S "中国"号，原英国皇家海军舰艇

China Mail 《德臣西报》

Chun, Prince 醇亲王

Chung How, Mandarin 崇厚，清廷大臣

City of Aberdeen "阿伯丁城市"号

Clarke Q. C. , Sir, Edward 爱德华·克拉克爵士，（女王）王室法律顾问

Closh, Chief Engineer 克劳什，轮机长

Collins, Lottie 洛蒂·柯林斯

Conty, M. , French Minister 康德先生，法国公使

Cook, Colonel 库克上校

Cordes, Herr, Bank Manager 柯达士先生，银行经理

Cornwallis, Marquess 康沃利斯侯爵

Crauford, M. P. , E. H. J. 克劳福德，国会议员

Cremorne Gardens 客立满戏园

Crimean War 克里米亚战争

Crown Prince of Germany 德国王储

D

Daily Press of Hong Kong 《孖剌报》

Day, H. L. A. 戴先生

Delahunt, William　威廉·德拉翰

Dent&Coy.　宝顺洋行

Detachable shirt-cuffs　可拆卸袖口

Detring, Gustav（CMC）　德璀琳（中国海关）

Donald,W. H. , journalist and statesman　端纳, 记者和政治家

Dowling, ex-sergeant R. A.　道林, 原英国皇家炮兵中士

Drouyn de I'Huys, Foreign Minister　杜隆先生, 外交大臣

Dumas, Alexandre　大仲马

Dunne, Colonel　邓恩上校

Durazzo, Marchesa　杜腊酢侯爵夫人

E

Edgar, Commissioner（CMC）　爱格尔, 税务司（中国海关）

Edgar, James, storekeeper　詹姆斯·埃德加, 小店主

Eglinton Tournament　埃格林顿骑士比武大赛

Elgin, Lord　额尔金勋爵

Ellora　"埃洛拉"号

Euridice, frigate　"尤丽狄希"号, 护卫舰

"Evil eye"　"邪恶之眼"

F

Fame, H. M. S　"名望"号, 英国皇家海军舰艇

Feng Yu-hsiang, General　冯玉祥将军

Fergusson, Sir James, Surgeon　詹姆斯·弗格森爵士, 外科医生

Firefly, Gordon's gunboat　"飞尔复来"号, 戈登的炮舰

Fleischer, General　弗莱舍, 俄国将军

Fleming, Peter 彼得·弗莱明

"Flower feet" 三寸金莲

Forbes, Colonel 福布斯上校

Forbes, Commander, R. N. 福布斯舰长，皇家海军

Francis II, King of Naples 弗朗切斯科二世，那不勒斯国王

Franklin "富兰克林"号

Franz Ferdinand, Archduke 弗朗茨·斐迪南大公

Fulford 富尔福德人

1st Earl of Lytton 第一代利顿伯爵

G

Garibaldi, Anita 安妮塔·加里波第

Garibaldi, Guiseppe 朱塞佩·加里波第

Galembert, de（CMC） 嘉兰贝（中国海关）

German Bands 德意志人乐队

Georges, Baron, privy councilor 乔治男爵，枢密顾问

Gibson, British Consul 吉布森，英国领事

Gieves Waistcoat 吉凡斯救生衣

Gladstone, W. E. and Mrs. 格莱斯顿及夫人

Glover, Commissioner（CMC） 吉罗福，税务司（中国海关）

Glubb, General 格鲁伯将军

Goldflower, Customs cruiser "金花"号，海关缉私船

Gordon, Colonel（Junior） 戈登上校（弟弟）

Gordon, General Charles 查尔斯·戈登将军

Grand Vizier 大维齐尔

Grattan, Queen's Messenger 格拉顿，女王信使

Gray, Archdeacon 格雷副主教

Gray, Rev. Mr. 格雷先生，牧师

Great Eastern "伟大东方"号

Gregory, Mr, Maundy 莫恩迪·格雷戈里先生

Grey, Sir Edward, Foreign Secretary 爱德华·格雷爵士，外务大臣

Grosse, Russian official 格罗斯，俄国官员

Gutzlaff, Dr. Karl 郭士立博士

H

Hakka Race 客家人

Hallett&Co. 哈里特公司

Han Dynasty 汉朝

Hannibal, H. M. S "汉尼拔"号，英国皇家海军舰艇

Hardinge, Viscount 哈定子爵

Hart, Lady（née Hester Breedon） 赫德夫人（或赫斯特·布雷登）

Hart, Sir Robert 鹭宾·赫德爵士

Head-hunters of Formosa 台湾的猎头族

Heavenly King 天王

Holyoake, George Jacob 乔治·雅各布·侯里欧克

Hong Kong Convention of 1886 1886年《香港协定》

Hosie, Alexander, consul 谢立山领事

Hsu Chi-chang, Viceroy and President of China 徐世昌，总督和民国总统

Hunt, ex-sergeant 亨特，原陆军中士

Hubner, Baron 哈布纳，男爵

Hungarian Hussars 匈牙利骠骑兵

Hyson, Gordon's flagship "海生"号，戈登旗舰

I

Independence《独立》

Indian Mutiny 印度大起义

Inner Temple 内殿律师会馆

J

James, Q. C., Edwin 埃德温·詹姆斯，英国王室法律顾问

Jamieson, Colin（CMC）哲美森（中国海关）

Jardine Matheson&Co. 怡和洋行

John Brown's Raid 约翰·布朗的反奴隶制起义

Jones, Captain 琼斯上校

K

Keangsoo（Kiangsu），CMC flagship "江苏"号，中国海关旗舰

Keyes, Commander Roger 罗杰·凯斯舰长

Keying, Imperial Commissioner 耆英，清朝钦差大臣

"King Bomba"（Ferdinand II）"炸弹国王"（费迪南多二世）

King of Prussia 普鲁士国王

Kitchner, Lord 基钦纳勋爵

Kleinwaechter, Herr（CMC）康发达（中国海关）

Konovaloff, M.（CMC）葛诺发（中国海关）

Korostovetz, M. 科洛斯托维奇

Kuang Hsu, Emperor 光绪皇帝

Kublai Khan 忽必烈大帝

Kung, Prince 恭亲王

Kuropatkin, General 库罗帕特金将军

Kwang Yin（son of Pin） 广英（斌椿之子）

L

Labourdonnais "拉布得内"号

Lake of Gems 瑶池

"Last of the Chinese" "末代汉人"

Lawrence, E.Effingham 埃芬汉·劳伦斯

Lay, Horatio Nelson 李泰国

Lay, W. T.（CMC） 李华达（中国海关）

Lesseps, M.de 雷赛布先生

Liang Men-ting 梁孟亭（梁如浩）

Li Hung-Chang, Viceroy 李鸿章总督

Lincoln, President Abraham 亚伯拉罕·林肯总统

Lincoln's Inn 林肯律师会馆

Lister, Alfred 利斯特

Livingstone, Tientsin merchant 利文斯顿, 天津商人

Li Yuan-hong, President of China 黎元洪, 中华民国总统

Lord Lyon 里昂勋爵

Liu En-yuan 刘恩源

M

Macintosh, Charles 查尔斯·麦金托什

Markie, Rev. George 乔治·马吉牧师

Mackey, Acting Commissioner（CMC） 马吉, 代理税务司（中

国海关）

Maclean, Hector 赫克托·麦克莱恩

M'Adam of Glasgow 格拉斯哥的麦亚当

Maria Sofia, Queen of Naples 玛利亚·索菲亚，那不勒斯王后

Mario, Jesse White 杰茜·怀特·马里奥

Markham, Mrs. 马安夫人

Ma Jui, General 马将军

Maltchenko 马尔特钦科

"Mary" "玛丽"

Mayer, W. F., Sinologue 梅辉立，汉学家

McCleavy Brown（CMC） 柏卓安（中国海关）

Meadows 密妥士

Medici, General Giacomo 贾科莫·美第奇将军

Mellazzo "美拉佐"号

Méritens, Baron, de 美理登男爵

Missori, Guiseppe 朱塞佩·米索里

Moldavia "摩尔达维亚"号邮轮

Mori Motinori, Choshu daimyo 毛利元就，长州藩大名

Morrison, Dr. of *Times* 莫理循博士，《泰晤士报》记者

Mundy, Rear Admiral 芒迪，海军少将

Mussolino, Calabrian leader 莫索利诺，卡拉布里亚队长

N

Napoleon I 拿破仑一世

Napoleon III 拿破仑三世

Nicholls&Cobb 尼科尔斯及科布公司

Nien-fei 捻匪

"Norfolk Howards"（bed-bugs）"诺福克·霍华德"（臭虫）

O

Okey, Professor 奥基教授

Okuma, Count, Prime Minister 大隈伯爵，首相

Old Buddha, The（Empress Dowager） 老佛爷，慈禧太后

One-Arm Sutton "独臂萨顿"

"Opium War"of 1840 1840 年鸦片战争

Orpheus, H. M. S "俄耳甫斯"号，英国皇家海军舰艇

Osborne, R. N. , Commander Noel 阿思本·阿思本舰长，皇家海军

Osborne R. N. , Captain Sherard 谢拉德·阿思本，皇家海军上校

Ostrovherkhov, Consul 奥斯特洛维科夫，领事

Ottawa "渥太华"号

Outram, Sir James 詹姆斯·乌特勒姆爵士

Oxus "奥克苏斯"号

P

Paris Exhibition of 1867 1867 年巴黎世界博览会

Peace of Prague 《布拉格和约》

Peard, Colonel John Whitehead 约翰·怀特海·佩德上校

Pekin "北京"号

Peleus "珀琉斯"号

Pietri, Commercial Attaché 佩特里，商务参赞助理

Pin Chun 斌椿

Pius IX 庇护九世

Plehve, Minister of the Interior 普列维，内务大臣

Prince Arthur of Teck 德克亲王亚瑟

Prince Consort "王夫"

Punch《笨拙》杂志

Pu Yi（Hsuan Tsung），Emperor 溥仪（宣统）皇帝

Q

Queen of Prussia 普鲁士王后

Queen's Royal Surrey Regiment（formerly the 31st）女王皇家萨里团（原第 31 团）

R

Redesdale, Lord 里德斯代尔勋爵

Reis, Herr（CMC）艾瑞时先生（中国海关）

Renown, H. M. S "声望"号，英国皇家海军舰艇

Rising Sun 旭日勋章

Roberts, Field Marshal Lord 罗伯兹勋爵，陆军元帅

Rodi, Major 罗迪少校

Rohan, "Admiral" de 德罗汉，"海军上将"

Royal Hampshire Regiment（formerly the 76th）皇家汉普郡团（原第 76 团）

Russell&Co. 旗昌洋行

Russell, Lord John 约翰·拉塞尔勋爵

S

St.Maur（Seymour），Lord 圣茅尔伯爵（西摩）

St. Paul 's School 圣保罗学校

St. Petersburg（Petrograd） 圣彼得堡（彼得格勒）

Salt Gabelle 盐务稽核所

Sankolinsen, Tartar General 僧格林沁，鞑靼将军

"Sausage Prater" "香肠游乐园"

Scarlett, General 斯卡利特将军

Schmidt, Senior Asst.（CMC） 式美第，头等帮办（中国海关）

Schweizertruppen 瑞士部队

Sea-slug 海参

Sendai Maru "仙台丸"号

Seven Weeks War 七周战争

Seymour, Admiral R.N. 西摩，皇家海军上将

Shah of Persia 波斯皇帝

Shanghai Mercury 《文汇西报》

Sheridan, Richard Brinsley 理查德·布林斯利·谢立丹

Sibthorpe M. P., Colonel 斯布索普上校

Simla "西姆拉"号

Simpson（CMC） 辛盛（中国海关）

Singapore "新加坡"号

"Six Toe Village" "六趾村"

"Sphairistrike" "斯菲尔里斯特易奇"（"草地网球"）

Smelt, Major C. S. 斯梅尔特少校

Squirl, Lieut. R. N. 斯奎尔，皇家海军大副

Stavely, General 士迪佛立将军

Stennes, Walther 沃尔特·斯坦纳斯

Stoormvaast "抵御风暴"号

Strauss, Johan 约翰·施特劳斯

Styles, "Major" 斯泰尔斯"少校"

Sun Yat-sen, Dr. 孙逸仙博士（孙中山）

Svetland, Russian cruiser "斯维特兰"号，俄国游船

Swatow "汕头"号

Swedish Royal Family 瑞典皇室

Sykes M. P., Colonel 西克斯上校，国会议员

T

Taku "大沽"号

Taiping Rebellion 太平天国起义

Taotai of Newchwang 牛庄道台

Tatsuta, Japanese gunboat "龙田"号，日本炮舰

"Three Loyal Heroes" "三大忠杰"

Thule, CMC tender "遐荒"号，中国海关小型巡逻艇

Tigre "老虎"号

Titanic "泰坦尼克"号

Titoff, Engineer-in-chief 提托夫，总营造司

Tivoli Gardens 蒂沃利公园

Torino "都灵"号

Treaty of Livadia 《里瓦几亚条约》

Treaty of Shimonoseki 《马关条约》

Trecchi, General 特雷齐将军

Triads 三合会

Tsao Kun, President of China 曹锟，中华民国总统

Tucker 塔克

Turr, General Stefan 斯蒂芬·塔尔将军

"Twenty-one Demands" 对华二十一条要求

Two-gun Cohen 双枪马坤

Tyler, W. F. , Coast Inspector CMC 戴理尔，巡工司（中国海关）

V

Varé, Daniele, diplomat 华蕾，外交官

Vashti, Queen 瓦实提皇后

Veloce "快速"号

Verner M. P. , Sir William 威廉·维尔纳爵士，国会议员

Victor Emmanuel, King 维克多·伊曼纽尔二世国王

Victoria, Queen 维多利亚女王

Virgin Mary 圣母玛利亚

Volunteer Movement 志愿者运动

W

Wade, T. F. 威妥玛

Wadman, Mrs. 瓦德曼夫人

Wang Yu-lin, corporal 王玉霖下士

Ward, Frederick, of Salem 来自萨勒姆的华尔

Waterloo Ball 布鲁塞尔舞会

Wen Tien-siang 文天祥

Wilton, Lord 威尔顿勋爵

Wink, Corporal William Wallace 威廉·华莱士·温克下士

Winthrop, British Officer 温索普，英国军官

Wittgenstein, Prince F. Von 冯·维根斯坦王子

Whyte-Melville, novelist　怀特－梅尔维尔，小说家

Wo Jen, Senior tutor　和珅，帝师

Woodward, Margaret（née Delahunt）　玛格丽特·伍德沃德（娘家姓德拉翰）

Woodward, Samuel　塞缪尔·伍德沃德

Wyndham, Colonel　温德姆上校

Wu Pei-fu　吴佩孚

Y

Yuan Shih-kai　袁世凯

Yuan Tsieh, poet and drunkard　阮籍，诗人，酒鬼

Yung Cheng, Emperor　雍正皇帝

Z

Zabiaka, Russian yatch　"扎比亚卡"号，俄国游艇

Zeden, Alberto Hugo Adolf　艾尔伯特·雨果·阿道夫·齐顿

Zouaves　祖阿夫，军官

向东看、向西看——在"两个世界"碰撞中的包腊与张德彝

戴 宁

长期以来,在中国人和欧洲人的观念中,中国和欧洲分属东西方两个不同的世界。19世纪上半叶,以英国为代表的西欧国家经过第一次工业革命后,已经崛起为世界强国。而清朝的中国则处于故步自封、停滞不前的状态。在西方国家向东方强势扩张的背景下,东西方世界的碰撞渐入高潮。到19世纪下半叶,西方人通过两次鸦片战争,强行打开了中国"闭关自守"的大门,并如饥似渴地探究"中国之虚实",而中国则在欧洲列强的在坚船利炮迫使下,也不得不睁眼看西方世界,努力了解"外国之情伪"。有两个人物折射出这时代的镜像,一是英国人、中国海关洋员包腊,另一个是中国人张德彝。这两个同时代人物虽然来自不同帝国和文化背景,一个"向东看",另一个则"向西看",但他们的一生却有着何其多的相似之处。他们既年纪相仿,出身地位、受教育背景相近,且有无数相似的个人兴趣与习惯,他们同样都有着偶然进入完全不同的、几乎未知的文化的精神体验,经历了文化认知和世界观上的巨大冲击与转变,最终都

身体力行，在同时性的西学东渐、东学西渐过程中，成为积极有效宣传彼此文化、促进东西方文化交流的使者。

关于张德彝，国内史学界研究甚多[1]，他被认为是向西方文化学习的先行者，对开启中国认识西方世界大门作出了较大的贡献。但对于包腊，中国史学界的研究凤毛麟角。本文拟在"两个世界"碰撞的视域下对这两个"小人物"作比较研究，试图从"个体时间"洞察"千年未有之大变局"时代的中西方关系。

本文共分三部分，借用凯撒东征时那句"我来了，我看见了，我征服了"的名句，分为"我来了"、"我看见了"和"我做了"。首先介绍概述两个人物在异国他乡游历生活的足迹和背景，再探讨两人对不同文化所见所闻的认知问题，最后指出两人在东西方文化交流中所做出的积极贡献。

一、"我来了"——包腊和张德彝走向不同的"世界"

包腊（Edward Charles Macintosh Bowra，1841 ～ 1874，英国人）和张德彝（1847 ～ 1918，原名德明，字在初，汉军镶黄旗人）年纪相仿，家庭境况和教育背景颇为相似。

包腊出身于家道中落的贵族家庭。从 14 世纪起，其包氏家族就在肯特郡和苏塞克斯郡繁衍，虽不曾大富大贵，显赫一时，却也人才辈出，名留青史，其中包括一名国会议员、一位名誉郡长、一位外

---

[1] 如楼秀丽：《张德彝——一个晚清外交官西方认识的成长史》，华东师范大学 2008 年硕士论文；索凌云：《张德彝研究》，河北大学 2008 年硕士论文；韩盼：《试述张德彝对西方文化的认识》，河北师范大学 2007 年硕士论文；李扬帆：《张德彝：在"自卑"中发现西方》，《世界知识》2006 年第 5 期；王熙：《张德彝赴欧所见的西洋器物》，《西南民族学院学报（哲学社会科学版）》2002 年第 4 期，等等。

科医生、一位植物学家、一位鸟类学家。在他上学的年龄里，曾跟着一生痴迷于发明创造，却鲜有成就的父亲数度辗转，体味了家境的起起落落。这样的家庭境遇和家族遗传，使他具有出人头地的野心、热衷探索，追求荣誉的天性与素质。包腊年少时在无名学校间辗转，后凭聪明才智，勤奋刻苦，进入了伦敦城市学院，接受了一流的古典文学教育，而且法语、德语功底扎实，英、法文学涉猎广泛，为其日后发奋学习中文，改变命运植下根基，埋下伏笔。

包腊踏上中国土地实属偶然，但鉴于他崇尚冒险探索，追求正义公平的天性，也在情理之中。游历和冒险是他一生主要内容和经历的注脚。1860 年，他参加了英国第一次公务员公开考试，一举中的，得到了轻松闲适、待遇不菲的伦敦海关职位。这对一直生活拮据的包腊来说可谓时来运转，而且退休生活也有保障。但他不甘平凡，在三个月后毅然放弃了这份美差，报名参加英国远征军，赴意大利参加加里波第统一意大利的战斗。战后，回国的包腊工作几无着落，但命中注定他再次与海关结缘，这次是中国海关。1862 年，他在伦敦一位朋友家举行的晚宴上偶然结识了中国近代海关第一任总税务司李泰国，于是被聘为中国海关的洋员，从此来到了他既陌生又向往的"东方世界"，开启了其效力于中国海关的生涯，时年 21 岁。

包腊是个易于适应环境、随遇而安的人。初到天津海关，他就满腔热忱地投入汉语学习中。他不但聘请中文先生，且充分利用业余时间自学，还抓住一切机会，与仆人和其他海关职员练习对话，平常尽量与中国人交往，"以熟悉他们的规矩礼仪、思维方式和生活习惯"。因此，他很快便能流利地用汉语进行交流。调往上海后，他继续孜孜不倦地学习中文。四个月后，他的中文水平已远远超越其他海关同僚，连比试切磋的对手都找不到。

赫德任中国海关总税务司后，十分看重海关洋员的中文素质，在北京的总司署专门开办了中文研修班，于是包腊又积极申请到北京进修。经过一年严格的培训，他掌握了汉语官话和书面语，是海关中少数几个"能华言"的洋员。他自鸣得意地声称："在那些与我同时进入海关的人中，还没有谁能讲一句中文。"

包腊笃信不疑的人生哲理，也是指导他来到中国、在中国度过短暂一生的原则。包腊在日记中这样写道：

> 作为一个男人，他的事业必定掌握在自己手中。成也好，败也罢，皆由一人担当。男人应该不攀龙附凤，摆脱那微不足道的阶级、等级观念的束缚。凡此种种，在因循守旧、爱慕虚荣、盲目拜金的英国正大行其道。
>
> 那位桂冠诗人（丁尼生）曾说："欧洲50年，胜过了中国一个轮回"。这是多么荒谬可笑。
>
> 这里有奖品等待你去领取，有困难等待你去克服，有凶恶的敌人等待你去战胜。懒惰懈怠没有出路，你将一事无成。一切皆为目光敏锐、内心勇敢、意志坚强者而准备。希望的领航星在天空闪烁，光芒耀眼。它比阴晴不定、旦夕祸福的欧洲公司更能指引我前进的方向。

与包腊相似，张德彝习外语和走向西方世界，在很大程度上也是迫不得已。他同样年幼遇家道中落，"早岁入塾，家贫……性聪颖，年未弱冠，慷慨有四方之志"。第二次鸦片战争之后，中国国门洞开，对外交往日渐增多，需要大量的外语人才从事国际事务，而当时中国懂外语的多是广州十三行经常与外国人打交道的"通事"。在清廷一些保守高官看来，这些通事由外国传教士等传授外语知识，缺乏中国传统文化的修养，难以胜任中外事务，而且经常利用语言隔阂欺上瞒下。一些有识之士认为，与外国交涉，不识其性情，语言不通，文字难辨，中外隔膜，难以望外人妥协。因此，他们极力推动皇帝开设官办外语学馆。1862年，同治皇帝御批，设立了京师同文馆，培养"通晓外国语言文字之人"。初时，同文馆只招生10名，拟从天资聪颖的十三四岁的八旗子弟中选拔，但因满族旗人大多不齿"洋文夷语"，汉族旗人子弟得以应考。时年15岁的张德彝迫于家境拮据，看在"坐补马甲钱粮"份上，报考了同文馆，并顺利成为首批同文馆学生。经过三年学习，他脱颖而出，不仅通晓英语，而且熟悉世界各国历史地理，经总理各国事务衙门大考，以优异成绩毕业，被奏保为八品官、六品顶戴。

包腊和张德彝以后的事业发展都因勤于外语学习而收获了回报。包腊的汉语能力和工作能力颇受赫德赏识。1866年，当中国派出第一个官方使团——斌椿使团游历欧洲十一国时，他被委以重任，担任使团翻译官和实际负责人，安排行程，引导大清帝国的官员开眼看西方。此后十年间，他得到迅速提拔，从海关二等帮办直接升迁为独当一面、大权在握的通商口岸税务司，先后被任命为粤海关、浙海关（宁波）的代理税务司、署理税务司，后又升任为税务司，还担任1872年维也纳世界博览会中国展的参展总负责。在中国生活、工作的22年间，他对华南的山川景物、历史文化、人情世故，渐渐体察入微，了如指掌。

张德彝同样因外语出众、熟悉夷情而颇受清廷的重用。张德彝作为同文馆优秀学生，随斌椿使团出访，第一次走出了国门，实地考察西方世界，"历练于内外"。他因此行而结识了包腊及其家人。光绪二年（1876年），张德彝出任中国驻英使馆译官和秘书，英、比、意参赞及二品卿衔大臣。1890年，他回国任总理衙门英文正翻译官，翌年当上光绪皇帝的英文侍读，官至兵部候补员外郎，之后又出任中国驻伦敦使团参赞，1901 ～ 1906 年任驻英公使。从 1866 ～ 1906 年 40 年间，他共 8 次出使外国，累计驻外 27 年，在同龄、同等人中实属罕见。他学会四国言语（英、法、俄、拉丁），悉之"西国情事"，写下了《航海述奇》《欧美环游记》《随使法国记》《随使英俄记》等八部著作（也称《八述奇》），共 70 多卷，200 多万字。

可以看出，相似的家庭境况，使得包腊和张德彝都有着勤奋好学、积极上进的个性，且两人都值风华正茂之年，思维活跃、开放，故对异域文明充满了好奇，而无抵触心理，也少有迂腐文人或僵化政客的偏见或主观的刻板印象，同时还因他们的语言天赋，学习异国语言文字得心应手，能够很快克服中西交流中的首要障碍，以此真正走进彼此不同的"世界"，最终不但获得了个人的提升，而且还能深入体味东西方文化的精髓。

二、"我看见了"——包腊的"向东看"与张德彝的"向西看"

包腊和张德彝都有一个共同的爱好，即勤写日记，详细记录所见所闻和思想感受。从他们的日记，我们可以看到，包腊"向东看"和张德彝"向西看"，最初的心态都有着"他者"（the other）化倾向，尊己贬人。包腊带有 19 世纪西方人普遍存在的优越感，以"鄙视东方"的眼光来看中国，而张德彝则有着传统的"华夷之辨"思想，以中国人通常拥有的"猎奇"目光去看欧洲。然而，随着两人对不同世界接触和观察的不断深入，他们的认知逐渐发生了改变，最后都以较理性的"去他者化"心态，理解、包容甚至欣赏不同的文明。

包腊看中国，首先起于天津。津海关是他的第一份工作的所在地，也是他认识中国的第一个窗口。他初见李泰国时，其潜意识已深受李泰国对中国公然蔑视口吻和丑化式描述的影响。包腊抵达天津后，最初对神奇的中国还充满向往，但"随着城市（天津城）的影子越来越清晰，眼前不时闪过房屋和宝塔"，其心情变得越发沉重，对日后在中国的生活感到焦虑。他在日记中写道：

> 原本对这个最具商业化气息、最有活力的中国港口充满期待，盼望着能在一个舒适的"地方"定居下来，结果这里却是个肮脏的角落，真让人着急上火。这里大概有 6 个欧洲人，还有 50 万心怀敌意的当地人。

他对中国劳动阶层颇为不齿：

> 身穿蓝色布衫的苦力四下奔走，兴奋而忙乱。他们不断地碰撞在一起，然后破口大骂，怒气冲天。他们一边干活，一边骂骂咧咧，脏话连篇，一如伦敦的煤炭装卸工，或比林斯门大鱼市的卖鱼妇。几百名苦力下河汲水，供居民饮用。还有些苦力不堪货物的重压，步履维艰，一边痛苦呻吟，一边抱怨不断。其实，这点分量，伦敦的搬运工不费吹灰之力就可以搬起。

遇上北方恶劣天气时，他丝毫不加掩饰地表达其憎恶之情。

> 这个中国北方之地，到处都被 6 ~ 8 英寸厚、粉末似的细沙所覆盖。只要哪个倒霉鬼稍微动一动，沙尘就会飞扬起来，把他毒死或者闷死。沙尘来自辽阔的西部沙漠，夹杂着城墙上剥落的砖瓦和灰浆，裹挟着野狗和中国人腐尸的碎屑，以及一切可以落成泥、碾作尘的物质。尽管你

关闭门窗，沙尘仍会通过罅隙潜入屋来。待再次打开门窗时，你会发现，桌子、椅子、书本、衣物上都覆盖着一层厚厚的尘土，如同在干燥炎热的夏日里走在英国收费公路上一样。

据此，包腊感觉如同噩梦，认为任职于天津等同于流放，而他已开始堕入漫长的流放生涯。他口口声声地把中国人称作"中国佬"，看中国小孩个个都尽显腐败堕落的坏样，"他们不是赌博、骂街，就是吵闹或昏睡"。即便是那些性情随和、毫无恶意、开心欢笑的中国成年人，也令他心生厌恶。他评论道："喜欢娱乐消遣的民族往往容易被他人奴役。所有历史都证明，一个习惯于轻浮和戏谑的民族，总喜欢在编年史中记录一些愚蠢顽劣的人物。"

然而，包腊居住数月后，逐渐适应天津的生活。作为中国海关洋员，他享受着王爷般的荣华富贵，有6个家仆伺候他的起居饮食，使他感觉轻松惬意。他跟英国作了一番比较：

> 每月集体伙食费满打满算18～20英镑，费用包括了买葡萄酒、啤酒等饮料的钱。这里的伙食很奢华，顿顿供应两三种葡萄酒、大块熟肉、各种家禽、鲑鱼，还有各种蔬菜和水果，就连伦敦考文特花园的蔬果市场都无法媲美。这个国家的消费实在太便宜了。

安逸舒适的生活逐渐让他心情愉悦起来。在他眼里，天津街景变得"多姿多彩、生动迷人"，尽管"有些蒙昧粗俗"。他遇到的一件事，又使他对中国人刮目相看。初时，如同其他洋人对待中国仆人一样，包腊对其中国仆人也颐指气使。

三个月后，包腊被调到上海的江海关任职。一周内，他即对中国这个商业中心、最具活力港口作了一番探索，其初始印象和描述同样相当负面。他高度评价外滩的欧洲新古典主义建筑"高大宏伟、光彩夺目"，而极力贬低中国风格的海关大楼，称其为"黯淡无光的中国衙门式建筑"。

　　他甚至把江南景色与几年前在意大利的感觉进行对照："这里的一切都黯淡、单调、贫瘠，了无生趣。而在意大利，一切都明亮、鲜活、美好。这里就好比魔鬼的殿堂，而那里则景色迷人，足以令沙漠中的毁灭天使塔拉巴如痴如狂。"

　　但他很快就发现，上海充满了经济活力和巨大商机，是财富积聚的地方。许多洋行的总部都落户此埠，他作为海关职员，经常可以接触这些洋行的老板大亨。与富翁商贾为伍，穷兮兮的包腊甚感荣幸，其虚荣心得到极大的满足。同时，他看到了一些西方人在上海发家致富，甚为羡慕，使他产生了动力，充满了干劲，开始与同事合伙做各种各样的买卖，包括纸衣领、法兰绒衬衣、棉制品、火器、雨伞、肉桂、朱砂、大黄、银硬币，乃至棺材、投资房地产。另外，包腊在上海同样享受着物质上的丰盛奢华，因而开始喜欢上那里的生活。他在日记中写道："冬天将至，到时需要温暖的炉火，以及香气浓郁的哈瓦那雪茄，还要买一套中国古籍。我要在那间屋子里度过许多令人愉快的夜晚。"不仅如此，他对自己的事业也踌躇满志，憧憬着自己总有一天会坐上赫德总税务司的宝座。

　　随着他在各地海关间不断调动，职务不断升迁，薪俸不断提高，在中国的所见所闻不断增多，与中国人的交往也不断增加，包腊对中国文化的认识经历了巨大变化。他对中国城市、景物、人物等几乎恶毒诅咒的评价逐渐减少，甚至时常有充满诗情画意的景物描写。尤其在 1866 年到广州粤海关任职之后，他对中国和中国人的感觉和认识日益加深,在他日记中使用"中国佬"的频率也明显降低,他在给母亲的一封信里提到:"你看到的中国和中国人越多,就越发觉得奇妙,接着想要看到更多。"他把广州比作"东方威尼斯","而在这里,谢天谢地,我们看不到那些惨状。在这里能看到亮丽的房屋,屋顶铺着各种颜色的瓦。数不清的锥形宝塔伫立乡野,高大的垂丝柏环绕着墓地。墓地的挡券墙用明蓝色瓷砖细细勾勒,挡住外人的视线。宁静的小村庄在太阳下安然入睡……",乡村的泥泞稻田小道也让他感到趣味无穷;广东人"皮肤黝黑,个头矮小(比北方人平均矮4英寸),但热情兴奋,生机勃勃",又使他对中国各色奇异族群充满了兴趣,并筹划深入了解认识他们。

在广州工作和生活的六年间,包腊越来越喜爱广州的风土人情,喜爱中国的古董古玩。他逐渐深谙中国政治之道,在中外军政大人物之间也左右逢源,如鱼得水,他的官邸里常常有将军、舰队司令、外交特使和主教大人济济一堂,与广东官吏见面交谈也是家常便饭。代理粤海关税务司期间,他公平仁慈地监管着职员的工作和福利,因此得到粤海关华员的尊敬,结下深厚友谊。他还开始研究中国历史和广东地方史,写出了《广东史》,其中五章分期在《中国评论》(China Review)上发表,分别题为:"满族的征服"、"崖山的民族丰碑"、"五代"、"苏东坡"以及"末代汉人",被文天祥的英雄事迹深深感动。此外,他对中国工商阶层印象极好,夸奖"他们具有敏锐的眼光,实事求是,只要是有利可图,他们一点都不反对变革。他们富于理性,不拘泥于阶层偏见,没有不能容忍的宗教偏好"。

相对照的是,张德彝最初对西方世界的"他者化"认识体现为"华夷之辨"。首先,如同当时大多数中国官吏文人一样,他不无自大自尊的心理,认为:"我国家德九州,富有四海,幅员辽阔,自古以来,未有逾于今日者也。但东西南朔,虽无不庆声教之同,而海筮山陬，究有未暨感通之地"[1]，因此，在他看来，游历泰西各国，其中重要目的无疑是为了使中华声教通达泰西。其次，在观察和审视外邦事物时，他也不例外地以中华文明作为衡量异域文明程度的标准，在潜意识里以中华文明为"正"，视异域文明为"奇"，对异国"土人"的衣冠、礼仪、道德、诗文和艺术尤为关注。

张德彝跟随斌椿使团第一次"向西看"时，观察入微，"一一穷其奇"。他对欧洲的总体印象是："所闻见之语言文字、风土人情、草木山川、虫鱼鸟兽、奇奇怪怪，述之而若故，骇人听闻者，不知凡几。"[2]回国后，他把日记整理成书，冠以"述奇"之名，其亲朋好友阅读后无不称奇，孟保为他的书作序时写道："余读斯集，既惊其奇，而又喜其奇之不乖于正也。"[3]这反映了当时中国文人士大夫看西方世界的普遍心态。但张德彝毕竟不同于一般思想固化的保守文人士大夫，除了以猎奇心态看泰西热闹外，对于欧洲国家干净整洁的城市风貌、巍峨宫廷、通衢大道、万丈高楼、璀璨路灯、繁盛街市、花树园林，还有先进的轮船、铁路、火车、电报、电梯、地铁和各种制造业的"奇巧之技"，以及"饶有唐虞三代之风"的监狱管理和"传贤不传子""公正廉明"的民主政治体制，他都看在眼里，记录细致，颇为赞叹。尽管如此，他还是感觉到，"大概西俗好兵喜功，贵武未免贱文，此其所短者也。虽曰富强，不足多焉"[4]。

然而，1868 年在他随蒲安臣、志刚使团出使泰西，第二次游历欧洲国家后，其"猎奇"心理已经大减，见怪不怪。由于通晓英语，

---

[1] 见《航海述奇》自序，钟叔河主编《走向世界丛书》，长沙：岳麓书社，1985 年，第 439 页。

[2] 见《航海述奇》自序，第 440 页。

[3] 见《航海述奇》孟保序，第 435 页。

[4] 见《航海述奇》，第 521 页。

他在欧美国家得以与各色人物广泛接触交流，可以在巴黎大街上与不同国籍的青年交谈自如。尤其是在伦敦居住数月期间，他奉志刚、孙家谷之命进私人学馆学习，与6名外国学生同修，"一切起居饮食，与他生徒等"。在英国教习的指导下，他提高了英国语文水平，并学会了如何欣赏英国的博物馆、音乐会和文学戏剧作品等，对西文有了更深刻的理解："按字虽分中外，然西国既用以纪事载言，即与中国之视华子等。且朝聘、会盟、征伐诸大政，无不于字综其典礼；天文、地理、格致诸名学，无不于字阐其精微。而竟蔑视之，盖亦未之思耳。"[1] 同时，他还深入参与英国普通百姓的社交生活，对英国人的特点也有了更充分的了解："按英人分为两类：一曰喜新，二曰遵古。喜新者见异思迁，如轮车、轮船、钟表、气球等物，以精巧华丽为贵，而朴素弗尚焉。遵古者率由旧章，如朝政大端，以及些须物件，总以先民为法，而纷更不事焉。然遵古少而喜新多，故上古器具所遗者，不过十分之一二而已。"[2] 经过这两次访问和体察，张德彝对西方国家的认识已经发生了较大的变化。尽管对异域文化仍有一些根深蒂固种族偏见，觉得："天下五大洲，其间生民亿兆，彼此相距数万里。聆其言语，多侏屈之聱牙；论其嗜好，每腥膻之异味"，但他开始突破了"华夷"观念，感到"衣服虽诡异，而喜则亦喜，忧则亦忧，情无或异；风俗虽不同，而好则皆好，恶则皆恶，性实大同。盖自彼苍视之，则固遐迩一体，天下一家矣"[3]。

此后的六次出使西方各国，正如张德彝自己所言，"多游邦国见

[1] 见《欧美环游记》（再述奇），钟叔河主编《走向世界丛书》，长沙：岳麓书社，1985年，第709～710页。
[2] 见《欧美环游记》，第711～712页。
[3] 见《欧美环游记》，第758～759页。

闻广,久历风尘心地款"[1]。首先在饮食上,他已经完全接纳了西餐。他最初对西方"茹毛饮血"的食物颇为反感,"盖英国饮馔,与中国迥异,味非素嗜,食难下咽,酸甜苦辣,调和成馔。牛羊肉皆切大块,熟者黑而焦,生者腥而硬。鸡鸭不煮而烤,鱼虾味辣且酸,一嗅即吐"[2]。到后来,他逐渐适应,喜欢上西餐,赞扬西餐有益健康,讲究卫生,制作精美考究。更重要的是,他对西方世界的认知有了由表及里的逐渐深化过程,对两个不同世界在器物、制度和思想三层面差异的体察不断扩展和深入。同时,他对所见所闻也渐渐进行了客观而具深度的思索。他发现,西方先进的交通工具、繁荣的市场和经济,公正人道的司法审判等西方文明的先进实践以及成功经验都可以从西方人自由民主,开放进取的世界观、价值观、道德规范找到根本性答案,其中尤崇尚西方实学和发明创造之优点,张德彝总结说,"英国以天文、地理、电学、火学、气学、光学、化学、重学等为实学。虽云彼之实学杂技之小者,其用可由小至大。……外国不讲风水,知日进者国富兵强,能努力实学者亦豪富家昌",因为"专心推物利之静,如能创造一物,有利于人工地利,或较其已用者尤为精巧,则公私所获,一生用之不竭,其著作实学书籍,则千古不朽矣"[3]。

三、"我做了"——包腊和张德彝对东西方文化交流的贡献

包腊和张德彝在"向东看"和"向西看"过程中,观念上都经历了

---

[1] 见左步青点,钟叔河校《随使法国记》(三述奇),长沙:湖南人民出版社,1982年,第300页。

[2] 见《航海述奇》,第450页。

[3] 见《随使英俄记》(四述奇),钟叔河主编《走向世界丛书》,长沙:岳麓书社,1986年,第434~435页,第785页。

东西方文化的碰撞。但随着对不同世界接触、观察和认识的不断深入，他们都日渐理解和赞赏对方的文化，最终都身体力行，积极推动东西方文化的交流。作为"小人物"，他们对 19 世纪中后期的东学西渐和西学东渐做出了力所能及的贡献。

包腊的最大贡献在于，代表中国政府组织参加了维也纳世博会（也称博览会），经过他的努力，这次声势浩大的参展向西方世界充分展现了中国丰富物产和精美华丽文化的魅力。自 1851 年伦敦举办世博会以来，中国大清政府虽屡次获得邀请，但都因对外国博览会不甚了解并存疑惧，以至鄙视为"炫珍耀奇"，故态度消极，拒绝参加世博会。1872 年，奥地利驻华公使再度盛邀中国政府参加维也纳世博会，清廷托词无额外财务预算，中国工商界漠不关心，不打算参加。但赫德考虑到需要在西方世界加强中国形象的宣传，促进中国与西方国家的友好关系，故力促清政府参与。于是，清政府便责令总税务司主办展出事宜。赫德任命包腊作为总负责，率领另外四名海关税务司，代表中国政府首次组织参加 1873 年维也纳世博会。在赫德的指导下，包腊费尽心机，花费数月时间，全身心投入展品收集、分类、整理、造册、包装、运输、中国馆布展等活动，力求尽善尽美，冀望让西方国家对中国有一个全面、深入而美好的认识。包腊甄选的展品种类繁多，丰富多彩，共分四大类：进口物品、出口物品、沿海贸易商品以及土特产品，其中包括：满族兵服、江浙的绫罗绸缎、古代陶瓷、传统家具、木雕、麝香、香烛、薄荷油、烟花炮竹、中药材、动物标本等，还有驰名中外的十几种茶叶以及 5 种不同风格的纸扇。展会期间，他接待各国政要和宾客，举办盛大音乐会，竭力宣传中国产品与文化，使得参观中国馆的盛况空前，前来游览的欧洲各国王公贵族、政府高官络绎不绝，俾斯麦也慕名而来。他们都被中国展品深深吸引，对中国传统文化交口称赞，并感受到中国人"心术灵敏"。中国的参展在西方世界产生了极大的正面效应,英国一个富有学识的专栏用了半个篇幅来关注中国展馆,专门谈论中国参加世博会的重大意义。鉴于包腊对中国参展成功所作的突出贡献,奥匈帝国皇帝亲自颁发给他一枚"铁王冠"荣誉勋章。

除此之外,包腊语言天赋超人,加之对中国文学的兴趣浓厚,因此也积极向西方人传播中国语言和经典文学。在广州期间,他曾在著名汉学家梅辉立的指导下,为编撰不朽的《中国辞录》(*Chinese Reader's Manual*)作出了微小的贡献。在宁波担任税务司期间,他将中国古典文学代表作《红楼梦》前八回翻译成英文,发表在《中国杂志》(*China Magazine*)上。这属于在近代了解东方文化和传播东方经典文化为数不多的西方人。

他曾走访宁波城乡各处,并以相机记录所见所闻,至今保存了201张照片,其中有136张注明或被证实是他摄自宁波,另有12张疑似摄于宁波。这些照片向当时的西方人展示了中国的山川景物、历史文化、风俗民情,同时也为后人考察和研究19世纪中后期中国沿海地区的历史留下了珍贵的影像史料。

他还研究过中国植物,植物学一直是他的特别爱好。因此,他写了许多关于中国历史和博物学的学术文章。他为卢公明的《英华萃林韵府》编撰了《植物学之中文和拉丁文译名索引》,为薄乃德撰写《欧洲人在中国的植物发现史》大作提供了一些基础资料。

张德彝在近代西学东渐过程中也发挥了积极的作用。他作为学习西学和出游海外的先驱,经过自己的接纳、认同和赞美,较早地把西方先进的文明全面地介绍到中国。张德彝所处的时代,正是西方人通过鸦片战争敲开中国大门,迫使中国不得不由闭关自守转为对外开放的时期。有识之士开始放弃夜郎自大的心态,主动接触外国事物、生产方式、文化、思维、技术等,并逐步消化和吸收新的元素。

在他们的推动之下，清廷开始以官方名义派遣外交使团到西方世界，考察学习先进的文化，达到"师夷之长技以制夷"。在中国大变局中，张德彝身不由己地成为中国人走向世界的先行者。他通过多次考察西方社会，对西方文明有了更全面、更深刻的了解，也有了更多的思考，认为中西学各有所长，因而积极主张向西方学习，但"中学为体，西学为用"，并且全力支持洋务运动，提倡维新变法。同时，他通过书写《八述奇》，也让国人睁眼看世界，初识学习西方先进制度和思想对中国的重要性，对于引发 19 世纪中后期一些新思潮和新运动产生一定的作用。比较开明的国人不再嘲笑西方的器物是"奇技淫巧"，而是表现出羡慕、赞叹的态度。学习外语不再被认为是不齿之事或不入"正途"，连光绪皇帝都向张德彝学习英语，而曾国藩和李鸿章的儿子也自学英语，之后成为国家外交栋梁。

张德彝向国人介绍西方的先进文明涵盖科技、政治、经济、社会和教育各方面。他总结出科学技术和工业发展是推动西方国家走向富强的经济动力，"倘中土能效西法，国自富、兵自强，则敌人有戒心而不敢窃发矣"[1]。他认为，如果象土耳其、印度和埃及那样，"以学习他国为耻，恐终无进益，甘受其侮"[2]。他对铁路的新式运输方式感触较深。第一次见识欧洲铁路时，他便十分震撼，感慨道：开通火车"乃一劳永逸，不但无害于农商，且裨益于国家。西国之富国之盛，良有以也"[3]。他后来还认识到，铁路对于军事和安全也具有重要意义，"是有火车，兵行速而军需省矣"，而且如通铁路，可使长途旅客避遭盗劫，"人行万里，自无意外之虞"[4]，继而他认为，兴办铁路应

---

[1] 见《随使英俄记》，第 422 页。

[2] 见《随使英俄记》，第 505 页。

[3] 见《航海述奇》，第 487 页。

[4] 见《随使英俄记》，第 423 页。

作为中国大力学习西方，实现富国强兵的道路。因此，他利用多次出使欧美的机会，四处参访，对铁路进行深入研究，收集了数十本修建铁路方面的书籍，托人带给李鸿章，期望有朝一日，中国也有自己的铁路，自己的铁路学校。除了西方的新工艺外，他还向国人大力推荐西方的专利制度、税收制度、货币汇率制度等先进的经济管理方法。

他对欧美国家的议会民主以及法治社会特别赞赏，因此不吝笔墨地向国人介绍英、法、美国家的政治制度。他颇为羡慕英国"君主不尊，律例为尊"、"富贵不恃强仗势"的平等社会以及"凡事绅主之、官成之、国君统之"的国政，十分推崇英国议院制："其各抒见以议时政，常至连宵达旦，务期适于理当于事而后已。官政乖错，而舍之以从绅民，因其处事力据上游，不使稍有偏曲，故举办一切，上下同心。盖合众论以择其长，斯美无不备顺众志以行其令，斯力无不殚也。"[1]他也赞美美国选举制度："凡国人年至冠时，皆有荐举之权。其举法系众人书其所举之人，投诸柜内。毕则启柜，择其多者立之；或官或民，不拘资格。其退位之统领，于庶民同。"[2]张德彝第一次出洋，就对法国"王子无异于庶民"的印象深刻，故对其共和历史、议会制度及其构成予以关注和详细描述，并指出了与英国议会制度的差异。[3]但张德彝亦有独立的思考能力，并非全盘赞同西方政治制度。如对欧美实行的两党制、党派之争，持保留意见。他认为"二党如此争衡，后患恐不免焉"[4]。到晚年，张德彝强烈主张实行君主立宪，反对专制。日俄战争更让他将两种制度进行比较，认为立宪的日本战胜专制的

---

[1] 见《随使英俄记》，第 375 页。

[2] 见《欧美环游记》，第 663 页。

[3] 见《随使英俄记》，第 554～556 页。

[4] 见《欧美环游记》，第 694 页。

俄国，根本原因就在于民以国共有，以心战优于以身战，由此说明中国立宪之必要。

张德彝非常看重西方教育事业，多次实地考察欧洲国家的学校。他不仅高度评价西方重"实学"、轻"虚文"，而且认识到，欧美国家实行普及的义务教育，对于提高国民素质方面的重要意义。他将西方之强盛归于其普及和高水准的教育，"吾尝遍历欧西，知民之智愚，视乎识字之多寡。而因以察其国势之盛衰。夫英以海隅之三岛而雄视全球，德以欧陆一方而称强列国。识者谓其无人不学，无艺不兴，故士农工贾之心思技能，每日新月盛，其长驾远驭，非偶然也"[1]。因此，他赞同废科举、兴学堂作为"救亡拯危之策"。他提出了引进西方教育制度，故对英国公建学堂制度、大小学设置和大学院课程（主要是牛津大学和剑桥大学）等先进办学经验作了仔细考察和大量推介。

张德彝还第一个向国人介绍了"西人作文"的表达工具——标点符号，为中国语言符号的启蒙和发展带来了新风气。张德彝在《欧美环游记》中对西方标点符号的介绍引起后来学者（如胡适等人）的注意，成为新文化运动前后知识界对中国的语言文字进行反思的依据。1919 年，以胡适为首的国内著名学者认为，"现在报纸、书籍、无论什么样的文章都是密圈圈到底，不但不讲文法的区别，连鉴赏的意思都没有了"，他们要求政府颁布通行"，。；：？！——（）《》"等标点符号。1920 年，北洋政府教育部批准了胡适等人提出的方案，并参考张德彝的讲解及各国通用情况规定了 12 种标点符号，于是诞生了我国第一套法定的新式标点符号。张德彝早期对西方标点符号

---

[1] 张德彝：《稿本航海述奇汇编（第七册）》，北京：北京图书馆出版社，1997 年，第 780 ~ 781 页。

的介绍，成为中国语言文化发展史上值得记录的一笔。

为帮助国人学习外语，了解西方先进科技和思想，1895 年，张德彝编撰了《英文话规》，这是一部帮助中国人学习英语的教科书兼工具书，被认为是目前已知的最早的由中国人编撰的汉英词典。

此外，张德彝利用自己的外交官身份，不失时机地向西方人宣传传统中国文化的精髓，展现中国传统文化的博大精深。这对当时西方人对中国的扭曲理解，丑化和矮化多少起到弥补和纠正的作用。本身擅长书画的张德彝常常向人赠送自己书写创造的中国书画，对人宣讲中国传统礼仪和儒家思想。尤为可贵的是，他与身在欧美的西方汉学家交往甚密，常常讨论中国文学与文字，其中包括大英博物馆馆长德格乐，法国汉学家茹良。

概而言之，张德彝一生效力于晚清中国的外交事业，在自己的岗位上尽责尽力。虽然他不够位高权重，在积弱积贫的庞大帝国中只扮演了一个小角色，但与同时代、同阶层的官员，他的确尽其所能，用自己的文字宣传西方文明，推动了近代的西学东渐。

结语

19 世纪中后期，世界局势发生了巨大的变化，西方兴，东方衰。在这一重大变局中，两个"小人物"包腊和张德彝偶然地走进了不同的世界。英国人包腊被招聘为近代中国海关洋员，从此走进了"东方世界"；而中国人张德彝则成为第一所官办外语学馆——京师同文馆的第一批学员，成为中国走向"西方世界"的先行者。他们在不同的世界里经历了东西方文明的碰撞，初时都以"他者"心理观察和理解异域文化，尊己贬人。但由于他们都学会了对方的语言文字，因此能够深入当地社会，真正了解风土人情，随着接触和体察的增多，他们的文化认知和世界观都发生了重大转变，逐渐摒弃了"他者"心理，能够理解和包容不同世界的文明，发现和欣赏彼此文化的精髓，最终还成为积极促进东西方文化交流的使者。

包腊和张德彝的个人经历，一方面是时代的产物，反映了时代的变迁和特征，但另一方面也具有一定的独特性，折射了万象人生。在 19 世纪中后期东西方文明剧烈碰撞中，他们仅属于当时少数可以逐渐以包容心态理解和接纳不同世界文明的进化型知识分子。

海关洋员包腊与晚清中国外交 [1]

潘一宁

近代中国海关洋员，是指 1854 ~ 1949 年间受聘于中国政府在中国海关负责行政工作的全体外籍职员。在近一百年的时间里，有上万名外国人为中国海关服务，其中一千余人担任总税务司和各口岸税务司等高级职务。学界对近代中国海关洋员的个体研究颇为缺乏，而在屈指可数的海关人物研究成果中，除了研究总税务司外，很少关注各口岸税务司。[2] 笔者认为，这些海关的中高级职员，无论在地方的基层海关事业上还是在中国对外关系上，都具有重要的作用，是不容忽视的社会群体和个体。本文将选取粤海关税务司包腊为切入点，探讨海关洋员与晚清中国外交的关系。

英国人包腊自 1863 年到 1873 年效力于中国近代海关，属于最

---

[1] 此文已刊登于《学术研究》（广州）2014 年第 9 期。

[2] 目前为止，只有李爱丽的《晚清美籍税务司研究》较集中地探讨了部分海关洋员个体的事迹及其在近代中外关系中的作用。

早一批进入中国近代海关任职的洋员。在众多的海关中高级洋员中，他出类拔萃，颇受总税务司赫德的重用。他个人的奋斗经历又是当时一批洋人在中国海关任职的一个典型事例，这批海关洋员与商人、外交官、传教士并列为四大洋人在华职业群体，但他们作为中国政府的雇员又有别于其他群体。包腊从因经济动机进入中国帝国海关打工赚钱，到作为中国雇员尽心尽责地为中国海关办事，再从低级关员奋斗到税务司一职，同时在工作中又努力成为汉学家，身心都融入中国社会，从鄙视中国，到理解热爱中国的历史、文化和人民，这些特点在当时的海关洋员中极具代表性。与他同时代的还有其他一些著名外籍税务司，如德璀琳、金登干、葛德立等。比较来看，包腊与他们有很多相似之处，但由于所处环境和性格等因素不同，他们各有特色、专长，因此包腊的经历具代表性也具独特性。

史学界对天津关税务司德璀琳、伦敦办事处的金登干等人有一定的论述，但对粤海关税务司包腊的研究寥寥无几，这使得包腊不如前两者那么为人所知。查尔斯·德雷格（Charles H. Drage）的《龙廷洋大臣：海关税务司包腊父子与近代中国（1863～1923）》（*Servants of the Dragon Throne：Being the Lives of Edward and Cecil Bowra*）是仅有的一部相关专著。在国内，也只有数篇研究包腊与《红楼梦》英译本的文章。本文将以包氏家族史料[1]为基础，结合运用《龙廷洋大臣》及其他相关的中国近代海关史文献和研究成果，着重对包腊参与晚清中国外交活动作一概述和细致分析。海关介入晚清中国对外关系在世界外交史上实属独特现象。除了总税务司大搞"业余外交"外，海关其他中高层洋员也在一定程度上参与了中国外交。本文试图通

---

[1]　英国 Adam Matthew 出版社出版的"海外收藏的中国近代史珍稀史料文献库"较完整地收录了有关包腊家族的档案文献。

过包腊的外交活动,从微观角度展示近代海关如何介入晚清中国外交、为什么介入、发挥怎样的作用、如何评价海关洋员介入中国外交问题,从而进一步说明在近代"不平等条约体系"下海关参与中国对外关系的多面性和复杂性。

一、近代海关在中国外交中的特殊地位与作用

19世纪60年代清政府同意设立的近代海关(也称洋关或新关),学界普遍认为是西方帝国主义对华侵略扩张的工具,尤其是英帝国在中国巩固其势力范围的"前哨""基石"和"影子"。除了关税和贸易外,近代海关的权力和影响远远超出经贸领域。关于近代海关特别是总税务司从事"业余外交",中外相关领域学者都颇为关注,也颇有争议,且中外看法泾渭分明。中国学者大多否定海关的"业余外交"作用,认为是总税务司干涉中国外交事务,具有侵略性。以汪敬虞和陈诗启为代表的老一代学者强调,总税务司如赫德本身是帝国主义的代理人,是狡猾的殖民者,他大搞"业余外交","迫不及待地打进清政府外交领域",千方百计垄断清政府的对外交涉,借以控制大清王朝的命运,这一结果不但没有改善清政府的外交地位,反而牺牲中国权益,甚至成为争夺英国权益、扩大总税务司权力、维护满族利益的工具,加深了中国半殖民地的地位。可以说,总税务司一切外交活动的后果都是把独立自主的中国变成西方资本主义的殖民地。[1] 但外国学者如马士、布鲁纳、费正清、司马富和魏尔特等学者则肯定,赫德是"中国坚定不渝的朋友",他领导的近代中国海关涉足中国外交事务具有积极的、进步的意义,是近代中国"共治"模式的典范。近年来,一些中国学者如孙修福、葛松、邱克、王宏斌等对此问题有了一些新的认识,更加理性地看待近代海关和总税务司

在中国外交中作用的复杂性和多面性。

　　笔者认为，应从三个层面来理解和分析近代海关或税务司参与中国外交这一问题。一是"业余外交"产生的"情势"。19 世纪五六十年代，中国的国际环境发生剧变。在西方列强的"坚船利炮"逼迫下，中国不得不开放沿海口岸，通商贸易，外国人大量涌入，关口管理混乱，走私猖獗。在上海，1854 年英美税务管理委员会在小刀会起义混乱中已经接管了江海关夷税征收权。与此同时，在中国对外关系上，以英国为首的欧洲列强正试图强行以西方条约制度取代中国传统的朝贡制度。两次鸦片战争表明，这一进程已难以抵挡。这种情势迫使清政府不能不以新方式处理通商口岸的洋人事务。1858 年第二次鸦片战争后，清政府被迫与英美法签订的《通商章程善后条约：海关税则》，同意任用英美法人"帮办"中国海关税务等事项，由此逐渐导致了近代海关——一个"国际官厅"的建立。正如一位英国学者指出的："没有受不平等条约支撑与炮舰外交庇护下的外国势力在中国存在并享有特权，清帝国海关就不会诞生，也不会一直延续到中华民国时期。"[2] 中国近代海关的国际"共治"（collegiality）模式和性质，决定了海关本身就是中外交涉的一个特殊渠道，而且是近代中国在衰落过程中与西方列强之间权力和利益博弈的一个焦点。因此，近代海关从事"业余外交"具有一定的必然性。这正是当时"强权政治"的产物，"弱国无外交"的体现。如果从此国际情势层面来看，近代海关参与晚清中国外交事务，在本质上是有利于西方列强对华侵略扩张的。

　　二是清政府应对"千年未有之变局"而主动采取的理性选择，旨在"以夷制夷"。清政府将"洋关"置于军机处和总理衙门监管下，赋予了这一机构某种对外交涉的功能，但同时又力图统辖和节制"洋关"。在清政府看来，"洋关"及其总税务司的"业余外交"必须符合其统治政权和国家的利益。因此，没有清帝和总理衙门的信任和认可，海关及其高级洋员不可能开展"业余外交"活动，而任何试图凌驾于清政府权力和利益之上的"业余外交"大多徒劳无效。李泰国咄咄逼人的"李—阿舰队计划"遭到失败，而其本人的总税务司职务最终遭到罢免，就是一个极好的例证。应该说，海关作为晚清的一个"共治"行政机构，首先代表着清政府和中国的国家利益，"业余外交"的出发点要为大清王朝和中国利益服务，但最终的结果往往不以海关或税务司的意志转移，也不以清政府的意志转移，而是取决于中外双方权力和利益的博弈。同样重要的是，清政府允许"洋关"涉足中国外交事务，实际上是在不利的国际环境中做出的最有利的选择。清政府既不谙与西方列强沟通和交涉之道，又不能独立自主掌控通商口岸，更不能抗衡强大的西方列强入侵。在这种情况下，清政府看到了"洋关"协助办理中外交涉事宜的好处：不但帮助清政府处理了对外国列强的赔款问题，而且帮助清政府对通商口岸洋人和税务实行了有效控制和管理，为清政府增加了财政收入，加强了中央集权，还帮助中国与咄咄逼人的西方列强打交道，得到欧美政府的认可和支持，缓解了列强的强势压力。尤其在1895年甲午战争后，列强掀起瓜分中国的狂潮，清政府对海关和总税务司中间作用的依赖更加严重，国家主权实际上无从维护。

三是由于得到清政府官员的信赖和认可，总税务司及其他海关中高级洋员才得以施展其外交才能。他们参与业余外交的动机和目的是复杂的，但明显具有对中国有利和友好的一面，为朝廷办事也都十分卖力。赫德及其属下税务司都有着典型的"食其禄者忠其事"的特征。赫德认为，既然海关是中国而非外国的行政机构，海关职员的精神和职责就应该为"中国福祉"谋利，力戒损害中国人的尊严和利益。他以身作则，并作了明文规定（1864年第8号通令），要求下属一应遵循。同时值得注意的是，海关外籍税务司多怀有希望中国开放、"进步"，密切与西方国家友好关系的友善愿望，而且他们越是了解中国，越能从中国人角度看问题，并没有故意破坏中国主权、奴役中国或丑化中国人的想法。因此，在洋人界看来，他们是"中国的朋友"，而他们本身也都自认为是中国"忠实的公仆"。诚然，他们的外籍身份可能使他们成为某一外国的利益维护者或代理人，但从很多个体事件以及个体的主观意识来看，海关洋员参与中国外交的努力是值得肯定的。包腊参与晚清中国外交活动也许可对此作一注解。

二、作为中国近代海关洋员的包腊

包腊，生于英国肯特郡一个没落的贵族家庭。1863 年 5 月，他受中国近代海关第一任总税务司李泰国之聘请来到中国，从四等帮办做起，先后在津海关（天津）、江海关（上海）、粤海关（广州）和浙海关（宁波）任职，经过 9 年的勤奋努力[1]，得到第二任总税务司赫德的赏识和器重，1872 年升任为粤海关税务司，1873 年担任维也纳世博会中国展的"帝国海关委员会"总负责。1874 年 10 月因劳累过度，在英国休假时病逝。

不同于外交官、传教士或商人，包腊不远万里来到中国供职，只缘于一个无奈的经济原因——生活拮据。包腊的家族虽然古老，但已家道中落，父亲没有固定职业和收入，热衷于发明创造，却始终一

---

[1] 一般海关洋员需要十多年才能从供事升职为税务司。1890 年 7 月 24 日赫德给金登干的信件里提到："现在职员必须工作多年后才能晋升到下一个级别，1863 ~ 1868 年入职的，现在都已排到前列。但即使是已经排到前列的，也只能做到代理（税务司）的职务。"转引自［英］玛丽·蒂芬的《中国岁月：赫德爵士和他的红颜知己》。

事无成。包腊年少时就"跟着父亲数度辗转,经历着家境的起起落落。他在英国各地好几所学校上过学"。[3] 他因勤奋、聪颖,最终考入了伦敦城市学院。1859 年毕业后,他参加了伦敦公务员考试,成为六名入选者之一,担任英国伦敦海关税务司的秘书,但工作不到一年,便投身到支持意大利加里波第自由统一运动中,放弃了衣食无忧的公务员职务。他回国后一直失业,还欠下哈里特公司(Hallett&Co.)200 英镑、尼科尔斯及科布公司(Nicholls&Cobb) 50 英镑的债务。1863 年 2 月 1 日,包腊在一次上流社会朋友的晚宴上偶然认识了李泰国,恰逢这位中国海关总税务司到伦敦招募雇员,两人交谈甚欢。李泰国的高谈阔论,使包腊对东方异域充满了神往,但更重要的是,中国海关洋员的高薪回报具有巨大的吸引力。2 月 3 日,李泰国的秘书金登干发函邀请包腊面试。2 月 7 日面试不到 5 分钟,第二天包腊便收到了李泰国的正式聘书,承诺年薪 400 英镑,并令他 3 月底前往中国。包腊到达中国后不久(5 月),在上海见到了时任署理总税务司的赫德。他十分羡慕一个只比自己年长 6 岁的同辈,竟然已经身居要职,年薪 4000 英镑,从此下决心以赫德为榜样,发奋图强,"总有一天我会坐上他的宝座"。[4] 此外,包腊有着维多利亚时代英国人孝顺父母的思想。除了偿还债务之外,他还把每年攒下的 100 英镑寄回英国老家,改善父母的生活。于是,争取不断升职加薪,成为包腊在中国海关勤奋学习和工作的最大动力。

包腊作为中国近代海关洋员,具有该群体一些共同特点:恪尽职守,勤奋刻苦,精通中文,熟谙中国政治、经济、社会、文化及风土人情,能欣赏中国人的优秀品德,也能看透中国人的丑陋性。包腊初到中国就特别重视中文学习,不仅是因为总税务司的要求,还出于功利思想。他认为李泰国和赫德之所以能够在中国名利双收,主要归因于他们熟练地掌握中文。但日后他逐渐从内心喜欢上中文以及中国的历史和文学，立志当个汉学家。包腊翻译的《红楼梦》前八回英译本以及撰写的《广东史》其中五章分别在《中国杂志》(*China Magazine*)和《中国评论》(*China Review*)上发表，产生了一定的影响。正如他的朋友后来对他的评价："他对中华帝国的一切珍贵而高尚的东西，包括它的历史和文学，都怀有敬意和热爱。"[5]

包腊作为中国近代海关洋员参与了1866年斌椿使团出访欧洲和1873年维也纳世博会中国展。这两次外交活动在中国外交史上具有划时代意义，前者是中国政府首次遣使访欧，而后者则是中国政府首次正式参加"万国博览会"。包腊因为参与了这两次重要的中国外交活动而声名鹊起，身后也留名青史。

三、包腊与1866年的斌椿使团

经过两次鸦片战争，清政府终于认识到，来自"泰西"的"外夷"实为"平等敌国"，不能待之如"藩属"或"臣邦"，传统的外交方式已不能"御夷"。因此清政府被迫屈从于西方列强，开放了沿海口岸贸易，并同意四个西方有约国的公使进驻北京。与此同时，清政府还进一步认识到，要"羁縻"西方列强，必须"借法自强"，即"师夷长技以制夷"。而另一方面，西方列强在中国目睹并经受太平天国运动等内乱后，也认识到为维护自身在华利益，有必要保全清政府的统治和中国的"自主权"，因此一致支持美国倡导的"合作政策"，以"公正的外交"取代"武力外交"，从而推动中国的改革、"进步"。在这个大背景下，1861～1895年中外关系处于某种"合作"状态。清政府在西方列强的"配合"下，开始实行西式外交，举办洋务。斌椿使团和维也纳世博会正是该时期西式外交和洋务运动的产物。其中，中国近代海关及其总税务司赫德发挥了极为重要的推动作用。

1866 年斌椿使团出访欧洲之事，最初是赫德的建议，在获得恭亲王奏请同治皇帝恩准后，整个行程都由赫德精心设计，使团出访的经费也完全由赫德掌管的帝国海关负责，因此包腊出任斌椿使团的译官和协理（实为使团的实际负责人），自然也是赫德的选择和决定。魏尔特（Stanley F. Wright）在《赫德与中国海关》（*Hart and the Chinese Customs*）称："负责照管这个代表团的人事和安排旅行事宜的包腊先生是当时海关总署最能干的税务司之一"，[6] 这一说法并不准确。当时的包腊仅是粤海关刚转正的通事，二等帮办。赫德重用包腊，主要是因为包腊在总司署的见习通译进修班里勤奋刻苦，做事认真，能力出众。赫德把自己直接管辖、专为海关洋员开办的这个汉语进修班看作培养海关高级人才的摇篮，因而对进修班的学员了如指掌，因才施用。根据赫德日记的记载，与包腊同一期进修（1864 年 9 月～ 1865 年 8 月）的六名学员成绩分别为：满分 200 分，葛德立（William Cartwright），162 分；包腊，126 分；康发达（Kleinwachter），99 分；德善（M. de Champs），94 分；汉密尔顿，21 分；道蒂，14 分。[7] 赫德最喜爱的无疑是成绩最佳而且他认为学习"最敏捷"的葛德立。他把葛德立留在了总司署当秘书，任总税务司录事。包腊成为赫德要委以重任的第二个优秀学员。在赫德设想中，中国第一个官方使团出访考察欧洲，预期要达到八个外交目标 [1]，因此其使命非同一般，而负责落实使团使命的领队，其责任显然十分重大。赫德挑选了包腊来承担这样的重任，并派遣德善为其

---

[1]　这八个目标是：促成中国政府派遣官员去欧洲；让欧洲各国政府接受这些官员，并善待之；促使欧洲人对中国人产生好感，并产生更大的兴趣；使中国官员带着对外国的愉快回忆回国；使斌椿回到中国后升任外务部长；使中国政府在他的帮助下正确认识西方的科学技术；劝导中国政府遣使出国；在中国与其他国家间建立切合实际、基于理性的友谊。

副手。正如《龙廷洋大臣》作者所评论的："无论是语言能力、办事能力还是社交能力，这些都使他成为得以胜任如此重要职责的不二人选。"[8]

　　关于斌椿使团游历欧洲有约国之经过，国人从斌椿的《乘槎笔记》和张德彝的《航海述奇》的详细记载中已大致清楚。但关于西人对斌椿使团的反应以及包腊在使团中的重要作用，人们实际上不甚了解。斌椿曰：各国使臣"知有差赴外国之行，举欣欣然有喜色"。[9] 事实上，并非如此轻松。包腊跟斌椿、张德彝一样，习惯于书写日记，因此他的日记可以使我们更全面了解斌椿使团出访欧洲的实情。斌椿使团出发前，在华洋人已开始对"老态龙钟"的三品专使及四名"少不更事"的随员大肆抨击，对清政府派遣低级别使团出访欧洲深表不满，认为西方列强接待地位低下的外交使团有损欧洲国家的威望和尊严。欧洲驻京外交官也十分失望，毫无"喜色"，认为清政府并未改变"唯我独尊"的心态，但仍希望这"无足轻重"的使团成为中国迈向遣使西方并改善与欧洲国家关系的第一步。在此压力下，使团的成败，对于使团的设计师和推动者赫德来说意义重大。赫德认定"我的船就是斌椿"，要完成计划和达到目标，无论如何都要使这艘船"继续前行"。[10] 包腊是斌椿使团成败的一个重要因素。一是因为使团到了欧洲后，赫德便返回老家爱尔兰阿尔斯特（Ulster）休假，超然地把整个使团交由包腊和德善负责，而在访问法英之后，德善也休假，因此使团在欧洲各国游历半年的大部分责任由包腊一人承担。二是尽管使团的整体计划和重大活动主要由赫德定夺，但在游历过程中，包腊却有很大的主导权，使团的政治、外交和社会活动的成效，取决于包腊的安排、引导和翻译。作为敬业的中国海关雇员，包腊在带领中国使团游历欧洲的整个过程中，表现出"食其禄者忠其事"的品德。他尽心尽责地协助斌椿使团完成出使任务，处处维护中国使团的形象,不能容忍法国人对中国认识的无知,更不能容忍一些英国人对中国使团和赫德的抨击,力求让中国使团给欧洲各国政府留下美好印象。除了在法国,包腊负责在欧洲各国的官方场合为斌椿"译其语而通之"。经过他出色的翻译,欧洲各国政府首脑和官员无不感觉斌椿应答得体,不失礼仪,甚为斌椿的言辞欢欣鼓舞,都表示愿与中国修好。在荷兰和瑞典,他尽其所能地帮助斌椿把即兴赋作的诗词译成英文,赠予国王,令"王见之喜甚",或者"刻为新闻纸,传扬各国",使当地宣传媒体开始对斌椿使团予以更多的关注和作正面的评价。包腊对斌椿和其他随员日常生活的关照也无微不至。斌椿是传统的文人士大夫,喜爱文艺,故此包腊充分满足其爱好,每到一国几乎每晚都安排斌椿观看各国戏剧、舞蹈、马戏、杂技、烟花等表演。对于年轻好奇的凤仪、德彝、彦慧和广英,除了让他们见识西方先进的工业科技外,包腊还细心安排他们参加各种欧式交际娱乐。他在自己父母家里组织了一次轻松愉快的家庭聚会,使他们有机会结识包括其姐包婀娜(Annabella Bowra)在内的普通英国姑娘,给张德彝留下了深刻的印象。张德彝称:她们"皆雅丽绝伦","座中女子,以包婀娜最为精巧,以陶木森[1]最为温雅",他们一起"互相跳舞,鼓琴作歌,乐甚"。[2]从斌椿和张德彝的著述来看,他们的欧洲之行不但对西方的认知收获丰厚,而且对此次游历的整体回忆也颇为愉快。这意味着包腊帮助赫德实现了八个目标中的四个。

然而,当时的包腊毕竟是初出茅庐的英国人,他的思想观念无疑是英国的。他认同西方列强推动中国改变"自我中心"的封闭态度和政策。在英国伯明翰访问时,他曾以中国使团成员身份声言:"(斌

---

[1] 即 Miss Thompson,后来嫁给英国驻马尼拉副领事,1871 年曾到广州探望包腊。

[2] 张德彝:《航海述奇》,第 89~90 页。他再访欧洲时还特意探望过包婀娜,与包腊家结下了深厚友谊。包罗在北京任总理文案时也看望过他。

椿）专使的到访将预示着中国开始奉行新政策，预示着长期以来的孤立和排外时代一去不复返。"[11] 包腊还热切希望中国政府高官能全面而充分地欣赏西方的物质文明，尤其是英国的繁荣富强。因此，他对斌椿只沉迷于文化艺术而逃避各种政治、外交和观光活动深感不满，对"斌大人"摆架子、发脾气颇为反感，以至不时地写信给赫德，抱怨斌椿"自私自利，自高自大"。[12] 包腊忘记了总税务司 1864 年第 8 号通令的谆谆教导："首先要清楚且须常牢记在心的是，海关税务司署是一个中国而非外国的行政机构。既然如此，每一个职员的本分就是，在对待中国官民时，必须操行得当，避免冒犯他们或使他们产生敌意"[13]；他也忘记了赫德在行程中特别强调在礼节方面要尽可能多地给斌椿面子的提醒。[14] 这造成了他跟斌椿之间关系的不和，他的日记充满了对斌椿的冷嘲热讽。斌椿的不满往往是公然发脾气，甚至威胁要中断行程，最终果真下令提前回国，取消原定访问美国的计划。这一结果无疑令赫德的总体计划受挫，虽然不能完全归咎于包腊，但赫德对包腊的处事能力产生了很大的怀疑，觉得包腊过于自命不凡。赫德质疑斌椿不合作的差错难以归咎于斌椿一方，因为"斌椿和我在一起总是极其愉快，显示他是一个十分明智的人"。他在日记中写道："我既不能充分信赖 B（包腊）先生和 De C（德善）先生的温和性情和判断力，也不能充分信赖他们两人处事机敏"，"我认为不论在需要最普通常识还是需要机智的地方，他们都不合适：他们既不能见机知微，也不会随机应变。"[15] 赫德对包腊处事能力的不信任，给包腊本人带来了负面的后果。当斌椿使团回到中国后，赫德把包腊"打回原形"，让他在粤海关继续担任二等帮办，一年内都没有给予他任何职务提拔或薪水提高的回报。对包腊更大的心理打击是，1868 年当赫德再次推动清政府派遣正式外交使团——蒲安臣使团出访欧美时，赫德舍弃了包腊，改派自己的同龄好友、英国驻华公使馆中文助理秘书柏卓安（Mcleavy Brown）作为协理和英文翻译官，德善则仍然出任助理和法文译官，而且赫德安排使团出访的第一站便是美国。

四、包腊与 1873 年的维也纳世博会

时至 1873 年，包腊的心智已渐成熟。作为署理税务司，他对粤海关的管理有声有色，与在粤洋商、外国驻粤领事、海关内的洋员和华员都保持着甚为友好的关系，并深得广东文武官员的信任，时常成为两广总督的"座上客"。他也在遏制走私贩毒方面同港英政府和澳葡政府建立密切的联系。作为在广东权力最大的洋人，他经常出面接待到访的西方各国将军、舰队司令、外交特使和主教等显要人物，招待规格隆重体面，得到西方外交界好评。同时，他对中国的认识和感情也较前深入。经过著名汉学家梅辉立（W. F. Mayer）的指教，他对中国语言、历史、文学和植物的研究取得了很大的成绩，尤其沉浸于对宋朝忠臣文天祥的研究。因此，赫德对包腊已经刮目相看，认可了包腊的"聪明才智"，表扬他具有多种优秀品质。1872 年10 月赫德晋升他为粤海关税务司。又由于包腊为海关筹备参加维也纳世博会积极进言献策，得到赫德的赞赏和采纳[1]，于是赫德决定任命包腊为世博会中国展的"帝国海关委员会"总负责，再次把中国对西方外交的又一重任交给包腊。

清政府其实于 1870 年 9 月已答应奥匈帝国参加维也纳"各国

---

[1] 见 1872 年 10 月 7 日赫德致包腊信函，引自 Cecil A. V. Bowra，Memorial of the Bowra Family Part II：Edward C. M. Bowra，His life in China and Elsewhere，p.25，PPMS 69 Bowra Item 18；关于包腊向赫德提出的建议，详见总税务司通令 No.8 of 1872，7th October，1872，广东省档案馆馆藏《外文资料》全宗，案卷号 765。

各项物件公会"，并饬请国内工商界参与，但直到 1872 年 6 月工商界都反应冷淡，并没有出现政府期望的"鼓舞乐从"之势，故此清政府准备以"有许多碍难之处"为由打退堂鼓。但鉴于奥地利驻华公使馆代办嘉理治男爵（Baron Calice）盛情邀请，一再强调"该公会明显有敦厚天下各国彼此和平相睦之意"[1]，总理衙门只好将此项对外事务交由赫德迅速妥善处理，而赫德也认为中国不应缺席"如此有趣的"国际交流活动[16]，故积极承担。国内学者关于中国参加维也纳世博会的记述和研究不多，注意包腊作用的更少。詹庆华提到："包腊携带了一些中国商品在维也纳赛会上展销，在世界贸易工商贸易界发生了一定的影响。"[17] 事实上，包腊在维也纳世博会的作用，不仅仅是携带一些中国商品在博览会上展销那么简单。无论从包腊的日记、包腊传记及魏尔特的研究，还是从包腊最后获奖情况来看，包腊所付出的心血和作出的贡献都是颇为突出的。首先，在甄选和验收展品方面，包腊花费了很大的精力，在一个多月内高效地完成了任务。1872 年 8 月至 1873 年 7 月，赫德为维也纳世博会共发布了 9 号总税务司通令，指导海关的筹备和组织工作。[18] 按照维也纳世博会的章程，赫德强调了"展示中国十年的世界贸易状况"主题，要求 14 个通商口岸在 4 个月内征集具有代表性的进出口产品和当地特色的产品，并对样品的分类和报告的制作作了详细的指示。因此，包腊是在赫德规定的总原则下甄选和验收各口岸的展品的。1872 年 11 月底到 1873 年 1 月初期间，他马不停蹄地走访了 11 个口岸，亲自征集和挑选各口岸推介的中国进出口贸易商品，尽量突出商业特

---

[1] 详情参见《为拟三年后在本国设立各国各项物件公会所请饬将精奇之物运往比较事》（同治九年九月二十七日）及《为详陈备办各国各项物件公会情形并深望贵国扶助事》（同治十一年六月二十三日），中国第一历史档案馆编：《清宫万国博览会档案》第 1 卷，扬州：广陵书社，2007 年，第 1 ~ 28 页。

色。但他也"自作主张,增加了选送物品种类,如家具、珠宝、银器、瓷釉器皿和漆器,还有帽盒、宁波塔(义塔)模型,以及诸如动物脂油、虫蜡、靛青的原材料和'酷刑器具'"。[19] 由于包腊人缘好,他在各口岸的中外朋友纷纷向他提供私人的珍贵收藏,其中包括九江海关税务司葛显礼珍藏的一整套江西现代陶瓷产品以及英国博物学家、时任英国驻宁波领事郇和从海南岛搜集而来的动物标本。他也拿出了自己收藏的中国木雕作品。包腊挑选的展品总体来说代表了中国的工艺水平、产品类别、工业门类和贸易情况以及当时中国社会文化状况,有助于世界更完整地了解中国的经济发展水平以及欣赏中国人的生活和文化。尽管有些展品反映了中国人的丑陋习俗,但具有社会和文化的真实性。中国展品最终在世博会上获得了西方各国的好评。

其次,包腊精心编写了题为《适销于英国市场的中国产品》的最终报告,以此作为《1873 年维也纳国际博览会中国海关各口岸征集展品目录册》。他的报告共分四部分:第一部分是不含欧美产品的"进口产品",第二部分是"出口产品",第三部分是"沿海贸易商品",第四部分是"土特产"。在最后一部分里,包腊特别表达了对中国工商界的敬意,写道:"他们具有敏锐的眼光,实事求是,只要是有利可图,他们一点都不反对变革。他们富于理性,不拘泥于阶层偏见,没有不能容忍的宗教偏好。"[20] 包腊的报告被部分地收录到《1873 年维也纳世界博览会之官方目录册》里。该目录册最后有 16 页是专门介绍突尼斯、波斯、暹罗、中国、日本和夏威夷的展品,其中关于中国的部分就占了 8 页[21],可见中国展品数量之多,地位之重,超越其他亚洲国家。

再者,由汉南、德璀琳、杜德维、包腊、葛德立等组成的中国税务司代表团,于 10 月 18 日在维也纳歌剧院举办了一场盛大的音乐招待会，1400多名奥匈皇室成员、欧洲王公贵族、外交使团和社会名流出席了招待会。由于除包腊外，其他4人尚未结婚成家，而且从未经历过欧洲上流社交活动，因此这么大规模、高规格的招待会实际上由包腊夫妻组织、安排和领衔。音乐招待会获得了巨大成功，当地媒体对中国海关税务司举办的音乐招待会给予了高度评价，由此对中国展产生了积极效应。世博会初期，参观者对中国区的印象和好感远不及日本区。8月2日波斯皇帝参观亚洲国家展区时，两度进入与中国区相邻的日本区；而在欧美影响广泛的英国《泰晤士报》也在夸耀一番日本馆后表达了对中国区的失望。但招待会之后，参观中国展区的欧洲各国达官贵人络绎不绝，反响热烈，交口称赞。英国的玛丽公主也慕名前来参观中国展，夸奖中国纸扇的精美。一些欧洲媒体开始详细介绍中国展区，并夸奖赫德为让世界了解中国而作出了最大的努力，而且取得了圆满成果。为表彰中国税务司代表团对维也纳世博会的贡献，11月5日，奥匈皇帝向包腊和汉南颁发了"铁王冠"最高荣誉勋章，其他三人则从嘉理治那里获得了"弗兰茨·约瑟夫"荣誉勋章。[22]

　　虽然参与维也纳世博会的中国代表团没有一个中国人，以致在中国国内几无影响，但由于包腊及其他海关外籍税务司的努力，使得中国第一次正式参展就在国际上产生较大影响，达到了展现中国经济和文化、密切中国和世界关系的效果。赫德无疑对包腊在维也纳出色地组织中国展而感到满意。他在1874年12月21日总税务司第35号通令里正式肯定了中国税务司们的贡献，并表示"非常高兴"。[1] 然而，未等赫德奖赏和重用，包腊便已英年早逝。赫德最终以关照其子包罗进入中国海关方式，给予了包腊回报。

---

[1]　详见总税务司通令No.35 of 1872，21st December，1874，广东省档案馆馆藏《外文资料》全宗，案卷号765。

五、结语

1861 ～ 1895 年中外关系处于某种"合作"状态。中国清政府在西方列强的"配合"下，开始实行西式外交，举办洋务。1866 年的斌椿使团和 1873 年的维也纳世博会正是这一时期西式外交和洋务运动的产物。对此，中国近代海关及其总税务司赫德发挥了极为重要的推动作用。在赫德的安排和指导下，作为海关洋员的包腊参与了中国这两次具有划时代意义的外交活动。

相对于赫德，包腊无疑是"小人物"，但赫德的重大目标和计划需要他的属下如包腊等"小人物"来辅助实现。因此，海关中高级洋员参与晚清中国外交，尽管没有决策权，但在具体事件中却有着举足轻重的地位和作用。从包腊参与中国两次重大外交活动来看，其动机和目的对中国是友好的，在参与过程中他都尽心尽责，不遗余力，最终也达到了促进中西相互了解、改善关系的效果。就此，我们很难一概而论地认为海关洋员必然是"帝国主义的帮凶和代言人"。

参考文献

1. 陈诗启：《中国近代海关史》，北京：人民出版社，2002 年，第 286、287、292 页；汪敬虞：《赫德与近代中西关系》，北京：人民出版社，1987 年，第 11 页。

2. Donna Brunero：《英帝国在华利益之基石》，黄胜强等译，北京：中国海关出版社，2012 年，第 1 页。

3.8.19.20.21.[英] 查尔斯·德雷格（Charles H. Drage）：《龙廷洋大臣》，潘一宁、戴宁译，桂林：广西师范大学出版社，2017 年，第 14、174、233、237、235 页。

4.22 Cecil A.V.Bowra,Memorial of the Bowra Family Part II:Edward C. M. Bowra,His Life in China and Elsewhere, PPMS 69 Bowra Item 18,1928,p.11、pp.35-37.

5.Alfred Lister,"In Memorial", Hongkong,April 9th,1875, 转引自 Cecil A. V. Bowra,Memorial of the Bowra Family Part II:Edward C. M. Bowra，His Life in China and Elsewhere,p.50,PPMS 69 Bowra Item 18.

6.[英] 魏尔特：《赫德与中国海关》(上)，陆琢成等译，厦门：厦门大学出版社，1993 年，第 440 页。

7.10.12.14.15. 布鲁纳、费正清、司马富编：《赫德与中国早期现代化——赫德日记(1863 ～ 1866)》，陈绛译，北京：中国海关出版社，2005 年，第 377、514、512、483、512 ～ 514 页。

9. 斌椿：《乘槎笔记》，钟叔河主编：《走向世界丛书》，长沙：岳麓书社，1985 年，第 91 页。

11.Birmingham Daily Post,June 8,1866,"Correspondence,Copies of Official Letters,Newspaper Cuttings and Other Material Relating to the Career of Edward Charles MacIntosh Bowra", p.52,PPMS 69 Bowra Item 18.

13.16.China Maritime Customs,Documents Illustrative of the Origin,Development,and Activities of the Chinese Customs Service,vol.1（ I.G.Circulars,1861 ～ 1892），Shanghai:Statistical Department of the Inspectorate General of Customs,1937, p.36、p.273.

17. 詹庆华：《晚清海关洋员与世界博览会》，《上海海关学报》2010 年第 3 期。

18.[新加坡] 沈惠芬：《走向世界——晚清中国海关与 1873 年维也纳世界博览会》，《福建师范大学学报(哲学社会科学版)》2004 年第 4 期。

译后记

　　苦战大半年，终于完成了《龙廷洋大臣：海关税务司包腊父子与近代中国（1863～1923）》的翻译，甚感欣慰。

　　此书翻译由北京外国语大学英语学院的戴宁与中山大学历史系的潘一宁共同承担。戴宁负责本书的前 10 章和引言附录等，我负责后 13 章。在翻译过程中，我们参阅了大量相关史料，包括中国近代海关史、海关洋员传记以及上海、天津、宁波、苏州和广州的地方史书等，以最大程度确保译文信息的准确性。同时，我们不断就原文的语言理解和译文的文字表述进行讨论、斟酌，尽可能忠实于原文原意，又不失中文的通顺畅达和文化规范。翻译初稿完成后，我们相互校订，多次修改译稿，最终再由我进行全文统校，以尽量统一体例，力求减少错漏问题。但由于译者水平有限，译文如有错漏之处，恳请读者批评指正。

　　　　　龙廷洋大臣：海关税务司包腊父子与近代中国（1863～1923）

《龙廷洋大臣:海关税务司包腊父子与近代中国(1863～1923)》并非一般文学作品,而是一部严肃的历史专著。作者查尔斯·德雷格先生尽管不是学者出身,但治学态度十分认真、严谨。为写作本书,他查阅和运用了丰富的文献史料,尤其是包腊、包罗及其家人的日记书信等家族档案和部分中国海关史档案。在颇有争议的问题上,即包腊年轻时是否跟随过加里波第行军打仗,德雷格先生做了广泛研究和分析,进一步确定了包腊日记的真实记录。不仅如此,他还采访了多位曾与包罗在中国共事的朋友,以深入了解包罗其人其事。德雷格先生在20世纪20年代也曾经到过中国沿海地区,对当地风土人情、习俗文化,有一定的了解和亲身体会。因此,他在写作过程中,能够将他这些感性知识与档案史料充分地结合起来,使叙述更加翔实、客观、可信。此外,他在汉语和俄语方面还虚心求教于相关专家学者,以便准确利用中文和俄文参考文献。不难看出,本书实为作者经过考证和研究再加上亲身经历而完成的学术成果,可以视之为研究中国海关洋员的一本重要史料。为方便研究者查核,凡书中出现的人名、地名、船名、主要的商行名、重要的书名、杂志名和报刊名,我们均附上英文原文,同时尽量保留必要的原著索引。

　　但另一方面,我们也注意到,由于作者对中国语言、历史和文化认识的局限性,书中不可避免存在着一些误读、误解的地方,甚至有个别不符合历史事实的描述。这也真实反映了西方人对中国认识普遍存在的有限性和片面性。因此,对于书中出现的一些明显错误,我们附加了注释予以指出或说明,冀望研究者使用此书为史料时慎重研判。但无论如何,始终是瑕不掩瑜,本书仍不愧为具有宝贵学术价值的著作。

最后附带一提的是，我们是 2000 年在澳大利亚格里菲斯大学相识的。俗话说："有缘千里来相会，无缘对面不相逢"。我们一个生长于广州，另一个则生长于北京，没想到山高水远的生命轨迹竟然会在异国他乡交集。更没想到，我们原来是同年同月出生，有着很多相似经历和共同爱好。作为驴友，我们已经共同行走了万里之路。但学术上的合作，此次还是头一回。谨以此书作为我们十多年友情的见证。

译者